伦理学名著译丛
黄涛 主编

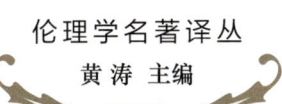

Fichte's Ethical Thought
费希特的伦理思想

Allen W.Wood

〔美〕艾伦·伍德 著

黄涛 译

商务印书馆
The Commercial Press

Allen W. Wood
FICHTE'S ETHICAL THOUGHT
© Allen W. Wood 2016
© Oxford University Press 2016

FICHTE'S ETHICAL THOUGHT was originally published in English in 2016. This translation is published by arrangement with Oxford University Press. The Commercial Press is solely responsible for this translation from the original work and Oxford University Press shall have no liability for any errors, omissions or inaccuracies or ambiguities in such translation or for any losses caused by reliance thereon.

本书根据牛津大学出版社 2016 年版译出

伦理学名著译丛总序

在人类的知识谱系中，伦理学自始至终在场，它是自古至今人们孜孜不倦追求至善与德行的见证。柏拉图通过苏格拉底的对话思考和阐释值得过的人生，展示了一种经过哲人严格审查的伦理图景，这一图景在亚里士多德笔下形成了最早的体系性伦理学。自此之后，人类思想每前进一步，都必然伴随着有关善与至善的深入思考。

伦理是人的命运，个体之间不论有何种差异，都必然面临伦理抉择，伦理的理论因此不可以脱离伦理的实践。伦理的实践并非技术意义上的实践，而是对人的生活方式的价值与意义的建构，是人类发现善、守护善、将善的生活视为生活的本质与目标的系列行动。

在众神退场的世俗时代，伦理学替代宗教，成为了承载我们希望、引导我们走出心灵困境的理论与实践。不仅个体自身的伦理选择需要伦理学的思考，公共的生活与制度也需从共同体的伦理冲动和伦理意志中获得正当性。"伦理学名著译丛"的深刻关切，旨在真切呈现人类各时期伦理领域的深刻思辨，着力反映世界各国伦理学思想体系，为明确与坚定私人的与公共的伦理选择提供值得参考的思想经验。希望学界鼎力支持。

是为序！

黄涛

2022 年夏

中译本序

费希特不如康德或黑格尔出名，但他著作中的观念却比康德或黑格尔的观念对欧陆哲学产生了更大的影响。这部分是因为费希特对康德的解释影响了后时代对康德的继受，部分是因为黑格尔的许多观念多多少少基于他对在费希特那里发现的观念的创新性的重新思考。

对于喜欢研究费希特哲学的人来说，有很好的理由去关注他的法权与伦理哲学。费希特试图建立一个完整的哲学体系，即他所谓的知识学（Wissenschaftsleher）体系，对此我将在本书第二章中来描述。但费希特的哲学通常来说根本上是在伦理和政治关注的激励下产生的，其基础是自由和交互主体性（intersubjectivity）——本书第三章将呈现这两方面的理论。在他计划建立的（但从未完成的）哲学系统中，知识学的根本科学将要为如下四门主要哲学科学奠基——法权、伦理、宗教、自然。他只在1796—1798年完成了这四部分中的前两个。此后，费希特生命中的悲剧降临，他被不公正地褫夺了耶拿的教职，并且他从未完全实现自己的哲学目标。在本书第一章，我试图来言说这一切是怎样发生的。

费希特的第一部著作《试评一切天启》（Attempt at a Critique of All Revelation, 1792）讨论的是宗教主题，但这本书是写在他发明出有关体系的概念之前，并且他此后有关宗教的著作都是一些通俗论文和讲演，而非体系性著作。他从未写过一本题为"自然哲学"的书。我眼下这本关于他的书主要是想解读《伦理学体系》（System der Sitten-

lehre, 1798），这是本书第四至七章的内容。其余部分则试图将费希特的伦理思想置于他的生平和整个哲学的语境中。

在此我要感谢黄涛的工作，他使中国读者能接触到英语学者有关这些哲学家的研究，尤其是使他们接触到我的作品。在中国的学者和哲学工作者中，德国观念论哲学已成为兴趣焦点，我对此备受鼓舞。在我看来，像康德、费希特、黑格尔和马克思这些作家的思想属于整个世界，而不只是属于德国和西欧，不只是属于诞生这些思想的民族和文化。正如美国和英语哲学界在很大程度上通过理解这些思想家得到了极大的丰富，我也相信世界其他地区晚近对他们的接受，比如在南美和亚洲的接受，将有助于保持曾激发18和19世纪这些德国思想家们的自由和理性精神的活力，即使世界眼下似乎像是进入到了一个黑暗时代。我希望这个黑暗时代会是短暂的，科学、启蒙和民主以及人类自由的精神早晚有一天会战胜如今正支配着我的力量，也许还即将战胜世界上大多数地方的恐惧、仇恨、贪婪和无知的力量。人性和启蒙的确能最终战胜这些力量，对此我深信不疑，因为这些伟大的德国思想家的观念一直保持着活力，他们的影响已在全世界传播。如果我的这本书能以某种微小的方式对此有所贡献，那么对不厌其烦地阅读这本书的人和那些研究德国古典哲学的人，我将尤为感激。

在费希特的伦理和宗教思想中，人类这个族类在历史中的集体行动的思想发挥了关键作用，在这里，社会完善的理想是一种驱动力量，每个人都能做出贡献，这也是个体的道德使命。无论是好是坏，每个人都以某种方式在为人性的未来做贡献，对于费希特来说，人性的未来也就是理性的未来。正如我在本书中指出的，人类的未来，以一种象征性的东西填充的宗教概念来思考的人性的未来，是被费希特思考为精神领域的真实含义的东西，它不仅包含了上帝，也包含了我们人格的不朽。人性的未来，那些在我们之后才出生的人的生命，对于费希特来说正是上帝的存在。我们对这一未来的贡献不仅是类似于我们的存在者能获得的唯一真正的不朽，它也构成了我们的个体生命曾经拥有的唯一意义。这一贡献并不取决于我们的名字是否会被后人铭记，而更多在于我们死后他者做的事，它不在于我们已经做过的渺小之事，而主要在于我们为已知人们的生活做的贡献，以及为我们永远不可能知道的，但可以通过行动间接接触到的未来人们的生活做的贡献。

当我在本书中展示费希特的这些理念时，我本应援引在一切英语小说中最伟大的那一部书中的最后一段话。我说的是乔治·艾略特［也就是玛丽·安·伊万斯（Mary Ann Evans, 1819—1880）的笔名］的《米德尔马契》（*Middlemarch*）。因此在这里我想做一个弥补。玛丽·安·伊万斯是德语写成的哲学与宗教方面的那些激进著作的英译者，其中包括施特劳斯（David Friedrich Strauss）的《耶稣的生平》（*Life of Jesus*）和费尔巴哈的《基督教的本质》（*Des Wesen des Christentums*）。她以乔治·艾略特为笔名创作的最伟大的小说是对一个虚构的英国省城米德尔马契的中产阶级社会生活的研究。这部小说对1830—1832年的英国社会发表了社会学和心理学方面的伟大洞见。它也主要是一个有关那些生活看似失意的人们的故事。正如艾略特在小说结局部分说道："有些人像从前的十字军一样，是穿上希望和热情的光辉战袍出发的，但走到半路，一切便幻灭了，只能在相互的忍耐和对世界的不满中，度过晚年。"* 这个句子也可以用在费希特身上。

《米德尔马契》中的女主角是多萝西娅·布鲁克，一个聪明又野

---

* 此处译文引自乔治·艾略特：《米德尔马契》（下），项星耀译，人民文学出版社2018年版，第789页。——译者

心勃勃的，有一颗善良心的年轻女子。她想要为人类做出伟大贡献，尽管在维多利亚时代的英国，对妇女有非常狭隘的限制。在小说一开始，多萝西娅迷上了阿维拉的德雷莎，这是16世纪西班牙的一位圣徒，她创立了一种伟大的宗教秩序。但多萝西娅知道自己成不了另一个圣德雷莎。她一心想要为世界做贡献，于是嫁给了一个老男人——宗教学者卡苏朋。多萝西娅并不爱他，这个老男人也不爱她，但多萝西娅希望能帮助卡苏朋在撰写的重要的宗教学术作品中表达出他的"伟大理念"。但她越是想帮助他，他们的婚姻就越是缺乏爱，因为多萝西娅的一切努力都只能提醒这个老男人的虚伪。卡苏朋不仅对她，对世界，甚至更糟糕的是对自身都一直在伪装，假装自己是一个伟大的思想家。卡苏朋从没有写成计划中的著作，他一无所成，直到辞世。他的一生对于他的妻子和他本人来说，完全是一种毁灭性的绝望。后来多萝西娅转嫁给卡苏朋的年轻穷表侄威尔，她爱威尔，这个男人也真正爱她。他们生了一个孩子，为抚养这个孩子，多萝西娅奉献了她的一生。在多萝西娅的一生中，从来没有做出过任何伟大或重要之事，她感觉自己是一个失败者。

但是，现在让我来援引一下《米德尔马契》中优美的最后一段。在这个段落中，艾略特暗示说，多萝西娅（也许也包括你我）也许并不是如我们可能认为自己的那样是真正的失败者。尽管十字军精神在一路沦陷，尽管我们接触的只是我们身边的人，尽管在未来世代中甚至没有人记得我们墓碑上的名字，但艾略特说，只要我们曾正当地行动，曾为他者的生活做过贡献，曾关心过他者，我们就不是失败者。最后一段在谈到多萝西娅时写道：

她那高尚纯洁的精神不虞后继无人，只是不一定到处都能见到罢了。她的完整性格，正如那条给居鲁士堵决的大河，化成了许多渠道,从此不再在世上享有盛誉了。但是她对她周围人的影响,依然不绝如缕,未可等闲视之,因为世上善的增长,一部分也有赖于那些微不足道的行为,而你我的遭遇之所以不致如此悲惨,一半也得力于那些不求闻达,忠诚地度过一生,然后安息在无人凭吊的坟墓中的人们。*

在这段话的早期手稿中,最后一句话中省略了"一部分"和"一半"这两个词。艾略特的最初看法和她的最初洞见是,与人类未来有关的善只归功于普通人,只归功于"不求闻达,忠诚地度过一生,然后安息在无人凭吊的坟墓中的人们"的那些"尚未被历史铭记的行动"。通过出版时在文本中增加这两个词,她似乎从这一思想中后退到了这样一个位置上,即除普通人和无人铭记的人们之外,在人类进步的过程中,也为英雄圣贤、统治者和统帅,以及为那些伟大的思想家和作家留下了位置。

两个版本各有自身的优点。总的来说,相对于出版后的文本,我更爱最初的版本。许多著名的、有权势的和富有的人们,尽管他们的名声铭刻于建筑或制度中,或者甚至记载于书本中,但总体来说,他们对世界的善所做的真正贡献并不多。不同于他们犯下的罪过,不同于他们的专断,声望和自负,他们的浮华名声,善良的普通人必须循序渐进,通过对周边人们的生活所做的微薄贡献,使我们的世界和人性变得更体面。权力、财富和名声的公共运用大多数都带来了伤害。与之不同,普通人尚未被历史记录的微不足道的履行义务的行动,我们的善良、爱与友谊,都在不断地斗争,为的是使事情"对你我不像

---

* 此处译文引自乔治·艾略特:《米德尔马契》(下),项星耀译,人民文学出版社2018年版,第795页。——译者

它们可能的那般糟糕"。

但对于艾略特来说，她必定是觉得第一版走得太远了。也许，那些仍然能被我们记得的名声显赫的人中，有一些，可能只是极少数，也做过某些好事。也许总的来说，他们中的极少数人做过的好事要甚于恶行。因此，出于他们的利益，并且持有一种对作恶者宽厚大度的精神，艾略特相信那些著名人士也为世上不断增益的善出了一份力，即便他们只出了半数的力。以同样宽厚大度的精神，面对著名的和有权势的人（他们中的绝大部分是邪恶的），我愿意接受（尽管很勉强）艾略特最后段落的出版文本。但和费希特一道，我同意艾略特的主要思想，这就是，世界上大量的应该被视为善的东西和人类事务中被视为进步的东西是由名字不为人铭记的人们做出的，他们的坟茔不会为未来世代的人民所凭吊。

当然，这里也有许多人应该比他们实际上更多地为人铭记和赞美。在本书中我的一个主要观点是，费希特就是这样的人之一。费希特有关我们不朽的观念可能不会使他的生命（或你的、我的、任何人的生命）的意义取决于他们也许是应得的名誉。根据费希特的伦理与宗教，我们生命的真正意义，我们真正的不朽，更多地在于我们的"不求闻达，而是忠诚地"对他者的关切产生出来的对他者生命的"不绝如缕，未可等闲视之"的影响。通过对我们熟悉的人，对我们的家庭，对我们的孩子和朋友，以及对我们工作中服务的人们的影响，我们终将成为不朽。对于那些如我一般将自己的生命奉献给教学与学术的人来说，这取决于我们对我们教导过的或以某种方式帮助过的人们的影响。因此，对于我们尚不知晓的未来世代来说，即便是在我们的教学与写作被遗忘后，他们也能通过他们接下来所爱和所关注的人以及所教导的或所帮助的人的影响，从而实现不朽。这一无止境的教学与帮助的过程，是我们在艾略特指的"世上善的增长"中起到的作用。这就是费希特通过"学者的使命"所指的东西,这就是他通过社会的"完善"所指的东西,这也是他所指的我们的不朽和我们生命的意义中包含的内容。我们如今记住玛丽·安·伊万斯(或艾略特)和费希特的名字的最佳理由就是,上述教训正是他们教导我们的东西。

艾伦·伍德

2018 年 6 月 16 日

写给我曾教过，也向他们学习过的
我的学生们

他们来自
康奈尔大学
耶鲁大学
斯坦福大学
印第安纳大学

目 录

序言 ··· 1
文献来源 ··· 11
第一章 费希特其人 ··· 20
  第一节 背景和教育 ··· 20
  第二节 一个穷困又傲慢的哲学家在充满敌意的世界
        走自己的路 ··· 22
  第三节 耶拿大学教授：伟大的岁月 ····························· 33
  第四节 冲突 ··· 42
  第五节 无神论之争 ··· 46
  第六节 流亡柏林 ··· 54
  第七节 拿破仑战争 ··· 57
  第八节 最后的岁月：洪堡大学教授 ····························· 62
第二章 先验哲学：耶拿知识学 ······································· 65
  第一节 哲学与普通理智 ··· 67
  第二节 反驳独断论或物自身 ····································· 78
  第三节 先验观念论 ··· 87
  第四节 耶拿知识学中的认识论 ··································· 91
  第五节 第一原则 ··· 96
  第六节 对自我行动的召唤 ······································· 101
  第七节 理智直观 ··· 108

第八节　走出第一原则 ………………………………… 114
　　第九节　综合的方法 …………………………………… 117

第三章　自由与交互主体性：行动的诸条件 ……………… 124
　　第一节　绝对自由 ……………………………………… 124
　　第二节　确信我们是自由的 …………………………… 134
　　第三节　自由作为理论理性的预设 …………………… 144
　　第四节　作为先验问题的交互主体性 ………………… 157
　　第五节　对于自我当前的行动客体的演绎 …………… 160
　　第六节　召唤的演绎 …………………………………… 167
　　第七节　其他理性存在者作为召唤的原因之推导 …… 171
　　第八节　作为教育或教养的召唤 ……………………… 175
　　第九节　召唤作为个体性的根据 ……………………… 180

第四章　道德权威：道德原则的演绎 ……………………… 184
　　第一节　道德权威的概念 ……………………………… 185
　　第二节　质疑道德权威 ………………………………… 192
　　第三节　发现作为意志的我自身 ……………………… 199
　　第四节　意愿活动的纯粹存在或真实本质 …………… 206
　　第五节　对于自我能动性本身的冲动 ………………… 212
　　第六节　对于费希特演绎的说明 ……………………… 219
　　第七节　自我立法 ……………………………………… 222
　　第八节　费希特笔下有一种元伦理学吗？ …………… 230

第五章　良心：道德原则的适用性 ………………………… 243
　　第一节　费希特的体系性方案：它的目标和结构 …… 243
　　第二节　关于人的实践条件的先验理论 ……………… 245
　　第三节　自然的冲动与纯粹的冲动 …………………… 254
　　第四节　何谓实质自由 ………………………………… 260

第五节　伦理冲动 ·· 272
　　第六节　理论判断与良心确信 ······································ 278
　　第七节　良心的确定性 ··· 284
　　第八节　自我欺骗与道德方面的转变 ···························· 295
第六章　理性的自我充足性——关于义务的系统学说 ············ 301
　　第一节　自我充足性的终极目的：一种形式的结果主义？····· 302
　　第二节　作为对于我们的有限目的的递归式推进的终极目的 ···· 311
　　第三节　二律背反：自我充足性 vs. 自我性的诸条件 ········ 320
　　第四节　身体：不存在任何单纯为了它自身的享受 ········· 324
　　第五节　费希特的"严格主义"：没有道德上不相干的行动，
　　　　　　没有单纯可称赞的行动 ·································· 328
　　第六节　克尔凯郭尔的"伦理人"——作为一个费希特
　　　　　　主义者 ·· 334
　　第七节　认知：费希特的信念伦理学 ···························· 338
　　第八节　交互主体性：个体自我充足性的限度 ··············· 347
　　第九节　道德真理通过普遍的理性同意来构建 ··············· 352
第七章　理性的社会统一性——人的使命 ···························· 364
　　第一节　康德与费希特笔下伦理的交互主体性 ··············· 366
　　第二节　学者共和国 ·· 370
　　第三节　人类的社会使命 ·· 377
　　第四节　理性的终极目的 ·· 384
　　第五节　目的自身抑或道德法则的工具？ ······················ 391
　　第六节　我自身的幸福 ··· 399
　　第七节　义务的分类学 ··· 407
　　第八节　生死之事 ··· 413
　　第九节　选择等级："来世生活"与上帝 ······················· 421

第八章　自由、财产与国家 433

第一节　费希特晚期思想中的国家 433
第二节　法权和伦理的区分 440
第三节　承认与法权关系 445
第四节　规范性的法权概念 452
第五节　公民-政治契约 462
第六节　政府的形式 468
第七节　个人自由与刑法 472
第八节　"自然"等级和第二性 477
第九节　财产和经济正义 481

附论 496

参考文献 500

索引 512

译后记 561

序　言

　　这是我撰写的第三本有关德国观念论伦理学的书。其余两本是《黑格尔的伦理思想》(*Hegel's Ethical Thought*, 1990)和《康德的伦理思想》(*Kant's Ethical Thought*, 1999)。《费希特的伦理思想》是最后完成的,我在这本书上耗费的时间比写作其他两本书合起来的时间要长得多。

　　费希特是一位伟大的现代哲人。在后康德的德国观念论的发展中,他是最具原创性的人物。实际上,过去两个世纪以来,在整个欧陆哲学的传统中,费希特是最有影响力的人物。但尽管如此,他却没有康德或黑格尔出名,也没有得到那么仔细的研究。对待费希特,没有像对待康德或黑格尔那样,甚至没有像对待受他影响的哲学家们那样,有那么多和那么好的作品。在埃尔文(Terence Irwin)大部头的、令人印象深刻的和详尽的《伦理学的发展》(*The Development of Ethics*, 2007—2009)第三卷中,有大量有关康德的内容,也有关于黑格尔、叔本华、克尔凯郭尔、马克思、尼采和存在主义的讨论,却没有关于费希特的内容。他的名字甚至并未在索引中被列出。直到道德哲学家们能比目前更好地理解费希特,我们才能正确地理解我们从何而来,或者因此甚至才能正确地理解我们究竟是谁。

　　每当我说费希特是1800年以来大陆哲学传统中的一位最具影响力的人物时(例如,见:Wood, 1992;VKO[*],xxiv—xxviii),都会被

---

[*] 此处缩写请参照后文的"文献来源",余同。——译者

人当做一种夸张说法而遭到拒绝。这种怀疑是可以料到的。因为如果费希特普遍性地被认为占有这一重要位置，他显然就会较目前来说得到更广泛的研究。尽管如此，我仍想坚持这种立场。我将提出如下挑战：你在大陆哲学传统中挑选任何一位重要人物，我都可以识别出一种观点（有时是诸多观点），而你将会同意，这一观点或者这些观点是这个哲学家思想中的绝对核心的内容，甚至构成了他的主要贡献。接下来，我将会向你表明，它们的原创者是费希特。我本想在序言中详细地陈述这一主张，但又觉得这样一来会耗费太多笔墨，并且显得过于卖弄。但在本书中，你将会看到有关这一点的部分文献，它们涉及诸多思想家——黑格尔、叔本华、克尔凯郭尔、费尔巴哈、马克思、尼采、胡塞尔、海德格尔、萨特、波伏娃、梅洛·庞蒂、列维纳斯、伽达默尔和哈贝马斯。我希望本书中有关费希特的论述将会使读者至少可以保持一种开放的心态。

本书的主题十分明确，尽管只有一半篇幅是在系统阐释费希特的伦理理论。这是因为需要其余部分提供必要的语境。第八章尤其如此，它并非讨论费希特的伦理学，因为对于费希特来说，法权完全不同于伦理。第八章的目的也不是为了提供对费希特法权理论的完整阐明，正如第二章不是为了提供有关费希特知识学的充分阐明。但这两章都是必要的，因为我们要看费希特的伦理理论是如何与他的知识学和法权理论发生关系的。同样必要的是第三章，该章讨论对费希特伦理学来说有绝对根本意义的两种学说：自由和交互主体性。但关于第一章我必须要多说几句话，因为在这样的一本书的开头部分出现传记性章节不是常规做法。在我写作有关黑格尔和康德的伦理思想时，就没有想过以这种方式开头。

费希特曾经说：

> 一个人选择什么哲学，取决于这个人是什么样的人。因为

哲学的体系不是一个无生命的家庭用品，我们可以随心所欲地丢在一边，或捡起来；它因那个接纳了它的人的心灵而富有生气。（EE 1: 434）

费希特的言下之意也许是，为了能从研究某个人的哲学中获得好处，必须与此人亲近，或至少要了解他的生平。但这一点是普遍的吗？我觉得不是。我们不十分了解亚里士多德是一个怎样的人，但并不会因这方面的无知而失去什么。有些哲学家——比如黑格尔——甚至强调，将哲人的人格排除出去甚至是哲学的一项工作，对此我表示同意。但费希特引出了一个哲学传统，这个传统鼓励如下看法，即哲人的人格必须成为哲学主题的一部分。它包含了德国的浪漫主义，甚至包含了后来的哲学家，例如克尔凯郭尔、尼采、海德格尔、萨特、波伏娃和阿伦特。我们关心这些哲学家的生平及其人格，哪怕在这方面做调查研究时，我们不喜欢自己发现的东西。费希特的陈述至少意味着这一点也许也适合他。

在此亦有其他理由说明为何本书第一章要从费希特的生平讲起。费希特是一个非常有意思的人，他的一生鼓舞人心，也充满悲剧。他出生在一个贫穷家庭，但在八岁时不得不离开家，同有权有势的阶层生活在一起，向他们表达思想。一些不可思议的事件使他拥有了显赫的名声，也使他的生活变得混乱，最终走向没落。康德也经历过社会地位的上升，但在康德那里，这个过程是缓慢的，康德也体面地适应了这个过程。但费希特没有做到这一点。他性情敏感，态度粗暴，又自以为是。他相信，人性期待的只是，有钱有势的人应该用他们的权势使世界变得更好，如此才对得起他们自己的人性尊严，也才对得起所有人的人性尊严。但正如我们如今所见，他将事情想得太简单了，大多数有权有势的人拥有的是相反的性情。费希特不信任身边的大多数人，原本他希望这些人能带来人性必然的道德方面的进步。

费希特拥有一个强有力的、具有独创性的心灵。在我看来，他的学说、他的哲学方法、他的论证和任何伟大的现代哲学家们的东西一样值得研究。我希望本书对它们的批判性阐释能说清楚这一点。费希特也是一个体系性的哲学家，他特别强调哲学演绎的严格性，但他从未真正完成自己的哲学体系。不过，不论我们最终认为它们是否成功，他在详尽的和严格的论证方面所做的努力总是有一种令人沮丧的模糊性。

尼采曾说："向往体系的意志是不诚实的。"（Kaufmann, ed., 1954, p.442）和尼采的崇拜者所常常（以一种愚蠢的自信口气）援引的其他著名的说法一样，这个说法显然是错误的，接近于自相矛盾。在哲学中，想要获得一种严格的体系是理智上的诚实能够采取的唯一可能的形式。不管那些彼此孤立的片段多么有启发性，离开了它们可以被整合进去的体系性语境，这些片段就是不"真诚"的。但就像尼采的许多明显的悖论一样，这个说法也提出了一个有效的问题：真诚总是要求我们准备去承认，我们对体系的追求必将走向失败，而这是体系性的哲学家们很少愿意承认的。费希特的确有这样一种真诚，他承认自己从来没有完成过体系，但他还是想要一直尝试。具有洞见的启示之间的张力，对严格性和体系性的追求，愿意承认失败，所有这些东西的不稳定结合，是伟大的哲学带给我们的东西。和一切伟大的哲学家一样，费希特也展示出了这一点。

费希特通常被视为康德的追随者，他本人也这样看。他同样也强调哲学的实践性方面（诸如权利、伦理和宗教）。但实际上，费希特独立于康德写出了他在这些主题方面的最早的重要著作。这不是做解释性的评论，而是年代学事实。在宗教、权利和伦理学方面，在康德关于同样主题的相应著作出版之前不久，费希特已经出版了他的主要作品。他的第一本公开出版的著作《试评一切天启》（1792）先于康德的《纯然理性界限内的宗教》（1793—1794）；《自然法权基础》（Foundatious of Natural Right, 1796—1797）先于康德的《法权学说》（1797）；《伦理学体系》和康德的《道德形而上学》的完整版出版于同一年，这个完整版包含了《德性学说》（1798）。出于这些纯粹的年代学事实，费希特的哲学尽管是从康德哲学出发，却在全新方向上扩展了康德的观念。这也就意味着费希特的伦理思想对于那些了解康德伦理思想的人来说是容易把握的。

如今康德的伦理思想得到了广泛研究，但费希特的伦理思想却并非如此。但也并不总是这样。科什（Michelle Kosch）令人信服地记录了一个奇怪的事实，即在19世纪大部分时间里，大多数道德哲学家都是从费希特的《伦理学体系》出发来获得有关康德伦理学的论证（Kosch, 2015）。研究《精神现象学》的人也清楚地看到，对于研究黑格尔来说也显然如此。在对康德哲学的接受过程中存在严重曲解，但除非研究康德伦理学的学生们也同样研究费希特，否则他们就必然不知晓自身对伦理学史的理解，尤其是对康德伦理学的理解究竟在哪些方面发生了曲解。我写作的有关康德伦理学的著作也曾说明了如今以"康德伦理学"为名的东西包含了多少对康德的严重误解。在通常的误解中，有一些也反映了费希特在对康德伦理学的继受过程中起到的作用，即便人们完全没有意识到这一点。比如，罗尔斯（John Rawls）及其追随者提出的有关康德式命题的变形几乎没有表明他们对费希特有任何意识，但（至少在我看来）他们通常是以类似于费希特的说法结束的，尽管他们并未意识到这一点。如果康德学者们更仔细地读读费希特，康德伦理学将会得到极大的丰富。

在费希特同黑格尔的关系问题上也是如此。许多与黑格尔的名字联系起来的著名观点是直接基于费希特的模型的，尽管黑格尔很少直接承认这一点。这甚至包含了他的辩证法本身,以及有关承认和法权的理论,此外还有他对于哲学的伦理学必须包含有关理性社会的观念的确信。黑格尔的伦理思想在许多方面都是在与费希特展开批判性对话。费希特对黑格尔的影响常常是消极性的;黑格尔接受了费希特在特定问题上的表达,但却采取了完全对立的立场。出于上述理由,如果缺乏有关费希特的某些知识,就无法正确理解黑格尔的伦理思想。

对于当前的时代来说,费希特是一个重要的哲学家,尤其是在道德和政治生活领域。年轻一代会看到眼下对待世界的方式有许多都是错的。正如一个体面的人可能会思考,历史进程在进入20世纪之后并没有对我们更好一些。对于热爱思考的人来说,旧的生活方式、旧的回应问题的方式、旧的传统既是神圣的,也是空洞的。但我们不再对包括费希特在内的过去的哲学家称之为人性的历史使命的东西有清晰的观念。怀疑和否认他们曾经有这方面的看法甚至成为时髦。如此一来,当要求我们去实现它时,我们又缺乏信念和希望。当我们满足于这些看法时,就会陷入沮丧和怀疑一切的危险之中。费希特也谈到了这种处境。他是一个哲学家,生活在一个混乱时代。在压倒一切的困境面前,他发现自己不得不承担这样的工作,以使一切回归到正确位置。

对于费希特的伦理思想来说,没有什么比人的使命(Bestimmung)的观念更为核心。他的道德哲学的一个重要部分就在于如下论题,即我们的道德使命与我们积极投身于人性的未来紧密联系在一起。对人性的未来,舍弗勒(Samuel Scheffler)(2013)非常恰当地称之为"来世生活"(the afterlife)。"来世生活"这个说法非常适用于费希特,因为他将这种意义上的"来世生活"视为人类境况提供给我们的唯一真正的不朽,也是我们的个体生活所能拥有的一切意义的源泉。

费希特尤其关注于学者、知识分子、哲学家的独特使命，他们的任务是帮助我们界定人类的使命。在他的哲学中，现代世界最好的和最激进的社会和政治理想都得到了特别纯粹的、鲜明的和生动的表达，它们迄今仍然具有一种启发的力量。从表面上看，费希特对这些主题的沉迷总是近乎表面，但在信念和希望将要堕入混淆和绝望的危险的紧要关头，他也会激烈地动摇。费希特带着一种存在主义的激情谈论这一私人性的学术使命，就如同他对听众们讲的话一样，这种激情甚至透过他那最为抽象的哲学论证和建构，散发出耀眼的光芒。

在我的青少年时代，对哲学最初的兴趣从存在主义者开始：克尔凯郭尔、尼采、萨特、波伏娃，之后是海德格尔。但不论是我，还是里德学院和耶鲁大学向我讲授存在主义的教授们，都没有关于费希特的任何知识。存在主义者的著述有费希特的著作中缺乏的生动性和通俗性，或者至少在费希特的更严格的和更具体系性的著作中是这样，例如本书要讨论的那些著作。如今我将费希特视为存在主义哲学家，因为他为他那个时代的浪漫派提供了一种哲学理论，这种哲学理论为那些在哲学方面并未受到多少规训的学术冒险提供了背景。对于许多存在主义者自身来说，这种功能在胡塞尔的哲学中更直接地得到了满足。正如我从斯坦福大学哲学系的同事弗莱斯塔（Dagfinn Føllesdal）那里了解到的，胡塞尔 1917 年后的哲学直接受到了他的费希特研究的影响。如今在我看来，对于很久之前使我对哲学产生最初兴趣的哲学家们支持的有关事物的观点，费希特哲学提供了一个更严格的和更具体系化的基础。

直到 1980 年代中期我才首次真正熟悉费希特哲学。在 1960 年代早期，我读了《人的使命》（*Vocation of Man*, BM）齐硕姆（Roderick Chisholm）的译本，但我既不能理解它，也不觉得它容易学。在 1970 年代，我试着去阅读希斯（Peter Heath）和拉赫斯（John Lachs）翻译的《全部知识学的基础》(*Science of Knowledge*, GWL)，但读不懂它。直到如今，其中的许多内容我仍然无法搞懂。在本书第一章第三节，我将会考察这本书成书的一些情况，我们会看到为何这本书的内容不好懂。对于费希特来说，至少这是他的悲剧的一部分，因为人们迄今仍然认为这个文本是他最重要的著作，并且想象自己必须首先搞懂这个文本，然后才能进入到其他著作。如果"最重要的著作"——所谓的进入一个人的哲学的入门书——是如此难懂，那么这个人的著作大部分没有被阅读就一点也不奇怪。

在1980年代中期的某一天，康奈尔大学出版社邀请我来审读布里泽尔（Daniel Breazeale）翻译的《费希特：早期著作》(*Fichte: The Early Writings*, 1988)的书稿。那时我对费希特几乎一无所知，但我是康奈尔大学周边唯一对德国观念论或大陆哲学传统感兴趣的哲学家，因此我勉强接受了这个任务。这是一个改变我一生的决定。我突然产生了一种激情，尤其是对费希特1794年的《关于学者使命的若干讲演》(*Some Lectures Concerning the Scholar's Vocation*)。当我通过德文阅读费希特的其他著作的时候——也就是本书关注的那些著作——我的兴趣进一步地被挑起。我甚至试着给康奈尔的少数充满困惑的研究生讲述费希特有关法权和伦理的著作，那个时候使用的是19世纪那些译本的复印件。后来我就没有重复过这一尝试。

那时，我正在写作《黑格尔的伦理思想》和编校尼斯贝特（Nisbet）翻译的黑格尔《法哲学原理》(*Elements of the Philosophy of Right*)的新译本（1991）。在1990年前后，我产生了写作眼下这本书的想法。我用了四分之一个世纪才使这个想法付诸现实。在这个时期，费希特的《自然法权基础》(2000)和《伦理学体系》(2006)的新译本出现了。我自己也编辑了《试评一切天启》格林（Garrett Green）译本的重订版（2010）。近年来也出版了费希特著作的其他一些优秀的英译本。我希望这些译本能使费希特哲学本身得到更好的理解，也使我眼下的这本书得到更好理解。

尽管围绕这本书的研究、思考、教学和写作占用了我比较长的时间，但本书最后的写作是在费希特逝世两百周年纪念之后不久开始的，即2014年上半年。在接下来的一年里，这本书得以完成。

在写作这本书的漫长过程中，我不时地与布里泽尔交换看法，留意他的著作，尤其是他2013年出版的论文集。这本论文集使我更好地理解费希特。在我知道的人中，没有人比布里泽尔更懂费希特。他针对本书的其中一稿给出了一系列非常详尽的评论意见，使我避免了一系列错误。但我也担心他并不认为这使我避免了他想要纠正的所有错误，因为我们两个不是在费希特解释的所有方面都意见一致，但布里泽尔的确是使我对费希特产生兴趣的一位重要人物。

我尤其也从与另外两位费希特学者的私人交往中受益良多。一位是诺伊豪瑟（Frederick Neuhouser），2014年春季，我和他在斯坦福大学开设有关费希特的小型课程。另一位是科什，我经常同她交换有关费希特伦理学的看法，尤其是有关那些我们在解释方面存在分歧的问题。在我熟悉的人中，这两人表明费希特正在开始吸引最优秀的学者和哲学头脑。还有其他正在成长中的学者，包括韦尔（Owen Ware）——从他那里，我得到了对这本书的一些部分非常有帮助的评论——和大卫·詹姆斯（David James）。衡量一个哲学家的伟大的最好尺度莫过于最优秀的头脑被他们的著作所吸引。

在此我要特别感谢我的两位学生，她们就草稿中的许多细节问题给出了有益评论。沙尔丁（Tobey Scharding）的评论表达了和我相似的对费希特的感觉。针对她的问题我做了一些修改，希望能有助于使费希特的思想更容易把握。伯恩斯坦（Alyssa Bernstein）就每一章提出了非常有帮助的且详尽的评论，尤其是针对之前的一个预备性草稿,很幸运这一稿没有成为最终版本。她不是一个咄咄逼人的人,她敏锐、温和而且聪慧,但每当我出错时,她总是非常直率地指出来,并且她使我不得不考虑费希特的上帝概念、关怀伦理学和其他问题,这些都促成了整本书的一些重要改动。

我也要感谢斯坦福大学和印第安纳大学的学生们。我很高兴地说,他们当中越来越多的人愿意选我开设的这些艰难的也是非常边缘的德国观念论哲学家的课程——我一有时间就会开设这些课程,这样做也许很鲁莽。但这可以解释为何我要通过本书表达我的谢意。

在此有必要提及,在丽伽(Rega)和我的五十周年结婚纪念日之后不到一个月,本书付梓。

加利福尼亚州帕洛阿托

艾伦·伍德

2015 年 7 月 14 日(巴士底日)

文献来源

本书在引用费希特、黑格尔、康德、克尔凯郭尔、马克思和恩格斯的作品时使用了下面的缩写。当引用的文献出现在作者的全集中时,我也标出了它们在全集中属于第几卷。除非另有说明,关于这些著作的英文翻译都出自我之手,尽管为读者便利起见,只要有可能,我还是使用了标准的英译本。

费希特

GA　　（1962—）《费希特全集》(*J.G. Fichte-Gesamtausgabe*), edited by Reinhard Lauth and Hans Gliwitzky, Stuttgart-Bad Cannstatt: Friedrich Frommann。引用时注明了"部分/卷:页码";在引用第三卷中的书信的时候,注明了信的编码。

SW　　（1970）《费希特全集》(*Fichtes Sammtliche Werke*), edited by I.H. Fichte, Berlin: W. deGruyter。引用时注明了"卷:页码"。

EW　　《费希特:早期哲学作品》(*Fichte: Early Philosophical Writings*), Daniel Breazeale (ed.), Ithaca: Cornell University Press, 1988。引用时注明了页码。

IW　　《知识学及其他作品导读》(*Introductions to the Wissenschaftslehre and Other Writings*), Daniel Breazeale (ed.

and tr.), Indianapolis: Hackett, 1994。

ARD 《关于宗教和自然神论的箴言》(*Aphorisms on Religion and Deism*, 1790), SW 5, tr. R.W. Stine, in Stine (ed.), *The Doctrine of God in the Philosophy of Fichte*, Philadelphia: U. of Pennsylvania Press, 1945。

ASL 《极乐生活指南，或宗教学说》(*The Way Toward the Blessed Life, or: The Doctrine of Religion*, 1806), SW 5, tr. William Smith, London: John Chapman, 1849。

BHW 《论激励和提高对于真理的纯粹兴趣》(*On Stimulating and Increasing the Pure Interest in Truth*, 1795), SW 8, EW。

BM 《人的使命》(*The Vocation of Man*, 1800), SW 2, tr. Roderick Chisholm, Indianapolis: Bobbs-Merrill, 1958。

EE 《知识学新说》(*Versuch einer neuen Darstellung der Wissenschaftslehre*, 1797), 第一导言, SW 1, IW, also GWL。

ZE 《知识学新说》, 第二导言, SW 1, IW, also GWL。

K1 《知识学新说》, 第一章, SW 1。

GEW 《略论知识学的特征》(*Outline of the Distinctive Character of the Wissenschaftslehre*, 1795), SW 1, EW。

GGW 《论我们信仰上帝统治世界的根据》(*On the Basis of Our Belief in a Divine Governance of the World*, 1798), SW 8, IW。

GGZ 《现时代的根本特点》(*The Characteristics of the Present Age*, 1805), SW 7, tr. William Smith, London: Chapman, 1848。

GH 《锁闭的商业国》(*The Closed Commercial State*, 1800), SW 3, tr. Anthony Curtis Adler, Albany, NY: SUNY Press,

	2012。
GWL	《全部知识学的基础》(*Science of Knowledge*, 1794), SW 1, tr. Peter Heath and John Lachs, Cambridge: Cambridge University Press, 1982。
NR	《自然法权基础》(*Foundations of Natural Right*, 1796), SW 3, tr. Michael Baur, ed. F. Neuhouser, Cambridge: Cambridge University Press, 2000。
RDN	《对德意志民族的演讲》(*Addresses to the German Nation*, 1808), SW 7, tr. Gregory Moore, Cambridge: Cambridge University Press, 2008。
SB	《明如白昼的报导》(*Sun-Clear Report*, 1801), SW 2, tr. Ernst Behler, *The Philosophy of German Idealism*, London: Bloomsbury-Continuum, 1987。
SL	《伦理学体系》(*System of Ethics*, 1798), SW 4, tr. D. Breazeale and G. Zöller, Cambridge: Cambridge University Press, 2006。
UGB	《关于哲学中的精神和字母》(*On the Distinction between Letter and Spirit in Philosophy*, 1795), GA II/3, EW。
VBG	《关于学者使命的若干演讲》(*Some Lectures Concerning the Scholar's Vocation*, 1794), SW 6, EW。
VKO	《试评一切天启》(*Attempt at a Critique of All Revelation*, 1792, 1793), SW 5, translated by Garrett Green, edited by Allen Wood, Cambridge: Cambridge University Press, 2010。
WL1804	《知识学》(*The Science of Knowing*, 1804), SW 10, tr. Walter Wright, Albany: SUNY Press, 2005。
WLnm	《知识学的新方法》(*Wissenschaftslehre nova methodo*),

GA IV/2, ed. and transl. Daniel Breazeale, Ithaca: Cornell University Press, 1992。

黑格尔

Werke Hegel 《黑格尔全集：理论著作集》（*Werke: Theoriewerkausgabe*），Frankfurt: Suhrkamp, 1970。引用时注明了"卷：页码"。

EL 《哲学科学全书》（*Enzyklopädie der philosophischen Wissenschaften: Logik, Werke* 8）。引用时注明了段落号（§）。

PhG 《精神现象学》（*Phänomenologie des Geistes*），*Werke* 3。引用时注明了 A. V. 米勒（A.V. Miller）译本中的段落号（¶），Oxford: Oxford University Press, 1977。

NP 《纽伦堡导言》（*Nürnberger Propädeutik*），*Werke* 4。

PR 《法哲学原理》（*Grundlinien der Philosophie des Rechts*），*Werke* 7。引用时注明了段落号（§）；"R"的意思是"附释"，"A"的意思是"补充"。英译本参见 *Elements of the Philosophy of Right*, ed. Allen Wood, tr. H.B. Nisbet, Cambridge: Cambridge University Press, 1991。

TJ 《早期神学著作》（*Theologische Jugendschriften*, 1793—1800），*Werke* 1。引用时注明了页码。*Early Theological Writings*, tr. T.M. Knox, Philadelphia: University of Pennsylvania Press, 1971.

WNR 《探讨自然法的科学方法》（*Über die wissenschaftliche Behandlungsarten der Naturrecht*），*Werke* 2，*Natural Law*, tr. T.M. Knox, Philadelphia: University of Pennsylvania Press, 1975。引用时注明了"德文版卷：页码/英文版页码"。

康德

Ak　　《康德著作集》(*Immanuel Kants Schriften*)，普鲁士王家科学院版，Berlin: W. de Gruyter, 1902—。
除非另有注释，本书所引用康德的著作均注明了这个版本中的卷数和页码。

Ca　　《剑桥版康德著作集》(*Cambridge Edition of the Works of Immanuel Kant*)，New York: Cambridge University Press, 1992—2016。这个版本提供了普鲁士科学院版中的卷数和页码。具体的著作在引用时会遵循如下的缩略表述（在下面没有提供缩略表达的著作被引用时均简要注明了它们在普鲁士科学院版中的卷数和页码。）

Anth　《实用人类学》(*Anthropologie in pragmatischer Hinsicht*, 1798)，Ak 7。
Anthropology From a Pragmatic Point of View, Ca Anthropology, History and Education。

EF　　《论永久和平》(*Zum ewigen Frieden: Ein philosophischer Entwurf*, 1795)，Ak 8。
Toward Perpetual Peace: A Philosophical Project, Ca Practical Philosophy。

G　　《道德形而上学奠基》(*Grundlegung zur Metaphysik der Sitten*, 1785)，Ak 4。
Groundwork of the Metaphysics of Morals, Ca Practical Philosophy。

I　　《关于一种世界公民观点的普遍历史的理念》(*Idee zu einer allgemeinen Geschichte in weltbürgerlicher Absicht*,

	1784），Ak 8。*Idea Toward a Universal History With a Cosmopolitan Aim,* Ca Anthropology History and Education.
KrV	《纯粹理性批判》（*Kritik der reinen Vernunft*, 1781, 1787）。引用时注明了 A/B 页码。
	Critique of Pure Reason, Ca Critique of Pure Reason.
KpV	《实践理性批判》（*Kritik der praktischen Vernunft*, 1788），Ak 5。
	Critique of Practical Reason, Ca Practical Philosophy.
KU	《判断力批判》（*Kritik der Urteilskraft*, 1790），Ak 5。
	Critique of the Power of Judgment, Ca Critique of the Power of Judgment.
MA	《人类历史揣测的开端》（*Mutmaßlicher Anfang der Menschengeschichte*, 1786），Ak 8。
	Conjectural Beginning of Human History, Ca Anthropology History and Education.
MS	《道德形而上学》（*Metaphysik der Sitten*, 1797—1798），Ak 6。
	Metaphysics of Morals, Ca Practical Philosophy.
NRF	《费耶阿本德〈自然法〉》（*Naturrecht Feyerabend*, 1784），Ak 27。
	Kant's Natural Right Gottfried Feyerabend, Ca Lectures and Drafts on Political Philosophy.
O	《什么叫作在思维中确定方向？》（*Was heißt: Sich im Denken orientieren?*, 1786），Ak 8。
	What Does It Mean to Orient Oneself in Thinking? Ca Religion and Rational Theology.

P	《未来形而上学导论》（*Prolegomena zu einer jeden künftigen Metaphysik*, 1783），Ak 4。 *Prolegomena to Any Future Metaphysics*, Ca Theoretical Philosophy after 1781.
R	《纯然理性界限内的宗教》（*Religion innerhalb der Grenzen der bloßen Vernunft*, 1793—1794），Ak 6。 *Religion Within the Boundaries of Mere Reason*, Ca Religion and Rational Theology.
Refl	《反思录》（*Reflexionen*），Ak 14—23。 Ca *Notes and Fragments*.
RH	《戈特利布·胡弗兰德的〈试论自然法权的原理〉》（*Recension von Gottlieb Hufeland*, Versuch über den Grundsatz des Naturrechts, 1786），Ak 8。 *Review of Gottlieb Hufeland*, Essay on the Principle of Natural Right, Ca Practical Philosophy.
SF	《系科之争》（*Streit der Fakultäten*, 1798），Ak 7。 *Conflict of the Faculties*, Ca Religion and Rational Theology.
TP	《论俗语：这在理论上可能是正确的，但不适用于实践》（*Über den Gemeinspruch: Das mag in der Theorie richtig sein, taugt aber nicht für die Praxis*, 1793），Ak 8。 *On the Common Saying: That May be Correct in Theory but it is of No Use in Practice*, Ca Practical philosophy
VA	《人类学讲演》（*Vorlesungen über Anthropologie*），VA 25。 *Lectures on Anthropology*, Ca Lectures on Anthropology.
VE	《伦理学讲演》（*Vorlesungen über Ethik*），Ak 27, 29。 *Lectures on Ethics*, Ca Lectures on Ethics.

VL	《逻辑学讲演》(*Vorlesungen über Logik*),Ak 9, 24。*Lectures on Logic*, Ca *Lectures on Logic*.
VP	《教育学讲演》([*Vorlesungen über*] *Pädagogik*),Ak 9。*Lectures on Pedagogy*, Ca *Anthropology, History and Education*.
VRL	《论出自人类之爱而说谎的所谓法权》(*Über ein vermeintes Recht aus Menschenliebe zu lügen*),Ak 8。*On a Supposed Right to Lie From Philanthropy*, Ca *Practical Philosophy*.
WA	《回答这个问题:什么是启蒙?》(*Beantwortung der Frage: Was ist Aufklärung?*, 1784),Ak 8。*An Answer to the Question: What is Enlightenment?* Ca *Practical Philosophy*.

克尔凯郭尔

SV	克尔凯郭尔(Søren Kierkegaard, 1901—1906),《克尔凯郭尔全集》(*Søren Kierkegaards Samlede Værker*), ed. A.B. Drachman, J.L. Heiberg, H.O. Lange,Copenhagen: Gyldendal。引用时注明了卷数:页码。

马克思和恩格斯

Marx(1981)	马克思,《资本论》(*Capital*),第三卷,1895,transl. David Fernbach, London: Penguin。引用时注明了"卷数:页码"。
MECW	马克思、恩格斯(1975—2004),《马克思恩格斯全集》(*Collected Works*), New York: International Publishers。

引用时注明了"卷数：页码"。

斯宾诺莎

Spinoza 《遗著》(*Opera.*), edited by Carl Gebhardt, Heidelberg: C. Winter, 1925。

《伦理学、知性改进论和书信选》(*Ethics, Treatise on the Emendation of the Intellect and Selected Letters*)，雪莉（Samuel Shirley）译，费尔德曼（Seymour Feldman）编辑并撰写导言。在引用《伦理学》时注明了部分、命题（P）、推论（C）和旁注（S），引用书信时注明了信件编号。

第一章　费希特其人

费希特强调，一个人的哲学取决于他是怎样的人（EE 1:434）。但这并非用一个传记性章节开始一本有关费希特伦理学的书的唯一理由，甚至并非最好的理由。[1] 费希特是一个复杂的人，也是一个有魅力的人。他的一生跌宕起伏，也十分有趣。费希特人生的早期阶段是一个令人欣慰的故事，甚至激动人心，当我们追溯此人一生的时候，会发现一个地位卑微的人通过一系列不可思议的事件获得了显赫声名。但后来故事情节急转直下。费希特甚至可以说是一个亚里士多德式的悲剧式英雄：他是一个伟大人物，有着辉煌和高贵的成就，却因残酷的命运引发出性情中的重大缺陷，最终沉于谷底。我们也可以将他的思想迄今为止遭受到的不应有的忽视，甚至将世界未能沿着他的思想指出的道路前行，视为他的悲剧命运的一部分。他的悲剧也可能是所有人的悲剧。

第一节　背景和教育

故事应从1771年早些时候的一个周日的早晨讲起，地点在米尔

---

[1] 对更多的内容感兴趣的读者，最近有一部用德文写成的有关费希特的精彩传记：Kühn（2012）。在英语学界也有一部写得不错的费希特的传记：Bykova（2014）。

提茨（Ernst Haubold von Miltitz）男爵的卧室，米尔提茨男爵是一位生活在萨克森庄园中的富有贵族，此地离迈森不远。男爵习惯于在周日钻进马车，优哉游哉地去倾听拉梅瑙村一位名叫内斯特勒的牧师讲道。但在这个周日，男爵生病在床，这使他颇为烦恼，因为他特别希望能倾听内斯特勒在这个周末的讲道。当男爵向仆人叙说不快的时候，仆人告诉他，村子里有一个没有受过教育的八岁小男孩，这个小男孩平时靠养鹅供养贫困的家庭，但会按时倾听布道。这男孩有一种令人惊讶的才能，几乎能一字不落地复述布道的内容，并且只要稍作倾听，便能理解。于是这个小男孩被本地的牧师丁多夫带到了男爵面前。让男爵高兴且吃惊的是，这个小孩能做到仆人所说的事。男爵受到触动，他觉得这个小家伙应该接受教育，将来让他成为教士，这样他就可以在长大之后布道了。[2]

这个引人注意的小男孩就是费希特，他于1762年5月19日出生在拉梅瑙附近。他的父亲是一个贫穷的丝带编织工，是一个解放了的农奴。米尔提茨男爵将费希特带出他的家庭，把他交给位于拉梅瑙以西30公里的尼德劳的一位名叫克雷贝尔的牧师照顾，之后费希特被送到了迈森的学校。三年之后，在男爵的资助下，他被送到了位于瑙姆堡附近的著名的普夫达中学（或者说寄宿学校）。三十年前，诗人克洛卜施托克（Klopstock，1724—1803）——费希特未来岳母的弟弟——曾在这所学校念书。也是在这所学校，大约七十年后，青年时期的尼采在这里接受教育。

1774年男爵去世，在他的遗嘱中对费希特的大学教育做了安排。

---

2 Kühn（2012），第45页。库恩质疑这个故事，认为这不过是费希特的一段家族传说。在这一点上，似乎无法准确地证实米尔提茨男爵及其家族是如何在费希特的教育方面提供帮助的。但有关费希特能够逐字逐句背诵布道内容的说法，却是我们所掌握的有关费希特的唯一说法。

这些教育开始于 1780 年，首先在耶拿，接下来在维滕堡，最后在莱比锡，费希特在莱比锡待的时间较男爵的继承人希望他待的时间更长。即便他们清楚费希特无意成为传播福音的牧师，而是想要从事哲学，但他们还是继续慷慨地支持了他一段时间。

第二节　一个穷困又傲慢的哲学家在充满敌意的世界走自己的路

费希特后来说："我们的哲学成为了自身的心灵史和生活史，并且根据我们如何发现自身，思考一般意义上的人及其使命。"（BM 2:293）我们将会看到，费希特认为，在我们自由行动的过程中，人类的自我必须脱离那些实际存在的道路。这个自我，即出现在每个人身上的纯粹的理性原则，在根本上与非我——也就是外在于我的世界，在自我的经验中，它是一种抵抗自我的努力的东西——相冲突。费希特的有关人类行动的高度抽象的、哲学化的观念理应得到普遍适用；与此同时，这些命题也可以被视为他获得学术上的极高声望的一系列奇特事件的隐喻。自孩提时代以来，他就脱离了残酷的社会秩序给他选定的生活——成为一个贫困编织工的没有文化的儿子。因为他的非凡能力，因为他不知疲倦的努力和一系列的幸运事件，他在这个世界上不可思议地崛起，与此同时，他的崛起也在不断地与注定要使他走向贫困和籍籍无名的生活的社会秩序抗争。

3　私人讲师

1784 年左右，男爵继承人的耐心到达了极点，他们不再愿意支持费希特的教育。费希特因此必须离开大学,但他还没有拿到学位。经济上的吃紧迫使他开始找工作来谋生,他给莱比锡和德累斯顿附近的富有家庭的孩子们当老师。在那个时代和那个地方,对于在学术上雄心勃勃但经济条件一般的人来说,这是常见的谋生之路。早在四十年前,康德走过同样的道路,十年之后,黑格尔也走上了这条路。

费希特很少在一个职位上待太长时间。显然他对从米尔提茨男爵那里得到的恩惠并无多少感激。大多数家庭教师都被视为家庭的奴仆。费希特高傲且野心勃勃,他珍爱自己的尊严和权威,在他看来,这是他的天才和教养应得的。他厌恶为贵族或有钱的资产阶级工作,在他看来,这些人拥有较高社会地位是因为他们享受了不公正的社会秩序下的特权,这是他们不配享有的。如果不是因为不服从主人而被辞退,费希特也会在存够没有这个教职也能生活的费用之后辞掉工作,但不久之后他又不得不再次找一份相同的工作。

苏黎世

1788年,费希特想要离开萨克森前往瑞士的苏黎世,寻找家庭教师的职位来改善处境。这是他生命过程中的第二个重要转折点,此举对他命运的改变和他在孩提时代遇到米尔提茨男爵差不多。在苏黎世,他结识了拉瓦特(Johann kasper Lavater,1741—1801),这是一位宗教思想家,和当时许多著名的知识分子都有往来。通过拉瓦特,他被引荐到著名诗人克洛卜施托克的社交圈。这就是他为何会结识克洛卜施托克的姐夫拉恩(Hartmann Rahn,1719—1795)的缘故,拉恩是那个时代法国革命理想的热烈支持者。

费希特也结识了拉恩的女儿约翰娜·玛丽(Johanna Marie,1755—1819),他们相爱了。正如费希特后来在一封写给她的信中说:"在我们第一次交谈时,我就被你吸引,我的整个心向你敞开。"(GA Ⅲ, no.21)约翰娜是一个聪明的女子,性格刚烈,非常喜欢费希特,但她的社会地位要比费希特高得多——像费希特这般出身贫贱的人原本不可能指望能娶这样的女子。但是,约翰娜那时已过35岁,比费希特还大七岁,长相也不美。在她遇到费希特之前,她肯定早已对自己是否能有结婚的机会绝望了。于是他们不可思议地走向了婚姻殿堂。他们尴尬的罗曼史是感人的,最终的结合无论从哪方面来说都是成功和幸福的。

他们没有立即走向婚姻的殿堂。费希特卑微的社会地位极有可能是障碍。只有时间才能克服这个障碍,因为他已在苏黎世和在其他地方建立了新的社会联系。为了达到这个目的,拉瓦特和拉恩发挥了影响力,为费希特在莱比锡谋了一个不错的家庭教师职位,就在他的出生地附近。在去莱比锡的路上,他在魏玛停驻,在那里,带着拉瓦特写的引荐信,他拜访了赫尔德(Herder)和歌德,这次结识给他日后的生活带来了极大好处。1791年的一场商业灾难使拉恩丧失了大部分财产,也使费希特的婚礼进一步推迟。在接下来的几年中,费希特不得不自己养活自己。

早期的斯宾诺莎主义

我们不知道,到这个时候为止费希特有着怎样的哲学观。他受过莱布尼茨-沃尔夫体系的哲学教育。在他上学时,他带着狂热的兴趣读过莱辛(G. E. Lessing, 1729—1781)的《反葛兹》(*Anti-Goeze*)和其他神学著作。这些著作必定使他对传统基督教抱持一种越来越强烈的批判态度。也许正是这些使他偏离了最初的教士使命。1780年代中期,在雅可比(Jacobi)和门德尔松(Mendelssohn)之间一场著名的"泛神论之争"使人们将注意力集中在莱辛的斯宾诺莎主义上面。斯宾诺莎主义也许使费希特在学术上同当时流行的德国知识分子团体建立了一种和谐关系，这些知识分子追随这场著名的争论，宣称自己是斯宾诺莎主义者。这是赫尔德在他的对话《上帝：几场对谈》（*God: Some Coversations*，1787）中所做的事。歌德在不久之后也成为了一个公开的斯宾诺莎主义者。

1790年，费希特撰写了一系列《关于宗教和自然神论的箴言》（ARD 5:1—8）。这些东西在19世纪中期得以首次出版，收在他儿子编辑的费希特著作集的第一版中。在《箴言》中，费希特支持一种自然神论，这种自然神论以接受斯宾诺莎主义者关于上帝的一元论主张为特征，并且他支持一种有关人类的性格和行动的严格的决定论立场：

> 在此，有一个永恒的存在者，他的存在，他的存在方式，是必然的……在此岸世界中发生的任何改变都是必然地被规定的，就如同通过充足理由被规定的一样——任何改变的最初原因是有关神圣者的最初思想。

（ARD 5:6）

《箴言》看起来主要关注的是有关原罪和救赎的宗教问题：

> 普通的人类感情中称为原罪的东西是从有限存在者的必然——或多或少——限制中产生出来的。这个存在者的状态有其必然的结果，和神圣者的存在一样是必然的，并因此它们就是不可消除的。

（ARD 5:7）

在费希特看来，基督教只是人类情感的一种主观表达，它对道德有一种普遍的有益影响。(再一次地,这是有关宗教在人类生活中的角色的一种斯宾诺莎主义立场)。基督教教导了从对必然性的接受中产生的同上帝的和解,但在基督教那里,这种和解并未采取哲学"思辨"的形式,而是采取了拟人论的形式,即将这种和解视为上帝对原罪的宽恕。费希特的《箴言》以一系列问题结尾,追问的是"心灵在思辨中为自身复仇采取的特定环节",最终导致了"上帝的不满情感"和"对和解的急切渴求",这种渴求仍然没有得到满足,并因此成为人类悲惨命运的源头(ARD 5:7)。在这种情形下,对人的真正救赎可能就是要相信神圣秩序的必然性;尽管这一点可在理智层面上得到证明,但对在情感上被如此规定了的那些人来说,对神圣秩序的必然性的信念是否在主观上是可能的,依旧是一个问题。

在《箴言》中,费希特的上帝观是一种形而上学的无限的观念,这种观念超越了一切有限的范畴,尤其是超越了人格性的范畴。斯宾诺莎主义的影响似乎一直持续到费希特在1790年转向康德主义之后。对于费希特来说,自我或者那个积极的人格必然是有限的,并且有质料上的体现。无法想象有一种"无限人格"。在他后期的著作中,例如在《人的使命》(1800)中,上帝不是被视为众多人中的一个人,而是被视为一种共同的精神生活,人类的精神通过它存活下来,这是人们形成共同体的精神性中介,甚至也是他们努力追求的从来不能实现的一个理想性的精神统一体。正是费希特的这种并未超越世界的"鲜活的和有效的道德秩序"的上帝观念,在他的学术生涯中带给他悲剧性危机(GGW 5:186)。

本书的主旨不是讨论费希特的上帝观念,但我们将会看到,这些有关神圣者的不同描述将会在他的伦理学中占据一席之地,尤其是在1800年之后。在本书第七章第九节,我们将要尝试使这些描述前后贯通。尽管上帝不能是一个人,但费希特认为,人必然要将上帝表象为一个人。费希特不是在字面上,也不是在超自然的意义上理解一切有关上帝的讨论,而是相反,他将上帝视为一种符号,视为有关人生真理的一种充满审美意味的宗教表达,这里也有一种纯粹世俗的表达。在《箴言》中,这就包含了人类在道德上是存在缺陷的真理,因为每一个人的完善都是受限制的。费希特之所以对有关这些真理的传统的宗教表达感兴趣,是因为在他看来,教条的唯物主义热衷的说法否定人类的自由,并且剥夺了人类存在的重要意义。宗教的象征主义是在一个完全无精神的世界图景的肤浅和堕落面前坚守我们的人性。

《箴言》同样也和费希特后期的哲学相一致,它们关心的都是哲学的观点和持有这种观点的个体人格之间的紧密关系。费希特担心的是,当理性与个体的人生取向、自我情感和固化的个体身份相对立时,即便有关这些哲学真理的论证非常明确,也无法通过理性说服一个人相信这些哲学真理。

返回莱比锡,转向康德主义

在到达莱比锡后不久,费希特遇到了一个大学生,他想请费希特讲授最新流行的哲学知识,即康德的哲学。直到这时,费希特还完全不了解康德哲学。他同意了,开始阅读康德,从康德最近的著作读起,即从《判断力批判》开始,但很快进入到《实践理性批判》。

费希特很快就狂热地转向了康德的批判哲学,其中起决定性作用的是批判哲学有关意志自由的强烈主张。从这里开始,费希特将实践方面对自由的主张视为他整个理论图景的基础性部分,不只视为任何可能的理论体系奠基,还视为实践的道德和政治主张的基础,这就激活了费希特的全部哲学。费希特不仅将必然论同唯物主义相联系,并因此与道德上的松弛和无信仰相联系,还将必然论同社会和政治上的自鸣得意相联系。否定自由意志的人阻碍人类的道德进步和启蒙,因为他们从社会的不正义中得利。这一明显的对立必然会提醒我们恩格斯日后在"观念论"和"唯物主义"之间做出的对照(MECW 26:357—365)——尽管它们在政治和历史的内涵方面(分别属于两种对立的世界图景)讽刺性地与这里的对立完全颠倒。

在费希特的后期著作中,他的哲学的斯宾诺莎主义的开端仍然在许多不同方面呈现出来。他采纳了直接来自斯宾诺莎哲学的许多概念,比如说(作为一种在不同端点之间摇摆的)想象概念,以及(作为一种有意识地缺乏规定性原因的)自由概念。因此,即便当费希特在某个问题上的立场完全与斯宾诺莎对立,他也常常运用斯宾诺莎的术语提出这个问题。费希特关于感官知觉的观念,关于心灵和身体关系的观念,很大程度上归功于将斯宾诺莎在这些问题上的独到观点吸收到了他有关自我和自由行动的理论中,而这一理论,就我们能想象到的而言,完全有别于斯宾诺莎。并且,在费希特的思想中,斯宾诺莎的哲学通常是带着敬意被对待的,即便在他看来(或者也许准确来说是因为)斯宾诺莎哲学是与他自身的生命观针锋相对的最一贯的和最充分的表达时也如此。我们也将看到,在许多同伦理学直接相关的问题上,斯宾诺莎的哲学并不完全同费希特的观点对立。费希特通常至少是一名斯宾诺莎主义者,尽管他已经转变成为一名康德主义者。

哥尼斯堡

费希特在莱比锡获得的新的家庭教师的职位没有像计划的那般得到实行,因为他一开始就和雇主发生了一次争吵,一气之下便辞去了工作。很快他在华沙得到了一份新教职，他于1791年旅行到达那里（大部分时间靠步行），但这份工作也因费希特和那个可能成为他雇主的人在首次见面时的争吵化为泡影。华沙离东普鲁士不远，因此费希特决定干脆前往哥尼斯堡，想在那里拜会伟大的康德。

两个人在1794年7月4日第一次见面时，费希特显然没有给康德留下印象，但他仍然在哥尼斯堡停留了好几个星期。在此期间他撰写了一部小书《试评一切天启》。他在8月中旬左右将稿子送给康德看，这时他已陷入到了财政方面的窘境，因此他请求康德借一笔充足的资金给他，好让他返回萨克森。但康德的答复是，费希特可以卖出他的书稿，获得所需的钱。康德建议将这部稿子卖给他的出版人哈通。

克拉科夫

在康德的同事、宫廷牧师舒尔茨（J. F. Schultz）的帮助下，康德为费希特谋取了一份家庭教师的工作，地点在邻近但泽的克拉科夫。不同于前两份工作，费希特这份工作做得不错。他在那里待了大约一年。期间，他撰写了一本激进的政治小册子，这个小册子有一个挑衅性的标题——《向压制思想自由的欧洲君主们索回思想自由》(*Reclamation of the Freedom of Thought from the Princes of Europe, Who Have Suppressed It*, SW 6:1—35)。费希特也开始撰写一本大篇幅的书，他在书中激情地回应针对法国大革命的一个著名的保守主义批评，其作者是雷贝格（August Wilhelm Rehberg），也是一个康德主义者（SW 6:37—288）。

与此同时，费希特有关启示的书的出版也遇到了障碍。弗里德里希大帝于1786年逝世，继承者弗里德里希二世公布了一项针对一切宗教出版物的审查令，目的是打击在弗里德里希大帝统治时期已经开始繁盛的自由思想和宗教异端的危险倾向。这些东西如今已公然出现在许多宗教书本、大学课堂和教会讲坛中。（不久后康德出版《纯然理性界限内的宗教》，也与这道审查令产生了冲突。）费希特被要求将书稿提交给哈勒大学神学院审查。1792年1月，神学院院长拒绝接受书稿，除非费希特同意在神迹基础上接受启示。无疑，这一修改要求完全与费希特的批判的理性主义立场冲突。对此，他断然拒绝。尽管新院长在接下来推翻了这个裁定，为接下来该书的顺利出版奠定了基础，但哈通已经制订了一个计划，想要匿名出版这本书，并且决定不附费希特的序言——在序言中解释了该书的情况。因此，1792年春，费希特的首部公开发表的著作《试评一切天启》最终以秘密的和挑衅性的形式出版。

在这部处女作中，费希特和康德一致认为，宗教的唯一功能是道德，并且在他看来，为了确证一种独特的假定的神圣启示（例如，在《圣经》中）的真实性，我们能够做的顶多是判定就其道德内容而言，它也许与善良的上帝可能揭示给我们的东西一致。相较康德，费希特使神圣启示的内容成为道德生活更为本质性的部分——强调通过我们自身意志颁布的道德法则，只有当我们将其视为通过外在于我们的存在者提供给我们时，才能够达到客观性（VKO§3，5:49—58；§7，5:79—84）。正如在早期的《箴言》中，费希特认为，上帝超越了有限的范畴，例如超越了人格（VKO 5:42—43），但除非以一种由某个神圣人格发布命令的形式，否则人类无法思考理性的命令（VKO 5:55）。

费希特的处女作因此使"第二人称观点"成为道德的本质性部分。它提供了对于道德上的自我尊重，对于作为德性和幸福的和谐保障的上帝，对于作为道德立法者的上帝，对于宗教，以及对于启示的需要的先验推演。在这些论证中,费希特已经使用了他后来所谓的"综合的方法"——黑格尔也将这一点作为在他的思辨体系中到处使用的辩证法的原型。在第二版(1793)中,费希特有关意愿概念的发挥也预示了他后来在《伦理学体系》(1798)中使用的论证的大部分内容。尽管人们认为,费希特对启示的批判受到了康德的启发,但这绝不意味着只是对康德观点的谄媚性模仿。我们同样不能将其视为一种少年读物,在这本书出版时,费希特已经进入他的三十岁生日后的第一个月。[3]

早期的读者们对费希特处女作的接受是他一生中第三个重要的并且出人意料的转折。米尔提茨男爵给予他的教育使他脱离了卑贱的生活处境。与拉瓦特和拉恩的熟识使他开始接触学问家的世界,他的讨论启示的书在读者那里得到的不可思议的接受使他突然间变成了一位重要的哲学家,甚至进入知识界名流之列。

读过费希特这本匿名出版的宗教书的读者们早就知道康德想要写一本讨论这个主题的书,而且人们也知道,康德遇到了普鲁士的书籍审查所带来的问题,这就极有可能会导致他匿名出版这本书。这本书的内容,尤其是它的第一版,并不包含他在1793年出版第二版时所做的改动,这些很容易使康德的大多数追随者,包括赖因霍尔德(Karl Leohard Reinhold)这位当时康德哲学的主要拥护者和小说家李希特,怀疑这本书出自康德之手。在耶拿出版的《文汇报》上曾发表过一篇冗长的、表达赞美的评论,说显然康德就是这本书的作者。就在这本杂志接下来一个月的一期中,康德发表了一封信,信中带着赞赏的语气提及费希特才是这本讨论启示的书的作者,并宣称写

---

[3] 关于费希特《试评一切天启》第一版的一个比较好的讨论,参见 Breazeale(2013),第1—22页。同样参见我为《试评一切天启》一书撰写的导论。

作这本书的荣耀应完全归功于费希特本人。这就使此前默默无闻的费希特一下成为哲学界的重要人物。

返回苏黎世

1793年，拉恩的财政状况从两年前遭遇的挫折中恢复了一些。这一年春天，费希特辞掉了家庭教师工作，返回苏黎世筹办婚礼，和拉恩一家居住在一起。法律上的一些问题又使婚礼推迟到秋天。费希特在这段时间完成了对雷贝格的回应，书名是《纠正公众对法国大革命的判断》(Contribution to the Correction of the Public's Judgement of the French Revolution, 1793)。在这本书中，他攻击贵族的世袭特权，支持一种对民主主权的契约主义的捍卫，并且为革命权利辩护。

与此同时，费希特也开始了一项工作，回应刚刚匿名出版的一本讨论理论哲学的重要著作，这本书的名称是《埃奈西德穆，或者论赖因霍尔德教授在耶拿提出的基本哲学的根据》(Aenesidemus, or Concerning the Foundations of the Elementary Philosophy Propounded in Jena by Professor Reinhold, 1792)。该书自称从休谟或怀疑主义的立场出发对康德哲学展开批判，其直接目标是时任耶拿教授的赖因霍尔德提出的所谓的基本哲学。《埃奈西德穆》的作者的身份已经为大多数读者所知，这就是舒尔策(Gottlob Ernst Schulze, 1761—1833)，黑尔姆施泰特(Helmstedt)的教授，后为哥廷根(Göttingen)的教授(叔本华是他后期的学生之一)。费希特非常熟悉舒尔策，他们一同在普夫达和维滕堡念过书。在回应舒尔策的过程中，以及在后来阐明自身先验哲学体系的过程中，费希特也受到了迈蒙(Salomon Maimon)著作的极大影响。迈蒙来自立陶宛，是一位主要靠自学成才的拉比，康德曾说他是最能理解自己思想体系的批判者。

费希特花了较长时间回应《埃奈西德穆》，写作过程十分艰苦，他在舒尔策的怀疑论批判中发现了针对康德主义的一个根本挑战，尤其是发现了针对赖因霍尔德计划的挑战——赖因霍尔德想要将康德哲学奠基在单一的第一原则的基础上，这是反对一切怀疑论反驳的证据。几乎整个1793年，费希特都忙于写作这个评论，在此过程中，他日益感到，批判哲学需要全新的基础，这个全新的基础既不同于康德提供的基础，也不同于赖因霍尔德提供的基础。[4]

第三节 耶拿大学教授：伟大的岁月

1793年秋天，费希特突然接到一份教职任命，去耶拿担任赖因霍尔德的哲学教席，这个教席在赖因霍尔德接受了位于德国北部的基尔大学的一个收入更丰厚的教职之后便一直空缺。令人奇怪地将这个教职授予给一个没有学位且缺乏大学教学经验的人，显然是因为费希特作为《试评一切天启》的作者新近获得的名声。但也有歌德的帮忙——歌德那时是魏玛宫廷公爵的私人顾问，对教育事务有非常大的影响。之所以选择费希特显然是为了找人讲授最新的康德哲学，如果康德最有名的捍卫者离开耶拿到了基尔，那么这个职位就应该由正在冉冉升起的康德学者中的新星来替代。

费希特的教职任命是从1794年春开始的，但他不愿意那么早就过去，于是他请求说，需要多一点时间"完成自己的哲学体系"。他已经忙完了一篇纲领性论文《论知识学的概念》(*Concerning the Con-*

---

[4] 这一评论的重要性为布里泽尔强调（2013，第23—41页）。有关费希特对迈蒙观点的继受，参见第42—69页。有关他在这段时期对康德观点的继受，参见 Piché（1995）。

cept of a Doctrine of Science）。在他 1794 年 5 月前往耶拿时，已经将这篇文章寄给了出版商。显然，他希望在履行教职义务之前，能用一些时间（至少一年）完成纲要中描述的计划。但大学不允许他做任何拖延，但幸好是这样：在接下来的二十年中，费希特反复回到他称为知识学的哲学体系的基础，但却从未完成它，甚至没能赋予它一个确定的根据。因此他在 1794 年春天晚些时候接受了耶拿的新教职，开始了短暂的五年。然而，这五年不仅对他的哲学发展来说有着重要的意义，而且（毫不夸张地说）对整个现代哲学史来说也十分重要。

讲座

离开苏黎世之前，拉瓦特曾邀请费希特做讲座，提出他的新哲学体系。很显然他在 1794 年 4 月这样做了。如今我们可以看到拉瓦特关于费希特在苏黎世所做的知识学的前五次讲座的抄本（GA, Ⅳ/3:1—47）。它们以一篇鼓舞人心的讲演结尾，后来以"论人的尊严"为题出版（SW 1:412—416）。这个讲演中已经出现了费希特在不久之后，也就是 1794 年夏季学期在耶拿的第一个通俗讲演系列中将要提出的观点。

从 1794 年 5 月开始，费希特开设了两个系列讲座。第一个系列是"私人性"讲座，这是为付费的小部分哲学学生开设的。在这个讲座中，他开始根据在《论知识学的概念》中列出的计划阐明他的哲学体系的基础。为此，他周复一周地准备一系列非常复杂的试探性文本，并将这些文本誊写后发放给学生，作为讲座的基础文本。这些一周一周写下的断片后来被整合为一本书，这就是 1794 年秋出版的《全部知识学的基础》（Foundation of the Entire Doctrine of Science）。这个文本通常被视为进入费希特哲学体系不可或缺的入门书，但这本书十分晦涩，难以理解，对学习费希特的思想构成了不可逾越的障碍。但如果考虑到这本书的成书状况，我们就可以领会到，它远非初次阅读费希特的人应该认为的在接触费希特其他著作之前必须首先掌握的文本。费希特本人也强调，如果没有与这本书伴随的讲座，就无法理解这本书，他后来甚至对这本书的出版感到遗憾。[5]

在1794年夏季和秋季学期每周五的晚上，费希特开设了另一个系列讲座，这个讲座向公众开放，不收任何费用，他不那么正式地称这些讲座的主题为"学者的道德"。讲座在一个庄严的大型讲演厅中进行，大厅常常座无虚席，有时甚至人满为患。费希特接受的布道者教育，以及他作为公共演说家的才能，使他成为一个鼓动人心的讲演者。他很快成为耶拿大学最受欢迎的教授。同时，此前他早就已经作为一个激进主义者和雅各宾分子而扬名，甚至有谣言说，如果费希特"再教个十年或者二十年，这里就不会再有君王"。[6] 这些故事不仅使赞同他教导的人兴致盎然，也引起了对他的学说充满敌意的人的怀疑，同样也激发了那些常常被一切公共场面拖着走的大众的好奇心。费希特充满激情地投身进步主义的启蒙理想，这就大大挑战了他的听众，既给他赢得了许多忠诚的支持者，也给他引来了敌人。1793年的讲演受到了极大欢迎，它们在某种意义上是费希特学术生涯的巅峰，甚至是他一生的巅峰。较之任何其他事件，它们使耶拿在1790年代中期到晚期成为了德国哲学和文化发展的中心。这些讲演文稿公开出版的版本迄今仍然有一种鼓动人心的力量。在这些讲演中，费希特的基本动机和教导较任何地方都来得更直接，对于不那么了解甚至不了

---

5 对1794年《全部知识学的基础》一书近来比较好的解读，参见 Neuhouser(1990)，第1—66页；Zöller(1996)，第1—43页；Förster(2012)，第179—204页；Breazeale(2013)，第96—123页。

6 Voigt to Goethe, June 15, 1794. Tümmler (ed.) (1949), pp. 138—139.

解费希特哲学的人来说,《论学者的使命》是很好的出发点。

费希特对自己的讲演得到的热烈接受感到非常高兴,这可以通过一封他写给妻子和岳父(他们有几个月没有随他一起来耶拿)的信看出来。他写道:"上周五我做了第一次公共讲演,耶拿的最大讲演厅也变得太小。门廊和院子里面都是人,人们站在桌子上,椅子上,甚至站到了彼此的头顶上。"[7]费希特留给听众的显著印象并非一概都是赞美性的,最令人难忘的是他的学生李斯特(Johann Georg Rist)的报告:

> 费希特是一个令人印象深刻的人,我常开玩笑地称他是"哲学界的波拿巴",他们二人之间的确有许多相似之处。这个矮小的、宽肩膀的男人不像那些世俗的圣人,平静地站在小讲台前,而是气冲冲地和杀气腾腾地站在那里。一头蓬乱的褐色头发从他那张布满皱纹的脸的周围冒出来,这张脸如同一张老妇人的脸,或者如同一只鹰的脸。不管是站在那里,还是迈开强健的腿,他都仿佛是从他所站的那块地里长出来的,如同他自身的力量那样稳固,肃然不动。他的嘴从来不说温柔的字眼,也不说任何笑话。他似乎是在向与他的自我对立的世界宣布一场战争。[8]

(李斯特,1880,1:70;EW,第19—20页)

费希特清楚地知道体面的教育给他带来了怎样的机会,他决定用教育来使这个世界变得更好一些。他看到那些坐在他前面听讲的权贵人家的孩子们被宠坏了,而且自私自利。如果给这些人机会进行自我

---

[7] 1794年5月26日的信,EW,第19页。

[8] 这一时期关于费希特的其他的报道,在布里泽尔的那篇信息量极大的导论中得到了援引(EW,第20—22页)。

教育，那么他们就注定会在奢侈和放荡的生活中浪费生命。他决定要改变他们的世界观，使他们意识到特权地位施加给自身的沉重义务。他有关学者使命的第三讲中包含了如下关键宣称：

> 任何人都必须用他的教育使整个社会获得好处。没有人有权只为自身的私人享受而工作，将自己和同胞们隔离起来，使自己的教育成为对同胞们毫无意义的东西。正是社会的辛劳才使他获得对自身的教育。在某种意义上讲，教育是社会的产物，是社会的财产。因此，不想用教育为社会造福的人是对社会财产的掠夺。
>
> （VBG 6:314—315，320—321）

费希特有关"学者道德"的公众演讲在夏季继续进行。关于"学者的道德"的五场讲座之后是另一个系列讲座，题为"关于哲学中的精神与字母"。[9] 其中一次讲座的结语展示了这些讲座的激进风格，也展示了费希特关于他的哲学提出的那些令人惊讶的主张：

> 随着这种哲学被发现，人类历史上的一个崭新时代开始了，或者，如果你愿意的话，也可以说一种全新的人和截然不同的人出现了。对于这个人来说，此前地球上一切形式的人性和人类活动都不过是为他做准备而已，如果这些人性和人类活动还有什么价值的话。这就是我们的时代召唤我们全体人类的哲学，对这种哲学，只要我们想要这样做，每个人都可以推动它的发展。
>
> （GA Ⅱ/3:335；EW，第 208 页）

---

9 GA Ⅱ/3: 315—342，参见 EW，第 185—215 页。

这些鼓舞人心的同样也是好辩的大众讲演，以及其他那些更专业的最终促使了《全部知识学的基础》出版的讲演，标志着费希特一生中的一个最多产的时期的开端。费希特在耶拿时期创作的作品对自那个时代以来的欧洲大陆传统中的哲学来说，有着深远的影响。

知识学

费希特从未完成过的知识学计划（并且，在某种意义上也许正是因为这一点）乃是他接下来二十年间提出的体系性哲学计划的原型，这些哲学计划的最著名的提出者是谢林和黑格尔。费希特在提出了他的体系的第一个基础，即1794年的《全部知识学的基础》之后不久，在《略论知识学的特征》(1795；SW 1:331—411) 中简述了这个体系的理论性部分。但在接下来的几年里，他又开始为知识学的基础寻找全新的进路，这是他在1797年和1799年间开设的一系列学者们习惯称为"知识学的新方法"的讲演中提出的。这个新方法的已经出版的版本在1797年费希特出版的两篇知识学导论中得到了暗示（但尚未充分展开）。导论之后应该是一个从他在前面提出的基础出发的对知识学的全新的体系性解释，但除了这些导论性文字之外，他没有写出新东西，当然，这些导论性的文字是非常有意思的和有启发的（我们将在本书第二章的第五至七节中讨论它们）。显然，费希特在此时想要完成他的哲学体系，不仅为这一哲学体系的基础提供新的论证，而且在有关自然法权和伦理学的体系之外还要补充其他两部体系性著作，即宗教哲学和自然哲学。[10]但实际上，他的体系真正完成的仅仅是"实践

---

10 对于这个意图中的体系的解释，参见 Lauth(1994)，第57—120页。另见 Zöller(1997)，第56—59页。

性的"部分——也就是道德的和政治的部分，这就是《自然法权基础》（1796—1797）和《伦理学体系》（1798）。这些文本，尤其是《伦理学体系》，将是本书的分析重点。但费希特的体系计划却被一场最终导致了他在耶拿的光明前景终结的骚乱突然打断，再也没有重新回来。

在1794年年末，费希特的妻子和岳父来到耶拿和他一起生活。从我们所掌握的材料来看，费希特肯定是一个不太好相处的人，但他和约翰娜的婚姻却是幸福的。1796年7月18日，他们唯一的孩子，伊曼纽尔·赫尔曼（Immanuel Hermman）出生。从1796年费希特和友人博格的通信来看（GA Ⅲ, No. 346），孩子的中间名一开始并不是赫尔曼（Hermann），而是哈特曼（Hartmann），是根据孩子母亲那边祖父的名字来取的。但是费希特夫妇之后又把这个名字改成了赫尔曼，因为他们觉得这个名字似乎更好听一些。

人们可能会认为，按照那个时代家庭生活的规矩，约翰娜可能会主要依靠她的丈夫生活。但相关报告却表明，她成功地坚持在抚养和教育孩子问题上承担首要责任。伊曼纽尔·赫尔曼·费希特（1796—1879）通过自身努力在哲学领域获得了令人尊敬的职业生涯，担任了波恩大学和图宾根大学的教授，并且出版了大量哲学著作，包括一部三卷本的哲学体系（1833—1846），一部三卷本的伦理学著作（1850—1853），以及一部两卷本的讨论心理学的著作（1864—1873）。但他的职业生涯并非一帆风顺，因为他激进的政治观点使他不得不同各种权威斗争。在学院派政治中，他是一个有争议的人物，因为他反对主流的黑格尔派哲学。伊曼纽尔·赫尔曼撰写了有关他父亲的传记，附在这个传记之后的是他编辑的他父亲的通信，出版于1830—1831年。他也是他父亲的哲学著作的第一个全集版的编辑者，这个全集出版于1845—1846年（在我的文献列表中用SW表示）。

费希特在耶拿的短暂岁月对现代哲学史来说是决定性的，甚至对现代文化来说也是决定性的——比我们现在普遍认识到的更重要。[11]这不仅是因为他的哲学成就，也因为德国哲学和学术生活中的其他重要人物在1790年代被吸引到了耶拿，受到了他的直接影响。他们之中有赫尔巴特（Johann Friedrich Herbart，1774—1881），他是19世纪经验心理学的创建者。赫尔巴特最终与费希特的知识学分道扬镳，但对于他来说，费希特的知识学将自我意识设定为心理学的基本问题，正是从费希特那里，他看到了对传统官能心理学的基础性批判，并且在他看来，精神生活在根本上是能动性的。在整个19世纪，费希特被人们普遍性视为现代心理学的创始人。

浪漫派

费希特对艺术和文学的影响较之他对科学的心理学的影响更直接和深远。诗人荷尔德林（Friedrich Hölderlin，1770—1843）撰写的早期哲学著作，就其出发点来说，显然是费希特式的。1798年在歌德的邀请下，荷尔德林在图宾根的同学兼好友谢林（1775—1854）作为"杰出教授"来到耶拿。自1795年起，谢林——那时他还不到二十岁——开始撰写哲学论文，发挥从费希特的哲学中得来的观念。它们非常接近费希特的立场。实际上，在争论过程中，费希特通常将谢林论文中的批判作为他自身的批判来对待。只是谢林在哲学上逐步告别了费希特，支持所谓"思辨的"进路，而非他在费希特笔下看到的"反思哲学"。[12]

荷尔德林和谢林的另一位同学和友人黑格尔（1770—1831）直到

---

11 然而，对这一影响的最佳讨论，参见 Richards（2002），第二章；Beiser（2014），第二章。

12 有关记录这一分裂的文本，参见 Vater 和 Wood (2012)。

费希特离开后才来到耶拿。但他在 1800 年之后的哲学却是来源于他与费希特和谢林的相遇。黑格尔出版的第一部著作是《费希特与谢林哲学体系的差异》(Difference Between Fichte's and Schelling's Systom of Philosophy, 1801)。谢林一直待在耶拿，直到 1803 年才因为和卡罗琳·施莱格尔的绯闻而被迫离开，前往乌兹堡。费希特在耶拿时期的哲学不仅创立了德国观念论的哲学运动，也为"早期浪漫主义"的学术（文学、政治和宗教）运动带来了哲学灵感。费希特在耶拿市场大街 12a 的房子，如今是"浪漫派之家"博物馆。这是现代哲学、心理学、神学和文学的重大事件曾经发生的地方。

早期浪漫派是一个以奥古斯特·施莱格尔（August W. Schlegel，1767—1845）和他的弟弟弗里德里希·施莱格尔（Friedrich Schlegel，1772—1829）以及他们的妻子卡罗琳（1763—1809）和多萝西（1764—1839）的家庭（他们在 1790 年代居住在耶拿）为中心的知识圈子。1798 年，施莱格尔兄弟创办了著名的杂志《雅典娜》(Athenaeum)，他们的圈子还包括蒂克（Ludwig Tieck，1773—1853）、他的妹妹索菲（Sophie，1775—1833）、施莱尔马赫（Schleiermacher，1768—1834）以及哈登贝格（Georg Philipp Friedrich Freiherr von Hardenberg），也就是众所周知的诺瓦利斯（Novalis，1772—1801）。诺瓦利斯的贵族世系不仅包含了后期普鲁士首相哈登贝格（1750—1822），也包含了米尔提茨男爵的家族，因此他也可以从米尔提茨这一边与费希特建立联系。[13]

早期浪漫派接受了费希特的大部分道德和政治观念，但他们绝非直接追随者。他们通常是在一种反启蒙的或甚至是反现代的方向

---

[13] 对早期浪漫派运动及其同费希特的联系的新近有影响的评论，参见 Frank (2003)，尤其是第一讲。

上吸取费希特对人类共同体的强调。最重要的是，他们拒绝费希特确信的如下观点，即认为哲学必须是理性的和系统的。但对哲学体系的拒绝通常又寄生于某种独特的体系性方案。没有这种体系性方案，它们就无法存在。在早期浪漫派那里，正是费希特的（从未完成的）体系充当了这一必然的背景。浪漫派的"情感"和"想象"范畴主要是从费希特这里吸取的。浪漫派有关神圣事物的观念也如此，即作为一个不确定的超越性，我们只能通过行动和审美情感才能与之关联起来［这一点也许可以通过施莱尔马赫1798年的《关于宗教的演讲》(Speeches on Religion) 得到最好的了解］。早期浪漫派也常常会在根本上是个体主义的方向上借用费希特对自我的自我设定的强调，从而产生一种针对康德式自律的变形形式，它主张的并非理性意志普遍的立法，而是个别意志单纯为自身的立法。这一点同样在施莱尔马赫的《独白》(Monologues，1800) 中得到了例证。

第四节　冲突

"理性的狂热"

费希特在耶拿的短短几年可能是他职业生涯的巅峰，也是现代哲学的巅峰之一。但对于他来说，这也是一个不断产生冲突、悲伤和混乱的时期。从一开始，考虑到他作为一个关心政治的雅各宾派的名声——这是基于1793年他为法国大革命辩护的论文——费希特遭到了强烈质疑。在有关学者使命的讲演取得巨大成功之后，费希特一度在周日礼拜仪式结束后立即举办面向公众的讲演，这在许多人看来是傲慢的和不虔诚的，尤其是在一位教授身上，他的一些看法已经被怀疑具有危险的激进主义，不仅在政治上如此，在宗教方面也如此。在许多人看来，费希特已经是"王位和圣坛之敌"。在耶拿附近散布的小册子指控费希特想废除基督教，用亵渎上帝的"理性狂热"取代它。[14] 当人们要求费希特改变讲演计划，将讲演从基督徒的安息日改到工作日时，他一开始非常愤怒，并且试图赢得歌德的支持，但最终不得不表示让步。

学生联谊会

费希特也因指责学生联谊组织（同乡会或学生联谊会）而为自己树敌。在他看来，这些组织只是为懒惰和放荡的学生提供了机会，让他们在无所事事和花天酒地中浪费青春，享受权势地位提供的奢侈，而不是做他们该做的——认真地准备过一种奉献于社会和人性的生活。

德国的学生联谊会类似于美国的学生联谊会和街头帮派的杂交。然而，其成员并非贫困的和无社会地位的学生，而是出身显贵、富有且拥有良好的社会关系的家庭的孩子们。学生联谊会不是简单地无视——更不用说顺从地接受——费希特充满激情和毫无畏惧的指责，这种指责针对的是他们的轻浮和堕落。1795年夏天，费希特的住所遭到了肆意破坏。他上了年纪的生病的岳父（于这年年末去世）被通过卧室窗户扔进来的石头所伤。为避免攻击，费希特不得不把家搬到离耶拿有一些距离的奥斯曼施塔特，并且终止了教学。最终，学生们造成混乱的行为引来了耶拿的驻军，事件方得平息。在确信家庭成员的安全后，费希特才返回耶拿。李斯特同时期的描述这样告诉我们：

---

14 参见EW，第24页。

近年来，费希特较其他公共教师得到了更热烈的赞赏，也遭到了更猛烈的指控。然而，他的追随者都是一些灵魂优异的人。在他充满自信的诚挚主张中，在他的研究的高尚目标中，在他的论证的前后一贯的严格性中，一个混乱的世界似乎将要采取全新的形式。当我们得知他从奥斯曼施塔特回到耶拿，并且将要在冬季学期开课时，大家顿时一片欢腾。[15]

席勒

费希特卷入的另一场冲突更加私人化，并且不包含任何暴力，但对最终决定他在耶拿大学的命运来说，却起到了更重大的作用。1795年，歌德最亲密的友人席勒，也是耶拿大学的历史学教授，创办了新文学杂志《时序女神》(*Die Horen*)（这是根据希腊的时序女神命名的），邀请新近到达耶拿的费希特教授共同来编辑。费希特计划给这个杂志提交三篇稿子:《关于哲学中的精神与字母：系列书信》(SW 8:270—300)。但席勒拒绝出版，在他看来，费希特的文稿显然与他的《人类审美教育书简》(*Letters on the Aesthetic Education of Humanity*, 1794)相冲突。费希特的这部书信式的作品的确包含了对席勒的直接批评：

奴役的时代和国土同样是缺乏鉴赏能力的人的时代和国土。如果在人们的审美感觉得到发展之前就解放他们是不明智的话，那么，在他们成为自由之前发展自由显然是不可能的。只要我们还没有找到一种方法，在群氓中唤起个体的既不当任何人的主人也不当任何人的奴隶的勇气，那么想要通过审美教育将人性提升

15　Rist (1880), 1: 61—2, EW, 第 28 页。

到自由的尊严的观念，并因此将人性提升到自由本身的观念，就将会使我们步入循环。

（SW 8:286—287）

席勒和费希特的冲突也有一个特殊的政治层面。席勒的书简表达了对法国大革命的逐渐幻灭，费希特则依旧支持大革命，他总是对自己要求的东西的正义性确信不疑，他想请歌德处理这场纠纷，站在自己一边。但席勒却想要阻止这一点。在这场冲突中，我们看到了费希特和他在魏玛的政治上更有权势——也不那么激进的——的赞助人之间逐渐产生的分歧。

在这些冲突中，加剧冲突的往往是费希特的性格和性情——他教条而不愿妥协，是一个傲慢的道德主义者。因为对自己的事业极度自信，但凡看到有忽视或批判的现象，他就立马感到愤慨。在他看来，对手必然是错的，不仅在学术方面如此，道德方面尤其如此。但每一次分歧都成为这位高傲的真理爱好者和堕落的谎言散布者之间更大冲突的一部分。我们可以从费希特的追随者斯坦纳（Rudolf Steiner）那里看到这样一幅生动的图像：

> 在费希特的行为方式中有一种较为激烈的东西。理念的独特激情——不仅伴随他的科学理念，也伴随他在政治方面的理念——一次又一次地驱使他想要找到一条最直接的和最短的达到目标的路线。当遇到阻碍时，他的坚持就变成了鲁莽，他的精力就变成了不顾一切。他从来就无法理解，旧的习惯要比新的观念强势得多。因此，他不断地同他不得不面对的人产生冲突。造成大部分冲突的原因在于，他在使自己的观点为人们理解之前，就因为他的个性而与这些人疏远起来。费希特缺乏一种忍耐日常生

活的才能。[16]

（斯坦纳，1894，第49页；转引自EW，第22页）

在费希特写给赖因霍尔德的信中，我们可以一瞥这种态度：

> 你说我的语气冒犯和伤害了不相干的人。对此我真诚地感到遗憾。但在如下意义上，这些东西又的确与他们相关，这就是，他们不想有人诚心告诉他们，他们通常信奉的是怎样可怕的错误，他们不愿意为那些非常重要的教诲接受哪怕一丁点的羞愧。的确，对并不关心万物真理的人来说——包括他的可怜的个体自我——知识学与他们无关。我采取这种语气的内在理由是，每当我目睹丧失真理的感觉四处流行，看到眼下严重的愚昧与执迷不悟，我就充满了无以名状的鄙夷之情。我之所以采取这种语气的外在理由，是这些人过去和现在对待我的方式。除了同他们进行论战，我想不出还能够做什么。

（GA Ⅲ，No.354）

第五节　无神论之争

《哲学杂志》上的文章

费希特给《哲学杂志》(*Philosophical Journal*)写稿一段时

---

[16] 最后一句话表明，费希特是一位真正的哲学家，或者无论如何都与我有一种精神上的亲缘关系。如果需要的话，我的妻子可以证实这一点。

间之后，事情到了紧要关头。《哲学杂志》是他和友人尼特哈默尔（Friedrich Philipp Immanuel Niethammer，1766—1848）共同编辑的一份刊物。[17]1798年，费希特的同事弗尔贝格（Friedrich Karl Forberg，1770—1848）给《哲学杂志》提交了一篇题为"宗教理念的发展"的文章，刊登在秋季号上面。尽管费希特和弗尔贝格在一个观点上达成了基本一致，但他们的意见并非完全统一。弗尔贝格的"关于新近哲学的书信"（也就是费希特的知识学）甚至成为费希特在1797年的第二个导言中回应的批评者中的主要对象。作为杂志的编辑者，费希特决定给弗尔贝格的论文撰写一个简要导论，即"论我们信仰上帝统治世界的根据"。在文中，他解释了和弗尔贝格之间的一致和分歧（GGW 6:177—189）。

费希特的上帝概念

费希特有着深刻的宗教信念。在他看来，人的道德承诺是与人在一个精神的或神圣的秩序中的成员资格密切联系在一起的。对于那些能领会到这一事实的人来说，称费希特为"无神论者"显然是荒谬的，这个看法几乎完全脱离事实。但是，当我们进一步考察费希特的观点，就会发现，他的对手们所恐惧和愤怒的对象又是某种真实的东西，并且对他们构成了直接威胁。费希特的上帝概念绝非正统。在《全部知识学的基础》中，费希特就已然采取了如下立场，即一个积极行动的自我必须是有限的和有身体的——因此就排除了上帝

---

17 《哲学杂志》8，第1—20页；SW 5: 177—189。尼特哈默尔曾是赖因霍尔德在耶拿的学生，但也是荷尔德林、谢林、黑格尔的同窗和友人，以及图宾根神学院的学生。在19世纪的德国，尤其是在弗兰克尼和巴伐利亚，他是教育政策制定方面的一个重要人物。

是一个像你和我这样的人的可能性，而仅仅是无限的和精神性的。神可能是"一种意识，在这种意识中，一切都可能是通过自我被设定这个单纯的事实而被设定的"，或者是一个无限的自我，"一个没有什么可以与之对立的自我"，这样的神是"不能被思维的"（GWL 1:253—255）。对于费希特来说，上帝是一种神秘的和象征性的思维方式，它思考的是历史中的理性存在者的共同体，以及他们对于更大的统一体和完美的追求。上帝是"纯粹精神的统一体"，可以与理性存在者的积极的共同体相等同，或者甚至与这一追求的永远不能实现的理想等同。正如费希特在1794年的"论人类的尊严"的讲演中所说的："一切个体都被包含在一个纯粹精神的伟大统一体中……这个统一体对于我来说是不可企及的理想，是最终的目的，永远不可能是现实的。"（SW 1:416，n）

有关《埃奈西德穆》的评论以对康德式道德信念的辩护结尾来反对舒尔策的指控，认为这一指控和康德反对的上帝的宇宙论论证并无区别。和康德一样，费希特将道德信仰的实践根据与一切思辨的、理论的或形而上学的论证区别开来。在这一关联中，他主张，自我追求的最终目标可以通过"存在于自身之外的理智自我"来表现，并因此，这种追求就被称为"信仰（对上帝的信仰）"（SW 1:23）。对于费希特来说，上帝有时是人类追求的理想的对象，有时则是指在这一追求中，为我们的信仰奠基的道德的世界秩序——这个秩序是我们人类必须创造出来的。我们将在第七章中看到，上帝甚至等同于人类——在过去，在现在和在将来，在一种追求共同目标的共同行动中——的理想统一体。有时，费希特也允许（正如他在1790年的他的斯宾诺莎主义的《箴言》中做的）人类表达这个统一体，这个统一体如果用人格化的术语说就是"自身是非人格的"。在《试评一切天启》中，费希特已经提到了后来费尔巴哈的表达，他说，通过"属于我们的东西的异化（Entäusserung），将某种主观性的东西转变为某个外在于我们的存在"，我们可以抵达上帝的理念，"这个异化就是宗教的原则"（VKO 5:55）。

至于有关弗尔贝格论文的简单的序言性文字的意图，费希特和弗尔贝格一样，认可康德的理念，认为我们设定上帝的存在是为了保证我们行动的世界拥有一种道德秩序。和斯宾诺莎一样，费希特不相信"人格化的上帝"。上帝是无限的精神生活，是一种理想的追求，这种追求通过整个人类共同体的追求得到体现。因此，对于费希特来说，用如下的话表达康德道德信仰背后的思想是非常自然的："鲜活的和有效的道德秩序自身就是上帝。我们不需要其他上帝，也无法把握其他上帝。"（GGW 5:186）

对于费希特的敌人们来说，上述句子是一个不审慎的宣称，即认为根本没有上帝。没有神，只有"道德秩序"。进一步地，考虑到费希特众所周知的雅各宾派的道德和政治信念，他的敌人们就能确定，这肯定是一种与传统宗教允许的东西对立的秩序，是一种世俗权力。费希特要我们崇拜的不是上帝，而只是自由、平等和博爱的危险原则。他的哲学，不论是公开出版的著作，还是通俗讲演，都是理性主义哲学家渎神言辞的公然表达，这些哲学家们在法国设立了断头台，到处都在威胁良好的社会秩序。同样的文化战线也仍然存在，但却是以一种不同的形式，例如在美国。

费希特是如今我们称为"现代主义"神学家的最早人物之一。这些信奉者公然叛教，激怒了正统和原教旨主义者，但常常因为他们的晦涩和模糊，令世俗的灵魂感到困惑和愤怒。"无神论之争"（Atheismusstreit）应该被视为"现代主义"神学家和他们在神学方面的保守主义者、传统主义者或原教旨主义的批判者在早期发生的一场小规模冲突。宗教传统可以提供一系列审美的、情感的、社会的、概念性的词汇，它们属于仪式、宗教活动与宗教语言，根据这些词汇，人们可以带着对人类境况的更深刻洞见过上更丰富的生活。他们也会卷入传统权威中，卷入野蛮的道德、幻想、欺诈和迷信中。费希特想要表达这种有关神圣者的概念，它能使传统和大众的宗教的符号主义与启蒙的道德、现代的科学与理性相协调。现在我们还不清楚，他如何获得成功，但他的尝试显然遭到了对此毫不关心的人们明显不公正的压制。戏剧性的事件已经围绕施莱尔马赫、罗森茨维格（Rosenzweig）和蒂利希（Tillich）的神学展开。[18] 正如在费希特这里一样，现代主义者常常将胆大妄为的神学与进步的甚至是激进的道德和政治观点联系在一起，尽管在保守主义者一边，对无神论的恐惧常常与对社会改革和启蒙现代性的恐惧联系在一起。费希特的思想将宗教置于理性，置于自由、平等和共同体的目标这一边。它想要将进步的社会和政治的激进主义与传统宗教的符号和情感联结起来。这是一条在很大程度上早已被拒绝的路，不仅遭到了传统宗教的拒绝，也遭到了大多数追求激进社会变革的世俗运动的拒绝。

攻击开始

不久之后在耶拿出现了一本题为《一位父亲给儿子的信，论大学学习与费希特和弗尔贝格的无神论》的匿名小册子。[19] 这本小册子公

18　在更为通俗的层面，它已经出现在围绕英国主教罗宾逊（John A.T. Robinson）的《对上帝忠诚》（*Honest to God*, 1963）一书的争论中，出现在奥尔蒂泽（Thomas Altizer）在1960年代和1970年代的"上帝之死"神学中，也出现在其他一些场合，直到当前的时代。

19　参见在Estes（2010）中提供的文献。

开指责两位作者是宗教的敌人，是无灵魂的理性主义者，一心要给无辜的年轻的大学学子的心灵灌输放荡、叛乱和失去信仰的致命毒药。敌人们最终发现了一个问题，在这里，危险的激进论者被暴露出是一个犯罪分子。

萨克森-魏玛大公奥古斯特的行政法庭（耶拿就处在其管辖区）宣称，费希特和弗尔贝格的文章是"无神论的"，并且收缴了刊登了他们的文章的那一期《哲学杂志》。与萨克森相邻的地方官方机构威胁要禁止他们的臣民在耶拿大学学习，除非大公采取措施谴责和惩罚作者，并禁止他们向容易受影响的年轻人讲述"无神论"。在大公的授意之下，神学家赖因哈德（Franz Volkmar Reinhard，1753—1812）提起了针对费希特的指控。赖因哈德之前一直是费希特的朋友和同盟者，费希特甚至将《试评一切天启》的第二版题献给了他。[20] 但赖因哈德接受了大公的要求，这就表明他和当局一道，决定对保守主义者想做的事做出妥协。1798年针对费希特从文字角度的攻击很快变成了一桩轰动事件，影响很快超出耶拿大学，甚至超出相邻的州。在某个层面上，争论使宗教思想的自由与传统主义者对立起来，同样也使学术自由的捍卫者与权威当局对立起来。但在另一个层面，它也提供了一个针对费希特体系展开普遍的哲学攻击的机会。它导致了雅可比写作"致费希特的公开信"（1799年），甚至导致了康德在1800年撰写著名的公开信（也许是舒尔茨代写的）。这封公开信指责费希特是批判哲学的虚假友人。[21] 实际上，费希特被那群重要的人物抛弃了，这些人包括赖因哈德、歌德、雅可比、康德和拉瓦特。

---

20 "费希特被神学家赖因哈德指控为无神论者，赖因哈德是为萨克森宫廷的利益服务的"，Steffens（1863）；关于费希特与赖因哈德的关系，参见 EW，第362—364页。

21 参见 Jacobi（1994），第497—536页；Kant, Ak 12: 370—371。

在这种情形下，他原本可以指望得到这些人的支持，这不仅是因为他们的私人联系，更因为宗教和学术自由的毫无争议的正当理由。对于任何启蒙的大脑来说，费希特显然是对的，背叛他的那些人是错的。

绝不妥协

可以想到，费希特对冲突的反应是毫不妥协的，他自认为正义在自己这边，因此这完全是自我毁损性的。1799年，他撰写了两篇为自己的立场辩护的长文（SW 6:191—238，239—332）。他同样给大公写了一份毫不退让的信函，宣称自己对指控是完全无辜的。他不是一个无神论者，而仅仅是一个真理的见证人——指控他的那些人必须接受这一点，尽管也许这会给他们的信仰、价值带来巨大干扰，或者会败坏他们的生活方式。费希特威胁说，如果针对他采取任何行动，哪怕是轻微的责备或谴责，他也会辞去教职。在大公看来，这个最后通牒排除了任何在政治上做出妥协的可行性。在行政委员会内部，费希特的傲慢和倔强甚至激怒了支持他的那些人（比如歌德）。因为感觉到费希特没有给自己留余地，因此大公迅速地将他辞去教职的傲慢威胁本身视为一封辞职信——他迅速地同意了。对自己的轻率举动，费希特意识得太晚了，他尝试解释自己的真实意图，试图去安抚批判者，但为时已晚。即便支持他的学生们到处散发请愿书，[22] 也有来自他的同事们，例如神学家保卢斯（Heinrich Paulus，1761—1851）的支持，但都无济于事。

---

22 关于这些学生请愿书的散发、学生请愿没有产生任何效果和学生们对整个事件的感情的相关一手资料参见 Steffens（1863），第59—67页。

费希特因此被解除了教职，1799 年他离开耶拿前往柏林。在耶拿取代他的人是谢林，也是一位后康德主义哲学家。费希特甚至认为他是一个追随者。但具有讽刺意味的是（但这就表明，在一个由政治权力操纵的世界中事情是如何运转的），谢林的神学观点在那个时候较费希特同样不那么正统，甚至接近于"无神论"。但谢林对自然哲学的兴趣，他在形而上学和自然科学领域对斯宾诺莎主义产生的越来越多的赞同，并且也许最重要的是，他相对缺乏对激进的政治的兴趣，这使他成为歌德眼中更有吸引力的选择对象。之后谢林的朋友黑格尔以及黑格尔的对手弗里斯（Friedrich Fries，1775—1843）也都来到了耶拿。耶拿因此开始了它的第二个短暂的伟大时期，这个时期承继着费希特的时期，一直持续到拿破仑在 1806 年著名的耶拿战役中占领普鲁士为止。[23]

由此导致的结果是，费希特作为一个哲学家的光辉岁月如今消失不再。但他从未完成他的体系（尽管他草拟了关于这个体系的若干版本，但这些都是在他死后很久才得以出版。）费希特的精力如今被分散到了若干不同的计划中，并且不时地看起来是被他思想中的那些宗教性方面占据，他沉迷于反驳那些最终导致他在耶拿的学术生涯终结的指控。歌德的如下表达怀念的评论是有预见性的：

> 我常常为失去费希特感到遗憾，他那愚蠢的傲慢使他失去了（不无夸张地说几近奢侈）的生活，在这个世界上，他再也不可能找到这样的生活了。一个人年纪越大，就越是看重自然的才华，因为这是不需要他去获取的。费希特的确有着杰出的头脑，

---

[23] 对于整个时代的一个新近的有说服力的研究，其中也包含了对费希特 1794 年体系的详尽讨论，可在如下作品中找到：Förster（2012）。

但是，对于他和这个世界来说，这种才华恐怕是失去了。他目前的状态只能给他的被人曲解的形象增添更多痛苦。

（EW，第45页）

然而，在19世纪的大部分时间中，费希特在耶拿时期的两部伦理学著作都被人们视为有关康德伦理学的确实陈述，甚至较康德本人的著作更靠近康德哲学的精神。尽管如今人们很长时间不这样对待他了，甚至有关这一点的历史事实也几乎普遍地被遗忘（参见 Kosch, 2015）。费希特最原创性的观念被他人摘取。在很大程度上，它们已经成为19世纪学术环境的构成部分，以至于说不清楚究竟在什么意义上费希特被认为是它们的作者。

第六节 流亡柏林

柏林没有教职等待费希特，他必须依靠著作的出版、私人授课和在家中举办付费讲座挣得生活费用。但在柏林有他的浪漫派的友人们，例如施莱尔马赫、弗里德里希·施莱格尔与多萝西·施莱格尔夫妇，还有来自施特林泽（Karl von Struensee）和其他普鲁士政治团体内部改革者的政治上的支持者。柏林知识界有不少人同情他的遭遇，对萨克森-魏玛当局对他采取的做法感到愤慨，他们欢迎费希特，视之为著名人物、伟大的哲学家、宗教不宽容的受害者、进步思想家和学术自由事业的殉道者。他在柏林最时髦的知识分子沙龙，如亨利埃特·赫茨（Henriett Herz）夫人的沙龙中受到招待，后者是康德的学生马库斯·赫茨（Markus Herz, 1747—1803）的妻子。

出版

费希特出版了一本书来捍卫他的知识学，反对来自各方面的指责，这些指责中最突出的是雅可比在1799年的公开信中对他的体系的批判。这本书有一个引人注目的标题《就最新哲学的真正本质向广大读者所作的明如白昼的报道：一项迫使读者们理解的尝试》（*A Sun-Clear Report to the General Public Concerning the Actual Essence of the Newest Philisophy: An Attempt to Force the Reader to Understand,* 1801；SW 2:323—419）。在该书中，费希特强烈地（甚至可以说是绝望地）想要说服雅可比和其他可能会被雅可比说服的人，让他们相信，他从先验角度出发对日常经验的体系性的理性重建不会使我们脱离鲜活的行动，或者给我们造成如雅可比所谓的"极端怀疑论"的威胁。相反，在费希特看来，他的体系只是为日常生活提供证实，并且帮助我们更好地理解日常生活。同样，在费希特和他的早前追随者，也是他耶拿教职的继承人谢林之间有一系列充满怨恨的书信。如今谢林也已和他的哲学道路分道扬镳。

费希特在耶拿的教职的解除实际上改变了他的著作的整体特征。他担心会产生进一步的争论。在他看来，他此前出版的许多东西都遭到了误解——甚至是恶意的误解。他不再倾向将自己对哲学体系的看法通过写作表达出来，而是依靠口头。尽管他继续致力于探究知识学的基础，但在此后的生涯中，他再也没有出版过有关知识学的任何进一步的版本，也没有出版过有关他的伦理学、法权和国家哲学的任何之后的版本。相反，他主要通过讲座的形式表达他的体系性的哲学，这些讲演有许多是在他柏林的家中进行的。费希特晚期公开出版的著作几乎都是通俗性的，而非体系性的。

费希特在到达柏林之后的最初出版物是形形色色的，其中一些很重要。最直接的是两本书：《人的使命》(SW 2:165—322)和《锁闭的商业国》(SW 3:387—513)。《人的使命》是一本非常吸引人的书，在风格和目标方面，会令人想起笛卡尔的《沉思录》。它追溯了一个想象的沉思者从怀疑主义和道德上的绝望，经由有关外部世界对思想的依赖性的先验观念论的论证，到对上帝、自由和道德世界产生费希特式的道德信仰的智识和精神道路。《极乐生活指南，或宗教学说》(SW 5:397—574)也是一部宗教著作，它将有关上帝的知识说成是一切人类行动的终极目标。但很难抗拒的是如下印象，即这本书和《人的使命》都试图（它们既是狂热的、过度的，也多此一举）反驳导致他在耶拿被解除教职的无神论的指控。但费希特后期著作中的那种神秘的虔诚没有表达出任何新东西，而只是他早期思想中所具有的各种倾向的更为强调性的发展，对此，我们还将返回来讨论，尤其是在本书第七章的末尾。

《锁闭的商业国》发展了在费希特的主要伦理著作中尤其是在《自然法权基础》(1796)中的经济学说。他的结论在社会方面和政治方面都是激进的。我们将在本书第八章第九节进一步讨论这个问题。在接下来的数年间，费希特在其他两部著作中发挥了他的哲学中的一些内容。他在《现时代的根本特点》(SW 7:1—255)中处理过历史哲学的问题。这是对有关人类进步的典型启蒙观点的一个思辨性说明，他将现时代视为在我们人类朝向社会的高级形式发展的过程中的一个问题重重的时代。现时代之所以成问题，是因为我们已经成功地将传统的和权威的不合理约束抛弃在一边，但尚未懂得如何通过理性和自由交往的力量赋予人类生活以秩序。费希特指出，治疗因为自由和理性产生的疾病的唯一方法是要求更多的自由和理性。他期待这样一个时代，在这里，人类事务不是根据独断和权力来规定的，而是通过拥有最强有力的理性来规定的。

　　费希特将《锁闭的商业国》一书献给施特林泽（1735—1804）。从1791年直至逝世，施特林泽一直是弗里德里希三世治下负责普鲁士金融、贸易和经济事务的大臣。施特林泽是国民经济的理论家，也是一个务实的政治家。他在普鲁士探索若干重要改革，这些改革只有在继任者施泰因（Stein, 1757—1831）那里才得到落实，后者在1807—1810年担任首相。[24] 费希特给施特林泽的献词（GH 3:389—394）包含了对哲学家的角色和从事实践的政治家的角色之间关系的一些反思。施特林泽坚决反对法国对普鲁士的统治，在1808年后这导致了他被驱逐。他充满理想主义，缺乏妥协精神，尽管实现了某些改革，但在其他方面却是失败的，这可以被视为与费希特的学术立场在政治上的呼应。施泰因的改革时代同样也为思考费希特在《对德意志民族的讲演》中出现的德意志文化民族主义提供了恰当的语境。

第七节　拿破仑战争

晚期知识学

　　在晚年的岁月中，费希特的确在继续思考伦理学和政治哲学问题。1812—1813年，他举办了有关伦理学、法权和国家的讲座（SW 10:493—652，SW 11:1—117，SW 4:367—599）。但费希特晚期有关

24　对施泰因生平和职业的一个优秀的但并非是最近的历史研究（该研究译自法文），参见 Grunewald (1936)。

伦理和法权的思考，就如同他晚期的知识学一样，直到他儿子在1840年代编辑他的著作的第一个全集版时才出版（尽管1813年的《国家学说》已在1820年出版了）。

费希特在1801年（SW 2:1—164）、1812年（SW 10:312—491）、1813年（SW 10:1—85）撰写了全部或部分的知识学草稿（它们彼此之间存在重要分歧），并且在1804年（SW 10:87—312）、1812年（SW 9:103—399）和1813年（SW 9:1—101）开设了知识学系列讲座。费希特探究知识学的其他著作也是直到他的儿子编辑全集版时才出版，例如《关于知识学的概念及其迄今为止的命运的报道》(*Report on the Concept of the Doctrine of Science and its Fate Up to Now*, 1806)和《知识学概说》(*Doctrine of Science in its General Outline*, 1810; SW 2:695—709)，连同与之相关的论著《论意识的事实》(*The Facts of Consciousness*, 1810, SW 2:539—689)。《报道》主要是对批判者的回应，尤其是对谢林的回应。简短的《概说》是除了他在柏林大学担任教职之后的两个官方讲演之外，费希特在世时出版的最后一部作品。这篇短论从"主张万物的起源，包含知识的起源必须是上帝，并且上帝是纯粹生活"开始（SW 2:696）。在知识学的后期版本中，耶拿时期的著作聚焦于自由的主体性和主体间性的典型特征，让位于他的哲学中以上帝为中心的论证。我们很难避免如下印象，这就是，费希特从未放弃过反驳曾在耶拿让他终结教职的无神论指控，但这样做是毫无希望的。[25]

旅行

在此期间除了两次短暂的中断，费希特生命的余下岁月都是在

---

25 对费希特晚期知识学的一个讨论，参见 Schulte（1971）。

柏林度过的。第一次离开柏林是 1805 年前往爱尔兰根担任访问教授，期间他发表了十次题为"论学者的本质，以及在自由王国中的诸现象"（On the Essence of the Scholar, and its Appearances in the Realm of Freedom，1806 年出版）的讲演。这一讲演表明了费希特对学者和知识分子在公共生活和人类历史中的作用的持续关注，但它们也是费希特针对无神论指控的持久辩护和他在耶拿遭到的不公正对待的证明：其中第二讲致力于讨论上帝概念，第六讲讨论学术自由。

费希特第二次离开柏林是 1806 年的被迫流亡，这是在普鲁士惨败之后的法国占领期间。他首先到达波兰的施塔加德。然后前往哥尼斯堡，在那里，他接受了一个短期教职并开设讲座。最终到了哥本哈根，之后于 1807 年返回柏林，那时柏林仍然处于危险之中。

对德意志民族的讲演

1807 年 12 月到 1808 年 3 月，费希特发表了一系列有关"德意志民族"及其文化和语言的讲演，提出了一种类型的国民教育，他希望借此使德意志民族从战败于法国之手的耻辱中振作起来，使它履行自身的历史使命。这些讲演与施泰因担任首相期间的普鲁士政府改革时代一致。在这个时期，不仅中央政府，而且地方政府都在改革，军队在重新组建，并且废除了农奴制。这是一个军事上沮丧的失败时期，但对那些抱着进步的政治观念的人来说，也是一个充满希望的时期。

当然，在这个时期，根本不存在"德意志民族"——只有彼此独立的各州的联合，这些州的居民们讲着相同的德语，或者是德意志方言的大杂烩。《对德意志民族的讲演》表达了费希特与日均增的对语言和文化作为人类精神进步的载体的兴趣。他在这里发展了赫尔德提出的观念，试图将它们与他自身的体系性进路联系起来。比如，费希特主张德意志语言相对于法兰西语言的优越性，主张德语代表某种生动和有活力的东西，而法语则代表了旧的和堕落的东西（RDN 7:311—327）。他针对这一点给出的证据——比如，对词语的词源学考察——通常是无根据的，甚至完全错误。

但在此不存在任何意义上的德意志民族，似乎正是这一点刺激了费希特，因为这为他提供了设想一种全新的民族文化的机会，这种文化正在形成中，而不是和已存在的民族、人民或国家一起发挥作用。《对德意志民族的演讲》呼吁近来被战争击败的德国人采纳费希特试图在这个世界上树立的高尚的道德和普遍的人类价值，"开创新纪元的任务首先并且首要地落到了德国人身上，他们是人类其他民族的先驱和典范"（RDN 7:306）。和赫尔德的民族主义一样，费希特的民族主义完全是文化意义上的——审美的、文学的和道德的。它并非政治性的；根本不是——哪怕是在军事冲突的时代——军事性的。

大约一个世纪后，在截然不同的情形下，《对德意志民族的演讲》中的德意志民族主义遭到了纳粹臭名昭著的利用。比如，有报道说，里芬斯塔尔（Leni Riefenstahl）曾将费希特的著作献给她热爱的元首作为生日礼物。这些不体面的联系迄今仍然影响着费希特的遗产。考虑到德意志民族主义在20世纪上半期造成的骇人听闻的影响，我们很难想象有那么一个时代，德意志民族的荣耀能以更多无辜的形式展现出来。对于我来说，将费希特或者任何一个活在这世上、离20世纪的那场可怕事件大约一百年的人设想为纳粹，或者甚至设想为一个"前纳粹分子"是荒谬的。但这却是针对费希特的《对德意志民族的演讲》的一个普遍的情绪化反应。对想要简单地通过表明自己与任何可以让人想起纳粹主义的污点的东西没有关联，证明自己灵魂纯洁的人来说，这种做法是有吸引力的，对于从来没有听说过费希特，仅知道一星半点费希特的那些人来说更是如此。但希特勒以纳粹的形式将费希特同德意志民族主义关联在一起，不过是令人厌恶的政治运动的一个例子——一个在其民族文化中代表了落后的和有害的东西的政党——即通过污蔑一个令人尊敬的人物的充满荣耀的名字（他属于这个民族遥远过去的遗产），来为自身获取虚假的尊重。[26] 在我看来，由此可以得到的教训之一是，在历史记忆中，人们的成就有时得到了荒诞的和不公正的曲解。第二个教训是，不管原因是什么，将民族主义和种族的荣耀作为载体必然使你陷入极端的道德危险。

在《对德意志民族的讲演》中，费希特主要的实质性主题是公共教育。他给出的激进的建议是，德意志国家应该以自身的创造性实验和不同模式确立一个普遍自由的公共教育体系。费希特倡议课堂应该同等地向一切人开放，课堂不仅属于男孩，也应属于女孩，这是建立在如下原则基础上的，即应鼓励每一个孩子发挥精神的自由能动性，激发他们对学习的热爱（RDN 7:280—295，428—443）。费希特有关教育的思想受到了裴斯泰洛齐（Heinrich Pestalozzi，1746—1827）的影响。他们又影响了洪堡的教育理论。费希特又和洪堡一道创建了柏林大学。如今，人们相信洪堡是高等教育体系的创立者，使德国成为19世纪大部分时间内学术领域的领袖，并在20世纪成为美国大学的模型。费希特的《对德意志民族的演讲》是该运动的一部分，它也是施泰因担任首相时期普鲁士改革运动的一个最具希望的时代的表现。这，而非发生在120年后的可怕事件，是对这一系列讲演进行考察的恰当语境。

由劳特（Reinhard Lauth）、格利维茨基（Hans Gliwitzky）和富克斯

---

[26] 当前的一个相似的例子可能是一个这样的政治党派，它在此前蓄奴的联盟州享有地区性的支配地位，并且它也有一个很大程度上由偏执的白种人构成的政治基础，它称自己为"林肯派"。

（Erich Fuchs）编辑的巴伐利亚科学院版的《费希特全集》推动了费希特研究，刺激了对费希特晚期著作的兴趣。但我们应该看到，费希特的历史影响主要是通过他在耶拿时期（或者在其稍后的时期）的著作产生的，并且英语学界的学者们也仍然主要关注这个时期的著作。本书将会提到他的后期演讲的一些内容，尤其是有关历史和宗教的内容，但只是在我认为它们有助于理解耶拿时期的著作时才会这样做。

第八节　最后的岁月：洪堡大学教授

在柏林时，费希特仍然举办哲学讲演，但通常是在家中。1810年，威廉·洪堡（Wilhelm von Humboldt, 1767—1835）创办了柏林大学，费希特最终再度获得了他在学术界的声望。在接下来的岁月中，他被任命为校长，成为哲学教席的第一个持有者。但他的这两个职位都因身体原因而受到影响。校长职位不过是傀儡而已。他的政治能力的缺乏再一次从如下事件中可以看出，他想要对学生生活进行管理，想要规定更严格的学术要求，但都以失败告终。作为洪堡大学校长，他最后的官方行为是辞去校长一职，以抗议同事们不愿对一个引发骚乱的犹太学生进行惩罚。[27]1812年费希特辞职之后，洪堡大学的

---

[27] 这一点值得注意，因为大量的注意力都集中在费希特1793年的一封尚未出版的书信上，这封信中表达了一种反闪米特情绪，带有一种费希特典型的语言暴力。这封信有时（尤其是涉及在费希特死后120年左右发生的那些事件时）被与15年后在《对德意志民族的演讲》中出现的德意志民族主义联系起来。例如，参见 La Vopa（2001）。在费希特1793年关于法国大革命的论著中也有一段话，他在其中支持流行的对犹太人平等的公民权利和政治权利的拒绝态度。但他在一个脚注中充满激情地呼吁对犹太人的宽容，允许犹太人和其他信仰支持者无障碍地践行他们的宗教。这个脚注也包含一个非常有趣的提示，这就是，如果犹太人能夺回"应许之地"，并且在那里定居，他们就能找到针对迫害的保障。

哲学教席一直空缺，直到于 1818 年提供给黑格尔。

最后的疾病与死亡

在做'对德意志民族的演讲'系列讲座之前，费希特的健康就已开始衰退。之后不久，他又罹患了一场严重的疾病，而且从未从疾病中完全恢复。1813 年，在拿破仑那场声名狼藉的、灾难性的对俄战役之后，普鲁士开始反抗法国的占领。费希特是反法运动的支持者，但糟糕的健康状况使他不能发挥任何积极作用。那时柏林的医院里到处是战场上受伤的普鲁士士兵。拥挤的人群和混乱场面为传染性疾病的传播提供了方便。在这种危险状况下，约翰娜作为一名护士不知疲倦地工作。1814 年 1 月，她染上了伤寒。最终她活过来了，但在宣告她摆脱危险之后的第一天，她的丈夫——在过去五年或更长时间健康状况十分脆弱的费希特——染上了伤寒。在染病一段时间后，他大多数时间都处在无意识中，最后于 1814 年 1 月 27 日辞世。

费希特的遗孀又活了五年，直到 1819 年 1 月 24 日去世。在柏林腓特烈施塔特的多萝西娅公墓，他们被葬到一起，同黑格尔及其妻子的坟茔相邻。他们的公墓十分恰当地成为后来部分德国左派的最后栖息地，包含布莱希特（Bertolt Brecht）、威格尔（Helene Weigel）、曼（Henrich Mann）、茨威格（Arnold Zweig）、艾斯勒（Hanns Eisler）和马尔库塞。

费希特被人们视为自由的现代先知，这可以通过墓志铭上来自《圣经》的话得到证实：

> 智慧人必发光，如同天上的光；那使多人归义的，必发光如星，直到永永远远。

（《但以理书》12:3）

如果你今天去参访费希特的坟茔，会看到替代原来的墓碑的刻有他的名字和图像的方尖碑，而上面不再有这段向他哲学上的辉煌和永恒致敬的圣经铭文。墓碑是费希特永不停歇的斗争和悲剧的充满沉默和讽刺性的见证，也许同样是我们整个人类境况的短暂和终极悲剧的充满沉默和讽刺性的见证，而对此，正如我希望在本书中论证的，相较其他现代哲学家，费希特更为了解。

第二章　先验哲学：耶拿知识学

费希特全部哲学的根本动机是道德的和政治的，但他试图将整个哲学体系建立在知识学的一项根本原理基础上。《自然法权基础》（1796）和《伦理学体系》（1798）的副标题都是"依据知识学原理"。但费希特体系中的这两个（"实践性"）部分是他真正完成的部分。知识学的根本原理从未完成。1796—1798年，费希特仍在修订这个体系的基础，并且在1801年之后的许多年中，他再度考虑过，甚至更深入地考虑过这个体系的基础。费希特最有影响的著作是在1790年代写成的。对于许多了解这些作品的人来说，包括我自己，后来的发展并不像是他早期承诺的兑现。

因此，单就费希特耶拿时期有关法权和伦理的著作进行考察也具有意义。费希特本人在1800年甚至公开承认，他的体系的基础已经最成功地在这些著作中得到了展示（GA Ⅰ/7:153）。这些著作运用了费希特在知识学中已经获得的哲学方法。因此，谈谈费希特在有关法权和伦理学著作中预设的基础性东西不仅有用，而且必要。但毫不夸张地说，哪怕是对于费希特的体系性哲学的解释中的那些最基本的东西都存在学术性的争议。[1] 在本章中，我将尝试澄清我

1　关于这些问题的一个较早的但仍有价值的论述，可见 Gueroult（1930）。其他的重要作品参见 Philonenko（1966，1984）和 Janke（1970，1993），近来英语学界的高质量讨论可在如下作品中找到：Neuhouser（1990），Martin（1997），Zöller（1997），Franks（2005），Breazeale（2013）。另见 Wood（1992）。

对费希特的理解。

在康德《纯粹理性批判》早期的读者中，许多人都认为他（在先验感性论和先验分析论中）的方案包含了对激进的怀疑主义的回应。[2] 早期的批评者，如舒尔策、雅可比和迈蒙，发现了批判哲学在这些方面的欠缺。它的早期辩护者赖因霍尔德用基本哲学来回应，想要将批判的视角置于可能的怀疑论反驳之外。费希特看重赖因霍尔德的方案。正是舒尔策在《埃奈西德穆》中对赖因霍尔德的批判促使费希特构建自己的知识学体系。费希特是在1792年有关《埃奈西德穆》的评论中开始这样做的。然后在《论知识学的概念》（1793）和《全部知识学的基础》（1794）中继续这一工作。[3] 终其一生，他都在持续地进行有关知识学的规划。

在耶拿时期，费希特抛弃了（或至少是修正了）他的第一个体系性计划，而倾向于第二个计划。这个新的计划是在《知识学新说》两个导言和在（未完成的）第一章中被发现的（1797—1798）。这一计划与他在这一时期的讲演内容相对应。这一系列讲演的名称是"知识学的新方法"（Wissenschaftslehre nova methodo）。[4] 耶拿知识学的这第二个版本显然不想成为一个作为反对激进怀疑主义的证据的哲学系统。费希特在此承认他的体系的第一原则——自由或自我设定的自我——不能作为不证自明的第一原则（就如同笛卡尔的我思一样）。

---

[2] 针对认为康德需要做出这种伪装的主张而为他做出的缜密思考过的辩护，参见 Ameriks（2000）；关于后康德主义的反怀疑主义体系性方案的一个范围广泛的讨论，包括费希特对这个方案的看法，参见 Franks（2005）。

[3] 关于后康德主义哲学围绕这些怀疑主义的批判，以及对这些批判的回应采取的路线，有一系列优秀作品，前一个注释中援引的作品就属此列。另见 Breazeale（1982）；Beiser（1987），尤其是参见第八章；Pippin（2012）；Horstmann（2012）。

[4] 关于这一转变的讨论，参见 Radrizanni（1994）；Breazeale（2013），第96—124页；布里泽尔给《知识学的新方法》一书撰写的导言。

相反，它更像自由的能动性、理性的探究，甚至是意识的一种必然假定，或者说更像是对这些东西的必然预设。费希特甚至将它描述为一种信仰，尽管这是一种在理性根据上获得接受的信仰，对此不存在其他融贯性选择。能与费希特实践哲学方面的主要著作大体对应的正是这个知识学版本。我们在此作为费希特伦理思想的哲学背景讨论的正是他的知识学的这第二个版本（以及他在耶拿早期的著作，只要其内容和我们的讨论相关）。

第一节　哲学与普通理智

在许多标准的哲学史中，费希特作为"主观观念者"被束之高阁。他被看作一位教导我们一切现实仅仅对自我来说才存在，或者说只能"存在于心灵中"的哲学家。正是这种反应导致了雅可比1800年著名的公开信，信中攻击费希特是"主观观念论"的支持者，甚至攻击他是"虚无主义"（nihilism）。有关费希特是"主观观念论"的这种解读也被谢林和黑格尔用作陪衬，与之相对，他们提出了自身的（"客观观念论"）体系。当费希特以这种方式被置于现代哲学史的标准叙事中的时候，他就很快地被弃置一边，没有他，这个叙事也令人满意地继续进行。在此过程中包含的对他的曲解同样十分严重。

独立于心灵的实在

费希特视自身为一位先验哲学家。在1794—1795年的一个笔记中，他将知识学等同于"先验哲学"（GA Ⅱ/4:53）。对于他来说，先验哲学首先意味着一种有关严格意义上的哲学科学的视角与日常生活、普通意识或普通理智的视角之间关系的特定观点。后者对于费希特来说也是特定的经验科学的视角。

费希特常常强调，哲学的意图不是要破坏或怀疑普通理智的视角，尤其是普通理智对物质对象的感性世界存在的实在论态度，这个感性世界的存在独立于我们对于它们的意识。相反，哲学的主要目标是为这一种视角提供证实，在哲学上为其提供证成，同样，先验地对其加以解释，将它使用的概念和采取的立场根据一种理性方法从根本性的第一原则中推导出来。早在《自然法权基础》一书中，费希特就如此解释他的立场：

> 先验哲学家必须假定一切存在仅仅为了自我而存在，并且必须假定那些为自我而存在的东西只能通过自我才能存在。相反，普通理智赋予二者以各自独立的存在，主张即便知性不存在，世界也将永远存在。普通理智不需要考虑哲学家的主张，它也没有能力做到这一点，因为它还处在较低层次的视角上。但先验哲学家无论如何必须考虑普通理智。只要先验哲学家还不曾准确地指出普通理智是如何必然地只能从他们的主张中产生出来，并且只有在预设这个主张之后，普通理智才能得到解释，他们的主张就是不确定的，并因此部分地是不正确的。哲学必须演绎为何我们相信外部世界是存在的。

（NR 3:24）

尽管据说普通理智的视角要比先验哲学的视角"层次低"，但哲学的视角也被说成是低于普通理智的视角。因为直到先验哲学的计划最终完成，哲学的视角总是"不确定的……并因此部分地是不正确的"。

在费希特的著作中，由于他的体系从未完成，他的哲学就永远具有这种较低层次的身份。

费希特没有将先验哲学视为如下这种思辨理论或形而上学理论——它们把握了事物的真正真理，并且将普通理智的信念作为一种错误或幻相加以揭露。除了这一点，他很少经常地和更突出地主张什么。费希特甚至将自身的哲学建构与一副"骨骼"做对比。骨骼的目的不是取代鲜活的身体，即日常生活，而只是为之提供证成，并且使我们理解它。就好像预示着后来通过维特根斯坦而闻名的思想一样，费希特主张说："我们的哲学思维不过是我们开展工作的工具，一旦工作完成，工具就没有什么用，而被弃置一边。"（GA Ⅲ/No.440）

然而，对于许多人来说，费希特先验哲学的出发点似乎与普通理智并不相容。他提议仅仅从哲学性的"自我"及其"自我设定"的行动开始，并且将自我之外的一切真实事物视为奠基在它的通过自我的被设定中，或者视为在它被如此设定的程度上才是真实的。对于许多读者来说，这似乎与普通理智完全不符，不可能成为对普通理智的证实。倘若它就是对普通理智的一种"解释"，它就不过是如今哲学家们称为"错误理论"的东西，即那种解释日常信念和言说方式如何以及为何从体系上讲是错误的理论。这是对费希特的标准的"主观观念论的"解读。

正是雅可比的"主观观念论"的解释激发了费希特在《明如白昼的报道》中做出孤注一掷的回应，这是费希特"想要迫使读者去理解"的一种匆忙尝试。费希特的态度如同处于妄想狂的边缘，他声称自己的哲学遭到了与他有私仇的人的故意误解。在前一章中我们已经看到这一点如何反映了他人格的自我颠覆性。但当一个人的思想在事实上被体系性地误解超过两百多年的时候，他表面上的妄想与偏执就不能只是作为幻觉而遭到拒斥。

哲学的目标

在费希特看来，这些不仅是出于对他的著作的根本性误解，甚至也是对哲学自身严格意义上的目标的误解。[5]错误甚至开始于对哲学问题究竟是什么的误解。当我们轻易相信普通表象主义的图像包含我们的思想或观念与它们想要涉及的现实世界的对立时，这一点才发生。[6]哲学因此承担了如下（形而上学的）工作，即首先指出这一现实本身是什么东西，然后解释（也许是从原因的角度）我们对它的表象是如何产生的。费希特有意识地同这一传统分道扬镳，他拒绝表象主义者的图像，认为它在我们马上想要解释的意义上是"独断的"。在此就（以不同方式）在康德和里德（Thomas Reid）那里有了预兆。但如果在解读他时也不加质疑地接受这一传统假定，我们就无法理解费希特在此追问的问题，并且将会认为他对先验问题的回答不过是一种怪异的形而上学理论，这种理论关乎我们的思想表象的世界的"真实"本性，并且在根本上与普通理智不一致。这可能是一种"主观观念论"的理论，是某种类似于贝克莱（Berkeley）观念论的东西，它认为普通理智的物质世界不过是幻相，不过是心灵中诸多主观观念的集合。

然而，费希特的先验考察没有直接讨论有关实在本身的问题。它不加置疑地接受了普通理智的实在论认为的我们的表象对象，并且从

---

[5] 费希特有关普通理智的视角和哲学的视角之间关系的看法，有一个比较深刻并且证据充分的讨论出现在布里泽尔著作（2013）的第13章中（第360—403页）。针对"主观主义的"指控而为费希特做的一个集中辩护可以在贝赛尔笔下找到：Beiser（2002），Ⅱ，第1—8章。

[6] 费希特这个方案（不仅在他对《埃奈西德穆》的评论中，而且在1794年的知识学中）的目标，在威尔森笔下得到了强调（Wilson, 2011）。

未想过要超出它，或走到它的背后去。费希特的先验哲学提出了一个完全不同系列的问题，它追问表象是如何可能的，追问作为表象与它表象的现实的关系的可能性的条件究竟预设了什么东西。关于被表象的现实，它仅仅阐明了，为了使我们与它相关的认知的和积极的生活得以可能，我们必须预设这些现实。在此很明显地预示着胡塞尔和现象学传统。我认为，在费希特笔下，知识学与日常视角之间的关系显然是胡塞尔笔下现象学视角与日常生活世界或（在晚期的胡塞尔那里）"生活世界"之间关系的源头。对于费希特和胡塞尔来说，哲学的目标是为了帮助我们理解生活世界，理解我们同它的关系。但胡塞尔有时也以和费希特同样的方式遭到误解，并且最终也是作为形而上学的观念论者遭到了排斥。[7]

费希特因此可以被认为反对整个形而上学计划——如果在此形而上学指的是一种有关现实的理论，这一现实脱离了我们和它们的鲜活的联系，获得了"自身"中的存在。在此，费希特认为自己是雅可比的同盟者，而非对手。他们都想要维持同日常经验的生活世界之间的健康关系，反对那种可能会破坏它的形而上学。雅可比之所以反对费希特的哲学，是因为他在生活和哲学理性之间看到了一种不可调和的对立。对于雅可比来说，一种在理性方面受到审查的生活是不值得过的，因为它可能根本就过不下去。任何理性的、系统的哲学程序只可能将我们同生活世界隔离开来。这种对理性主义的拒绝是一种极端立场，对此费希特是不会同意的。然而，费希特反对形而上学，偏向于先验哲学，这就预示着19世纪和20世纪大部分时间里对形而上学

7　参见 Føllesdal（1998）。在弗莱斯塔看来，胡塞尔在1917年左右对费希特著作进行过集中研究，这使他支持如下这种先验观念论，这种先验观念论想要同在本体论问题上或形而上学问题上的实在论完全一致，胡塞尔因此看起来正确理解了费希特，并且他的晚期哲学应在最恰当的意义上被视为费希特式的。

的批判。他不仅与雅可比一致,也与克尔凯郭尔、尼采、海德格尔和存在主义传统相一致,甚至与维特根斯坦和维也纳圈子的实证主义一致。如果我们将费希特的体系性哲学视为所有这些后来的哲学家拒绝的东西,那么(与雅可比一道)我们就会因此而对他造成严重误解。

对于先验哲学来说,关键的问题是,为了使我们对世界的观念和我们对自身行动的观念一致起来,我们如何将对世界的思维与有关在认识世界和针对世界而行动的过程中我们的自身行动必须思维的东西结合起来?费希特有关这一方案的一部分陈述很容易遭到误解:"从先验视角看,(费希特指出)世界无法单凭自身实存,当我们看到某处时,我们看见的其实是我们内在活动的反思。"(GGW 8:180)

这并非是"主观观念论"的形而上学主张,即所谓的"物质"世界在形而上学方面取决于意识,并因此是"不现实的"。相反,它只是为了哲学探究的目的,对于从先验角度来看现实的物质世界方式的描述。抑或我们在此考察一下一位著名的费希特研究者的论述:"的确,世界除了作为某种被认识的东西,某种被思维的东西,某种被表象的东西,什么也不是,即世界是作为认知对象的世界和作为行动范围的世界。"[8] 这里的引文准确改写了费希特在许多地方的表述,并且,如果它被理解为对从先验视角来看事物如何呈现给我们的说明,那无疑是准确的。但如果忽略了这一目标,就是非常误导人的,因为这样

---

8 Baumanns(1990),第 129 页。一个容易误导人的印象在鲍曼斯援引谢林的论证时得到了强化,这个论证主张费希特"对于经验的解释"诉诸"绝对自我"——这是一个处在经验之外的形而上学的绝对物(Baumanns,1990,第 111 页)。费希特的确说过,哲学应该从绝对自我开始,这个绝对自我从方法论方面来讲是外在于经验的,但是这个"绝对自我"并不是一个"存在于自身"的实体,这个实体可以在形而上学层面为世界的实在性奠定基础;相反,它是一种方法论层面的抽象,被接纳为费希特的先验过程的一部分,将绝对自我具体化将会使费希特的哲学——用他本人的话说——转向一种形式的独断论。

就意味着，费希特的先验哲学是一种形而上学理论，它想要拒绝普通人视角的日常生活的实在论。

根据费希特，先验观念论支持"如下假设，即客体独立于我们和外在于我们而存在"（ZE 1:455n）。费希特有关物质世界的立场与想要将外在对象和（或将外在对象还原为）"感性材料"或"感性的永恒可能性"等同起来的经验主义观点毫无共同之处。它的目标在于揭示世界独立于灵魂而存在是意识自身的先验必要条件。正如我们将在本书第四章中看到的，费希特甚至将这一独立于灵魂的客观性扩展到道德法则的实在中，将其视为"某种客观的……完全独立于思维行动的东西"（SL 4:22）。因此，费希特甚至在道德真理方面也是一个普通理智的实在论者。在道德哲学和元伦理学中，将我们对于对象的评估等同于我们在对于该对象的意识中对我们的意识状态的评估是共同的做法（一个共同的错误）。善的生活的客观成就被还原为我们在对它们的意识过程中的愉悦。事物的客观价值等同于我们在对于它们的估价过程中的精神状态。费希特的伦理学的先验观念论并不包含此种观点，相反，他强调应该拒绝这一点。

根据费希特，当普通理智谈到"外在地"存在的现实事物时，指的是存在于"我们身体之外"的东西，或者顶多是"外在于我的行动"的东西。先验哲学并不质疑这些主张，而是接受这些主张，甚至通过"演绎"（粗略地说，即先验论证——尽管我们将要看到，通常而言这个术语在费希特的哲学中是什么样的含义）来为它们提供证实。对这些论证的意图来说，当先验观念论主张除了"在自我之中被设定"而存在之外，无物能够存在时，它指的东西就非常不同于普通理智通过这些陈述可能指代的内容。从先验理念论的角度出发，这些陈述将"主观观念论"描述为一种形而上学理论，换句话说，它们是独断论的废话。费希特支持这一判断。当费希特主张直观的对象——比如说，我们看见的一个对象——"只能通过直观行动自身才能产生"的时候，他采取的就是一种先验视角。他明确地将这一视角与"普通理智倾向于设想有形景象时采取的方式"进行对比（NR 3:57—58）。

> 观念论者注意到，怎么会有对于个体而言存在的那些事物。对于个体而言，情形不同于它们对于哲学家而言。个体与事物相遇，与人相遇，与其他独立于他自身的东西相遇。但是观念论者指出："在我之外和独立于我，无物存在。"尽管二者说的是正相反的两个东西，但二者并不矛盾。对于观念论者来说，从他自身的视角出发，展示了个体观念的必然性。当观念论者说"外在于我"的时候，他的意思是"外在于理性"；当个体说同样的事情时，他的意思是指"外在于我的身体"。
>
> （WLnm GA Ⅳ/1:25）

为了理解费希特在此通过"理性"指的是什么，需要考察一下他理解的哲学面临的选择。根据费希特的观点，经验不仅包含了主观性（世界对自我的有意识的表象），也包含客观性（如此被表象的世界）（EE 1:425），有时他在两种不同的表象之间进行了区分：我们意识到取决于我们并因此"伴随着自由的情感"的那部分表象，以及我们意识到来源于我们之外，"伴随着必然性的感觉"的那部分表象（EE 1:422—423，NR 3:2—7）。费希特将后者同客观性，将前者同主观性联系起来。客观性的东西是独立于我们并且限制我们而被经验到的东西，而主观性的东西则是受我们自由影响的东西。先验哲学试图理解对于客观性的经验的必要条件，它不想将客观性还原到那些条件，抑或将客观性与这些条件在形而上学方面等同起来。在普通理智常常认为有客观性的地方，它离开了客观实在性。

先验的必然性

我们也需要注意另一个通常的对先验哲学的误解。费希特的演绎中的必然性并不仅仅是心理学意义上的。当先验哲学谈到经验的"必要条件"时，它的主张并不仅仅是说，在可怜的人类的脆弱性面前，我们"不由自主地"认为我们的表象指涉的就是外在于我们的世界，我们在心理学的意义上"不能"相信某些命题并不是支持或反对该命题的论证。费希特同意这个评价。正如我们将在本书第三章中看到的，他对自由的辩护并不是基于如下假定的事实——我们不能使自身相信其他的东西。这会使我们是否真的是自由的这个问题成为一个完全开放的问题。在这些情形下，必然性都是概念性的和理论性的，也就是说，它是规范性的。它是受如下要求推动的，这就是我们关于自身和自身行动的概念必须是一个体系性的、自我融贯的概念，而不是自我颠覆的概念，并且是一个能够在前后融贯的先验体系中得到展示的概念。这些不融贯性不仅是我们（在心理学意义上）无法相信的东西，也是（从规范意义上）我们必须不去相信的东西。

在这里，对体系性的融贯要求不仅意味着要避免自我矛盾，或者否认分析式的真理。也需要对前提进行体系性解释——比如说，这就会避免恶性循环或恶性后退。因为这些前提对于意识的可能性而言被认为是必然的。这些条件要通过先验哲学给出的专门论证才能得到理解。它们的命运随这些论证的合理性而起伏，针对任何可能会从呈现在我们意识面前的任何事实中产生出来的经验性论证，这些规范性的要求主张一种方法论的优先性。

这一点也可能再度被曲解。从先验视角出发，不存在如下思辨空间，即除非思维有一个外在世界，否则我们不能融贯地去思维，并且必须运用如此这般的概念才能思维这个世界，但是真正的形而上学实在（本身）可能非常不同于眼下这个实在，或者可能根本就不存在。先验哲学拒绝所有这类思辨，认为它是形而上学的，也就是说独断论的。它们之所以被拒绝，是因为它们从来就不能得到证成。但先验哲学并不宣告这些思辨为虚假，因为如果这样做，也是一种独断。相反，它宣称这些思辨提出的问题在原则上无法回答，这就是为何费希特常说他的独断论对手不是在主张虚假的东西，而是无法理解他；并且并没有认识到这一点，而是在讨论不融贯的或毫无意义的东西，表达"其实根本就没有哲学"。（EE 1:434，438，439；ZE 1:505，508—511）先验哲学论证了提出我们能回答的问题的必要条件，也论证了将我们的答案和追问以如下方式联系起来的必要条件，这就是使一种答案能和自身的可能性的诸条件相一致，并且不去破坏这些条件。

耶拿和晚期

在因"无神论"被解除教职并迁居柏林后，费希特哲学的基础经历了重要变化（参见 Baumanns，1950，第 175—422 页），在取向上变得更有宗教性——在我看来，这主要是为了回应无神论指控。在晚期的费希特看来，世界是上帝的图像（Bild）（SW 11:117）。他在这个时期说，不是自我拥有概念，而是概念（有时等同于上帝的精神）"拥有"自我。在上帝那里，概念变成了"一种看，是一切看背后的那个看，是一种自我看见的行为"，并且成为"绝对的眼睛，一种看和理解的能力"（SW 11:64—65）。我们心灵中的"概念"同样是上帝的图像，这不是在模仿或复制的意义上说的，而是在必然显现的意义上说的。"概念"是世界的根据，或者说是存在的根据（SW 10:3）。但这也同样是因为它是一切图像的根据，它就如同费希特早期哲学中有关事物的实践概念一样，为伦理学理论提供了目的和原则。

这些变化究竟在何种意义上使费希特卷入了一种和他在耶拿时期的先验观念论不一致的哲学之中，有关这个问题的讨论超出了本书的范围。[9] 我们很容易认为，因为费希特后期的知识学不是将哲学建立在"自我"的基础上，而是建立在"概念"（或上帝）的基础上，因此就必须转变为一种思辨的形而上学体系，而不是使我们回归到普通理智或日常视角的先验考察。但后一种想法极成问题。在费希特的时代，对上帝的信仰本身被作为普通理智或日常视角的一部分。这一点尤其为雅可比和其他那些认为费希特摒弃了普通理智的人强调。事实上，费希特晚期的知识学更明确地是有神论的，这一点不是它偏离普通理智的好证据，也不是说它试图告诉我们终极的形而上学实在"自身"究竟是什么的好证据。我们将看到费希特的有神论不是"超自然主义的"——基于对这个词的通常意义上的理解，而是一种理性的人文主义。它在"精神"——即一种符号或

---

9 费希特1800年之后的知识学（不管它们相当于什么）发生的改变使如下情形变得非常明显，即在他的最后的体系性循环中，费希特1812年有关法权与道德的讲座在实质性的伦理和政治观点方面，相对于耶拿时期的作品而言，做的修订非常少。正如自我作为一种实践能动性与客观性相对，并且成为客观性的基础，现在，概念，也就是采取自我作为其有意识的形式的概念，类似地与存在或与存在着的世界相对立，并且被视为后者的基础。在实践哲学中，这再一次地意味着，现实的东西乃是奠基于精神活动之中的，这种精神活动提出了理想和要求，根据这些理想和要求，现实的东西将会发生变形。1812年伦理学中的大部分内容聚焦于伦理意向的主观方面，而这个方面是建立在"无私"（SW 11:86）、"普遍的仁爱"（SW 11:92）、"真诚与开放"（SW 11:96）的原则之上的。认为费希特的伦理理论失去了它早期的社会取向，这可能是一种错误（参见 Verweyen, 1975，第259—260页）。尽管他的语言如今有宗教的言外之意，但是他仍然继续认为伦理学要求我们将所有理性存在者表象为一个共同体，或者用他现在的说法，表象为一个"自我东西的融合"或"各个自我的集合体"（Gemeinde von Ichen）（SW 11:65）。

审美的——解释的基础上接受了传统的宗教主张。

我认为，尽管费希特继续使用表达形而上学超越性的传统神学概念和词汇作为一种表达真理的方式，但他不是在表达有关形而上学的"彼岸的"真理，而是在表达与我们人类世界相关的真理——正如他在早期的《箴言》中所说，他将原罪与救赎的传统基督教学说理解为针对我们的有限性和不完善的思维方式。在本章第三节，我计划这样来解读费希特对于"理智世界"的种种说法。在本书第七章的第四节和第九节，我将指出，在耶拿时期和晚期的费希特那里，上帝的生命和人类的不朽同样可以重新被解释为对于尘世的人类生活、集体追求，以及与之相关的一系列理想的种种说法。当费希特在耶拿的敌人在他的宗教观点中看到某些只能认为是"无神论的"或"理性的狂热"的东西时，他们并没有错，如今大多数人都会将这些东西视为"理性的人文主义"，甚至是"世俗的人文主义"来予以指责。实际上，费希特在这里反对传统宗教迷信，倾向于一种更理性的世界观，而他的敌人们针对的正是对宗教的超越性的这种令人不安的符号化或审美主义的重新解释。他们尽管对待费希特不公正，但他们的确没有误解费希特哲学对传统宗教带来的致命威胁。他们的恐慌是有道理的。即便在今天，像费希特这样的观点也会给传统宗教通常被利用的方式带来挑战。他也同样会给传统宗教通常被拒绝的方式带来挑战。它们不仅质疑哲学上的"自然主义者"，也质疑宗教方面的"原教旨主义者"。

第二节 反驳独断论或物自身

费希特指出，任何哲学体系必须从抽象行动开始，或是从主观性中抽身出来，或者是从客观性中抽身出来。哲学家可以选择将一个体系或是构筑在自由主体的抽象的基础上，即构筑在自我或"理智自身"的基础上，或是构筑在一个受必然性推动的客体或"物自身"的基础上（EE 1:425—426）。因此，他主张存在两种（也唯有这两种）可能的哲学体系：一、批判的或观念论的体系，这个体系仅仅基于将一个自由的和自我设定的自我作为出发点；二、基于将物自身作为出发点的独断论的、实在主义的或物质主义的系统。（EE 1:427—429）"物自身"的观念，当它出现在费希特笔下时，常常被认为和出现在康德笔下的物自身是同一回事。但在康德那里，物自身观念的含义本身是非常有争议的，并且名声不佳。如果以此种方式解读费希特只会引发困惑和误解。因此，较好的方法是如费希特那样发展这一观点，至于它在何种程度上和康德笔下的物自身有相同含义，这个问题要留给康德学者们去回答。[10]

观念论接受普通理智的实在论，也就是接受那个独立于我们与它们经验性的相遇而存在的物的世界。但观念论是从"理性"的视角出发，通过我们在本章后面的部分所要探究的哲学方法接近这个世界的。对于先验观念论而言，实在的东西是那些独立于灵魂而存在的实在可以通过这种先验的方法确立的东西。与之相对立，"物自身"是存在于"理性"之外的某种假设的实在，这种实在无法先验地得到证实，但却为那些从来不采取先验视角、从来不追问对于这些事物的认知是如何可能的形而上学家所预设和进行理论化。这种意义上的"独

---

[10] 对我作为康德学者在这个问题上的看法感兴趣的读者，可以参考 Wood（2005），第 63—76 页。我倾向于如下这种有关康德的解释，在这种解释中，我将费希特视为康德的最早的代言人，这并不奇怪。这个解释有别于将康德置于有关实体之间的前批判的形而上学语境中的解释。但我承认，康德本身在前批判的德国形而上学和与费希特接近的先验哲学之间常常犹豫不决。阿利森在将先验观念论描述为一种"元哲学的"立场时，可能也想以一种费希特的方式解读康德。Allison（2004），第 35 页。

断论"尽管有别于康德的独断论,却可以从康德对这个词的使用中识别出来。正如费希特意指的那样,独断论的哲学是一种提出了无法先验地证成的一系列主张的哲学——它们中的一些因此是无意义的,其他的则是自我颠覆的。

独断论在如下意义上同观念论对立,这就是它想要提出一种形而上学,试图解释——实际上,是想通过解释排除——我们的意识、我们的认知、我们的行动,将其视为只是物自身的相互作用的一种因果性产物。费希特对独断论的批判部分地受到了这种哲学表象我们的自由行动、我们的认知甚至我们的意识的方式的刺激。在他看来,这些哲学家所采取的表象方式是自我颠覆的,它要求我们拒绝我们同世界之间的认知性的和积极的关系,认为这些关系中包含的是一种无处不在的幻相。正如某些最近的"自然主义的"哲学进路表明的,即便在今天,费希特的靶子也绝非是一个假想敌。

费希特认为,独断论者的"物自身"和观念论者的"理智"或"自我自身"同样远离普通理智。[11] 普通理智不会去反思对世界产生意识的那些先验条件,因此它也不关心去开发这些条件。独断论者试图对意识给出一个说明——比如说,有关它在身体或大脑中的起源的立足于经验的"自然主义"理论,将其视为事物之间因果作用的结果。

---

11 Breazeale(2013),第366页。布里泽尔将1794—1795年间的费希特描述为,主张普通理智接受了外部对象在自身之中的存在,并因此站在独断论一边——费希特将其描述为"欺骗"(UGB GA II/3, 331)。但在布里泽尔引用的段落中,这一欺骗不是被展示为普通理智的一种非反思性立场,而是被展示为"它们停留在反思的最低水准之上的"结果。在我看来,这并非普通理智的观点,而是(独断论)哲学的观点,它已经开始反思,但反思地并不深刻,也不彻底。费希特通常将独断论展示为是反思的有缺陷的产物,它包含一种可以谴责的和自我施加的道德方面的错觉和无能。布里泽尔认识到(第366页,注释14),耶拿晚期知识学将独断论的欺骗不是归结给普通理智,而是归结给不充分的反思(参见 ZE 1:514)。在我看来,只需认真考察《关于哲学中的精神和字母》,就会表明这是费希特的一贯立场,甚至早在1794年的时候就已经如此。

在费希特看来，这些理论都不能对我们作为主体的能动性，不能对我们面对经验的贡献的积极方面，做出融贯的解释。他们通常不加质疑地认定我们对他们所报道的东西产生意识的可能性，试图从因果方面来对其提供解释，而在费希特看来，这不过是将其重要方面作为一种幻相，通过解释而排除。他们或许能对现实世界是如何运转的问题给出令人印象深刻的说明，但如果他们必须要说明自身作为人类认知的可能性，说明获取这些知识所必须的自由行动，他们就总是会以失败告终。

费希特区分了"思辨的"先验行动和他所谓的"思维方式"（Denkungsart），后者不仅属于经验，也属于奠基于经验之上的经验科学。思辨，不论是批判的，还是独断论的，都是采取自愿抽象和先验建构的方式推进的。不管是批判主义，还是独断论，都不会直接采取属于普通理智的视角或"思维方式"，它们各自从自身的哲学角度出发尝试对被给定的东西做出解释：

> 哲学家采取的是纯粹思辨的视角，而自我自身则采取了生命和科学的视角（在此，"科学"是在如下意义上，即在这里科学本身是与"知识学"相对的）。生命的视角只有从思辨角度出发才能得到理解……思辨视角的存在是为了使生命和科学的视角变得可理解。观念论从来不是一种思维方式，相反，它仅仅是思辨。
>
> （ZE 1:455n）

费希特早期在试图建构批判的观念论的体系过程中得出的第一个重要结论是，自我是受到限制的，它的行动遭遇到了"限制"（Anstoss），并因此它就与现实的世界或非我处在一种必然关系中。[12]另一个重要的结论,我们同样会在第三章中加以讨论,这就是,自我必然同非我处在一种关系中。对于费希特来说,自我通常是处于物质世界之中的。它拥有(或者是)一个物质的躯体,并且同其他自我的躯体处在一种相互沟通的关系中。

费希特的哲学因此可以被准确地描述为"一种有限自由的哲学",并且被视为存在主义传统的最佳创立者,引领了克尔凯郭尔、海德格尔和萨特。[13]强调这一点很重要,因为那些将费希特的体系同谢林、黑格尔的"绝对观念论"比较的人,常常会将"绝对自我"作为"单方面主观的"形而上学的绝对,并且常常将其与在斯宾诺莎那里发现的"单方面客观的"绝对做比较,我希望在这幅图画中的错误现在可以变得清晰起来。

经验科学的位置

正如费希特理解的那样,经验科学是从普通人的视角或自然的视角出发来看世界。[14]就其能通过经验得到确立,并且被展示在一种融贯的理论中而言,它们的结果并不与先验哲学冲突。然而,先

---

12 关于费希特笔下实在论与观念论者的关系的一个有启发性的讨论,参见 Schüssler(1972)。

13 在费希特的支持者中,将自我的有限主体性引入到考察中,最著名的是菲洛南科(Philonenko, 1966)。有关费希特的这一观点也在布里泽尔笔下得到了反复强调,并且阐明了它的不同方面(Breazeale, 2013)。菲洛南科在这方面的观点已经为魏舍德尔所预示(Weischedel, 1973,最早出版于1939年)。

14 费希特计划的耶拿体系的一部分也是他从未发展出来的部分,是"自然哲学"。费希特从未支持过谢林与黑格尔提出的那种思辨的自然学说;实际上,这也是他与谢林分道扬镳的主要根据之一。关于这一点,参见 Breazeale(2013),第104—105页。一个高度思辨的想要展示出费希特自然哲学的尝试(对此我并不支持),参见 Lauth(1984)。

验哲学家的确给自然科学理论能针对现实正当地说出来的内容设置了特定限制，这是基于这些理论必须总是要与自身的可能性的诸条件保持一致。建立在普通理智基础上的自然科学，当提出那些破坏可能经验的诸条件，并且破坏人类与世界相联系的行动的诸条件的理论时，就成为一种站不住脚的独断论。在本书第三章和第四章，我们将看到费希特认为自我的绝对自由和道德法则的客观实在属于这些条件。

费希特认为，两种类型的实在论，即普通理智的实在论和独断的实在论是截然不同的——最终甚至是彼此不相容的。就这些哲学家想要通过自由地在现实世界中行动从而考察现实世界而言，独断论的形而上学方面的承诺与独断论哲学家自身预先假定的那种能动性是不相容的。独断论必定否定自由，并因此将我们有关行动和意识的日常经验描述为包含着不可避免的、体系性的谬误和自我欺骗（EE 1:430）。独断论因此是信仰的一种形式。它要求一种对"物自身"世界的盲目信仰，借此它就给日常经验的世界提供了一种哲学说明（EE 1:433, SL 4:26）。但正如它无法对自身提供说明，它也不能承认它以这种盲目的信仰作为前提预设。它只是不加质疑地接受了"物自身"，也就是作为一种前提预设，或者甚至是作为"科学"的结果。它排斥了任何对它提出的先验挑战，认为这不过是一种荒谬的"主观观念论"的形而上学理论。

独断论在道德方面的缺陷

在费希特看来，独断论在哲学方面的缺点在根本上是道德方面的缺点。和斯宾诺莎一样，费希特认为，自由的和理性的人类的生活与受制于自身激情的人的生活是不同的，是处在不同层面的。和克尔凯郭尔一样，他认为在此也有不同"阶段"的人类存在，这些不同阶段的假设是不可公度的，因此处在不同阶段的人之间的沟通就必然是困难的。费希特将独断论描述为一个幻相和自我欺骗的封闭圈子，人们之所以承受幻相和自我欺骗，是因为他们较批判的观念论者达到的阶段而言，处在一个较低的、缺乏反思的道德生活阶段。独断论是这样一种哲学，它为消极的和自我放纵的生活态度提供辩解，使人毫无反思地屈服于经验性的欲望和激情。独断论者认为自身是受对象操纵的，因此服从于必然产生的幻相。由于否认自身在根本意义上的自由，他们就缺乏一种能使他们融贯地确认自身作为人的尊严的有关自身的观点。

由于无法通过自由行动确认自身价值，独断论对自身的意识就依赖于物（EE 1:433）。因此，独断论倾向于一种社会-政治-经济的保守主义，因为特权阶级是在和物的关系中——他们对物的所有权和对物的权力——获得自尊的。由于不能使自身获得同等属于一切理性存在者的人的尊严，因此独断论者采取了一种自负和傲慢的态度，这是基于他们对物的占有，基于社会特权，基于他们拥有的使他人臣服自己和操纵他人的能力，在此，他们的行为方式就和他们自己受对象摆布和操纵的方式一样。

独断论者生活在物的世界中，认为一切物都是操纵和控制的对象。他们同万物和每个人的关系倾向于一种物化的关系［参见Beauvoir, 2010（1949），第一部分；Haslanger, 2012, 第一章］。对于独断论者而言，人们或者理性的存在者，甚至是独断论者自身，也不过是服从因果必然性的物构成的世界中的诸多物而已。作为这个世界的认知者，独断论者采纳了哈斯兰格（Haslanger）所谓的"假定的客观性"的态度。物与物之间唯一的关系是因果关系。物就是它们呈现给我们的样子，因为这就是它们在因果关系方面被规定成的样子。因果关系规定它们的样子就是它们必须成为的样子。反对事物当下的样子或试图改变它是毫无意义的。如果我处在社会体系的顶端，我针对他人的权力就是必然的。这是不容改变的事实，就如同水的冰点，如同金属的特定重力，如同天体运行。如果在这个因果关系序列中，我享有针对他者的权力，我自身就是必然的。[15] 质疑事物眼下的样子仅仅表明你无法客观地理解这个世界。独断论者首先是通过控制，然后将这一控制理解为一种毋庸置疑的、客观的必然性，从而成为客观世界的主人。

由于将世界视为一个因果关系的网络，独断论就将自身视为这个网络的一部分。无论是从实践角度看，还是从理论角度看，他们都将其他物物化了，也将其他人物化了。他者是他们自身因果性的控制对象。他们有关实践理性的唯一观念是工具论的。理性是，并且应该只能是激情的奴隶——首要地，只能是自身激情的奴隶。但在费希特看来，由于他们反对意志的根本意义上的自由，独断论者想要实现的对物的世界的这种因果性支配，从精神的角度看，乃是奴役的条件（EE 1:434）。对自由的否认使独断论者找不到任何根据主张他们自身的人性尊严。因此，如果事物的方式（即使你可以支配他者的那种方式）在因果性方面是必然的，由此就可以得出，即便换一种情形，你抵抗这种支配也毫无意义，"任何认为自己是他人主人的人自身就是奴隶，如果此人不是事实上的奴隶，我们也可以确定地指出他有一颗奴性的灵魂，并且他将会在那使他屈服的第一个强人面前卑躬屈膝"（VBG

---

15 "那些逃避总体自由的人……那些想要表明他们的存在是必然的人……我应该称之为猪猡（Salaud）。"（Sarte, 1956b，第 308 页）在梅雷特（Mairet）的译本中，salauds 被译为 scum（人渣），但这个词也可以被译为"猪""屎"或"坏家伙"（bastards）。最后的这个译法是亚历山大（Lloyd Alexander）在翻译《恶心》（Nausen）一书时使用的。（Sarte, 1964，第 82—94 页）

6:309）。

对于今天的许多哲学家来说，他们可能在费希特给独断论勾画的理论肖像中看到自己的影子。这一道德的诊断结论看起来是武断的，甚至荒谬。今天的大多数"自然主义"哲学家在社会和政治观点方面并不保守。他们中的许多人可能会同意费希特，认为社会世界应该得到改变，许多人认为它能够得到改变。正如我们在第一章中所见，恩格斯后来直接地颠倒了观念论与唯物主义的社会和政治联系。今天的许多唯物主义哲学家可能会对此表示同意。

然而，这些联系，无论是何种方面，只要它们存在，就可能取决于"观念论"和"唯物主义"这两个不相容的观点，即便针锋相对的立场之间的描述可能会自说自话。它们的确只能偶然性地适用于特定的个人，或者至少是特定的、有限的学术或社会环境。也许对于我们来说，这些联系是武断的，甚至是错误的，但对于费希特的时代和地点来说，它们可能是准确的。

在此包含的问题是有争议的，是一个持久的、有深刻分歧的主题，要想对这个问题进行界定也许比解决它还要难一些。不论是在费希特的时代，还是在我们的时代，他考察的这种独断论的立场可能是与形而上学中的唯物主义、认识论中的经验主义和现代自然科学的威望相联系的。这些东西，尤其是最后一项同道德与政治的关系，并不简单。我们知道，自然科学及其对经验证据的尊重常常遭到社会和政治方面落后势力的拒绝。伽利略遭到了教会的指控，宗教的原教旨主义者反对自然选择的进化论，拥有既得经济利益的政治保守主义者反对在环境和气候破坏方面达成的科学共识。

然而，科学是一种人类制度，它在通常情形下是现有社会权力结构的产物，尽管它的那些发现可能会反对现存权力，但科学从根本上讲在此之外毫无根基。在政治冲突中，它也不总站在"对的"一边，或甚至是站在证据一边。种族主义曾一度是一门好学问（参见 Gould，1981）。自从蒙田最好的友人波埃西（Boétie）撰写《论自愿为奴》[*On Voluntary Servitude*，1942（1548）] 以来，我们就知道，被压迫者倾向于接纳压迫者的世界观，压迫者倾向于控制科学的结论。在为压迫提供证成的过程中，对科学专家的听从起到了重要作用（Manfred Stanley，1978）。费希特将先验观念论视为一种为普通理智和科学的正当性主张提供证成的方式，与此同时又守护对于知识和道德来说都是必要的有关人类自由的前提预设。

费希特将独断论同道德和政治方面的保守主义联系起来的做法可能部分地也是自传性的。他说："一个人只能通过经历独断论的性情——如果还不是经历独断论自身的话——才能成为观念论者。"（EE 1:434）他先是受到了独断论的诱惑，然后是对它的激烈排斥，这些可能描绘了他与自己一生进入的社会世界的不愉快的关系，以及他对那个时代许多享有特权的知识分子的世界观的强烈拒绝。

第三节　先验观念论

费希特激烈地否认他或康德追求的是一种有关物自身的超越论形而上学（EE 1:440—449，ZE 1:480—491）。他指责那些认为他超出"必然性思维"而抵达"存在"的批评家们误解了他——甚至是有意地和不怀好意地误解了他（SL 4:16—18）。在他看来，康德也面临着同样的情形，那些认为康德接受了超越性"物自身"对自我产生影响的人，通常会指责康德自相矛盾。[那些这样做的人中包括贝克（J. S. Beck）、雅可比、谢林与黑格尔。] 费希特提议通过从先验视角出发接受非我的影响，但拒绝接受超越性的物自身的影响，来避免这一矛盾（ZE 1:482—489，参见 GA Ⅰ/4:433—434）。费希特甚至仅仅从先验视角出发，针对有关影响我们的作为"在自身中"存在的对象的思维作了说明（BWL 1:29n；GWL 1:157，174—175，194—195，239—241；GEW 1:343，361）。通过这种方式，费希特接受了人类认知的有限性，与此同时也反对（不是作为非存在，而是作为一种不可认识的东西，并因此不是哲学的可能对象）任何有关"物自身"的无法先验地演绎的形而上学概念。这就是费希特就一个康德主义者能够避免所谓矛盾的方式给出的建议。

哲学的抽象

正如费希特提出的，哲学的出发点是一种抽象行动（EE 1:426，ZE 1:501—502，NR 3:1，SL 4:78）。正如我们所见，对于费希特来说，哲学通常是从（或者在）共同生活中开始的，在共同生活之外，它没有别的出发点。费希特对他的哲学过程给出的描述是，它是沿着精神行动的必要序列发展而来的，通过这个序列自我使经验成为可能——"在自我的必然行动中产生出来的东西……自身看起来是必然的，即自我在对这些产生出来的东西的呈现中感到了强制，然后我们才可以说对象拥有了实在"。（NR 3:3）

> 那种使自身强加于我们所有人——包括最坚决的观念论者——的实在论，当它开始发挥作用，即假定在我们自身之外存在，并独立于我们时，这种实在论就包含在观念论自身，并且从观念中推导出来和在观念中得到解释。的确，为这一客观性的真理提供推导是一切哲学的唯一目标。
>
> （ZE 1:455n）

费希特认识到，普通理智的实在论可能就是误导某些独断论哲学家去接受独断论的东西，因为它的"物自身"同样是"实在"的，与之相对的是先验哲学抵达在经验中给予我们的那些东西的方式。但是，如果费希特的先验进路并没有提供任何对于自由或道德责任的"自然主义"或"物质主义"的说明，它能因此提供一种超自然主义的（或者从形而上学的意义上讲"观念论"的）说明吗？我认为是不可能的。这也可能是对世界就其"存在于自身"而言做出的说明——因此是超越的和不可知的，正如先验哲学所看到的那样。正如我们已经注意到的，费希特对普通理智的证实应该是对某种有神论的证实。但在费希特的时代，这会被大多数人视为对普通理智的证实，而不是对任何超越的形而上学的辩护。

理智世界

费希特的确有时会将感官或现象的东西同理智之物或本体之物相对比，并且主张先验哲学使我们将自身理解为理智世界的成员（SL 4:91，133，259—260）。但这一点也很容易误导我们。康德的读者们常常用"本体"或"理智世界"指代那个超自然的领域，使之成为某种信仰或者信念的对象。但对此我们无法认知。[16] 尽管在康德那里这一点可能站得住，但是在我看来，当策勒说费希特的本体之物或理智之物的概念并不是超自然主义时，他是正确的（参见 Zöller, 1997，第111—116页）。我对费希特有关理智之物和本体之物的观点和解释采

---

16 在我看来，对于康德的通俗理解夸大了他接受这幅图像的程度，尤其是夸大了他的哲学就是致力于此的程度。实际上，投身于对某些超自然主义理论的信仰，比如说，信仰理性存在者的自由，在我看来并不与批判哲学一致的。参见 Wood（2008），第七章。

取的是和我已经提议的解释宗教的观点（对此，费希特被贴上了无神论标签）相同的方式（也就是，"现代主义的"或"世俗人文主义的"方式）。对于费希特来说，本体之物或理智之物常常是我们从先验视角出发，为了形成有关我们的行动和我们在其中行动的世界的一个融贯的观念而思考我们自身采取的方式的一部分（ZE 1:482—483；WLnm，第243，260—261，281，330，402页）。对于先验哲学而言，一般意义上的"实在"仅仅是通过它对意识而言的必然性得到证成。费希特指出，"理智之物唯有通过先验哲学本身才能产生和进入意识之中"（WLnm，第334页）。或者正如策勒指出的，"理智之物或本体之物是思维及其法则的必然产物，它是经验的生成的一部分，也是人类有限性的反映，而不是对于人类有限性的超越"（Zöller，1997，第113页）。比如说，就理性存在者能够根据理性的诸规范相互沟通而言，费希特经常运用理智世界或本体世界的概念来指涉理性存在者的共同体（SL 4:259—260；WLnm，第303—305，454页）。

在我看来，对于费希特来说，理智世界不是"物自身"的领域，因为这会使一切有关它的说法仅仅成为独断论的一个超自然主义版本。对于先验哲学而言，本体世界或理智世界仅仅涉及有关我们自身作为一个有限的和自然的存在者的思维方式，从先验视角看，这种思维方式是必然的。再一次地，耶拿的宗教上的反对者们尽管对费希特来说十分不公正，但他们对费希特哲学表达的那种世界观感到恐惧却并没有错。正如他们声称的，费希特是"王座和祭坛的敌人"，他的哲学是一种尊重人的自律而非权威的哲学。它接受宗教的观念，但仅仅是象征性地和审美性地，将其作为思想和情感的词汇，并且要比独断论的唯物论提出的任何东西都丰富，通过它，人类就可以自由地生活和行动。

第四节 耶拿知识学中的认识论

如费希特所理解的,哲学的任务是基于从普通人的视角出发的自愿抽象,人为地再次创造(类似于"骨骼的")日常生活与科学的对象。其成功的最终标准是它不否认普通人的视角,但却可以对其成功地加以解释和证实。通过这种方式,任何哲学方面的尝试真正来说是一次"试验",或者是一次人工产品的制造——费希特称之为普通人的生活和学问的"现象"。哲学家的工作是报道这一试验的结果:

> 那些生产人工产品的哲学家的行动确切来说是与现象自身等同的,因为他们正在塑造的对象自身是不行动的,但是那些进行这一试验的哲学家所报道的东西并不等同于他所调查的那些现象,而仅仅是有关这些现象的概念。

(ZE 1:455)

试验的结果是根据思想与包含在思想中的论证的说服力来内在地衡量的;而它外在地又是根据它解释在普通人的生活中的出发点的能力和同这个出发点相一致的能力来衡量的。内在的标准不仅包含了每一种新的思想推演出来的严格性,也包含了在这些推演出来的思想之间的体系性的和谐与一致。

费希特认为,批判的或观念论的体系相对于独断的或实在论的体系有两个关键性优势。首先,与外在的标准相关,观念论是从我们意识的直接经验,从伴随我们的能动性的发挥而存在的有关自由的意识开始的,并且接受这些经验是真实的,而独断论必定会宣称它们是幻相，必定会试图将它们解释为事物的因果性结果，从而消除它们（EE 1:428—429）。其次，与内在的标准相关，观念论可以成功地解释我们的经验，而在（费希特看来），独断论根本不能成功地完成哲学的任务（EE 1:435—436）。但费希特没有将这最后一个优势充分表达出来。正如我们将要在本书第三章和第四章中看到的，针对独断论，他可以说它在特定方面是自我颠覆的。但费希特从未完成过知识学，因此就他的先验观念论体系的那些正面主张而言，他只能提出一些临时性主张，以期最终当他的知识学完成之时再度进行弥补。

在他早期的《论知识学的概念》（1793）（BWL，以下简称《概念》）一文中，费希特首次概述了他雄心勃勃的知识学计划。这个计划的（部分）落实是与《全部知识学的基础》（1794）最紧密地对应的。它阐明了一种认识论，这种认识论将要支配一个哲学体系的建构，并且可以被视为他对于符合内在标准，也就是哲学实验得以奠基于其上的那些思想的内在说服力的尺度。这个计划显然就是费希特在他那出了名的晦涩的《全部知识学的基础》及相关文章——比如《略论知识学的特征》（1795）——中想要落实的东西。但不久之后，费希特开始重新构思知识学的方法，它们出现在1796—1799年的一系列讲座的抄本之中，通常人们称之为《知识学的新方法》。这个新的观念同样支配了《知识学新说》两个导言和片段性的第一章（1797—1798）（K1）。这些表达了他在耶拿时期在体系陈述方面做出的最后尝试。这个全新的概念在他的两部实践哲学著作中发挥了作用，但即便是《知识学的新方法》也保留了1793年论文中的许多哲学论题和目标。因此，1793年的论文仍然可以对理解费希特探究的内容，至少在耶拿时期探究的内容，提供一个必要的指南。

作为基础的第一原则

也许，费希特的知识学最显著的特征是，他强调任何体系性的哲学必须总是取决于一个单一的第一原则。但对此主张，他显然没有论证。他一上来就说，这是"人们公认的"（BWL 1:38）。但后来他补充了一个论证，说"一门科学只能有一项第一原则，因为如果有不只一项第一原则，就会存在多门科学，而不只是这一门"（BWL 1:42）。认为哲学体系只能拥有单一的第一原则的观点似乎是他从赖因霍尔德所谓的"基础哲学"中得来的。赖因霍尔德提议将康德哲学或批判哲学奠基于一个单一的不证自明的第一原则之上，从而为之提供一个坚实基础，他称之为"意识的原则"——"在意识中，主体既能把表象同主体和客体区分开，也使表象同它们两者相关联"〔Reinhold，2011（1790），1:267〕。通过舒尔策在《埃奈西德穆》中对赖因霍尔德的批评，费希特开始确信，这并非一个令人满意的第一原则（SW 1:5）。但他至少在一段时间内仍然相信，哲学只有当基于某个单一的第一原则，才能获得体系性的形式（BWL 1:38）。费希特的第一原则——其含义我们将在本章第五节中进行考察——是"自我绝对地设定自身"（BWL 1:71，参见 GWL 1:96）。

《概念》认为，任何科学都包含一项第一原则，这个原则不仅被人所共知，而且是确定的。然后也要包含一系列建立在第一原则基础上的命题（通过证明这些命题是与第一原则"相当的"），因此它就可以使其确定性从一个命题传递到下一命题。费希特指出，一切科学的"内容"是根据"它的第一原则的内在内容"而被规定的。但"科学的形式"则存在于推导的特定类型中，奠基于某种特定的"保证"。[47]通过这一保证，第一原则可以以将其确定性传递给在它基础上形成的诸命题（BWL 1:43）。这些主张应该不仅对于某个哲学体系是真实的，而且对于任何有资格获得科学之名的东西也是真实的。但对于费希特来说，哲学的计划是将一切科学奠基在一门单一的根本性科学之上，他将其命名为"知识学"。"自我绝对地设定自身"显然是这门根本性科学的第一原则。

费希特指出，将一切随后产生的命题都奠基于一项第一原则的讨论可能很容易被理解为一种基础主义（foundationalism），正如这个术语在最近的分析的认识论中理解的那样。基础主义是这样一种学说，它认为，一切知识被划分为两类：一、基础知识。它们是根本性的，或者奠基于自身，抑或至少被认为并未超出自身的任何根据；二、非基础性的知识。它们必然仅仅奠基于基础性的知识。费希特在早期《概念》中的陈述可能会给人以如下印象，这就是，知识学的第一原则，并且仅仅是这个第一原则，构成了基础性的知识。任何在这第一原则之外的东西都是非基础性的知识，因为它只是基于第一原则。

然而，对费希特的认识论的一种基础主义的解释，在这种意义上，在他的许多最为重要的主张面前都无法得到维持。他一开始就认为，一切知识学之外的科学都是从知识学中推导出它们的第一原则的，唯有这门科学的第一原则并未通过其他东西得到证明（BWL 1:47）。基于基础主义的解释，我们不得不认为，一切人类知识仅仅基于知识学的第一原则——自我的自我设定；任何其他知识的来源都不能被允许：不得有任何经验性的内容，不得有任何不证自明的先天真理。费希特肯定不会接受这等荒谬的命题。

费希特同样很快就提出了进一步地排斥这种基础主义的主张。他说："知识学具有绝对的总体性，在它自身之内，每一件事都可以引向任何事情，并且任何事都可以引向每一件事情。"（BWL 1:59n）对于费希特来说，融贯性不仅是自我一致性的一个额外的必要条件，在基础主义理论中它也许仍然如此。相反，在每一个阶段，那些被推导出来的思想必须要构成一个在较单纯的自我一致性更强烈的意义上的融贯系统。这就是为何费希特不仅可以使用对论证产生威胁的矛盾，而且可以使用有害的循环论证，抑或是使用在令人满意地揭示某物方面的那种无能，来推出他的新概念。

进一步的"融贯论"主张是在费希特对一门科学必须成为什么的阐述中被提出来的。他强调，只有当"一个完整的体系在第一原则基础上形成，也就是说，当特定原则必然引出所有得到主张的命题，并且当所有这些命题可以回溯至这个第一原则时"，第一原则才能"穷尽"（BWL 1:58）。他指出，如果可以证明"如果第一原则是假的，（在其中）就不可能产生任何真实的命题——或者如果第一原则是真的，产生的命题就可能是假的"，这就是一个体系的"消极证据"（BWL 1:58—59）。"我们从我们预设的东西和我们发现的东西的相符中推出了体系的正确性，但这只是一个消极证据，它确认的只是可能性。"（BWL 1:75）体系的"积极证据"意味着，通过表明第一原则"完全地支配了人类的知识"从而"完成这个循环"（BWL 1:61）。从这种对"积极证据"的需要出发，费希特推导出"存在一个人类心灵永远无法逃脱的循环"（BWL 1:61）。即便我们通过"消极证据"确定了"体系的统一性"，"也仍然需要更多东西"。这里所谓的"更多东西"，是无法严格地演示的东西，也就是说，这个统一体自身不是某种通过不正确的演绎偶然地产生出来的（BWL 1:75）。同样地，"一个体系能够现实地做到整体上是正确的，尽管它的个别性的部分缺乏自明性"（BWL 1:77—78）。

由此，很明显，在一个仅仅支持标准选项，也就是"基础主义/融贯论"的框架内，我们无法搞清楚费希特的认识论。对于他来说，先验哲学是从如下第一原则开始的,它之所以是确定的,不是因为它有某种自明性特征,而是因为可以表明,如果不同意这个原则,那么先验哲学的体系就将自我颠覆。费希特基于第一原则确认了进一步的主张,他不是将这些主张从这一原则中演绎地推导出来,而是确认它们对于从第一原则出发的认知或行动的可能性的前后一致的阐明来说是必要的。

知识学和具体的科学

同样重要的是要注意知识学同其他处在其下的科学——包括有关自然法权的科学和伦理的科学——之间的关系。"知识学包含着所有人类心灵必须要采取的具体行动的科学",并且"在任何具体科学的第一原则中,在知识学中曾经被允许保持自由的行动变得明确……只要那些自身是自由的行动给定了一个具体方向,我们就从知识学的一般领域进入到了某种具体科学的领域"(BWL 1:63—64)。换句话说,费希特将自我的"自我设定"行动视为一种允许各种不同形式的行动,或者如他所说,有着不同方向的行动。一旦自我设定的"方向"被给定,在费希特看来,特定的结论就必然从中产生。一切具体科学的任务就将从对自我的自我设定的特定方向的自由选择开始,然后从中推导出一系列由此产生的必然结论。

第五节　第一原则

知识学的第一原则是"自我绝对地设定自身"。在1793—1794年的第一个耶拿体系中,在费希特看来,这项原则会被所有以正确的方式获得了某种特定的自我认识的人自发地同意。也就是说，一方面是所有那些形成了对于自我的概念的人，另一方面是，他们做出了对于把握费希特想要引出的概念来说是必要的那些抽象行动。费希特在耶拿晚期对这一过程的最为清晰的说明出现在（未完成的）《知识学新说》的第一章。对这个新的论证，1797年的两个导言已经使读者们做好了准备。但到那时，费希特已经改变了他有关第一原则的地位的看法。它不再被认为对所有人来说是不证自明的，而仅仅对那些已经确认了自身自由的人来说才是不证自明的。然而，这种对自身自由的确认不是任意的，费希特认为，最终也没有其他理性的选择。有关耶拿晚期体系中与自由相关的问题的讨论，我们将放到第三章。

我思

　　费希特第一原则的主要内容是一项自我意识的行动。这必定会使我们想起笛卡尔的我思（cogito）。笛卡尔将我思视为将我们自身的存在呈现给我们自己，这是通过接近于这一存在的模式（也就是思维）实现的，这种模式使我们自身的存在成为不证自明的和不可置疑的。当笛卡尔将我（sum）视为我积极地通过我思这一行动而产生的某种意识的时候，这就预示着费希特的思想。关于笛卡尔的论证，同样有某种"先验的"东西，因为拒绝确认你在思维将是一种自我颠覆的做法——它将会否认意识自身的特定行动的可能性的必然条件。费希特也同意，笛卡尔"提出了一个类似的命题"（GWL 1:100）。但我们越是更好地理解费希特的自我观，就越是能理解，在所有现代哲学家中，他首次提供了一种与笛卡尔截然不同的心灵或主体观念。费希特首次将主体理解为必然地显示出来的，也是必然地交互主体性的——

同其他主体处在一种相互依赖的沟通关系中。通过这些方式，费希特的主体观念在根本上就是反笛卡尔的、反洛克的，甚至是反休谟的。[17]

费希特不会允许从我思向我是思维之物（sum res cogitans）的推论，甚至否认在笛卡尔意义上的后一命题。费希特式的自我指的根本不是物，而仅仅是一项行动——在费希特看来，是处在一切意识的根据中的行动，不论是怎样的意识。这一行动必然先于任何"给定的"观念、知觉、表象、物或对象，抑或是与这些东西相关的任何事实，不管它们是间接的，还是不证自明的（ZE 1:457—463）。正如我们在前面所见，对于费希特来说，哲学必须不是从实在的东西（物"自身"）开始的，而是从我们认识实在东西的可能性的诸条件开始的。我们自身的自我设定行动作为一切意识的条件，是这些条件的最初条件。这就是当费希特说"有了第一原则，知识学就不仅能成功地确立作为整体的哲学，也能为一切哲学活动确立条件"。第一原则不是赋予我的某种东西（尽管它是不容置疑或不证自明的），它是"一项不能从外部提供的真理，而只能由个体从自身之中产生"。没有什么东西，也没有其他人可以替我做出这一自我设定的行动，或者提供给我他提供的那种独特的先验意识。"这甚至连上帝自己也做不到。"（SW 2:443）

17　我试图阐明这一点，参见 Wood（2014a），第194—199页。也许，有关费希特的第一原则最令人印象深刻的事就是它不被视为任何类型的"事实"。自我不是任何在理论意义上"给予"我们的对象或物。我是我将自身塑造成的那个人，甚至是我应该将自身塑造成的那个人，甚至人格的身份也是规范性的，而非描述性的。参见本书第六章第二节。如果这里的意思是，它拒绝休谟在《人性论》第一编的末尾采取的那种有关人格同一性的观点（Hume, 1958，第186—195页），那么费希特的进路就是反休谟式的。但这一进路却众所周知地以失败告终，最终沦为深刻的和失去方向的怀疑主义。在《人性论》第二编的前面部分，休谟建议，我们有关自身的真正的概念真正来讲乃是实践态度的对象，这就是骄傲与羞愧（Hume, 1958，第204页）。在我看来，通过这种方式，休谟开启了一条直接通往费希特的有关人格身份的思维方式。

纯粹统觉

也许对于笛卡尔的我思来说，在《沉思录》的计划的语境下，上述说法是合适的。在那里，读者们被邀请和沉思者一道进入一种产生自我意识的行动中。但费希特可能是第一个强调相较与笛卡尔做比，最好是与康德进行比较。费希特未完成的那一章（第一章）的名称是"一切意识都是由我们本身的直接意识制约的"。这个标题不可避免地使我们想起，他的第一原则与康德在范畴的先验演绎中使用的原则密切相关，即纯粹的或本源统觉的原则。费希特明确地认可了这一点（GWL 1:99，ZE 1:472—478）。对于这两位哲学家来说，他们的论证都是，一切意识经验的可能性取决于某种特定类型的自我意识。这种特定类型的自我意识不仅向经验的主体也向经验的内容和对象担保了统一性。统觉是"纯粹的"，意思是说，它只存在于知性的积极作用中，而根本不存在于对感性的接受性中。康德区分了"经验性的统觉"——这是根据偶然的、经验性的规律（比如说休谟的联想律）实现的表象间的联结——和"纯粹统觉"——这是知性自身的工作，包含一种先天的综合，并且对于经验的可能性来说是必要的（KrV A107，B132，B140）。

在某种意义上，"纯粹统觉"对于康德来说指的是对一个人自身活动的意识，它伴随着诸概念的有意形成和运用。在此意义上，统觉是"一切概念的承载者"（KrV A341/B399）。"这个统觉的号数上的统一性因此先天地成为了一切概念的基础。"（KrV A107）。"因为只有通过我把一切知觉都归属于一个（本源统觉的）意识，我才能对一切知觉说，我意识到了它们。"（KrV A122）在另一个与之密切相关的意义中，当思维着的自我不被看成别的，而只被视为将一切表象联结在一个意识中的知性的自发性时,"统觉"所指的是一项自我意识的行动,其对象是思维着的自我本身。统觉将它的知觉都归属给它的那个自我,以及在此意义上统觉意识到的自我是经验之中一切统一性的最终根据。因此,康德就将"本源统觉"解释为"那个自我意识,它由于产生出'我思'表象,而这表象必然能伴随其他表象,并且在一切意识中都是同一个表象,所以决不能为其他表象所伴随"(KrV B132)。费希特在 ZE 1:476 中引用了此处援引的康德的最后一个论述。

　　康德有关统觉的观念是,任何一个意识都包含着一种积极的自我意识,这是主体将概念运用于他的经验内容的基础。它同时也确保了它们属于一个自我同一的主体的经验,并且保证了它们构成一个单一的融贯的经验世界。有意识的表象通常能够将某物表象给某个主体,并且表象给在号数上同一的主体。它们表象的东西是以一种表象的统一系统的形式表象给这个主体的,主体可以将这些表象之间的联系带到概念之下。有意识的经验的这两个特征说明了表象者和被表象之物的统一性。这个行动着的主体的自我意识常常是在如下意义上出现的,这就是,如果我有意识地去思维某物,我就不需要输入任何额外的东西来使我意识到这是我的经验和我的有意识的行动,或者意识到,它和我有意识地意识到的其他事物属于同一个经验的系统,属于同一个世界。而我之所以意识到其他事物,或者是通过对它们的积极思维,或者是以其他的方式,例如感觉到了它们,回忆起了它们,抑或是想象到了它们。与此同时,这个主体的注意力的特定方向,以及明确地将经验中的各个成分归属于这个主体,也就是这个自我(以一种"我思"的形式)并不总是会出现。但它的可能性,它对于主体而言的可获得性,则是一切有意识的经验的永恒且必然的特征。[18]

首先，在任何经验中都有一种积极的自我意识，尤其是在概念针对我们经验的东西的适用中，它不仅保障了经验主体的统一性，也确保了经验东西的有机整体的统一性。其次，这里存在一种永恒的可获得性，这是由第一个自我意识而成为可能的，这就是意识到主体已经将注意力转向自身，使自身成为它自身意识的对象，并因此针对它此刻可能正在思维的或者经验的任何其他东西附加一个明确的"我思"。它们都将自我意识作为统一体的最终根据。这里的统一体既包含从事经验的主体自身的统一体，也包含主体经验到的东西可以概念化的体系的统一体。这就是当康德说"'我思'表象——这表象必然能伴随其他表象，并且在一切意识中都是同一个，绝不能为其他表象伴随"（KrV B132）——时想要说的东西。它也是费希特在"自我绝对地设定自身"这一原则中和将这一原则视为第一原则的过程中想要表达的意思。

第六节 对自我行动的召唤

费希特1797年计划的知识学的片段性的第一章有三个部分。第一部分试图为读者从普通的自我意识进入到一种哲学的、先验的或"更高程度的思辨性的"视角做准备，从这一视角出发可以把握第一

---

18 某些自然语言（人们有时会援引越南语来做例子）没有人称代词"我"（I）。这种语言并不构成笛卡尔、康德或费希特哲学中的那些主张的反例。这些语言的使用者有某些方法来指代他们之外的物和人，并且也有某些方法将思想和行动归结给他们自身。甚至笛卡尔使用的那个拉丁词cogito——对我（ego，ich）的哲学思想来说具有范例的地位——也不包含任何明确的第一人称代词。

原则。第二部分和第三部分则想要将自我的观念表现为当我们形成了一种有关积极自我的观念,并且清楚地意识到这是如何可能的时候,我们把握住的东西。很显然,在此过程完成之前,这一章就戛然而止。但如果将费希特在其他文本中告诉我们的东西同这里的内容放到一起,我想就能充分地接近他的耶拿体系能够识别出来的原则意义上的第一原则。

在第一部分中,费希特一上来就以第二人称的身份向读者发问,"呼吁"读者们要有某些特定的想法。在本书第三章,我们将看到"召唤"(Aufforderung)这个概念将会在费希特体系的发展过程中,尤其是在他的法权体系和伦理学体系中,起到关键性作用。同样我们也会表明,在他耶拿时期的第二个阶段,费希特将一种交互主体性的或"对话的"进路整合到了他的哲学方法之中,预示着20世纪大陆哲学中的类似进路。[参见 Theunissen(1984),Habermas(1984),Lévinas(1987),Gadamer(1989)。]

公设

费希特的体系是奠基在他所谓的"公设"(Postulates)基础上的。他是在欧几里得最初使用公设一词的意思上理解这个词的。在欧几里得那里,Postulates 的希腊文指的是"某种被请求和被要求的东西"。更具体地讲,一项欧几里得的公设包含如下两项彼此有关联的召唤(或请求)。首先,请求做出特定行动(比如说,欧几里得的第一项公设:给定任意两点,在它们之间画一直线);其次,请求在上述行动基础上承认某个命题(在此是指在任意两点之间可以画一条直线这个命题)。这一对"公设"的理解包含了三个基本的费希特式论题:第一,理论方面的认同是与实践活动相联系的;第二,在这一相互依赖中,实践的东西占据优先性；第三，哲学如同自我意识自身，根本上包含一种对话式呼吁和回应。[19]

自我的概念

在第二导言中，比如说，费希特以如下语言描述有关形成自我概念的工作："因此，我们的第一个问题就会是，自我对自身而言是什么？我们的第一个公设就会是这样的：思维你自身，建构关于你自身的概念，并留意你是如何做到这一点的。"（ZE 1:458）然而，在第一章第一节中，费希特发出了一项请求（或召唤），但这甚至只做到这一点的预备，其目标是为读者从日常的普通理智进到哲学视角（从中可以把握到第一原则）做好准备。他是分四个步骤来做的：

一、费希特呼吁读者形成"自我"概念，作为读者们可能会思考的任何其他思维的主体。费希特指出，这个概念，就它是从普通意识中引出来的而言，最初可能包含大量的东西，而为了抵达作为第一原则的自我，他要求我们从这些东西中抽离出来（K1 1:521）。

二、当第一步走向这种抽离的时候，费希特呼吁读者们思考某一具体事物，并且将一个适当的概念适用于它上面：桌子、墙、窗户。对那些自由选择这样做的人，他接下来发出了第二项呼吁：要注意这种意识包含有自由行动——"请留意包含在其中的行动与自由，你的思维对你来说就是一项行动"（K1 1:521）。费希特意识到，并非所有读者都会做他呼吁去做的事，有些人会拒绝。他并不希望向这些读者

---

[19] 对于费希特的几何哲学的详尽考察，参见 David Wood（2012）。对于公设的讨论主要出现在第三章和第四章，但是这个研究主要讨论的是费希特的《埃尔朗根逻辑学》（*Erlanger Logik*, 1805），后者的出现要晚于本书所关注的作品。

证明他的知识学。[20]

三、接下来，费希特呼吁那些仍然听从他的读者们留意他们的积极思维中具体指向自我本身的那部分，而不是指向桌子、墙等这些东西（也就是不同于自我的东西）。他要求他们去发现眼下注意的行动的客体和行动的主体是同一个。因此，这里的行动就是"自我回复"或"回到了你自身，也就是回到思想者那里"（K1 1:522）。现在，费希特期待读者们能够理解并承认他视为他的第一原则的那个主张的内容——"思维的自我回复的行动的概念和自我的概念因此就拥有相同内容：自我就是那个设定自身的东西"（K1 1:523）。但他警告读者，这一内容如今是一个抽象行动的产物。他要求读者们注意使这一点成为眼下这个样子的两种方式：一种很明显，另一种则没有那么明显。首先，意识的每一项行动都有一个不同于它的对象（如桌子、墙壁等），并且自我设定的自我乃是包含在意识到这个对象的过程中的活动。尽管出于哲学的理由，它是在将对象抽象出来的过程中得到考察的。其次，这一行动同样也包含着从自我的个体性中抽象出来（也就是从使一个读者的自我不同于其他读者的自我，不同于你的自我、我的自我或费希特的自我的东西中抽象出来）。自我作为自我回复和自我设定的概念并非某个特殊个体的概念。在第二

---

[20] 费希特认识到，独断论并不承认他在这里追问的内容，因为他们不能（也就是固执地不愿意）承认有关他们自身行动的意识。他们在如下错觉中变得僵化，即认为他们的自我意识不过是一种现象或幻相，是由物自身的因果性的相互作用产生的。他们对此深信不疑，与此同时永远拒绝去追问有关它们的意识是如何可能的问题。对于这种人，费希特指出："让我们在此和平地分道扬镳，因为从现在开始，我说的一切你将不能理解。从现在起我只对你们之中那些能够理解我在这一点上所说的话的人讲话。"（K1 1:522）但正如我们将在本书第五章第八节中将看到的，费希特认为他们的无能力是自我招致的，并因此仍然可以得到矫正，他必然希望他们能够经历一场道德方面的转变，使观念论的体系能够为他们所触及。

导言中，费希特强调，作为第一原则的自我的这个特征必须也属于康德的统觉：

> 同样，康德也不能通过这一纯粹统觉来理解对我们的个体性的意识，或者将两者混淆起来，因为个体性的意识必然会被另一个意识伴随，也就是被你的意识所伴随，并且只有在此基础上有关个体性的意识才是可能的。[21]

（ZE 1:476）

四、在这一从日常视角向哲学视角过渡的最后一步中，费希特要求读者们注意他呼吁的行为包含抽象的那种方式，这似乎是一种更具有根本性的且更为荒谬的方式：自我设定的自我只是一项行动；在它的概念中并不包含作为这一行动的行动者的存在者或物——"我根本不关心在这一概念之外还会拥有的任何'存在'"（K1 1:524）。

费希特意识到读者们可能会认为自己已经被要求做太多的让步了。"我应该去思维，但是在我能思维之前，我必须存在。"或者：

> 我应该思维自身，使我的思维指向自身，但不管我思维什么或者使我的注意力回到自身，在能够思维和成为自我回复的行动的对象之前，我都必须首先存在。

（K1 1:524）

---

[21] 当然，这种抽象行动不等于否认任何给定的自我是一个个体，或否认如下主张，即即便没有一个非我或一个不同于它的真实世界与之对立，它也能存在。认为费希特否认这一点，这个错误是导致人们认为费希特哲学包含如下疯狂的形而上学观点的原因之一，即认为只有"绝对自我"才是现实的，而一切其他东西不过是幻相，或不过是自我虚构出来的东西。

费希特的回应诉诸于自我（或康德式的统觉）的最基本的或最本质的特征，即它是意识最终的和最根本的根据："我思"表象，必须能伴随其他一切表象，"又不被其他表象伴随"（KrV B132）。

> （费希特追问道），究竟是谁主张你必须在思维行动之前就要存在？毫无疑问，正是做出了这一主张的你自身。当你做出这一主张时，你无疑已经加入到了这一思维行动中……由此得出，自我的这一存在同样不过是你自身的被设定的存在，即是你自身设定的存在。
>
> （K1 1:524—525）

这里主张的不是说你独立于你的自我意识就不能存在。费希特在此不是如同贝克莱那样，认为院子中的树，或壁橱中的书，如果没有人察觉到它们，就不存在（当没有人在场时，贝克莱当然呼唤上帝确保它们的实在性）。我们在此也并不关心究竟有什么东西存在于自身这样的形而上学问题，而是关心我们意识到那个独立于心灵而存在的实在的可能性的先验条件，这个实在存在于我们的身体之外，对我们的行动造成了抵抗。这就是我们的考察的性质。在此，强调如果你不积极设定自身和意识到自身的自我设定行动，你就无法意识到自身作为思维着的存在者是正当的。这个设定你可以称为"你自身"的存在者的自我，只能等同于自我设定自身的行动。要点如下：除了行动概念，在自我设定的自我中并未包含任何东西，在此，没有先验地先于这一行动而存在的行动着的存在者或物的概念。

我们不应忘记，眼下谈论的是一个审慎的抽象行动的结果。我们正在构建的是"骨骼"，因此，当然地，自我设定的自我概念必然是一个根本上不完整的概念。意识到这一点很有必要，如此就可以指出，如果将自我表象出来的行动在没有行动主体的情形下也能凭自身而存在，那么作为自我设定的自我概念就并非完全前后一贯。自我的这一特征实际上是在费希特看来能使自我设定的自我作为哲学体系的原则的东西，这个体系应该包括思维必然的向前推进，这是在一个连续的序列中，恢复同第一原则的一贯性需要的——如果我们想要用它表象那些自身具体且完整的事物的话。有时（比如在《自然法权基础》的开端），费希特将他采取的程序表现为遵循思维的延续，借此，心灵就会根据某种必然性进而形成自我的概念，因此完成经验的必然条件（NR 3:1—7）。

在此，费希特的方法应该会使我们更多地想到黑格尔而非康德——对于黑格尔来说，它显然提供了模板。费希特想要通过产生完整序列的问题或（明显的）矛盾序列推动体系的进展。"一切矛盾都会因为不断变化的命题的更准确规定而获得和解。"（GWL 1:255）更具体地讲，矛盾是通过引入一个新的概念而得到解决的，这个新的概念允许这一更准确的规定。通过这种方式，"哲学"就应该包含"从自我意识的可能性出发的对全部经验的完整演绎"（ZE 1:462）。在本章第八节和第九节，我们将考察费希特引入这些新概念的方法。

费希特注意到，当我主张，为了能做出自我设定的行动，我必须已经存在，这种存在最初同样只能涉及另一个自我设定的行动，后者在我看来要先于我眼下正在实行的行动，是它的先决条件，尽管没有意识到它。这是自我设定的自我的思想的抽象性和不完整性可能走向完成的一个方向：

除了你在目前已经获得了清晰意识的自我设定的行动之外，你也必须将这一行动思维为以另一个自我设定的行动作为先导并且对这另一个自我设定的行动并没有伴随任何清晰的意识。但它却是前一个行动需要涉及的,并且通过它,前一个行动受到了制约。

(K1 1:525)

第七节　理智直观

在《知识学新说》第一章的第二部分,费希特提议要"转向一个更高的思辨视角"(K1 1:525)。这一步意味着要对有关自我的认识的性质进行哲学方面的反思,这一有关自我的认识出现在自我绝对地设定自身这一原则中。费希特将这一原则视为康德意义上的认知(Erkenntnis)。任何一个认知都不仅需要直观,而且需要概念。

然而,从某一方面来讲,费希特似乎在这一点上与康德分道扬镳,主张自我的自我设定是一种理智直观。值得注意的是,费希特只有在进入"更高的思辨视角"时才使用理智直观这个术语。正是从这个视角出发,先验哲学家不仅从自我的经验的语境中抽象出了自我的自我设定活动,而且同样对这一抽象活动进行了反思:

> 然而,现在我要对你说,对于你的这一注意我们的自我设定行动的行动,你要进一步加以注意……在前一个考察中构成主观性要素的那些东西,必然要成为我们现在开始的新的考察对象。

(K1 1:525)

自我意识的悖论

现在,费希特提出了一项悖论:如果我使我的思维,一个积极的

自我，成为反思的客体，那么我

> 就获得了一个全新的主体，他意识到了之前作为拥有自我意识的存在者的那些内容。现在我不止一次地重复这同样的论证，和之前一样，并且一旦我们开始着手这一系列推论，你就无法指出我们应该停步在哪个地方。
>
> （K1 1:526）

换句话说，自我反思假定了之前对已经成为其对象的那个行动的熟悉，但反思不能为这种熟悉提供说明，这只是因为反思的主体有别于它主张去认识的客体：[22]

> 通过这种方式，我们永远无法抵达我们能假定任何现实的意识存在的那个地点——你意识到自身作为一个有意识的主体，但接下来这个有意识的主体又会成为意识的客体……如此以至于无穷……简言之，意识无法通过这种方式得到证明。
>
> （K1 1:526）

费希特接下来指出，如果自我意识想要成为可能，"就会有一种意识，其中主观东西和客观东西就不能彼此分立，而是绝对属于同一个东西"（K1 1:527）。

直接的意识就是刚刚所描述的自我的直观，我在这个直观中

---

[22] 这一悖论很显然与亨利希（Dieter Henrich, 1966）那个人所共知的关于考察的悖论有密切关联，但在我看来，费希特认为这个悖论有一种解决方案，这一解决方案可以在理智直观之中找到。

必然设定自身,并因此同时是主观东西和客观东西……我就是这个直观,除此之外什么也不是,而这个直观本身就是我。

(K1 1:529)

费希特 vs. 康德

这就是费希特通过"理智直观"表达的意思(K1 1:530)。康德否认我们拥有任何意义上的理智直观——对自我的理智直观或对任何其他东西的理智直观。他也避免提出纯粹统觉是一种有关自我的认知的主张,这根据的是如下内容,即我们的一切直观都是感性的,而统觉是纯粹思维,它必须运用于感性事物才能使经验成为可能,但统觉自身并不包含任何直观(KrV B157—159)。费希特的立场究竟在多大程度上不同于康德,取决于我们对"理智直观"一词指涉的内容的理解。[23]"直观"是如下这种认知,它包含与一个个别对象的直接或间接的认知关系(KrV A19/B33)。康德认为,一切人类直观都是在对象通过感性刺激我们时产生的(KrV A19/B33)。理智直观也许是一种直接的认知关系,它积极地与认识对象发生关系,如同在传统理性神学中,上帝的知识产生了将要认识的对象(KrV A256/B311—312,B308)。康德因此认为,纯粹统觉赋予我们对自身的理智行动的意识,但并未赋予我们对任何物或对象的认知——没有对做出这一行动的"自我或他或它(物)"的认知。这就是为何它不能被认为是

---

[23] 关于费希特哲学中"理智直观"一词的历史有大量讨论,比如这个概念是否甚至也出现在 1794 年的《全部知识学的基础》中。相关讨论参见 Breazeale(2013),第八章,第 197—229 页。正如布里泽尔指出的,这个词在费希特耶拿晚期的著作中,即在 1796 年之后的著作中得到了更多使用(第 200 页)。在此,因为我的解释主要着眼于帮助我们理解费希特的《伦理学体系》(1798),因此着眼于耶拿晚期的讨论。在这里,"理智直观"一词毫无争议地出现了。

自我的理智直观的原因（KrV B157—159，A341—348/B399—406，B406—413）。但费希特扩展了"理智直观"的含义（也许同样扩展了"认知"的含义），使之包括了对行动的纯粹的理智方面的意识，他说"哲学家能进行抽象，即通过一种自由的思维活动，他能将经验中相互联系的事物分离开来"（EE 1:425）。观念论的哲学家将理智的行动从一切事物中——不论是理智的对象，还是行动的做出者——抽象出来，先验地运用这一理智的行动去说明客观的世界。相反，独断论哲学家则将事物从它在经验的表象中抽象出来，并试图用它解释意识和行动。费希特的主张是，当用这些术语来理解时，一种融贯的观念论是可能的，而一种融贯的独断论体系则是不可能的。我们可以通过自身的积极意识先验地理解我们居住于其间（并且在其间认识和行动的）的世界。但我们不能通过有关这个世界的经验，或通过有关这个世界的各种理论，从形而上学的和因果关系的角度理解我们的生活，理解我们的积极意识。

作为观念论的出发点，自我或理智"没有任何实际存在，没有任何持存或持久的存在……观念论认为，理智是一种行动，绝不是其他。我们甚至不能称它是一个积极的主体，因为这种称呼意味着某种继续存在，并且在其中内在地存在行动的东西的在场"（EE 1:440）。费希特并未肯定被康德否定的理智直观，而只是扩大了"直观"这个词指涉的内容，将其运用到了康德拒绝将它运用的有关思维的积极意识中。康德之所以拒绝这样做，是因为它并未包含任何对思维的对象的认知。

在1797年的第二导言中，费希特对舒尔策做了回应，后者反对他使用"理智直观"一词。他告诉舒尔策，他用"理智直观"指的正是康德通过"纯粹统觉"指的内容，并因此并不与严格意义上的康德学说相冲突。[24] 理智直观是对与一切意识不可分离的活动的直接意识,并且它将那些意识连接起来,形成了对世界的经验。

"理智直观"一词对费希特来说有许多彼此密切联系的含义。[25] 理智直观是当我们行动时我们对行动的直观。它也是我们对那使经验的统一性成为可能的东西的意识。出于这个理由,它也就与根本性的哲学科学,即知识学的出发点相关(ZE 1:471)。知识学的方法是从对我们自身行动的理智直观中得出一系列使经验成为可能的必然思维。因此,费希特就将"理智直观"这个词的含义扩大到包含我们对于这些必然思维的意识,也包含我们对经验如何被构造的"方式"的自我观察(WLnm,第121页,参见 GA IV/2:33)。但我们并不能把行动的意识仅仅理解为对眼下发生的事情的消极的或经验性的意识,它是有关从参与其中的行动者的视角出发的对行动的意识。因此,理智直观就包含了对我们能够如何行动和应该如何行动的意识——换句话说,对某种规范性东西的意识。最终,它是对使意识成为可能的根本规范,也就是定言命令的意识:

> 知识学所谈的理智直观并不指向任何类型的存在者,相反,它指向一项行动——这甚至是康德不曾提及的(也许除了在"纯粹统觉"名下提过之外)。然而,仍然有可能在康德的体系中指出他本应讨论这一点的准确位置。康德肯定会认为我

---

[24] 舒尔茨是康德在1790年代后期的一位关系密切的同事,也是费希特早期的资助人之一,常常被认为推动了那封著名的指责费希特的公开信的发表,或者也许甚至是这封公开信的代笔者。康德的智力在那个时期出现了极大的衰退,他于1799年8月在《文汇报》上发表了这封信。

[25] 布里泽尔注意到,费希特不止在一种意义上使用"理智直观"一词,参见 Breazeale(2013),第221页;Tilliette(1995),第51—52页;Baumanns(1972),第73页。

们意识到了定言命令，难道不是吗？那这是一种怎样的意识呢？康德并没有向自己提这样的问题，他从未讨论过一切哲学的基础。

(ZE 1:472)

在《伦理学体系》中，费希特的确认为我们对于道德原则的意识，就其形式而言，是一种理智直观（SL 4:45—47）。当我们说自我是积极的（自我回复的和自我设定的），并且它也意识到自己是积极的时候，我们的意思就不是说自我是某种对象或物，具有它注意到自身具有的某种特征。我们的意思必定是，自我意识到了自己将要做出的自由决断，意识到了运用于这一决断的规范或理由。换句话说，自我对自身行动的意识并非一种理论知识，更为根本地讲，它是对某种将要做的事情，对自我应该做的某种事情的意识。这一点同样可以解释为何费希特会认为脱离了对行动的存在者或能动者的认识，这种对自我行动的意识仍然是可能的。因为如果它不是对自我现实地是如何行动的意识，而是对自我应该如何行动的认识，那就不需要意识到我自身乃是前一个行动（或正在发生的行动）的主体：可以说，将要做事的自我或者行动者，只有当我们对应当要做的事情做出回应（或与之相符合，或拒绝与之相符）之后才出现。这些行动的规范、命令或理由，其主体是这样一种存在者，这个存在者没有存在，没有具体特征，因为它只有在我绝对自由地回应了那些规范和理由（它们在某种意义上完全取决于我来加以规定）之后才能出现。自我的"自我回复的"行动，或他的"自我设定"，必须最为根本性地被理解为一种仍然需要做出的行动，它的任务在于使自我产生出来。如果这一点是正确的，那么这个应该，或者出于某种理由的应该（ought-for-a-reason）就构成了那个行动的或者绝对地设定自身的自我的自我直观。这一点对我们将在本书第四章中考察的论证来说具有关键意义。

进一步地，费希特将这种承载了规范的自由意识与作为一切意识和经验的可能性的最终的和根本性条件的独特的自我意识（康德式的"纯粹统觉"）等同起来。费希特在此支持迄今为止仍然困扰我们的三个哲学问题的根本上的同一性。这些问题之所以困扰我们，是因为它们抗拒"吸收"它们的一切尝试。这三个问题是有关意识、规范性和自由的问题。正如我们将要在本书第三章中看到的，对于费希特来说，在这些问题中，有关自由的问题最为根本。

第八节 走出第一原则

理智直观的概念化

康德强调，认知不仅需要直观，也需要概念："思维无内容是空的，直观无概念是盲的。"（KrV A51/B75）在对舒尔策的回应中，费希特援引了这句话，并对其进行了强调（ZE 1:473—475）。为了产生对自我的认知，自我对自身作为一种自我设定行动的理智直观因此必须要被带到概念之下。这一步就是费希特在第一章第三部分进行的工作。尽管这个章节在他更深入地探讨之前就中断了。在这个部分中，费希特认为，不同于自我的理智直观，这是一种灵活性（agility, Agilität）。概念乃是一种休憩状态，从这里出发，我们将自身拽入行动之中。

Agility 是费希特用来描述我们刚才理解的意义上的行动使用的词，也就是用来描述如下行动，即一种即将产生出来的行动，或者用来描述一种服从规范或命令的选择，这些规范或命令提供了选择的理由，但自我可以自由做出符合或不符合它们的行动。"灵活性意味着从可规定性过渡到具体的规定。"（WLnm, GA Ⅳ/2:183）相对而言，概念是某种稳定的东西，或者是世界存在的方式（提供了一个固定的点，自我的行动就与这个点相关），或者是一项确定了我应该如何行动的规范（命令或目的），抑或是行动的后果——这是与设定的行动相对而被设定的东西（GWL 1:234；NR 3:77；SL 4:2, 66, 71, 220；WLnm GA Ⅳ/2:32—33）。哲学（或"更高的思辨视角"）必须首先发现自我的自我设定行动乃是一种理智直观，然后在概念中把握它："就和感性直观一样，它单凭自身无法出现，或者不能构成一个完全的意识状态，这种理智直观也不能作为意识的完整行动单独出现，两者都必须被带到概念之下，或被把握（Begriffen）。"（ZE 1:463）[26]

"非我"

正如我们在之前看到的，使直观概念化就是要规定它，这意味着要将它与其他东西相对照，这些其他东西是落在适用于它之上的概念之外的。"不管被规定的是什么，一切规定都要通过对立产生。"（K1 1:532；参见 GWL 1:131）这显然就是费希特赋予那个归结给斯宾诺莎的原则的含义——这个原则是，一切规定都是否定（omnis determinatio est negatio）。[27] 费希特从这个原则中推导出，为了使自我能在概念中把握它的理智直观，它就必须进行第二项设定行动——

26　这也同样意味着，对于费希特来说，正如对于康德来说，除了思维之外，事实上没有直观，这一点曾经为布里泽尔指出过（Breazeale, 2013，第 222—229 页）。

27　"一切规定都是否定"这句话是斯宾诺莎在致友人耶勒斯（Jarigh Jelles）的书信中表达出来的（书信日期标注为 1674 年 6 月 2 日）。对斯宾诺莎和另外两位德意志观念论哲学家笔下这一原则的讨论，参见 Melamed（2012）。

它必须设定一个非我同它自身的行动相对立（GWL 1:106—107，ZE1:459）。有时，费希特会将自我概念的形成以及为了它所要求的非我的设定描述为一种"反思"行动（BWL 1:67；GWL 1:91—92，107；EWL 1:359；ZE 1:489）。

费希特强调，对于哲学来说，非我是通过自我的设定行动产生的："一切非我都只是为了自我。"（RA 1:20）他说，从自我设定的行动中，"我们可以进而推出另一个行动的产生，通过这个行动，一个非我为了自我而产生了"（ZE 1:439）。"我设定自己乃是某种受到限制的东西……因为它制约了我自身对自我的设定。"（ZE 1:489）费希特反对认为自我是通过某种"从外部"给予我的东西而受限制的观点，他认为这种看法不仅在哲学上是错的，也是对康德的误解（ZE 1:486—489）。"从先验视角出发，假定非我是某种脱离理性的物自身是完全荒谬的。"（SL 4:100）在他看来，批判视角的本质——"革命"即由它完成——在于"对象是通过我们的认知能力而被设定和受到规定的，而非相反"（EE 1:421）。

非我不是某种类型的单纯主观表象——（一个笛卡尔意义上的、洛克意义上的或贝克莱意义上的）理念，也不是休谟式"心灵的知觉"。费希特想要使自我设定非我的必然行动构成一种类似于康德在《纯粹理性批判》B版中反驳观念论的东西，即作为一项证据，证明存在一个不同于我们的表象或精神行动的现实世界："这个证据清晰地表明，与（笛卡尔的'成问题的观念论'）不同的是，笛卡尔理解的思维着的自我的意识，只有在有一个非我得到思维的条件下才是可能的。"（RA 1:21）和康德一样，费希特也否认我们一定是从内在表象中推出一个外在的物质事物的世界，仿佛我们的内在表象是后者的"原因"。他将如下内容视为自我的自由效用性的条件，这就是，存在一个（自我可以作用于它的）外在的感性物质事物构成的世界，并且这个世界必须作为先于自我的自由行动而存在的东西，在时间中先行被给定（NR 3:23—29，SL 4:23—24）。

费希特也接受在我们的经验中存在"一个双重序列，也就是存在和观看的序列，实在和理想的序列"（EE 1:436，参见 ZE 1:494）。但他认为，理想的序列在此意义上是衍生自实在的序列——范畴"表象"（Vorstellung）将在自我的行动受非我"限制"的基础上获得先验演绎（GWL 1:227—228）。我们不能通过自身的观念和表象获得一个物质世界，即我们不能通过物质世界对我们的因果性，或者从我们有关物质事物的观念或表象中推出一个物质世界；相反，只有从我们与物质世界的鲜活关系中抽象出来，我们才能获得自身的观念或表象。这就表明费希特有关观念论作为一种哲学的或"思辨的"视角的看法不仅与普通理智的实在论一致，甚至为其提供了一种哲学的证实。

第九节 综合的方法

非我的设定作为自我自身进行自我设定的必要条件，为费希特提供了首要的也是最根本在先验哲学中运用他所谓的"综合方法"的机会。这就是如下这种程序，通过它，哲学从它的最初抽象，通过产生一系列（显而易见的）矛盾，并且这些矛盾中的每一个都通过引入一个新的概念而先后得到解决，退回具体的出发点上面。

概念的贫乏

如果我们在工作过程中仅仅使用极少数的概念，那就很容易产生显然易见的矛盾，这就迫使我们要在各种错误的选项中间做选择，而且我们似乎找不到走出矛盾的办法。因此，在全部概念表上面增添更多的概念，就会使我们做出更精细的区分并且避免矛盾，这就是费希特综合方法的基础。

在本章第六节已经看到了综合方法的运用。直到我们引入一个直接的积极的意识概念之后，也就是引入自我在自身的自我设定行动中关于自身的概念之后，自我意识才被展示为能够得到解释。我们也看到，在费希特主张了第一原则，也就是自我的行动之后所做的具有典型意义的第一步和接下来的第二步，也就是在与自我的行动相对的非我的存在中运用了综合的方法。自我和非我彼此都需要对方，但它们是对立的。如果我们仅仅有一个否定行动的概念，那么一方的行动就会与另一方的存在相抵触，但既然每一方都是另一方的条件，那么每一方似乎就否定了它自身的可能性，使自我自身成为不可能了。

二律背反及其解决

在《全部知识学的基础》一书中，费希特认为，自我的自我设定和设定它所预设的那个非我是威胁我们的一项二律背反：

一、就非我是被设定的而言，自我就不是被设定的，因为非我完全地取消了自我……因此，就非我在自我中被设定而言，自我就不是在自我之中被设定的。

二、但是，只有当自我被设定在自我中（在同一个意识中），对这个自我有一个非我可以与它相对立，非我才能被设定……因此，就非我想要在这个意识中被设定而言，自我就必须同样在其中被设定。

三、上述两个结论是彼此对立的……因此，（我们的）原则就与自身相对立和取消自身。

然而，如果我引入一个全新的概念，即引入一个限制性的、部分的或可分的活动或否定概念，就可以避免这个矛盾（GWL 1:105—110）。自我和非我通过部分地否定对方，部分地取消彼此的活动来彼此限制自身。这种相容性就为它们之间的综合或相互依赖向我们提供了一个共同的根据，如此产生的新概念因此就是根据的概念：

> 我们的一切结论都是从已经确立的原则中推导出来的……因此它们必定是正确的……并且因此我们的任务现在就得到了规定。我们必须发现一个 X，借此所有这些结论都可以被假定为是正确的，而不用取消意识的同一性。

（GWL 1:107）

在当前情形下，费希特将特定的 X 与限制概念等同起来：自我和非我必须被视为相互作用和相互限制的（GWL 1:108），或者（当这个概念得到进一步规定时），它们是通过相互规定（Wechselbestimmung）（GWL1:131）联系起来的。自我和非我必须被视为"可分的"（GWL 1:108—109）。它们每一方都部分地不同于另一方，但同样与另一方部分地相同或者等同（gleich）。

根据费希特的论证，这种可分性导致了同一性和差异这两个原则之外的第三个原则：根据的原则。当两个事物之间相同或相似时，必然会有某种它们彼此有别的标记或特征（Merkmal），否则主张它们相同就没有意义。比如，长庚星必定出现在夜晚，启明星必定出现在清晨。即便在 A=A 这个同一性表述中，第一个符号 A 必定出现在等号的左边，第二个 A 必定出现在右边。第一个 A 指向 A 的方式必定和第二个 A 指向 A 的方式不同，否则这个同一性主张的做出就毫无意义了。类似地，当两个事物之间彼此不同或对立时，必须存在它们之间是相似的标记，否则它们之间就不存在任何意义上的关系，更不用说对立的关系了。植物和动物都是生物（GWL 1:116），在这两种情形下，它们彼此一致的方面就称之为根据。在前一种情形中，它就是区分的根据（在自我同一的东西之内），而在后一种情形中，它就是关系的根据（在两个相对立的东西之间）（GWL 1:110—113）。[28]

费希特的综合方法意味着产生一系列（明显）的矛盾，每一种矛盾都可以通过引入一个新概念来避免或解决。有时，费希特会将明显的矛盾作为一项二律背反，也就是作为"正题和反题"呈现出来，并且认为需要用来解决二律背反的这个新概念就是对立面的"综合"（RA 1:7, GWL 1:114—115, GEW 1:337, NR 3:101—102, SL 4:102—105）。因此我们看到，发明"正题-反题-合题"这一行话的正是费希特。[29] 实际上，正如我们将要看到的，前后不一贯通常并不是采取矛盾的形式，而是采取循环解释的形式，一种恶性的无穷后

---

28 费希特实际上使用了综合的方法，这要早于将它作为一种方法表达出来（或者用行话来讲，"正题-反题-合题"）。我们可以在《试评一切天启》中找到它，在那里，它被用于解决一种起威胁作用的冲突，例如道德的和非道德的意愿的冲突，冲动和道德法则的冲突，客观的法则和我们自身意志所颁布的法则的冲突，神圣启示之中道德的动机和感性的动机的冲突（VKO 5:33, 35—36, 36—38, 40—42, 52—56, 79—80）。

29 费希特的综合方法显然是黑格尔辩证法的最初模型，但黑格尔有意地回避使用同样的三联式术语。黑格尔想要避免使他的辩证法同费希特的方法以及同费希特的先验哲学联系起来，他并不想以一种不加修订的方式来接受费希特的先验哲学。马克思对这一学术行话的唯一一次使用是在《哲学的贫困》之中，在那里他用它来嘲笑蒲鲁东对德国哲学的贫乏了解。当黑格尔或马克思的阐释者使用这一学术行话展示他们的"辩证法"时，他们就是在强加给这些哲学家一种他们显然不接受的表达。这些阐释者也告诉你——尽管他们对此全无意识——某些甚至更重要的事，即他们对自身所谈论之事一无所知。

退，一种困境（强迫在两个同样无法被接受的选项之间做选择）。它通常是某种无法解释的问题，一种疑难或需要解决的悖论。那些用矛盾威胁我们的东西有时是对需要用来解决问题或避免疑难的新概念的最初（抽象）陈述，然后，对这个问题的解决就采取了如下解释形式，也就是，通过使用新的概念去除矛盾的表象，最终使事情变得可以理解。[30]

根据费希特，"综合的方法"意味着发现"一个新的综合性的概念"（GWL 1:141），在这个概念中，对立的双方统一起来，达成和解（GWL 1:114，123；NR 3:99；SL 4:104）。在《全部知识学的基础》的第二个部分中，费希特使用了"综合的方法"，以提供对其他理论范畴的一个类似的演绎。这些范畴包括：因果效用性（GWL 1:136）、实体/偶性（GWL 1:142）、量（GWL 1:139）、质的实在性（GWL 1:142），然后是想象（GWL 1:215—219）、作为赖因霍尔德"基本哲学"的第一原则的表象（GWL 1:227—229），接下来是知性（GWL 1:23）、必然性和可能性的模态范畴（GWL 1:238—241），以及判断（GWL 1:242）。在随后的《略论知识学的特征》中，他对理论认知的主观条件（感性与时空直观）进行了推导（EWL 1:331—471）。[31] 费希特在《全部知识学的基础》中告诉我们，综合的方法只

---

30 比如说，费希特认为自我必须针对非我做出否定性的行动，但它永远不能取消非我，他指出，这种能动性必须因此被设想为"一种没有原因的因果性"；费希特通过指出这个概念同努力相关从而解释这一概念的意义（RA 1:23—24；BWL；FGA Ⅰ；1:151—152；GWL 1:261；SL 4:34，73，121）。通过这种方式，费希特就取用了斯宾诺莎的 Conatus（努力或追求）观念（斯宾诺莎，《伦理学》，Ⅲ P6）。

31 对于《全部知识学的基础》中这一观念的发展的新近较好的讨论，参见Förster（2012），第八章，第179—204页。接下来他甚至在第九章第205—220页中解释了《全部知识学的基础》中的那个更具尝试性的和未完全发展出来的部分。但弗斯特忽视了《自然法权基础》（1796）和《伦理学体系》（1798）中出现的费希特实践哲学后来的发展（GWL 1:114—115）。

对理论哲学来说是恰当的,对知识学的实践部分来说,则需要一种与之对立的或"分析的"程序(GWL 1:114—115)。在本书第四至七章,我们将会看到费希特在《伦理学体系》一书中始终都明确使用了综合法,这种方法同样运用在《自然法权基础》中(NR 3:99)。

形而上学演绎、先验演绎和图型法

任何以此种方式被引入的、对避免矛盾来说被证明是必要的新概念,因此被给予了一个(用康德的术语来说)形而上学演绎。它的起源被认为是先验的,而非经验的,因为如果经验的可能性(奠基于自我设定的自我)想要一贯地被设想,就需要概念,同时它也提供了一个先验演绎,即它在经验中的客观例证被认为是必然的,是一贯地构想在其下我能够是积极的并且意识到自身是积极的诸条件所要求的。这个概念也提供了我们可以称之为"规定"的东西——是对其先验内容的具体化,它通过准确地成为那个概念,避免了对论证产生威胁的矛盾。这些概念的序列以及它们通过综合方法的演绎就构成了知识学,同样也构成了奠基于知识学的其他科学(例如法权科学和伦理科学)。

在费希特的《伦理学体系》中获得如此对待的主要概念是道德原则的概念或定言命令的概念——这个概念在本书第四章中被称为道德权威。在《伦理学体系》的第一部分,它获得了形而上学演绎——也就是对它的先天的先验根据的演绎。接下来在第二部分中,提供了它的适用性(用康德的术语来说,就是它的先验演绎),对此,我们将在第五章中讨论。在第三部分中展示了它的实际运用(也就是康德的图型法),我们将在第六章和第七章中讨论。在论证过程中,其他概念——例如冲动概念、自我的必要冲动的体系的概念、良心的概念——也将类似地被提出，最重要的是朝向绝对独立或自我充足性的冲动概念，它是自我的自由和召唤的表达，借此可以认知自我与他者的关系，这两个概念的基础将是第三章的主题。

这一通过综合方法推导新概念的过程导致了对它们的根本上的重新解释，也导致了对它们想要证成的普通理智所熟悉的概念的重新解释。那看起来像是个体主义伦理学或目的论伦理学的东西，最终将被证明根本不是这回事，甚至被证明其实是它的反面。这些转换同样是产生围绕费希特根本学说的含义发生的解释性争论的沃土。我们将在本书第五章和第六章中看到，在他的《伦理学体系》中，对于自我充足性的根本冲动，表面看起来像是一种善于计算的、结果主义伦理学的根据，但其实无法一贯地以这种方式被表象，因为自我充足性不能一贯地表象为可以达成的，抑或甚至是最大化的确定目的。伦理义务的规定在某个阶段（在第五章中）看起来是个体良心确信的事，但在接下来（在第六章和第七章中）却是作为某种通过社会交往规定的东西。

第三章 自由与交互主体性：行动的诸条件

在直接讨论费希特伦理体系基础之前，必须先行讨论两个主题。第一个主题在费希特本人看来对于他的体系来说是绝对根本性的，这就是他有关意志自由的概念。第二个主题是自我意识的交互主体性。这两个主题相互关联，因为费希特主张我们对自由的追求是基于我们归结给自身的理性能力，既包含理论方面的能力，也包含实践方面的能力。并且他认为我们对这些能力的拥有先验地取决于我们同他者的相互影响，取决于我们将绝对自由也归结给他们。我们对自由的追求是为了不使我们物化，或者是为了不使我们为他者物化。自由的交互主体性意味着我们同样不能将他者物化，在我们理性的慎思中，必须将其他理性存在者总是视为同伴，而绝不只是作为慎思的客体。

第一节 绝对自由

1790年夏，费希特转向康德哲学，这是他个人历史发展过程中的决定性转折。我们很少知道之前他想的是什么，在此之前他什么都没有出版过。但这时他已28岁了，在许多方面已成为一个充分成熟的哲学家，他甚至认为自己拥有了一个"体系"。那本篇幅简短的书（《关于宗教和自然神论的箴言》，ARD，这本书最早由他的儿子在19

世纪中期出版）表明他的体系非常接近斯宾诺莎这本书包含意志问题上的决定论，以及在此基础上有关道德的怀疑论，特别是有关义务概念的怀疑论。正是在这些方面费希特转向了康德。正如他在 1790 年 8 月的一封写给魏斯宏（F. A. Weisshuhn）（他们曾一起在普夫达中学上过学，自那以来一直是他的密友）的信中记录的：

> 自从我读了《纯粹理性批判》之后，我就生活在一个新世界里。过去在我看来不可推翻的命题如今被推翻了，我原以为不能被证明的东西如今得到了证明——比如，有关绝对自由的概念、义务的概念等等……因此，我是被我之前的体系的表面上的融贯性欺骗了，成千上万的人也许至今仍然受着欺骗。
>
> （GA Ⅲ/2，No. 63；EW，第 357—358 页）

在同年写给阿基里斯（H.N.Achelis）的一封信中，费希特也类似地描述了"发生在我的思维方式中的革命"：

> 我现在完全相信人的自由，并且完全意识到，只有当预设了自由之后，义务、德性和道德才成为可能。尽管我以前就已经意识到了这一真理——也许在这个问题上我和你谈得太多了——但我感觉到，我的推论的整个序列迫使我排斥道德。此外，对于我来说已经变得清晰的是，从一切人类行动都是必然要发生的这个假定出发，产生了非常有害的结果，并且同样明显的是，这在很大程度上是所谓的"上层阶级"可怕的伦理堕落的根源。
>
> （GA Ⅲ/2，No. 70a；EW，第 360—361 页）

正如可以从这后一个评论中看出的，费希特将他对"绝对自由"的追求不仅同"义务、德性和道德不是幻想"这个理念等同起来,也同一个社会事业等同起来,这就是人的平等——社会的大多数人的权利,反对"所谓的'上层阶级'"的不公正特权。1795年春,费希特向巴格森(Jens Baggesen)宣称"我的体系是第一个自由的体系"(GA Ⅲ/3, No. 282a; EW,第385页)。费希特将他对"绝对自由"的追求视为康德主义的一个版本,与此同时,他也将自己的体系视为第一个"自由的体系"。因此,我们应尝试理解他的"绝对自由"观念,不仅在和康德观念的连续性中来理解,也在与它的区别中来理解。

康德和费希特论自由

对于康德来说,先验自由是一种特定的因果性能力,即自发性地或"从自身"开始一个状态或事件(或一系列状态或事件)的能力(KrV A533/B561)。康德不认为我们可以知道人类意志是否是这样一种先验地自由的原因,但如果人类意志真的是这样一种能力的话,它就是一个有限的实体(有形的或无形的——这一点也是不可知的)。它的存在在因果性方面依附于其他事物。自然世界的实体拥有一种开启一个状态和事件的因果性力量,这一力量本身是作用于它的具有类似因果性力量的其他实体的效果;而后面这些力量自身又是其他实体性原因的效果,如此以至无穷。纯粹理性的第三个二律背反涉及的是因果性力量的理念(这是那种其对象并不能在经验中获得展示的理性概念),这种因果性的力量不以这种方式取决于其他的这种能力,这就是康德通过先验的自由因想表达的内容。

康德将先验的自由同实践的自由区别开来,后者是一种没有在因果性方面受到自然冲动的强制的行动能力。他认为实践自由需要有先验自由,因为任何原因,如果它的因果性力量是来自于外在于它的原因的因果性力量（比如说自然冲动），就会使它的行动因此受到强制（KrV A534/B562，G 4:446，KpV 5:33）。因为实践自由是一种因果性，而因果性是根据法则来行动，因此必须有自由因的法则。此即道德法则或自律的法则（G 4:446—447；KpV 5:29, 33）。在《道德形而上学奠基》中，康德指出，由于道德法则是自由意志的法则，一个完善的自由存在者将会必然地根据法则而行动。但我们是不完善的自由存在者，对于我们来说，法则即是一种强制，并不是我们必然服从的对象（G 4:454—455）。

费希特接受康德的自由观，即认为自由是一种自发性，或如他喜欢的表达方式，是一种"绝对地"开启某种状态的能力。他在此意义上将自我视为自由的（SL 4:37）。但费希特并未将自我等同于拥有这种能力的实体。相反，正如我们看到的，他认为自我原初性地只是作为一项行动，自我是一项绝对自由的行动，这是在它是自我设定的意义上说的（GWL 1:96—97；ZE 1:462—463；NR 3:1—2, n；SL 4:3—4）。它不是由任何物导致的，甚至不是通过一个"自我"-物导致的。但作为自我的先验前提，它的行动必定指向一个外在对象（非我或有形世界）。它对这个世界的效用就是因果性，是一个有形物针对另一个有形物的因果性。因此，自我的自由行动必须同样归结于一个有形实体——自我的物质性身体（ZE 1:495；NR 3:56—62；SL 4:12, 110—112, 129—130）。一个没有身体或非物质性的自我是无法先验地被设想的，"在这一同身体的联系之外，（自我）根本就不会成为一个人，而是某种不能被设想的东西（如果有人能指涉某物，而该物甚至不能设想为'某物'的话）"（VBG 6:295，参见 NR 3:59）。

费希特将自由意志设想为我们的身体因果性地针对外部世界发挥作用的能力。但由于自由存在于一项行动之中，而不存在于某物或某个实体中，费希特并未将道德法则理解为自由因果的法则，他也不认为一项意志既是自由的，同时也是必然地行动的。费希特有关自由的基本观点乃是有关意愿（wollen）行动的观念，这是一种"从无规定性到规定性的绝对自由的转换，并伴随有对于这一转换的意识"（SL 4:157）。绝对自由被描述为"独立"或"自我充足"（SL 4:32，38，142）。它的行动除了取决于自身之外，不取决于其他。但是我们将看到，费希特同样将一种朝向"自我充足性"的"趋向"归结给了自我（SL 4:60），或者甚至是将一种朝向自我充足性的冲动归结给了自我（SL 4:184—185）。因此，"自我充足性"也是自由意志的目的（甚至是其最终目的）——尽管它是我们永远无法达致而只能去接近的目的（SL 4:149，153，210—212，229—230）。在后面的章节中，我们将会不止一次地考察这两种类型（或意义上）的"自我充足性"之间的关系。

对于康德来说，自由意志是一个实体，和其他实体一样拥有因果性能力；根据自然的机制，实体的因果性能力必须奠基于其他的、在先的原因性能力之中，后者使其因果性行动成为必要。动物性的选择能力［tierische Willkür, arbitrium brutum（动物性的任意）］乃是这类意志。自由的任意（arbitrium liberum）必须是一个"从自身开始"而行动的实体，并且是自然机制的一个例外。相反，费希特认为，意志或意愿活动中的自我仅仅是行动，意志的行动根据它们的概念而言是自由的。它们根本不是属于自然的因果机制的部分，尽管人类身体的动作，也就是这些行为的客观方面，的确在物质世界中引发了特定效果。对于费希特来说，说一切意愿活动是自由的是概念上的真理："一个不自由的意志是荒谬的。"（SL 4:159）费希特和康德差异还在于，费希特不认为那个绝对地开始的状态仅仅是从"自身"开始的，即与在它之前的某物毫无关系。对于费希特来说，将自我的自由行动设想为"与任何东西无关"，就是将自由等同于盲目命运意义上的偶然性，将自由的无规定性等同于单纯的"无规定 =0"（not determinacy=0）（SL 4:33—34，137）。费希特否认自由是指这类东西。

决定论的困境

人们熟悉的一个决定论的论证宣称，如果行动不是在因果性方面受到强迫，它们就不过是运气和随机事件。这就使它们不仅成为自然法则的奇特例外，而且即便作为人类行为也是无法被理解的。[1] 费希特式的回应则是，如果我们想要注意行动的概念，这就必定是一个虚假的困境。行动只有在如下情形中才能产生，即从无规定性到规定性的转变不是受到一个必然性原因的影响，而是受自我规定的行动的影响——这个行动，如费希特所说，是由"概念"（或者规范）支配的。如果行动仅仅是任意的或出自"盲目的机运"的话，那么奠基于规范概念基础上的行动与某物"无规定性地"发生就是不一致的。然而，一个规范性的概念既不是一个外在原因，也不是一个必然性的原因：它必定成为自我规定的一个根据，它必须留给行动者不同的可能性，或者是根据一个规范性的概念而行动，或与之相背离而行动。

费希特甚至允许行动者——虽然不能进行反思——使他们眼下做出的行动成为必然的。以此种方式，他就为行为提供了某种可预测性和可解释性，而这正是决定论者想要强调的。但他这样做并未否认行动者能自由地将自身提升到更高的反思层次，并且同样要求他们要对不能做到这一点承担责任——至少是对他们自身承担责任。[关于这一点，参见 Goh（2012）及本书第五章第二节和第八节。]

---

1 这是威廉·詹姆斯（William James）"论决定论的困境"（The Dilemma of Determinism）一文标题的含义（James, 1968，第 587—610 页）。

在你现实存在之前存在

费希特并非如今普遍地被称为"行动者的因果性"观点的支持者——如果这个词指的是将行动者视为任何类型的实体或物的话。行动者不能是一个非物质性的物,因为正如我们看到的,费希特否认存在任何这类实体。自我或意志是一项自我规定的行动。它是自由的,就不能拥有自然(nature)。如果意志拥有了自然,其他物就可能作用于这个自然,对其行动构成强制,将一个理性存在者视为拥有自然,就是将他/她物化[参见 Beauvoir,2010(1949),第 21,47,80—85 页;Haslanger,2012,第 64—67 页]。正如我们看到的,独断论将一切物和一切人都物化了,将他们变成了可摆布和可操纵的对象。因此,对于独断论者来说,任何事物都必须拥有自然就是一项定理,它解释了它是什么以及它是如何行动的。对于独断论者来说,作为自我塑造的自由意志的观念必然是无意义的或不可能的,维费林(Kadri Vihvelin)在她最新的为自由意志与决定论的相容论辩护的讨论中,将自我塑造的自由意志的观念说成是"不可能主义"(impossiblism),因为在她看来,这不过传达了自由意志是不可能的观念。她也用这个词暗示这样一个人是不可能被理性地说服的(Vihvelin,2013,第 35—51 页)(在此她的观点似乎就是费希特笔下独断论观点的一面镜子)。

然而,费希特式的先验观念论者的确支持一种作为自我塑造的自由观,因为作为一种道德确信,他们拒绝将自身或他者物化,或者拒绝使有理性的存在者物化。他们主张,想要自由,就是不要成为被那些因果性力量摆布的对象,而是成为一个有躯体的行动者———个与他者一道参与到理性行动中的参与者。我的处境,包括我的躯体在内,不是自我塑造的,而是属于我居住的物质世界。但自我自身作为行动则是自我塑造的，在他成为特定的某物之前，就已经存在了，只有作为自身塑造成为的某种东西，他才是特定的。

费希特因此推导出，自我作为意志为了成为自由的，必须是某种"在其自然之前就已存在的东西"，或者"在它受到规定之前就已存在了"（SL 4:35—36）。在此，费希特并非主张一个自相矛盾的论题，即在时间中自我在自身存在之前就已经存在了，而是主张自我的存在先验地先于他在现实中的存在。费希特从未使用过那个著名的萨特式的公式"存在先于本质"，但很显然，他是这个公式表达的观点的首创者。[2] 自我（作为一项自由行动）的存在必须先于任何它的真正意义上的特定存在。但费希特与萨特的不同就在于，在他看来，意愿行动同样在本质上服从于法则。他可能不会像萨特那样说："在此存在对某项法则的意识，却不存在意识的法则。"[3] 但特定意义上的法则在本质上是一项规范性的法则，这是自由意志常常自由地服从或不服从的法则。很显然，正如费希特设想的，意志并不适合于哲学家们如今在一般性意义上使用的任何形而上学范畴，他可能会宣称一切这类形而上学只是独断论的某种形式。

费希特同样认为，自我只有在现实地根据构成了它的自我性的规范来规定自身从而将自身塑造成为自由时，并且也只有在此程度上，才是自由的。自我"如果不在自身中发现这种能力的现实运用，即发现自由的意愿活动的一个现实的行动，它就不能归结给自身一种自由的能力"（SL 4:83）。我可以选择仍然对自身的情感保持消极，但如

---

2 这一公式因为多次反复出现在萨特的著名论文"存在主义是一种人道主义"（Existentialism is a Humanism）（Sartre, 1956b, 第 289—291 页）前面的几页中而广为人知，但在《存在与虚无》（Being and Nothingness）一书中，萨特宣称："意识是这样一种存在者，它的存在设定了本质。"（Sartre, 1956a, 第 lxii 页，参见第 438 页；Heidegger, 1953, 第 42 页。）

3 Sartre, 1956a, 第 lv 页。

此我就无法自由地规定我自身。我（自由地）选择保持一种不自由的状态。对于那些选择成为不自由的人来说，他们自身的自由就无法得到证明，这仅仅是因为他们并非自由的：

> 我就是眼下的这个我，因为这就是我意愿达成的状态。我原本可以让必然性的车轮将我带出这种状态。我原本可以使我的信念受从自然中获得的印象所规定，或者为我的激情或偏好的倾向所规定，或者受我的同时代人想要传授给我的意见所规定。但这些都绝非我所意愿。我努力使自身成为自由的人。
>
> （BHW 8:348，参见 SL 4:32—33）

形式自由和实质自由

很显然，在上面的主张中，"自由"一词是在两种不同的意义上使用的。费希特提醒我们注意这一点（SL 4:156）。如果我选择消极地面对自身的欲望，这种选择就要求某种类型的自由，但除非将我自身塑造为自由的，否则我就不是充分自由的（SL 4:135—139）。形式自由是自我以各种不同方式规定自身的能力或才能（SL 4:50—52）。[4] 实质自由乃是符合规范或自由法则的行动。形式的自由乃是一种能力——一种追求实质自由的能力。因此费希特就谈到了"为自由而行

---

[4] "形式自由"和"实质自由"这两个词在法权语境中有截然不同的含义。形式自由涉及的是使一个人成为人格、成为原初权利的主体的能力，而实质自由则涉及他们的形式上自由能动性的外部领域的范围大小（NR 3:93—94）。"形式自由"的两种用法是可以共存的，即便有一些人，他们（因为不成熟或缺乏能力）是拥有法权的人格，但却（暂时性地）失去了道德意义上的形式自由。因为唯有考虑到他们暂时性地或偶然性地失去的道德能力，他们才能被视为人格。但"实质自由"在法权与伦理中不仅意味着，而且指代着完全不同的东西，参见本书第五章第四节。

动"：一个人拥有形式自由地去行动，追求实质自由（SL 4:153）。那些拥有形式自由但不拥有实质自由的行动者（自由地）不能去行使他们的形式自由自身所包含的那种特殊能力。

"自由"的两种含义和"自我充足性"的两种含义一样是彼此关联的。如果没有一项自我规定的行动，严格来说就不存在人格，也就根本不存在自我。意识到自我就是意识到一项自由行动，但行动要求服从于规范，尽管并不必然地服从于规范。这种行为不仅预设了实质自由的规范，而且预设了根据这一规范而行动的能力。这种能力就是形式自由。自由意志为了成为自我设定的，必须在形式上是自由的，即有意识地从无规定性过渡到规定性。实质自由乃是与自我充足性的规范一致而对于某人做出的现实规定。唯有实质的自由行动才是绝对自由的，但形式自由乃是实质上的自由行动的必然条件：

> 最初，也就是说，除了它自身起到的作用之外，它什么也不是。它必须将自身塑造为通过他自身的行动而可能成为的东西。这个命题并未得到证明，也不可能得到证明。要想以这种方式发现自身和承认相同的内容，这一点纯粹地和单纯地取决于每一个理性存在者。
>
> （SL 4:50）

这就解释了为何费希特会认为独断论哲学家处在道德懈怠和堕落的状态，不能确信自身是自由的。费希特指出，除非个体选择自由的行动，否则他就无法说服此人相信他自身的自由（EE 1:429—435，ZE 1:508—515，SL 4:25—26）。在人们在实质上还不具备某种特征的时候，试图使他们相信自身拥有此种特征是毫无意义的。要使一个坐着的苏格拉底相信他其实是站着的，是毫无意义的。即便如果苏格拉底选择去站的话,他其实是能站起来的,并且即便他为自身拒绝做选择提供辩解,自我欺骗性地否认这种选择对于他来说是可能的(从而仍然会陷入到幻相的圈子中,他也正因这一点而否认自己有站起来的能力),也依旧没有意义。对于费希特来说,独断论者否定人的自由就类似于这一点。如果你是独断主义者,这里的讨论对于你而言就没有任何意义。但你总是会经历道德方面的转变,最终会做出实质自由的选择。那时我们就能够向你指出通过刚才的事情究竟预设了什么,并且最终证明你之所以自由是因为现在你终于成为了自由人。

第二节 确信我们是自由的

对自由的"信仰"

在第二个耶拿体系中(实践哲学的体系也属于这个体系),费希特承认——或者毋宁说,他宣称——自我的自由的自我设定(他的观念论的或者批判的体系就基于这一点)乃是奠基于某种"信仰"——不是奠基于

> 一切理性的洞见,而是奠基于一种实践方面的关切。我将成为自足的,并因此认为我自身将成为自足的。然而,这样一种同意就是信仰。我们的哲学因此就是从信仰开始的,并且知道它在这样做。独断论也……从信仰开始(对物自身的信仰),但它自身却常常不知道这一点。

(SL 4:26)

在此，我们必须要再度考察一下第二章中讨论过的批判主义和独断论的对立。在费希特看来，自由的问题真正来说是两种世界观分道扬镳的关键点。

一种流行的宗教辩护将大致以如下方式进行：

> 宗教的信或不信最终取决于信仰：信仰者接受上帝的言辞，不加置疑地确信信仰的神奇飞跃。而不信上帝者同样是盲目地和非理性地接受了理性与科学的权威。因此，不信上帝的理性主义者就和宗教人士一样都做出了非理性的信仰之跃。信上帝和不信上帝因此是一样的，唯一的区别是，信上帝者足够真诚，他承认自身的信仰是不符合理性的，而不信上帝者则试图掩饰他们的信仰，假装它是某种不是信仰的东西。

我们是否经常性地从某些牧师那里听到过这种辩护策略？这种做法是令人厌恶的。

费希特接受过路德教牧师的训练，曾一度似乎将自身对绝对自由的捍卫视为仿佛它是这种令人沮丧的辩护的版本：他说，我们似乎是自由的。但认为一切都可以根据自然因果性得到解释的独断论者试图将这种现象作为幻相打发。他们不承认自己的立场是基于信仰。而接受了我们是自由的这一现象的观念论者承认这一点，因此要更真诚一些：

> 如果有人决定不去进一步解释这一现象，而是决定将它们视为完全无法解释的东西，即视为真理……我们的全部哲学就是基于这种决断——那么，这就并非因为任何理论性的洞见，而是因为实践方面的关切。我意愿我是自足的，并因此认为我是自足

的。但这种同意就是一种信仰,我们的哲学因此是从信仰某个东西开始的,并且认识到自己是这样做的。独断论也是这样,如果它要一贯地提出上述主张的话,它也是从信仰开始的(对于物自身的信仰),但它通常对此并无认识。

(SL 4:25—26,参见 EE 1:429—435)

更细致的考察表明,尽管有上述现象,但令我们欣慰的是,费希特不是以一种通俗的宗教辩护的方式主张这一点的。他也没有在"信仰"的其他事务中这样做过。比如,在公开表示他对世界的神圣统治的信仰的讨论中,费希特宣称,信仰"不能被表象为一个人根据自己的喜好可能采取或不采取的任意假设,不能被表象为一种自由的决定,将内心所希望的东西都当做是真实的,并且因为是自己内心希望的,而去做它"(GGW 8:179;IW,第 144 页)。观念论与独断论之间的选择在费希特看来也不是任意的,或者是一种不受理性控制的"信仰的跳跃"。当费希特给出如下印象,即观念论与独断论的关系类似于理性陷入的僵局,"信仰"必须解决无法由理性决断的问题时,是非常具有误导性的(不是对观念论宽大为怀,而是对独断论宽大为怀)。[5] 实际上,问题是由理性解决的,但独断论无法被理性说服,因为独断论者陷入了一个不真诚和欺骗的网络中,拒绝听从理性。但正如我们在此处看到的,支持观念论的那种理性是支持信仰而不是支持认识的理性。但独断论者独断地主张自己认识到自由是不可能的,但正如我们将看到的,观念论者不仅真诚,而且理性,而独断论者两

---

[5] 我猜测费希特之所以展示出了对独断论的这种仁慈,是因为在他看来,独断论者也是那种自我施加的道德上无能的受害者。尽管他们要因此受到谴责,但任何人都不能因此而站在某个位置上来谴责他们。他们是要得到怜悯的,费希特尽可能地仁慈地对待他们。参见第五章第八节。

样都做不到。

观念论的出发点是自我意识的自我设定行为。在每一个意识之中，都有对这一行为的某种意识——不仅意识到它是自我设定的，而且意识到它也可能并非如此——这一意识就构成了"自由的现象"。现象或者可以被作为真理而接受，或者被宣布为幻相，是事物的因果性的产物。[6] 任何这种独断论的解释同样使它不可能为事物和我们在意识中对它们的表象之间的区别提供一个充分的解释，因为这个区别本身就奠基于自我设定的自由行动之中（EE 1:455—458）。独断论者必定完全否认这种行动，并因此不能前后一贯地接受事物和我们对它们的表象之间的区分，尽管我们认识事物的可能性必然地依赖于这一区分。

独断论者因此就从自身中剥夺了对自身信仰的真理性的直接信赖，也被剥夺了对自身作为人的价值的真正根据的信赖。他们无法将自身的世界观与自身的自我意识联结起来。他们必须将自身视为自我欺骗幻相的一个持久受害者——实际上他们就是这样的，但却不是以一种他们认为自己现实所是的那种方式，因此甚至他们对自身人类尊严的拒绝也是不真诚的。正如我们在本书第二章所见，费希特认为，独断论者是如下这种人，他们在一个不公平的特权阶级

---

6 斯宾诺莎也强调在每一个人身上都有一种对自身的意志自由的"固有的"信仰（*Ep.* 58, Spinoza, 1992, 250）。斯宾诺莎将这种信仰解释为人们对于自身的行动的外部原因无知的结果，以及也是因为他们错误地用不完整的原因（这个部分他们是有意识的）取代了整个原因产生的错误。（Spinoza, 1992, IIP40S2a, 参见 *Ep.* 580）。在费希特看来，斯宾诺莎可能是最前后一贯的独断论者（GWL 1:120）。然而，他从未将斯宾诺莎描述为道德懈怠、道德败坏或自我欺骗的例子，而是常常以最大的尊敬来谈论他。在我看来，这就意味着费希特并不认为那种他将其与独断论联系在一起的道德失败是不可避免的，而仅仅意味着，在他看来，这种道德失败是独断论者之中的一个共同的倾向，独断论者很容易陷入其中。

的体系中有游刃有余的感觉,证明他的特权乃是"必要的"——如果不是绝对的话,至少针对现有的世界而言是必要的:现实存在的世界说服他们相信这就是世界必定成为的样子。"那些道德方面倦怠的性情,或者那些因精神奴役而变得衰弱和扭曲的人,他们有如学者一般的自我沉迷或自负,这些人永远无法将自身提升到观念论水准。"(EE 1:434)那些在言辞中用来支持观念论的现象,以及想要将它们视为幻相的自我颠覆的性情,给想要将自由现象视为真理的观念论者的决断提供了合理根据。但唯有通过现实地做出这个决断,使自身屈服于具有自我充足性的规范,我们才能真正给自身以理由,相信自身的自由,这是一项道德决断。

它与羞辱、谴责或惩罚无关

对于费希特来说,这种对于道德的追求不是有关自由作为道德责任或归责的一个所谓的前提。这一点必须要予以强调,因为自由意志的反对者们往往将它的捍卫者描述为是关心这件事的。他们被描述为想要为谴责和义愤的"反应性态度"辩解,从而证实对于他人的惩罚性态度。但实际上,情形常常是相反的,那些病态地热衷于归责和谴责的人是一些相容论的决定论者(compatibilist determinists)。如果他们能对"我们"(那令人厌恶的)要求他人承担责任、谴责和惩罚他们等做法给出可靠的相容性论证的话,他们甚至可以解决"自由意志问题"。这是他们关心的唯一问题。他们无视那些真正的行动和行动者的问题。

费希特认为,绝对自由对"义务、德性和道德"来说是必要的,但他从未说过它是道德责任需要的。费希特有关谴责与惩罚的论证仅仅出现在法权语境中,是完全反报应论的。它们着眼于强行避免那些侵犯权利和干扰他人外部自由的行动（GNR 3:260—285）。它们并不诉诸于意志自由，并且也能通过任何相容论者，甚至是那些强硬的决定论者提供这些强硬的决定论者将指责与惩罚仅仅视为确保外在地与法律方面的要求一致的因果性机制。

费希特与斯宾诺莎

实际上，费希特即便在转向康德主义之后，仍然保留了——并不是完全的，但仍然在令人吃惊的程度上——斯宾诺莎对一切消极的"反应性态度"的厌恶。当然，费希特有关自由意志的立场是与他1790年在"转向"康德哲学之前明显抱持的斯宾诺莎立场直接对立的。他认为一个斯宾诺莎主义者必定否定严格意义上的道德与法权。但他对有关意志自由的不同立场的态度和他有关在这个问题上的相对立的立场之间关系的理解仍然明显类似于在斯宾诺莎笔下发现的态度和理解（尤其参见《伦理学》，1992，V P41S, P42S）。他们都将人类划分为两个对立的群体：一小部分是真正积极的，是自由的，更多的那些则是消极的，是自身有关世界的错误观念的受害者，并最终陷入到灵魂的奴役之中。他们都为后面这群人提供了一条通向自由的道路，但却不认为会有很多人走上这条路。对于这两位哲学家来说，那些自我谴责走向奴役的人很难走上自由之路，因为他们的奴役状态将会使他们陷入幻相的圈子，将他们与真理割裂开来。

对于费希特来说，自由要求根本性的自由选择，实现内在的道德革命。对于斯宾诺莎来说，自由则需要理智的完善，这和理智的卓越一样困难而罕见。如果我们想要准确描述费希特对那些反对绝对自由和与之相伴随的道德的人的态度，我想可以稍后将其描述为一种"蔑视"或"贬抑"，而非"指责"或"愤慨"。这和斯宾诺莎对如下这类

74

人的蔑视态度有不少共同之处，这类人处在关于自身或他者的幻相之下，并且因为缺乏充分的观点且被非理性的激情束缚，而做了愚蠢和损害他人的事。尽管费希特认为，他们要对自己在道德上的无能承担责任，但对于究竟应该谴责他们，还是应该鼓励我们这样做，他犹豫不决。在许多方面，费希特仍然是一个自由观方面的斯宾诺莎主义者。[7]

在某个场合，费希特的确论证了，我们要求人们对某个行动承担责任这一事实表明我们认为这些人原本可以不这样做，并因此表明我们会将他们视为自由的。但这个论证是从个体的偏好出发的，仅仅是针对那些可能主张自身并没有意识到道德法则的人说的，在费希特看来，这些道德法则的内容等同于实质上的自由。费希特承认这些人可能是对的，如果他们并未通过自由地将自身设定为自我充足的而使自身服从于法则。但他在他们面临的情形中甚至会诉诸他想象这些人针对他人做出的判断：

> （这时）比如说，他不会对烧毁他的房屋的大火生气，但却会对那个纵火者或那个因粗心而导致失火的人大发雷霆。如果他不假定这种人本来能够以其他方式行动，并且应该以其他方式行动，那他不就是一个向他们发怒的笨蛋了吗？
>
> （SL 4:62）

费希特在此的主张仅仅是，对于某人的愤怒预设了我们认为这个人本

---

[7] 这就是费希特有关如何面对处于道德反思较低的水准上的人的正确态度持有的正确立场。在本书第五章第八节中将会看到，在他的一生中，他似乎没有总是做到这一点。在他的两位朋友，也就是德维特（Dewitt）兄弟被谋杀之后，甚至斯宾诺莎本人也违背了他自身的不义愤和愤怒的原则。

来能够并且应该以其他方式行动。因为论证是从个人的偏好出发的，费希特可能会承认这一点并不能够使任何人信服绝对自由，如果（和斯宾诺莎一样）这个人认为由于人们不能以不同于目前的方式行动，那么对这个人的发怒和愤慨就如同对一个无生命的物发怒和愤慨一样没有意义。并不清楚费希特本人是否会指责那个成为自我施加的道德上的无能的受害者（参见第五章第八节），这不是我为了使他人承担责任或者是指责他们而必须预设的绝对自由的一个一般性论证，费希特从未提出过这样的论证。

自由选择成就自由

当我们充分认识到为何费希特会认为那些在道德上受到激励的有关自由的论证只能提供给已经选择基于道德上的自我充足性原则而行动的人时，我们就可以看到为何他认为观念论乃是基于"信仰"的。正如我们已经看到的，如果某些人选择不去关注道德——即关注实质意义上的自由——那么在费希特看来，这些人并不是现实地自由的，因此试图向他们阐释他们是自由的就毫无意义。

在实现实质自由的选择中，也许包含着一种责任或可问责性，但这仅仅是对于做出选择者自身的责任或可问责性——选择成为自由就是选择使自身在道德上承担责任。费希特认为，当我们在形式上自由时，即当我们意识到（从日常视角出发）不是受一种自然冲动或欲望的因果性强制时，我们在某种意义上是要承担责任的。但他不认为这种意识可以说服那个为自己拒绝关注道德说出了一堆理由的人，此人宣称对形式自由的意识不过是幻觉。费希特认为这些人"只能将自己提升到更高层次"，并因此认为他们要因为那种使他们在实质上不自由的自我招致的无能受到谴责（SL 4:181）。但正如我们在后面将看到的（第五章第八节），费希特并不关心在谴责他们这个问题上为我们提供证成。他对他们通常展示出来的态度是一种悲哀的贬抑，与此同时也展示出一种决心，即将对他们采取某种行动，从而可能带来他们道德上的转变。

费希特呼吁他的读者们自由地思维，去行使绝对自由意指的那种自我设定的行动，然后走上建立在其上的观念论道路（EE 1:445, ZE 1:461—462）。他"挑战（他们，想要使他们）在（自身中）展示伦理法则"（ZE 1:466）。只有对此召唤自由地回应的人才能被说服：

> 只需要自由人的一口气便会吹散他们的体系。但是我们不能替他们去拒绝这个体系。我们不能替他们去写、去说，或者接受教育，因为没有一种方法可以使我们去安顿他们。如果我们仍然继续讨论他们，我们这样做也不是为了他们，而是为了其他人，为了提醒其他人不要去犯前者的错误，使他们远离这种空洞的和毫无意义的声音。我们的反对者们并没有感觉到他们自己会因为这种宣告而降等。如果他们已经感觉到自己因为我们的评论而受到了轻视，他们也只会显露出自身的糟糕的良心，并且公开地将他们自己置于我们之下。
>
> （ZE 1:510）

费希特认为，一旦我选择追求道德，我就有理由抱有一种认为我是自由的道德基础上的确信。这种有理由是两个方面的：首先，这种确信与我们是自由的这一必然现象相一致；其次，一旦我做出了自由选择，承认自我充足性的道德规范，我就可以看到我关于自己做出了这一选择的确信就不可能和那种认为自由的现象乃是幻觉的独断论教条一致。一旦你选择成为实质上自由的，那么能一贯地思维你自身的唯一方式就是接受必然的自由现象。观念论者有关自身是自由的确信仍然是一种"信仰"，这是在如下意义上说的，即在这一确信的根据中没有什么东西是独断论必须承认的，也就是认为，这些东西可以针对自由的现象仅仅是幻相的思想而为他们提供一个有说服力的回应（SL 4:125）。从独断论者的立场出发，观念论者仅仅选择根据一个不能证明不是幻相的现象而行动。独断论者已经学会满足于和如下这种想法共处，即认为他们的自由意识是单纯的现象。他们不仅将自身，也将他人一并物化了，并且满足于如下想法，即他们对自身并不真诚，并且是自我施加的幻相的受害者。因此，尽管对于观念论者来说，独断论者立场的不一贯是如此明显，但对于独断论者来说，这都不是改变想法的理由。在费希特看来，不可能有其他的可能性：

> 任何通过证据而产生的确信之间的沟通都预设了双方至少同意某些东西。既然知识学在一个单一的方面，在有关认识的材料方面与独断论者意见不同，并因此这里就不存在它们可以共同前进的共同基础，知识学如何可以将自身传达给独断论者呢？
>
> （ZE 1:509）

在普通人的意识中，自由的现象是观念论相对于独断论的一大优势。费希特主张的观念论相对于独断论的第二大优势乃是，独断论"不能解释它想解释的东西，这就表明它是不充分的"（EE 1:435）。独断论需要解释的是意识本身，在独断论看来，我们对于对象的表象的可能性是真实的。但自由乃是我们经验独断论者认为是真实的那些事物的可能性的先验条件。[8]当然，费希特的言下之意是主张，相对而言，观念论能解释它想解释的东西，即事物的相同世界如何奠基于我们对它们的经验，即客观世界如何通过自我的绝对自我设定而成为可能。由于费希特从未完成他的观念论体系，观念论相对于独断论的完全优势似乎就要推迟到有人能完成这个体系。结果，费希特就倾向于将对自由的确信视为某种不能向不相信它的人阐明的东西，视为一个自由的、理性的信仰的对象，它是建立在大多数独断论者考虑到性格方面的道德缺陷无法做出的选择之上的。

第三节　自由作为理论理性的预设

尽管在观念论和独断论相互对立的"信仰"之间存在明显的无法逾越的鸿沟，然而，在费希特笔下有一条主要的论证线索，它似乎能够引导独断论者，但只有当独断论者足够真诚地看待它时才如此。1794年的《全部知识学的基础》是从对理论理性的先验论证开始的，其结

8　（独断论）通常诉诸某种原初的存在者从而寻求庇护所，即便这个原初的存在者不过是一种粗糙的和没有定形的物质。但观念论却远离了这一点，并且使独断论者孤立无援地待在那里。为了使自身不受这种攻击，独断论者没有任何武器，只有他自身真诚的不愉快的证词以及他确信自己并不理解人们期待他去做的那些事，并且他既不能希望也不能设想那些被要求的事情。当他要我们相信这些时，我们十分愉快地相信他，但反过来我们也会问，当我们强调，从我们这一方来看，能设想自身的体系时，他也应该相信我们。如果独断论者认为这一点太难，我们也就不要提出这一要求，并且让他按照自己乐意的方式构想这件事，因为我们已经在许多场合郑重地承认，我们不强迫任何人接受我们的体系，因为接受这个体系是取决于自由的事情——正如我曾经所说，独断论者唯一可以诉诸的乃是使我们确信他自身完全无能力，而这纯粹是主观的（ZE 1:499）。

然而，费希特认为，这种无能力是自我施加的，并且通常可以通过道德方面的改良而得到校正。参见第五章第八节。

论是"理性如果不是实践的,就甚至不能是理论的"(GWL 1:264)。在提出这一策略的过程中,费希特可以被视为追随了康德在《道德形而上学奠基》第三部分中的提示。在那里,康德试图论证自由必须作为做出理论判断的条件,从而归结给每一个理论存在者(G 4:448)。[9] 这一策略另一个剩下来的部分是费希特的如下主张,即唯有观念论者能相信自己的哲学,而独断论者做不到这一点。"斯宾诺莎不相信他自己的哲学,他只能思维这种哲学,而不能相信它。"(ZE 1:513)

将要被说服

确信(conviction, Überzeugung)通常是从怀疑状态中产生出来的,这是一种担忧或关切的状态,在此,"想象继续在对立面之间摇摆",最终以"一种和谐的情感"或"满足"而结束,从而也就结束了上述的摇摆状态。而且"想象力眼下就受到了拘束和强迫,就像它们在每一个实在物那里一样"(SL 4:167)。这种"想象力的摇摆"在费希特看来需要(至少形式上的)自由,正如意志活动所做的那样(GWL 1:238—239;EE 1:423;SL 4:67—68,136)。在这方面,"确信"的获得就和"理解"(understanding, Verstehen)与"把握"(comprehension, Begreifen)的获得以同样的方式将自由作为前提:

> 首先,理解或把握指什么呢?它的意思是设定某个固定的东西,去规定和限定。如果我通过它获得了一个完整的认知整体,在其中,各个部分都以这个整体为依据,即每一个部分都根植于

---

9 Neuhouser(1990),第41—65页。诺伊豪瑟曾经详细地描述了这一策略是如何在1794年的知识学中展开的,并且也解释了在1797—1799年修订的知识学中,它又是如何让位于我们刚才考察的对实践东西的更为直接的诉诸的。

其他部分，或者通过所有其他部分来解释，或者反过来说也成立，那么我就把握了现象。只有通过这种方式它才能完成或者被限定——如果我仍然还在解释它，如果我对它的解释仍然处在摇摆的状态，并因此还没有固定下来，即如果我仍然被我的认知的某一个部分引向另一个部分，那么我就还没有理解某物（如果我还没有想到 A 的原因，这就意味着——因为必定有某种特殊类型的偶然性属于 A——如果我还没有想到它的一个特别的原因，那么我就还没有理解某个偶然性的 A）。

（NR 3:77）

在这里，费希特将已经理解或者已经把握的状态与时间上在先的状态相比较，在这个时间上在先的状态中，个体将要去理解或者将要去把握*。这个在先的状态就是一个摇摆的状态（Schweben）——一种在各种可能的判断之间盘旋和摇摆的状态，这些判断涉及究竟是什么导致了那个仍然要得到理解的对象，或者涉及（更为一般性地）认知性的整体如何同它的构成性部分相关联。费希特似乎认为，为了使事实能够在理论方面得到理解或者把握，必须有一个特定的原因或起奠基作用的关系。一旦把握了它们，就会将我们对于偶然性的感觉从对象中去除。比如说，首先，我有这么一个想法："有可能 A 是由 X 所导致的，但也可能是由 Y 所导致的。"接下来我想："不，我现在注意到，X 不可能导致它，因此它必定是由 Y 导致的。"这种想法造成了我对 A 的理解，即它是由 Y 导致的。在此有关令我犹豫的那些对象，或者我在它们之间摇摆的那些对象的模态，仅仅是认识论意义上的。因为就我

---

* "coming to understand or coming to comprehend" 接下来频频出现。最好不将其理解为一个句子，而理解为一个名词，比如说，后文有 "the concept of coming to understand"。——译者

知道的全部内容而言，A 可能是由 X 或 Y 导致，但一旦我理解了 A，究竟是谁导致了它就变得明确了。因此，除了 Y 导致它，我不能做出任何其他的判断。因此，我的判断就在认识论方面成为必然的，即便有关究竟是谁导致了 A 的事实只是一个偶然事实。

独断论者能够很好地说明，在达到理解、把握或确信之前，心灵会在认识论的各种可能性之间"摇摆"，并将它们视为在认识论方面是偶然性的东西。对于独断论者而言，特定某人仍然处于困惑或无知中，并因此在许多事情方面处在一种认识方面的偶然性（或者不确定性）之中，这是一种在因果性方面受到了强制的状态。[10] 但在想象的摇摆过程中，仍然有一个不能以相同方式解释的重要方面，即我的心灵本身在先于理解行为的两个可替代的认识论方面的可能性之间摇摆。为了将要去理解，我必须满足于将两种认识论的可能性作为可能性来对待——对于我目前来说，就是某种在未来进行固定、规定和限定判断的可能性。在目前，它们必须仍然是偶然的，意思是我必须将它们视为是由我以某种方式来做判断。我不能将这些可能性仅仅视为认识论上的可能性，仅仅归咎于我的无知，即究竟是什么取决于我的判断——可能是这个，可能是那个。在我看来它们是偶然，但我不能将这种偶然视为我在眼下对最终判断是什么一无所知的结果，因为这个最终判断已经被规定将要出现。只有通过在特定时间点 T1，在可以替代的可能判断之间摇摆，然后我在后来的时间点 T2 将判断固定在或安置在它们中的一个上面，将要去理解的时间过程才是可能的。如果我将这个过程视为我将要去理解的真实情形，我就必须认为这两种选择对于我来说都是真实的，完全由我在 T1 时刻去判断，为的是我

---

10 这很明显就是斯宾诺莎在《伦理学》中对于这一现象给出的论证（1992，IP33S1 和 IIP44CS）。

自身应该通过在 T2 时刻获得理解从而使事情获得安置。如果我认为事情在 T1 之前已经得到安排或被强制（对此我是不知道的），那这就意味着否定我在 T2 时刻的判断是通过如下过程产生的，也就是首先在不同认识论的可能性之间摇摆，其次安置、固定、规定或限定在它们中的某一个上面。

即便涉及对象（比如，涉及了 A 的可能原因），可能性仅仅是认识论上的，我在 T1 时刻面对的判断或固定的可能性则必须超过认识论意义上的。它们必须是真正的偶然性，能由我以某种方式来安排。正如我们将在本书第五章中看到的，这个安置的过程对于费希特来说是一项实践事务。自由地判断、固定、理解或者被说服，进而就必须是费希特意义上的绝对的：在我后来（自我）规定成为我的理解或确信的主体之前，我必须存在（无规定性地作为一个质疑者）。用萨特的话来说就是：为了在某一时刻规定我的确信，我必须将自己"置于存在之外"——我作为质疑者的存在必须先于我作为自身确信的主体的本质。[11]

费希特认为，想象的摇摆转变为理解的固定性过程，在我们对周遭物质世界的现实有一种合理确信的每一个时刻，具有本质性意义。他说："直观是通过理性固定或稳定下来的。"所以一个对象在对它的不同规定中就能被视为同一个。因此，想象"就在相互冲突的方向之间摇摆"，然后通过理解，"（这个想象的摇摆）的变化无常就仿佛被把控住了，被安排好了，或被带到了某种立场，被正当地称之为理解"（SW 1:232—233）。

---

[11] 萨特实际上紧密地追随了费希特，认为这个问题本身就是自由的证明："提问者出于他正在提问这一事实，就将自身设定为处于一种未受规定的状态；并不知道给出的回答是肯定性的，还是否定性的。"（Sartre，1956a，第 5 页）"具有根本意义的是，提问者有一种永恒的可能性使自身与构成存在和产生唯一存在的因果序列脱离开来……他必须能够将自身置于存在者之外。"（Sartre，1956a，第 23—24 页）

对幻相的先验限制

费希特引用了某些哲学家（迈蒙似乎是其中之一），这些哲学家认识到普通人的理解不过是想象力发挥作用的结果。在这一点的怂恿下，他们认为整个理解和把握过程不过是欺骗（SW 1:227, 234）。费希特强调，这些哲学家必定是错的。因为我必须表象为对于成功地去理解来说是必要的东西是不能表象为欺骗的。因为如此就会使（成功地）理解自身成为欺骗。你将会理解，一切将要理解的东西必然是欺骗，这会是一种自我颠覆的主张。

当然，任何特定的判断（关于 A 的原因，或者关于实在，以及对某些出现在我面前的对象的规定）的确是通过一个我不理解也不知道的过程，在之前就已被预先规定了的，因此它根本不是通过我的想象的摇摆和理解对它的固定产生的。但是这表明任何将要去理解的特定行动不过是欺骗，而非真正意义上的理解。我们都是这类欺骗的受害者，这种欺骗时有发生，甚至经常发生。

如果问，我们的精神生活究竟多频繁地以这种欺骗为特征？诚实的回答可能是，比我们愿意承认的要频繁得多。然而，对我们在多大程度上可以一贯地将自身视为这些欺骗的受害者或玩物，在原则上是存在限制的。如果我将自己的判断表象为预先受到规定的，我就不能（冒着前后不一贯的危险）同样将其表象为作为真正的理解或把握的例子。因为对于理解来说，概念上的重点就是，将要去理解的过程必须在本质上是自我通透的。如果理解是以如下方式产生的，即主体在本质上在他是如何产生的问题上受到了欺骗，理解或把握就根本不可能出现了。当然，主体不需要意识到这个过程中的每一个方面——比如说，不需要意识到理解过程中的神经元激发。但是，主体在这一过程中的规范性-认识论的要素方面，在那要被理解的东西的根据或者理由方面，在确信状态或者理解状态出于这些理由而产生的事实方面，本质上不能是自我含糊的、受欺骗的或者错误的。这个过程必须包括在 T1 时间点向我开放的判断的各种可能性的真实的（而不只是认识论上的）偶然性。如果我在 T1 时间点错误地相信我的判断活动真正地、偶然地取决于我的思维活动的轨迹——如果在 T1 时间点并不真正地向我开放，使我可以做任何有关 A 的原因的诸多真正的可能判断——我在 T2 时间点最终做出的有关这个原因的判断就不可能是我去理解或把握 A 的一个真正的例子。它顶多是某种被可靠地规定的我所理解的幻相。

出于理由做判断

另一种思考的方式如下：去理解或把握就是去判断；就是出于某一良好的理由来相信某物，并且也同样使自身的判断受这个理由所规定。然而，任何理由，作为概念必然性的事务，都有其特定品质。尽管它可以解释为何我要像眼下这样去判断或是被说服，但它不能通过阻止我去做另外的判断，或者从我这里取消以其他方式被说服的真正可能性，从而做到这一点。理由，换句话说，即便是最好的理由，也总是给我们不按照它去做留下了自由的行动空间（正如莱布尼茨所说，理由"是一种不受强迫的倾向"）。这是出于某一理由而行动的概念上的真理。基于理由的判断或者确信常常是偶然性的，并且这种偶然性不只是认识论的。我必须有一种绝对的或无条件的能力去判断，或者说服自己相信不同于我实际上的状态。换句话说，确信和理解都预设了绝对的自由。

这不是说某些东西看起来是以某种方式出现的，但我知道它其实是以另一种方式存在的。如同太阳看起来是从天空越过,但我知道我看到的其实是地球绕着地轴自传。或者缪勒-莱尔线看起来长度不相等,但我知道它们实际上相等。如果我的确是从这一类的理由出发来判断,那就不可能是如下情形,即看起来我是自由地出于这些理由判断,而实际上我的判断都是完全根据另一种方式被规定的。如果我认为,我的判断、理解、把握和出于理由而说服的行动都是预先被规定了的,而与我的意识相违背,即它们实际上都取决于我的自由规定或向我的自由规定敞开,那么就必然会得出所有这些行动都是幻觉或具有自我欺骗性的结论。再一次地,这种形式的欺骗的确常常发生。但是如果它们总是发生,这里就不可能有真正出于理由的判断了。针对我们的认知过程的这种说明也许是自我颠覆的。它将会颠覆一般意义上的理性,同时也会颠覆我们作为理性存在者的尊严。

斯宾诺莎不仅预料到了这种不一致,也避免了这种不一致,尽管我们将看到他面临着一个截然不同的问题,即认为,与特定的有利的认识状态,即他所谓的"理性"和"直观"相关,它们包含着对自身必然性的理解(Spinoza,1992,IIP40S,第41—44页)。他因此就将所有包含"想象"的状态作为幻觉状态排斥出去,因为想象(在这里他和费希特一致)必然在不同的选项之间摇摆,将其对象表象为偶然的(Spinoza,1992,IIP44CS)。在有关理解的情形下,斯宾诺莎可能是正确的。在这里,事情在过去已得到了安排。一旦我清楚地和明确地看到2+3=5时,只要我将这一洞见的结果视为我的信仰的一部分,对于我来说,就不可能相信2+3可以等于任何不同于5的数字。在此,我不仅要理解2+3=5以及为何这个等式成立,而且要理解这一点以及为何我再也不能做其他的判断。同样真实的是,对于我们的诸多信仰来说,它们不是直接通过这种过程达到的,而是通过一个完整的信仰之网获得的,这个网络通过一个时间性过程获得,尽管并非它们中的每一个都是单独地通过这个过程获得的。因此，如果理性和直观被认为是非时间性的，斯宾诺莎的立场可能是一贯的。它们可能就与我们长久以来关于 2+3=5 的确信以相同方式成为必然的。斯宾诺莎同样认为，时间自身也是想象的产物（1992，IIP44CS）。也许这就意味着，将要去理解的时间过程预设了对真实偶然性的一种错误确认，这在对象通过理解而固定下来时是看得清楚的。如果时间——过去、现在和将来——不是真实的，是偶然的，斯宾诺莎的立场就是可以辩护的，但这只是因为人类的理解（包括斯宾诺莎所认为的伦理学体系可以为人类所理解的一切方式）是不可能的。也许那超越时间的上帝能阅读和理解斯宾诺莎的《伦理学》，但你、我、斯宾诺莎都不能。然而，对于费希特来说，在这种意义上的上帝是不可能的。能够思维和理解一切东西的唯一存在是有限的和处在时间之中的。

费希特的论证因此就是从如下前提出发，即我们的理解在时间（过去、现在和将来）中的位置是一切经验的先验必要条件。一切东西除了通过将要理解的时间过程，否则无法得到理解。这一点预设的自由是斯宾诺莎的必然论无法说明的。"我们的一切意识都是从无规定性开始的，因为它是从想象力开始的，想象力是一种动摇的（shwebendes）的力，它摇摆（shwankendes）于对立面之间"（SL 4:194）。因此，不是说斯宾诺莎从来不相信他自己的哲学，费希特更想说，斯宾诺莎从来没有想过要去相信它。但在此需要补充的是，对于人类主体来说，将要去相信是进入到一种相信状态的唯一可能途径，这一真理是先验地必然的。

对自由的否认是自我颠覆的

拿自由意志问题本身来说：假如我想要决定在这个问题上——

费希特的自由意志论，或某些必然论的立场，不论是斯宾诺莎主义的必然论还是温和的决定论者——哪种立场是正确的。不管必然论者一方的论证如何好，它们总是来得太晚。它们同样颠覆了自身。因为为了能够坚守这种立场，为了能在某个时间和根据理由决定问题，我必须已经是将自身表象为自由的——表象为拥有了向我敞开的各种可能性的判断。我不能认为，这些论证早就强迫我得出了某个特定的结论（可谓"在背后"），因为在我们面前它们是作为我仍然能自由拒绝的论证出现的。尽管考虑到我可能会发生转变，从而相信必然论是真的这一可能性，我也必须预设必然论是虚假的，必然论不能与我有很好的理由来相信它这一思想并存。

这并非是关于某种"主观性"东西的问题，只有从"第一人称视角"出发才是有效的。对于我想要出于很好的理由将你表象为采取了关于你自身的必然论或对于我们想要将某个第三人表象为这样做了而言，同样的说法也成立。出于理由来判断或行动不能一贯地被表象为只是一种在因果性方面受到了强制的机制，费希特清楚地看到了这一点：

> 自由存在者之间的关系是自由地相互作用，它绝不是一种通过机械性力量起作用的单纯的因果关系……（在寻求说服他者的过程中）我们是从自由开始的……并且假定他们也是自由的。的确，在预设原因和结果机制的完全有效性的过程中，（独断论者）自相矛盾。他们所说的东西与他们所做的东西是完全对立的。在他们预设了机械论的程度上，他们与此同时也就超出了它。他们思考这种关系的自身行动乃是一项存在于机械的决定论领域之外的行动。机械论不能把握自身，这正是因为它们是机械论。唯有自由的意志才能把握自身。

（ZE 1:509—510）

自由问题的不可解决性

如果从独断论的视角来考察,即抽象地或者"就其自身"来考察,那么重要的是看到,上述论证仍然留下了一种可能性,即我们从未真正地出于理由来理解或判断:如此,我们所谓的理解或把握就永远是幻觉。这些论证仅仅表明,我们必须是自由的,这是从属于将要去理解这个概念的。因此,除非我们预设我们都是自由的,否则就无法前后一贯地将自我表象给自己或是表象给他者,或者将他者表象给我们,将我们自己或他者表象为将要去理解我们是不自由的——抑或将任何人表象为将要去理解任何东西,不管这种东西是什么。

这就是为何费希特认为,我们最终无法证明自身是自由的,或者证明观念论能反驳独断论,因此观念论的立场就必须被描述为基于信仰的。然而,这种表达方式同样也有误导性,在此"信仰"丝毫不是任意的、非理性的、自发的,或者甚至只要我们运用自身关于它的思维一贯地去思考这个世界就是可避免的。只要我们将自身表象为理解或把握一切,或出于理由可以相信一切,对于有关我们是自由的这个确信,就没有自我一贯的替代方案。再一次地,这不是心理学上的必然性的例子,不是我们"禁不住设想为如此的东西",是一种不那么脆弱,或者不那么有缺陷的心灵有可能逃脱的弱点。它是一种规范的必然性,只要我试图一贯地将我已经理解的主张同任何我已经去理解的过程的表象相联结,它就会产生出来。自由是不能被演证的,但它是被一切质疑、追问和将要被说服预设的,即预设为它们发生的必要条件。[12]

有关自由意志的传统,不管人们在这个问题上持怎样的立场,乃

---

[12] "苦恼在我们看来并不是自由的证明,自由乃是作为问题的必要条件赋予我们的。"(Sartre, 1956a,第33页)

是协调人的能动性和我们有关世界以及有关事物在其中如何运作的形而上学的（费希特可能会说"独断论的"）观念之间的关系问题。大约在公元前3世纪之初，伊壁鸠鲁针对这个问题做出了一个令人吃惊的发现，也提出了一个与我们刚才考察的论断非常相似的论断。他想要通过给原子运动假设一个"拐弯"这一铤而走险的行为，在形而上学层面解决问题，这样就会允许偶然性、合理性和可问责性，并且可以将我们从宿命论的必然性中拯救出来。自由同我们有关客观世界的看法之间的协调对于自然主义的不相容论者——比如伊壁鸠鲁本人——是一个问题，并且对于自然的相容论者来说也是一个问题，这些人想要通过一种使它们更容易被自然因果性秩序纳入的方式构想自由。有些非相容论者想要将自由置于笛卡尔式的非物质性的思维实体或超自然的本体自我的能力中（只要它们可以根据传统形而上学的术语来理解），对于这些非相容论者来说也有同样的问题。反自然主义的图画也想要使自由和我们有关物自身的世界观点达成一致。

不能认为费希特想要寻求这种超自然主义的解决方案。的确，他有时也会主张，独断论以及它有关世界的"唯物主义"观点的失败使我们可以正当地主张，作为自由的行动者，我们属于理智世界（SL 4:91，GGW 8:181）。但是正如我在本书第二章第二节中尝试解释的，如果我们认为它们指的是根据对于超自然的"物自身"的理论的形而上学来解释自由的那种尝试，就完全误解了这些评论。对于费希特来说，只要我们的自由行动得到了体现，理智世界涉及的就是在相互沟通的过程中自由的自我的共同体，或者涉及的就是我们思考世界的方式（ZE 1:455n，467；SL 4:91）。如果它的意思是，这是一种以人类的方式（先验地一贯的方式）对我们生活世界的思考的话，这就是"超自然主义的"，而不是"自然主义的方式"——如果后者的意思是指一种自我颠覆的独断论方式的话。但它并非另一种独断论的超自然主义的形而上学。

当费希特主张，独断论不能根据"物"来解释自我的时候，他就排除了那些根据精神性的或超自然主义的"物"以及感性的"物"来做出的解释。不要忘记费希特宣称贝克莱的体系是独断的，而不是费希特意义上的批判的和观念论的。明确地讲，这是因为它包含有关精神之物或实体的一种先验的形而上学（EE 1:438）。费希特的先验哲学据说可以为实在论提供证成——将自由的现象视为真的东西加以接受——这种实在论是从属于普通人的意识的。但是它不应该超出这一点。它不能回答有关自由意志的传统问题，即自然主义的甚至是超自然主义的有关自由意志的问题。因为这个问题是独断论的，它想要解释自由是如何被纳入到有关物自身的形而上学理论之中的。

有关自由意志的传统问题——或关于任何哲学问题——的另一个可能的立场就是不去解决它，而是宣称它是不能解释的。我们可以通过主张（基于某种借口或其他）"消解"这个问题来做到这一点。或者可以说，尽管它是真实的，但这个问题是我们在认知上没有能力解决的。这似乎就是康德在"先验辩证论"部分中讨论的那些问题时说的最后的话（KrV A vii—viii, A293—298/B349—355, A338—340/B396—398）。当费希特反驳独断论作为一个哲学体系时，他在实际上就是采取了康德在传统自由意志问题上采取的这种立场。

自由不仅是意识的基础，也是规范性的基础。这三样东西与经验世界相联系，不仅是作为经验世界的真正的构成要素，而且甚至更为根本的是作为实体，这些实体是我们作为认知者和行动者对于世界的任何可能接触所预设的。哲学的自然主义，因为它是费希特所谓的独断论的一种形式，必须要处理这些条件，也就是将它们对象化，承认它们，仅仅就它们在一个预先假设的"物自身"的领域中，在因果关系中占据一席之地而言。在这一对象化的形式中，在它们提供给我们对世界的这种认知的或行动的接触的独特角色中，它们是没有实在性的。因此，自然主义就（只能以一种包含了对它们实在性的拒绝的方式）使它们同经验世界"相一致"。这种对它们的实在性的拒绝从哲学上讲必然是自我颠覆的，因为它不能一贯地与那些对于我们来说必然知道的东西或对世界发生作用的对象相联结。

这种"通过取消而实现的相容主义"也出现在有关自由的"相容论"观点那里，出现在元伦理学中的反实在论观点和有关意识的物理主义或功能主义那里。费希特认为，我们能够将自由纳入到我们的理论的世界观的唯一方式是将其视为认知可能性的先验条件。"我们的世界可能最初是通过作为理论原则的自由来规定的。"（SL 4:74）出于这个理由，费希特就在原则上反驳了对"自由问题"的任何可能的自然主义解决方案："自由是我们认知对象的手段，但对于对象的认知，反过来并非认知我们自由的手段。"（SL 4:79）也许，这里也有一些成功的自然主义理论，它们将自由、意识和规范性整合进自然之中。但在自然主义者之中，那种自我颠覆的有关自由、意识和规范性的"相容论的取消主义"（compatibilist-eliminativist）理论的流行，倾向于证实费希特有关它们并不存在的观点。如果费希特是对的，那么人类行动者（包含自然科学家们）已经生活的世界就是一个在其中任何有关自由的自然主义论证将会驱逐这样的行动者的世界，不管他们是生活在其中的自由行动者，还是这个世界的可能的认知者。

第四节　作为先验问题的交互主体性

康德的前后不一致

在《纯粹理性批判》中，康德试图为在他看来对于经验的普通理智和自然科学的认知来说是根本性的不同主张提供一个先验根据：比如，作为物质实体的经验对象的存在，它们的状态通过因果的必然联系彼此相关，并且它们的存在也不同于它们借以被认知的我们的主观表象的存在（KrV A176—218/B218—265，B274—279，参见 B xxxix—xli n）。更具体地讲，康德提供了包含在这些对象中的概念在不同阶段的复杂论证。首先，他提供了对于这些概念的形而上学演绎，揭示了它们的渊源——它们在我们的知性的判断活动中的先天起源（KrV A66—83/B91—116）。接下来他提供了有关这些概念的先验演绎，通过表明我们有权将它们运用到经验对象之上，即揭示它们必然地运用于那些来到我们感官面前的对象，回答了有关它们的合法性的问题（KrV A92—130/B124—169）。然后，他提供了有关它们的图型法，揭示了它们的实例如何可以在经验中得到识别（KrV A137—147/B176—187）。最终，他揭示了这些概念如何运用于经验对象，为前面已经引用的原则提供证据，这是基于时间-规定的必然性（即有关在时间中发生的事件的持存性、连续性或同时性方面的客观事实）。

然而，康德从未提供有关其他理性存在者的存在，或者有关他们的"精神状态"的可认知性的任何先验论证。这并不是说多元的理性存在者的存在或他们的相互沟通的交互行动的可能性对于批判哲学而言不重要。相反，康德时常强调有教养的公众的自由和理性的沟通作为理性自身特定存在条件的重要性（KrV A xi n，A738/B766，WA 8:33—42，O 8:143—146，SF 7:27—29）；理性存在者的共同体概念——"目的王国"概念——对于他的道德哲学具有根本性的意义（G 4:433—435），同时也对于他的反思性判断和审美经验的观念具有根本性意义（KU 5:291—303）。康德似乎将理性沟通的必要性只是视为经验性的条件，正如我们对他者的认识仅仅奠基于经验而缺少先验的必然性。然而，这一点是否自我一贯，很显然是费希特想要质疑的问题。

"康德批判哲学的不完整性的一个最显著的证明是，他从来没有解释，我如何假定在我之外还存在理性的存在者。"（WLnm，第303页）康德认为：

> 客观的有效性和（对于每一个人而言的）必然的普遍有效性因此是可以交替使用的概念。并且，尽管我们不知道对象自身，但如果我们将一个判断视为普遍有效的，并因此是必然的，就可以说客观有效性已包含其中了。
>
> （P §19，4:298）

因此，经验对象、实体和原因的概念的客观有效性的先验证据，似乎同样需要对这些概念的交互主体性的有效性提供先验的证据。正如道德与审美判断的先天有效性似乎也有同样的要求一样。费希特同样指出，康德有关统觉的先验统一性看起来不仅是经验可能性的先验条件，也是对某个个体性自我的思想的先验条件，如果这样来理解，就必然会基于一种含混其辞的东西上面：

> 通过纯粹统觉，康德也无法理解我们的个体性的意识，或将我们的意识同他者的意识弄混，因为个体性的意识必然是由另一个意识伴随的，也就是你的意识伴随的。只有在这个条件的基础上，个体性的意识才是可能的。
>
> （ZE 1:476）

合法性问题

在1794年的《全部知识学的基础》中，费希特宣称："没有你，就没有我；没有我，也就没有你。"（GWL 1:189）[13] 很显然，从耶拿早期开始，费希特就想要使他的知识学包含对他我作为自我的自我设定的先验条件的一个演证。在费希特同一时期举办的通俗讲演中，我们甚至更清楚地看到他想要对他我的存在给出一个先验的（而不仅是经验的）证成，即想要回答有关合法性的问题。

> 大多数的经验能够教导我们的是，这里存在效用。这些效用类似于理性的原因的那些效用。然而，它不能告诉我们，特定的原因是作为理性存在者自身而现实存在的。因为存在者自身并非是任何经验的对象。
> 是我们自身首先将这样的存在者引入到了经验之中。我们正是通过诉诸在我们之外的理性存在者的存在才解释了特定的经验。但是，我们提供这一解释究竟凭借的是什么权利呢？在我们使用这个解释之前，我们必须很好地给出证成。
>
> （VBG 6:303）

第五节　对于自我当前的行动客体的演绎

费希特在他出版的作品中，对其他有限理性存在者给出的第一

---

[13] 这是否意味着它所讲述的内容，这一点受到了布里泽尔的质疑（2013，第174页，注释58）。布里泽尔认为，它仅仅意味着自我蕴含着某种非我。但即便在耶拿时期之前，在费希特的第一部著作《试评一切天启》（1792）中，他理解道德法则的权威显然是与他者的理念相联系的，这个他者对我们提出了我们必须遵守的道德命令。当然，在那本书中，必须预设的向我们发出命令的他者是上帝。在此问题十分微妙。费希特不认为这一人格化的上帝是现实的，甚至是可设想的，但他认为我们必须以这种方式将上帝表象为我们人性的异化（VKO 5:55）。正如我早就提示过的，对于费希特来说，宗教理念不过是一种象征，或者一种同我们的有限自由的存在状态相关联的人的方式。

个最精致也最有名的演绎出现在《自然法权基础》的第三节（NR 3:30—40）。它是作为法权概念的演绎的一个部分出现的，并且它的出发点乃是，自我意识的那个原初性的自我是实践的自我或作为意志的自我（NR3:20）。费希特在此遵循了本书第二章第八节中描述的"综合的方法"。他试图用康德式的术语提供对于自我设定自身是必要的诸条件的形而上学演绎和先验演绎。费希特的第一个定理（§1）是："一个不认为自身有一种自由的效用性的有限理性存在者就不能设定自身"（NR 3:17）。自我是自由的自我设定行动，而非任何类型的物或实体。这种行为当然需要一个自然的行动者——人的躯体。费希特将尚未躯体化的我（"一个笛卡尔式的我思"）视为不融贯的，并且自我的躯体化是先天可认识的。[14] "脱离了与躯体的关联，（理性存在者或自我）就不会成为人格，而可能成为某种不可想象的东西。"（VBG 6:295）[15]

自我同物质世界的关系是一种相互作用的关系，它既是一个行动，也是一个被行动影响的存在者（NR 3:23）。自我的每一项行动因此都与外在于它的并且约束它的一个客体相关联。这也同时是一种实践的和理论的关系（NR 3:26—28）。意志活动与表象活动因此处于一种持续的、必然的相互作用之中（NR 3:21—22）。自我对世界的认知乃是认知某种约束它或束缚它的具有客观性的事物；而自我的与之相对立的行动则被直观为自由的，是在这些物质世界的客观拘束之内以不同方式行动的能力（NR 3:18—19）。

---

14 经验从来不会告诉我们，我们有一个躯体。我们有一个躯体，并且这个躯体是我们的，这是我们早就知道的事，是作为经验的可能性的条件，也是一切知识的获取的条件。（WLnm，第340页，参见 ZE 1:495，SL 4:215—216）

15 然而，躯体概念的演绎事实上出现在后面的部分（NR §5, 3:56—61）。它源自如下事实，即自我的能动性必是直接针对自然的或物质的世界，后者必与自我一道被设定（NR §2, 3:23—24），并因此必须具有这一能动性的自然的或物质的载体。

我们不妨这样来追问：同自我在它的当前行动中本质性地联系在一起的究竟是一个怎样的客体？看起来答案十分明显，它是个体打算通过行为改变的任意物体或物的复合体。费希特的第一个任务就是要拒绝这种回答，认为它是建立在某种混淆基础上的，揭示了它将会导致恶性循环与后退。因为这里所涉及的客体乃是某种已经存在的东西，并且这个客体已经固定，而且与个体的行为相对立，而不是"在一个相同的未划分的综合中"和自由行动一起被设定。"（理性的存在者）如果不设定一个它的效用性可以在其上发挥的客体，它就不能认为自身有一种效用性。"（NR 3:30）

恶性循环

我们发挥效用性的固定的和既有的物质对象通常是在意识的一个时间上在先的行为中产生的，而不是在眼下的和要做的行为中产生出来的。当然，我们想要寻求的那种对象，在那时必定已经出现了，但却是在前面的某个时段中出现的，而不是在眼下出现的。在这里，我们针对自我眼下的行动所问的问题也可以针对这一早前时段提出来，并且通过提及那个早已存在的物质对象，也就简单地预设了这个问题会有一个令人满意的答案。但我们的问题准确来讲是知道那个答案究竟是什么的。如果我们将在先前时段中我们的行动对象思维成一个既存的物质对象，就要再一次地提及另一个之前的时刻，在这里预设了行动的意识，但仍然并未得到解释。意识在当前时刻的行动，从这个角度来说，就是：

> 只有在（另外一个）之前时刻的条件下才是可能的，如此以至于无穷。我们还没有发现一个可能的时刻，可以将自我意识的

细线系之于它（唯有借助于它，一切意识才是可能的），并因此我们的任务就并未得到解决（NR 3:31）。

重要的是注意到，自我对它自身的活动的意识并不只是对已经发生的或当前正在发生的行动的意识——仿佛这些行动是在自我之外的某个地方发生的一样，而只是观察它们的发生过程。相反，它们是自我自身的行动，无论是对它们的直接意识，抑或它们必须被作为对于如下行动来说是必要的东西而被推导出来，这些行动是自我在实行它们的过程中意识到的。自我必须认为自身目前正在实行这些行动，而不只是在观察它们。我们最好不要将自我当前的行动视为某种已经做出的东西，或正在做的东西，而是视为某种将要做的东西。这就是费希特如下重要主张的含义，即他认为，自我的行动是"形成有关在我们之外的一种想要达到的效用性的概念，或者是有关目的的概念的行动，与此同时，它的行动是与（它自身行动的）直观相联系的，即被设定为与之相等同的"。（NR 3:19—20）结果，自我的行动就通过永恒的变化而与世界的客观存在形成对照，但与自我的行动相对，世界是固定的和不变的："自我是行动中出现的东西，对象则是存在中的对象，自我处在永不停息的变化之中，在自我里面根本没有永恒的东西；对象则是永远像现在这样存在着：它是过去的样子，也是将来的样子。"（NR 3:28）

如果认为这里的主张指的是世界是不变的（或者较之人类的自我来说是不变的），那就是一种错误。这一点不必然是真实的。这里的观点毋宁是，从人类的视角来看，我们对之发挥作用的世界过去是、现在是、将来仍然是它眼下的样子，而与之相对，人类行动者必须在每一个时刻使（或又一次地使）自身成为它通过自身的自由行动而变成的样子。非我，不管是否经历过改变，是永恒的，意思是它是消极的，但自我总是积极的，并因此，甚至当他选择处在当前状态时，也总是处于过渡之中——通常是与他眼下的状态或过去的状态相对立，这只是因为，甚至在选择处在过去状态时，它也处在一种无休止地变化的状态，因为他必定在每一个时刻使那个选择变成全新的。[16]

因此，自我的自由同样构成了它的时间性。在当前时刻，物质世界抵抗着自我的活动，尽管与之一道，自我的有效用的能动性存在着，并且包含对于有关将要做的事情的不同可能性的意识：

> 因为客体被设定来取消自我的效用性，而效用性被认为是与客体一道持存的。这里就出现了冲突。这个冲突只能通过想象在这些时刻之间的摇摆（通过这种摇摆，时间才出现）才能得到和解。
>
> （NR 3:28—29）

过去是固定的，但未来通常可能是这个，也可能是那个，取决于自我的选择，取决于世界回应我的选择的方式。对于费希特来说，想象是表象在众多可替代的可能性上方盘旋或摇摆的能力。想象是这样一种能力，借此我们体验时间的流逝在确定的过去之中的差别，体验我们自由地和偶然地做出行动的当下，体验未来，而未来总是向众多可替代的可能性敞开。

在费希特看来，每个意识都不仅有主观方面，也有客观方面。

---

16 比较后来的哲学家中最具费希特哲学风格的人对同一个观点的著名表达："（在其自身存在）是现实地存在的……人类的实在（是）这样一个存在者，他是现实地不存在的样子，和不是现实地存在的样子。"（Sartre, 1956a, 第 xlv, 59 页）抑或克尔凯郭尔的伦理人，他说，审美的人是直接成为现实地存在的那个人，伦理人则是成为即将成为的那个人。（《或此或彼》，II, SV 2: 226）

自我的每一项行动都是同客体的关系，与此同时包含对客体的认识。相反的说法也成立：对客体的每一个认识都包含某个效用性的行动。这是费希特演绎的出发点："理性的存在者如果不同时——在同一个不可划分的综合中——将效用性归结给自身，就不能设定（知觉和理解）一个客体。"（NR§3，3:30）意识的客观性和时间性连同当下的时刻（在此，我们的自由的能动性意味着意识到某项行动将要被做出），最终被证明是费希特对其他理性存在者之存在进行演绎的关键前提。

因此，意识的可能性在同自我当前的、效用性的行动的关系中取决于对如下问题的回答，即我当前行动的客体究竟是什么？这是一个即将做出的行动——对这个行动的意识采取了形成目的概念的形式。但看起来，根本不需要任何外在的客体。我们对目的的概念具有这样一种匹配方向，它可以通过考察客体是否和目的相匹配来衡量这个客体。那么，这个在根本上包含在形成这样一个概念过程中的客体究竟意味着什么呢？

一个全新类型的客体

费希特反驳那种认为自我的当前行动的客体是自我行动对之发挥作用的物质对象的看法，在这个反驳的最后，他说，"我们找不到任何可能的时刻，将自我意识的细线系在它上面（只有借助于它，一切意识才是可能的），并且因此我们的任务并未得到解决"（NR 3:31）。费希特似乎使用了一个穿针引线做缝补的比喻：如果不在线上打一个结，那么当它穿过织物的时候，就不会缝上想要缝的东西。类似地，如果不引入一种全新类型的客体概念，一个与我们在同一时刻将要做出的行动综合性地联结起来的客体概念，我们就预设了我们正想要解释的东西。我们必须将解释推迟到下一个时刻，并因此走入一个恶性循环（或恶性后退），就如同针线一次又一次地穿过那块布而又没有缝合一样。想要对我们当前的意识给出令人满意的解释是不可能的。除非提供一个全新的和不同的概念，"意识只能循环地得到解释，因此它根本不能得到解释，并因此看起来它是不可能的"。（NR 3:30）

这显然是推动费希特的综合方法产生的一个"难题"或"矛盾"，因此费希特针对解决这个问题需要的东西引入了一个抽象公式：

> 解释自我意识的不可能性的原因必须被消除。但这个原因只能这样消除，即假定主体的效用性和客体在同一时刻得到了综合性的统一，并且假定主体的效用性自身乃是被知觉和被理解的客体，假定客体就是主体的效用性（并因此两者是同一个东西）。只有拥有了这样一个综合，才能避免被推向之前的时刻；只有这个综合自身包含着制约自我意识的一切东西，并且提供了一个可以将自我意识的细线系在上面的点。
>
> （NR 3:32）

我们也可以这样来表述：我们所需的客体概念并非行动针对的那个外部的或物质的客体，相反它只是主体的自由行动自身的客观方面。唯有这种全新的客体才能提供一个"结点"，从而使自我意识得到满意的解释，将自我意识的细线系在当前时刻，而不将解释推到下一个时刻，从而导致恶性循环。

以此种方式确立主体与客体之间的一致性的需要是费希特方法的根本原则。和费希特的先验观念论一道，意识的诸客体必须被视为受到了自我针对它们的行动和认识的主观条件的强制。换句话说，我们必须获得针对客体的主观方面的洞见，而不是（追随独断论采取的方式）将其视为"物自身"，即不是将其视为我们在不考虑这些认知的先验条件的情形下，可以针对它进行理论化和获得认知的某种东西。但对先验观念论来说，同样真实的是，每一个主观性的行动也包含着客观的方面或维度。

先验观念论想要把握客观性的主观条件，并且同样想要把握住主观性的客观条件：

> 自我绝不只是一个主体，相反，它是一个主体-客体。如果这里仅有单纯的主体，那么意识就是无法被理解的东西。如果它是单纯的客体，那么我们也就会被驱动着去寻找一个存在于他之外的主体——我们是找不到这个主体的。
>
> （WLnm，第 114 页）

为了解决当前的问题，需要的是自我的自由行动的客观方面的概念。但是客观性意味着外在于主体，并且拘束这个主体。因此，想要获得自由，就其客观方面来说总是受到限制的。"没有表达出限制，自由就不能被表达。"（WLnm，第 287 页）

第六节　召唤的演绎

因此，我们寻求的是一个具有如下特征的客体概念：一、外在性和强制——限制主体；二、与主体的效用性的自由发挥直接相关联。

至此，正如费希特注意到的（NR 3:32），我们演绎得到的概念也许是自相矛盾的，因为它要求理性存在者的自由的效用性与效用性的客体形成综合性的统一体（在某种意义上，是同一性）。对于自我本身来说，作为自我设定，它是与自身行为等同的——在自我身上，主体与客体必须被作为等同的来把握。但客体的概念是某种既外在于主体，又约束主体的概念，这个客体如何既能外在于主体的效用性，又与主体综合性地统一结起来——实际上与主体相等同？如果它约束主体的话，又如何留给主体以自由？

费希特对这些问题的回答是解释这个被演绎出来的概念"意思是什么，通过它可以理解什么"（NR 3:32）。这是他的综合方法的一个阶段。在此阶段，他的任务是准确地规定如下概念，这个概念的必要性已经得到了验证，并因此用康德的话来说，已经对它进行了形而上学演绎和先验演绎。费希特使用的方法是引入一个新术语，一个也许具有普通理智含义的词语。我们可以将其视为回应了一个新的（也许迄今为止只是悖论性地得到描述的）概念。我们应该承认刚刚演绎得到的概念对于这个术语来说是真正重要的。并且也要看到，当我们通过这个术语理解那个概念时，最明显的矛盾就消失了。针对自我当前的效用性的客体概念，费希特为了做到这一点，引入的术语是"召唤"这个词：

> 主体的自由行动被设定为受到了限制的东西。但这个客体应该是主体的自由效用性……如果我们设想主体的被规定乃是被规定去成为自我规定的主体，即被设想为对主体发出的召唤，呼吁他决心去发挥自身的效用性，这两者就会完全地统一起来。

（NR 3:32—33）

召唤的含义

德语 Aufforderung 一词的含义十分宽泛，从请求或乞求（bitten）到命令或需要（verlangen），处在中间的是它在卡尔·马利亚·冯·韦伯（Carl Maria von Weber）的《邀舞》（*Aufforderung zum Tanz*, op.46）（柏辽兹的管弦乐编曲使之名声大振）中的含义，通常被翻译为"邀请跳舞"。Aufforderung 是自由行动的一切表象，它是针对可能选择去做这件事的人提出来的，并且通过某种方式提示了这一行动的可能实行，却不具有任何强制，因为如此一来，就会与自由行动的概念冲突。当我们要求、邀请某事做出来，或命令、要求某事做出（只要我们的命令自身不带有因果性方面的强制性力量，这种强制排斥了事情不做的可能性）时，也会发生这种情况。[17] 对于召唤概念来说，关键是它限制了行动。尽管唯有通过如下方式，即它针对的存在者仍然可以选择或者根据它行动，或者不根据它行动，"要么我根据召唤行动，要么我不根据召唤行动，当然，如果我理解了这个召唤，我仍然可以决定不（如召唤表象出来的那样）行动。"（GA 4/2:179；参见 WLnm，第 355 页；NR 3:34）

召唤单纯地作为一个客体概念，以某种方式限制自由行动。当仍然留给行动者自由地去做或不去做的限制之事时，这种对行动的限制的性质究竟是什么？在我看来，一项召唤，在这个概念回应了费希特的综合方法在这一点上的需要的准确意义上，是去做某事的根据或理由的概念（即去做我们被召唤——要求、邀请、需要——去做的事）。我们谈到了"具有说服力的理由"，但这个说法是夸张的，也有误导性，至少在眼下的情形中如此。我们可能会将做某事的足够强势的理由表象为它们推动去做这件事要超过我们不去做这件事的可能性。但即便这是真的，它也

---

[17] 在《自然法权基础》一书的开端，费希特使用了"召唤"概念，从而引入了一种独特的要求（Anforderung）概念，这种要求是自我针对与他有着相互关系的他者提出来的，也就是以如下方式限制每个人自身的自由的要求，即尊重他人自由的外在领域。理性存在者针对彼此提出这样的相互要求和承认这一要求乃是"法权关系"的概念（NR 3:34, 41—47）。在第八章第三至四节，我们将更仔细地考察这一特定的召唤，并且将更仔细地考察它确定的理性存在者之间的关系。

根本不是一个现实的行动。再一次地,莱布尼茨是对的——理由通常只能是倾向,而非强迫。被要求或被邀请做某事赋予我们类似于去做这件事的理由。如果我们出于某个理由被要求去做某事,强制性的要素会更强。但我们通常有做或不做的自由,它以某种留给我们自由的方式,即通过规定我们成为自我规定的,从而强制我们。

召唤作为出于某种理由的可能性之条件

召唤——被理解成为行动的一项理由或根据——是与出于它作为理由而做出的行动联结在一起的:理由变成了行动自身的一个要素。但在它外在于行动、居于其上作为召唤行动的东西的意义上,召唤也是客观的。那些被作为真正的或好的理由被看待的东西通常是外在于行动(并以某种权威性地凌驾于行动之上的方式)被经验到的,它也是作为行动的理由与行动联结在一起的。这也是它实施强制的方式:理由赋予我们去做某一自由行动的根据,但从不会阻止我们去做任何不同于它的事。它通过召唤我们自行决定去做某项行动而强制我们。费希特通常并不明确地将召唤描述为一项理由或根据,但有时他会这样做。"召唤因此在自身就包含自由决断的真正根据,即它可能是一个起规定作用的行动者,处于可规定的东西和具体的东西之间。"(WLnm,第 356 页;参见 GA 4/2:129)根据费希特,意志是从无规定性到规定性的有意识的过渡——从我能做什么但不必要做,到我选择去做的过渡。[18] 召唤被视为行动的根据或理由,是一种能对这一过渡

---

18 这是费希特提出如下观点的一种方式,即意愿行动包含着将自身限定在某种特定东西之上,针对世界的效用性的行动乃是意愿,不同于慎思(*Deliberieren*)。"在慎思考虑中,我们的努力被分散着……只有当这种分散的努力被约束在一个单一的点上,它才能被称为'意愿活动'。"(WLnm,第 259 页)参见 Zöller(1996),第 10 页。

产生影响的限制。

根据费希特，每一个自由行动都包含着概念的设计或筹划（entwerfen），它对于行动而言就是目的（NR 3:20；SL 4:9—10, 67, 71）。通过这种方式，我们同样可以看到，召唤也是一项目的的根据。"一项目的的概念是如何可能的？"（WLnm，第246页；参见 GA 4/2:173）"目的是伴随召唤而赋予我们的。"（GA 4/2:177）形成一个目的概念（形成一个意图）对于"发现自身"来说，对于意识到自我是一个自由行动者来说，是根本性的（它是《自然法权基础》和《伦理学体系》的出发点）。通过这种方式，召唤就是针对自我的自我意识的一个必要条件："除非当我发现自身被召唤自由地去行动，否则我无法发现自身。"（GA 4/2:184）因此，"意识开始于对召唤的意识"（WLnm，第370页；参见 GA 4/2:189）。

第七节　其他理性存在者作为召唤的原因之推导

在《自然法权基础》第三节，费希特明确将演绎划分为三阶段，前两个阶段是说明性的，第三个阶段是推论性的：一、对那个同有理性的行动者的自由能动性综合性地联结在一起的客体概念的演绎。这个抽象概念是提供自由行动的客观方面所需的；二、对召唤这个概念的含义进行了规定；三、推导出其概念已经得到了演绎的那个客体的原因，以及推导出与这个原因相关的其他结果（NR 3:35）。正是在论证的这第三个阶段，费希特提议明确理性存在者必须运用其他有理性存在者的概念，并且在它的经验中发现这个存在者乃是他自身的自我意识的可能性的先验条件之一。

94 作为交互主体性的理性

但在明确进入到第三个阶段之前,费希特同样在这个方向上采取了诸多步骤,这些步骤对于他的论证来说不可或缺。首先,他指出,特定的客体必须"在感觉中给出来,并且是在外在感觉中给出来的。因为所有的内感觉都只能通过外感觉的复制产生出来"。并且,无论在何种情形下,如果一个人在内感觉中预设了它,这就又预设了自我意识是现实的,这就使我们进入刚刚逃脱的那个圆圈(NR 3:33)。

其次,费希特坚持认为,刚刚演绎出来的东西的客观性必定与对主体活动构成了外在限制(Anstoß)的所有客观性相同(NR 3:33;参见 GWL 1:218,228—231;GEW 1:331)。费希特甚至认为,一旦承认召唤是自我意识的条件,我们就必须将它表象的那个客体视为甚至对于我们关于其他客体的经验来说是本质性的:"意识的线只能系到某种类似于此的东西上面,然后这一细线才可能没有任何困难地扩展到其他客体上面。"(NR 3:35)

我们可能会希望在这些要点上稍做停留。因为如果召唤想要赋予我们某种类似于理性的概念或做某事的根据的话,就需要面对如下事实,即某些标准的(经验主义的)实践理性的理论将会追溯所有这些理性,一直追溯到行动者的单纯主观的或内在的状态——他的欲望、偏好或愉快与不愉快的情感。费希特的论证显然想要挑战这些理论。诸理由必定是从外部,甚至是从我身体的外部,进入到我们自身的,它们必须不是从我们身体的生命力中涌现出来的单纯冲动,或者是在情感中对于这些东西的有意识表达。相反,它们必须被经验为对这些东西的限制或约束。

然而，将诸理由以此种方式视为外在于我的观点也可以得到辩护。因为任何欲望或情感，单纯地作为自身，无法构成做任何事情的理由。它甚至并不拥有一项理由的形式。某些欲望（这就是某些哲学家所谓的"起刺激作用的欲望"）本身即是诸理由的表达，或者说是对诸理由的回应。在这些情形下，正是这些理由，而非欲望，才更严格地作为行动的原因。另一方面，那些不起刺激作用的欲望自然地导致了如下问题，是否我们应满足它们——是否它们的对象是善的还是恶的，是否可以用来满足它们的资源应该要以那种方式得到运用；要言之，我们可以用来满足它们的行动是否是有理由去做的行动？费希特和某些近来为实践理性做辩护的理论共享了如下观点，即一切行动的理由都正确地被认为是客观事实——所有真正的理由都是"给定的对象"。但在以召唤的形式表象这些理由时，费希特又将它们表象为不只是作为单纯的外在事实。召唤是主体可能（或可能不）行为的方式的表象。正是它构成了有关召唤的外部来源的进一步推论的基础。[19]

召唤是另一个行动者做出的有目的的行动：它的目标旨在召唤一个理性存在者以召唤所表象的那种方式自由地行动。唯有一个拥有知性的存在者，一个自身能自由行动的存在者，才能做出这种有目的的行动。

召唤的合目的性取决于它针对的那个存在者的知性和自由。因此，召唤的原因必然要拥有理性和自由的概念……它必须是自

---

[19] 在将理由视为对象给定的过程中，我也在思考诸如拉兹和帕菲特（Parfit, 2011）提出的理论，比如 Raz（1999）；Parfit（2011），尤其是第二卷。在此我不是说这些理论在各方面都与费希特一致（远非如此），而是说它们也代表了对如下观点的拒绝，这个观点认为，理由总是在根本上是由诸如欲望或偏好这些主观事实构成的。

由的,并因此是一个理性存在者,并且必须被设定为这样一个自由的和理性的存在者。

(NR 3:36)

召唤要求有关我被召唤去行动的那种方式的概念,也要求一个关于我对这一点有所意识的概念,或者正如费希特后来在《伦理学体系》中所说的"是概念的概念":"如果不将它归结给在我之外的某个现实的存在者,我就无法理解对自我行动的召唤,这个存在者意愿传达给我一个概念,即有关一个被要求的(gefordert)行动的概念,并因此是这样一个存在者——他能给出概念的概念。"(SL 4:220—221)因此,对召唤的演绎同时是对另一个理性存在者概念的形而上学演绎和先验演绎。它揭示了这个概念在何处有其先验的起源,即起源于用来解释自由行动的客观方面的问题的综合中,它也表明这一概念必须运用于经验的对象,即为了将自我意识的细线系在一个使目的概念,一个出于某种理由必须要去做的行动的当下意图的形成,成为可能的对象身上。

召唤的图型化

剩下来的工作就是为这一概念提供某种类似于康德笔下图型法一样的东西,即一种经验性地运用概念的方式。规定何种效果只能通过理性的原因来解释的工作,在费希特看来不过是康德(在《第三批判》中)所谓的"反思性判断力"的一个例子(NR 3:37)。对于康德来说,规定性的判断力是将一个给定的概念运用于具体的例子之中,反思性的判断力则是从经验性材料出发形成一个概念,这个概念适合于表达在这些经验性材料中发现的系统性(KU 5:179)。正是反思性判断力引导我们形成了有关植物或动物的有机体概念,以及这个概念展示的内在的合目的性（KU 5:377—383）。类似地，我们也运用了一个有躯体的存在者概念，其行为最好通过在它那里设定诸理性的表象，比如说有关行为方式的表象，并且设定一个召唤另一个存在者以这种方式行动的合目的性意图的表象，才能得到理解（NR 3:38—39）。[20]

当费希特区分了人们能彼此影响的不同方式时，我们可能会认为语言的使用，或者至少沟通，可能会在此发挥作用，并且它显然发挥了作用。在此他运用了斯宾诺莎在坚硬的和柔软的物质，或粗糙的和精细的物质之间的区分，从而在强迫一个人和与一个人沟通之间进行了区分（NR § 6，3:62—72；参见 Spinoza, 1992, II P13, Post. 2, Post. 5, P39S2）。但在《自然法权基础》稍微后面的部分中，费希特通过描绘使我们判断某物为一个理性存在者的那些典型特征，提供了一种更详尽的有关理性存在者概念的图型法，这些特征是：一、行动不只是受本能支配；二、使用布料；三、直立行走，获得了技艺，使用有两个相对的拇指的双手；四、一张表情丰富的脸，特别是一双积极地朝身后看而非消极地接纳世界的眼睛（NR 3:81—85）。这些特征初看起来十分奇怪，但略加思考，我认为可以从中看到一些深刻见解。这些特征显然受到了康德人类学和赫尔德的《人的历史哲学理念》一书的影响，它们也预示着后来大陆传统中的哲学家们的洞见，其中最明显的是列维纳斯。

第八节 作为教育或教养的召唤

费希特的演绎看起来证明了太多东西。它似乎带来了如下结果，即

---

20 关于费希特《知识学的新方法》中交互主体性的长篇幅的讨论，参见 Radrizanni(1993)。

对于一个理性存在者来说，除非有另一个召唤它要做出如此行动的理性存在者在场，否则他不可能做出任何行动。但这个反应表明了对先验条件在解释意识是如何可能的过程中发挥作用的误解。它混淆了康德所谓的权利问题——我们有权使用特定的概念——和事实问题——我们在经验中如何能够获得这个概念，以及我们如何在经验中熟悉概念运用于其上的对象。召唤提供了一个条件，使我们意识到，自由行动的客观方面是我们即将做出的东西。说召唤是使这成为可能的东西，不等于说，从经验方面来说，每一个自由行动都必须伴随有一个召唤。

不仅如此，费希特也做出了有关召唤的原因的进一步推论，借此来纠正上述误解，并且也规定了召唤作为自由效用性和自我意识的条件，使自我的经验成为可能的方式。就其出自于另一个理性存在者而言，召唤不必然是某种特定行动，这种行动必须伴随某个特定的理性存在者的每一项自由的行动。说召唤必须在另一个理性存在者那里有其根源，不等于说它现实地是如何做到这一点的，并且它也开放了如下可能性，即我可能被他人以不同方式召唤。在《自然法权基础》中，费希特想要论证的是，每一个理性存在者仅仅是通过承认每一个他者自身也是一个理性存在者，召唤每一个他者将自身的自由的效用性以如下方式进行限制，即给召唤他的人留下一个可以发挥自由的外部范围（NR 3:41—47）。这种相互承认和召唤就构成了法权关系（Rechtsverhältnis）（NR 3:41）。这就是费希特法权哲学的出发点，他的法权哲学包含了有关财产、法律、惩罚和政治秩序的论证。但费希特认为，召唤采取的更普遍形式是其他理性存在者发挥的影响，通过这一影响，每一个理性存在者才变成理性存在者："召唤进行自由的自由行动，这就是我们说的教育（Erziehung）。"（NR 3:39）

唯有通过被塑造成如此，我才——现实地，而不只是潜在地——成为一个理性存在者。如果在此没有其他理性存在者的行动,我就永远不可能成为理性的。因此,我的理性就取决于其他人的自由选择,取决于其他人的善良意志,这取决于机运,一切理性都是如此。[21]

(NR 3:74)

因此,就可以严格地先天地证明,理性存在者在其孤立状态中是不可能成为理性的……我的自我性,以及我的一般意义上的自我充足性,都受其他人的自由制约。

(SL 4:221)

在已经接受教育或教化,成为有理性的理性存在者之间,召唤因此就在特定时刻以一种自由的、理性的交流的形式展示自身:

唯有通过概念和与概念相一致的自由的相互作用,唯有给予和获得知识,才是人性的独特特征,也唯有通过这个特征,每个人才不可否认地证实自身是一个人。

(NR 3:40;参见 VBG 6:308—311,SL 4:230—233)

因此,这里就同样有一种回到自身的推理,但是仅仅是在通过他者的理性影响发展出来的能力的基础上。赋予一个人以行动的理由,因此就是从他者赋予理由或赋予他者以理由中先验地推演出来的。赋

---

21 菲洛南科(Philonenko, 1984,第46页)强调,费希特的立场不是一个人只有身处他人之间才是一个人,而是一个人只有在他者之间才能成为一个人。维尔特(Wildt, 1982)曾提示说,费希特的交互主体性理论预示着发展心理学家们的洞见,即认为人们只有通过内化他者(比如说他们的父母)针对他们提出的要求,才能获得一种使自身行为服从于规范的能力。

予他者理由是对他者赋予理由的回应,并且赋予某人以理由仅仅是赋予他者以理由的内在化,或者将其适用于自身。

获得理性能力的先验条件

在此,费希特论证的是,对于我们的自由效用性的有自我意识的运用来说,我们能够做到这一点的现实能力应该以一种特定的方式获得,即通过被他者召唤去实施自由行动是一个先天必要的条件。这是一个值得严肃对待的论题,一般来说,教育的概念,以及通过接受教育获得特定能力(理智方面和道德方面的能力)的概念,可能会被认为是一个属于这种类型的必然过程。人们也许不是通过一个同其他人的沟通过程(通过语言和写作)受到教导,而只是通过服用某种药丸、注射某种血清,或是使用电极以特定方式刺激人的大脑,来获得一种讲法语的能力,获得从事数学或历史编纂的能力,抑或是获得一种明智的或仁爱的人格特征。这些看起来在逻辑上可能的,尤其是在喜欢科幻的那些哲学家看来是如此。但这类奇思妙想的一贯性令人生疑。使我们学习某种智力方面的技能的,或是养成某种性格特征的,仅仅是一种有关可以把握的因果机械论的经验真理吗?抑或是一种关于教育、学习和培养的社会实践?我们在此所谈的有关能力和特征的概念似乎包含了检验和反馈,即要看一看其他说法语的人对你的言辞做出的反应,看一看你的那些计算和提供的证据以及你试图做出的历史叙事,或者你自身的道德行为,是否为他者所接受和做出反应。这一点可能是一个有争议的主张,但不是一个明显错误的主张。

实际上,在《自然法权基础》中,费希特提出了一个更详尽的论证（在此我不再概括这个论证）。这个论证说的是，一个理性存在者必定有两种不同的影响他者的方式，通过沟通的影响在根本上有别于任何仅仅是因果性的影响（NR 3:61—73）。这一点的一个特殊的、尽管也是本质性的例子是教育和培养。基于费希特的立场，这必须通过人类的沟通行为实现，而不能用单纯因果性的术语解释。它不是针对理性行动者的一个单纯技术方面的因果性要求，而是理性行动者的先验必要条件。

费希特的观点是，召唤是理性存在者之间自由沟通的基础。在这种沟通中，他们的最高目的同时是他们自身的教育和相互之间的教育。理性存在者通过理性的沟通对彼此产生的影响是自由的，而非强制性的。自我与物质性的非我（物质世界）的关系是一种在其中我们着眼于使有形事物臣服于理性的人类目的的关系。有形事物限制了我们的自由，并且我们想要超越这一限制。我们同其他理性存在者的关系不只是限制我们，同样也解放了我们。它的目的在于相互合作，而非臣服：

> 社会冲动着眼于互动、相互影响、相互地给予与获取、相互的被动性与能动性。它并不着眼于单纯的因果性，着眼于在其中他者只能消极地与之产生关系的活动。它想要在我们自身之外发现自由的、理性的存在者，同他们进入一个共同体。它并不追求物理世界中的臣服特征，相反，它追求相互合作。

（VBG 6:308）

费希特的言下之意是，我们接近这个世界的先验条件乃是社会性条件。在此意义上，我们居住的这个世界对于费希特来说就是在近来哈斯兰格（2011）所揭示的那种意义上"社会性地建构起来的"，尤其是在他的书中的第三、四、六章。哈斯兰格拒绝社会建构主义的"观念论"解释。如果费希特的观点是以我前面推荐的方式被理解的，即作为一种先验的观念论，而非形而上学的观念论，那么他也会拒绝这种解释。费希特通常关心的是社会构建的理想条件，而哈斯兰格则集中批判父权制和种族主义错误地建构世界的方式。但费希特也认为，人们因为社会结构仍然处在一个较低的道德水准上："如果社会变得更好，我们也会更好。"（SL 4:184）所有恶都是基于自我欺骗——这种自我欺骗基于我们的历史处境，尤其是与历史处境中的奴役与沉默相关（SL 4:201—205）。统治他人的意志也导致了对民族躯体和良心的压制，导致了征服战争与宗教战争，也导致了其他恶行。正因为这些，人性从一个无法追忆的时代开始，早已失去名誉（SL 4:190）。这就是为何从一开始，费希特就将他的自由哲学等同于反抗统治和反抗"所谓良好阶级"的堕落（GA Ⅲ/2, No. 70a；EW，第 361 页）。

第九节　召唤作为个体性的根据

费希特论证说："人只有在人群之中才能成为一个人……因此就可以得出，如果存在人，就不只是一个人……因此，人的概念就不是个体的概念，而是类的概念。"（NR 3:39）召唤也同样是人的个体性的基础。正如我们在本书第二章中所见，自我设定的自我——脱离了它的交互主体性或它同"你"的关系来考察的自我——并不是个体的概念（ZE 1:476）。

在《自然法权基础》一书中，人的个体性被认为是通过构成法权关系的相互召唤而建构起来的。每一个理性存在者"通过"同他者的

"对立"将自身与他者区别开来（NR 3:41）。"个体性的概念是一个相互性的概念（Wechselbegriff）……因此，这个概念就从来不是自我的，相反它是……我的和他的，它是一个共同分享的概念，在这个概念中，两个意识结合成为一个。"（NR 3:47—48）将自我视为一个个体，因此就是将自我视为同至少另一个个体分享了一个共同的概念，并且服从于一项同样是共同分享的"法则"。[22]"在此，必须有对于我们来说是共同的法则，它们被我们共同地承认为是必然的。"（NR 3:48）在本书第四章，我们将看到自由意愿作为一种自我规定的东西，总是服从于规范性的法则。在第七章，我们将看到，这一法则如何必须总是被视为交互主体性的，奠基于一切理性存在者之间的假设的一致基础上。在第八章，我们将看到，那些适用于个体的共同法则如何同样为法权的概念奠定了基础。

个体性取决于通过特定的自由选择而实现的自由的自我塑造。但这些又取决于我被召唤（培养）成为一个理性存在者，并因此取决于我和他者的互动：

22　在费希特1798—1799年的讲座中，在对真实的效用性的意识进行的解释中存在的"循环"通过一种综合方法导致了对纯粹意愿（定言命令）的演绎，这种意愿被体验为一种"应然的情感"，这一点又导致了针对纯粹意志的命令指向的"理性存在者王国"的演绎，并因此，作为这个王国的"另一面"，导致了通过外在于我们的其他理性存在者发出的发挥自由能动性的召唤（WLnm，第72—74, 292—299页）。正是在回应纯粹意志的过程中，"我，作为一个意愿行动的主体，成为一个人"，即成为纯粹理性存在者王国的成员（WLnm，第73页，参见第302—307页）。"离开那些外在于我们的同我们类似的存在者，我就无法发现我自身，因为我是一个人。"（WLnm，第304页）这似乎就是费希特仅仅从意识的可能性角度出发，而不是从为法权或伦理奠基的角度出发可能给出的对演绎的说明。在耶拿时期之后，他沿着这一方向继续前进，提出了在上帝那里统一起来的作为"理智世界"的理性存在者的王国的概念（BM 2:299—304），并且根据"五重综合"来对其进行理论化（WLnm，第446页），最终它发展成了一个理性的自我塑造的模型（WL1804 10:308—314）。有关这些后期发展的讨论不属于本书的讨论范围。

> 严格来说，我是谁？即我是一个怎样的个体？……我是我自由地使自身所成为的样子，这就是我，因为这就是我将自身所塑造出来的样子。……但是，在眼下的这个前提之下……我的个体性的根据就不是通过我的自由来规定的，而是通过我同其他理性存在者的关系来规定的。
>
> （SL 4:422—423）

个体性是社会的

通过以特定方式与其他个体相关联，我们就成为一个人。这是因为，我们同其他理性存在者之间的关系对于自由行动来说是根本性的，通过这种自由行动，我们将自身塑造成为眼下所是的个体。通过使我们的个体性从他者那里得到反馈，我们就懂得了自身所是的个体究竟是什么样子。并且，通过使之得到他者的确认，也就确认了我们对自身个体性的感觉。

人的规定（Bestimmung）——在费希特使用这个词的意义上，包含了人的本性，也包含了人的使命——也是社会性的：

> 人的根本冲动之一就是允许假定在这个人之外还存在一个类似于他的理性存在者。只有在他和这些存在者进入社会的条件基础上，他才能做出这一假定……也就是在一个为概念所支配的沟通的意义上，在一种合目的的共同体的意义上，生活在社会中是人的使命……自由的互动是它自身的目的……社会是它自身的目的。
>
> （VBG 6:306—307）

我们的个体性的使命是社会，这是人自身的目的。因此，正如我们将在本书第七章中看到的，我们的使命就是——使我们自身成为——集体理性或道德法则的工具（Werkzeuge）。在同一章中，我们也将试图理解，为何费希特会认为这个学说并不与康德有关每个个体是目的自身的学说抵触，而相反在他看来，这两个学说是一回事。

第四章　道德权威：道德原则的演绎

　　《伦理学体系》是一个大无畏的哲学计划，它表达了自费希特的人生经历中产生的道德信念。这本书是写给他所想的那类读者的，并且是以一种刺激他们去过不同生活的方式。费希特提供了一种关于他们自身以及关于他们应该努力创造的社会的全新观点。这种观念建立在自我的绝对自由基础上，新社会不仅是一个强调自由，强调人与人相互依赖性的社会，也是所有人共同致力于建设更好世界的社会。

　　费希特伦理学的基础是在对本书第三章中的两项论题的阐述中发现的，这两项论题分别是自我的绝对自由和自我的必然的交互主体性。费希特的伦理学既在根本上是个体主义的，也在根本上是集体主义的。最为根本的是，它强调了个体主义和集体主义必须不能分离，或被视为对立价值。费希特从来不做交易或妥协。这意味着这两项价值只有在它们的必然的统一中才能被正确理解和成功追求。在《伦理学体系》中，费希特的目标是通过激励我们投身于他人的善，投身于整个理性存在者的共同体的未来，从而将作为个体的我们解放出来。

　　通往这一根本性结果的道路是本书接下来四章的内容。这是一条艰难的路，也是一种尝试，想要运用我们在第二章中试图阐明的哲学方法，将费希特有关伦理的观点奠基在一个严格的先验体系上。费希特从自我的自由开始，以他的方式走向了一种有关我们的道德使命的论证，走向了一种有关每个人是自由的和获得了自我实现的理性社会的观点。我们的道德使命将我们与一种最为宽泛的可能意义上的人性密切地联系在一起：我们生命的意义在于我们对尚未出生的世代做出的奉献。这条道路同样是间接的，沿着这条道路前行需要耐心。这个过程的最初阶段是从自我的绝对自由出发对道德原则的先验演绎。我们将会看到，日常生活中的个体是如何通过良心的确信运用上述原则的，并且费希特也将为这样做提供一个先验根据。唯有在此之后，他才转向对道德法则内容的"科学的"或哲学的论证，这其中就包含有关我们有义务追求的理性社会的一种看法，并且表明了我们生活的意义就在于为未来世代所做的事。

第一节 道德权威的概念

费希特《伦理学体系》的第一编题为"道德原则的演绎"，由此可以预见他有关具体原则的演绎。由这个演绎出发，加上那些非道德的事实，就有望规定我们在道德上应该做什么。康德的《道德形而上学奠基》想要发现和确立道德的最高原则，给我们提供了由三项（或五项）道德法则公式构成的体系。康德将这一原则视为具体义务的根据，在那本书中，对此可以通过四个（著名的）例子来阐明。但对康德运用这三项公式想要我们做什么是存在争议的。有人认为，第一项公式为诸准则的可允许性提供了一个一般性的检验，或者甚至为建构一切道德的内容提供了一个所谓的"定言命令程序"。在我看来，这些解释是错的。但很清楚，康德的确认为，他的三项公式放在一起可以提供某种实质性的道德指导，并且为他在《道德形而上学》中提出的伦理义务体系奠定基础。如果我们期待费希特也能提供与此类似的东西，就会倍感失望。他在《伦理学体系》第一编中想要演绎的道德原则是纯形式的——仅仅从这里还推导不出应该做什么（NR 3:10, SL 4:69）。这个演绎甚至还留下了如下问题供我们思考，即是否这个原则是可适用的，即在我们可能的行动中是否存在一种与之符合的东西。原则的可适用性必须单独地加以演绎，这是《伦理学体系》第二编的内容。适用本身，即识别它要求的各类行动（就哲学可以告诉我们的而言），乃是第三编的内容。

然而，如果因此认为《伦理学体系》第一编没有什么重要的东西，也是一个严重的错误。费希特以如下胆大直率的主张开启了他的《伦理学体系》一书：

> 有一种主张说，人类心灵发现自身完全独立于任何外在的目的，绝对地受到强迫去做特定的事情，并且是纯粹地和单纯地为了去做它们。并且，它也发现自身同样独立于任何外在目的，绝对地受到强迫不去做其他事情，并且是纯粹地和单纯地为了不去做它们。
>
> （SL 4:13）

费希特将心灵的这种"强制"（Zunötigung）称为"人类自身的道德和伦理本性"（SL 4:13）。这一主张从属于"普通认知"和"普通意识"（SL 4:14）。先验哲学的责任就是为了解释这一主张，为之提供证成。这就是《伦理学体系》第一编的任务。

如果我们看到费希特的演绎的目的是在一个时常在哲学上引发争论的观点的基础上为普通的道德意识提供哲学上的证明，也许才能更好地领会费希特演绎的重要性。直到眼下，这也是一个引起争论的观点。费希特想要证明的是，道德的主张具有一种理性权威的思想，这种理性权威独立于我们的希望、情感、经验的欲求、任意的目的或偶然的动机。我将使用"理性权威"这个词来指代这种思想，它具有诸多方面。

绝对义务

最根本的理念是，做某事和不做其他事都有独特的理性根据，该理性根据从属于道德原则自身，而不隶属于它之外的目的或利益，这就是当康德主张道德义务是定言命令时想表达的内容。原则要求的行动或不行动，它要求我们设定的目的，都是为了它们自身，而非为了任何外在于道德原则本身的目的或动机而应该发生的。

这并非主张（如同有时描述的，也许会使整个观点显得荒诞）这些行动或不行动没有目的，也并非主张做这些行动没有任何原因。在费希特看来，每项行动都包含目的（Zweck）的设计或筹划，即包含行动想要在世界上引发的某一对象或事态。即便要求的是不行动，也有这样的目的，至少是以不去做错误行动为形式。（如费希特所言，），出于它们自身去做或不去做这些行动的"人类心灵的绝对强迫"自身就是根据或理由（SL 4:13）。但也许通常的充满讽刺的描绘不过是有关这样的根据可能是什么的困惑的表达。

《伦理学体系》第一编想要从哲学上理解这个根据或理由存在于何处。当然，在此也存在诸多的外在目的和动机——它们并不包含在原则中——去做同样的行动。但费希特的主张是，在道德权威下实施的特定行动或不行动筹划的目的属于这些行动或不行动本身。作为选择做出行动的根据，目的并不先于行动。行动是为自身而做出的。一项具有这种理性根据的原则，当出现在理性上受它制约的意志之前时，就是定言命令。

普遍存在和高于一切

在此值得对两项属于道德权威的观念做一阐明。首先，道德权威是普遍存在的，或者说是可以到处适用的。在哪个方面我们可能在理性层面上有权忽视道德方面的考量，或者有权使我们得到豁免不去考虑道德，在这个问题上我们没有选择。其次，当道德理由与其他理由冲突时，道德权威是决定性的，或者说是高于一切的。不存在任何冲突性理由能在理性层面上战胜道德理由。

费希特有关道德权威的观念在其特别强烈的形式的意义上包含着这种普遍存在性。认为存在道德上允许但并不要求的行动，这是可信的，正如康德所主张的那样。康德认为，存在一些道德上无关紧要的行动，即在道德上不相干的行动，并且他也主张，存在一些宽泛意义上的而非严格意义上的义务，即并不被要求的值得称赞的义务。费希特有关道德权威普遍存在的看法较康德的主张更为强势，他否认存在道德上不相干的行动，或者说，他否认存在道德上不被要求的值得称赞的行动。不仅如此，他认为，在每一种情形下，良心都会告诉我们哪些行动是道德权威要求的。这就是为何在他笔下不存在仅仅被许可的行动，或康德所谓的"宽泛意义上的义务"的原因——这些行动是道德上不要求但也同样不禁止的，并且没有什么道德上视为值得称赞的行动是不被要求的（NR 3:13，SL 4:156）。

费希特有关这一极端立场的主张非常强烈。即便在他本人看来，这显然是极端的和毫不妥协的：

> 任何不是出于良心和将良心放在心上的理由（去追求任何目的或获得任何享受）是绝对背离道德的思维方式的。你们饮食，

要赞美上帝(《哥林多前书》10∶31),觉得这种伦理学是苛刻的和痛苦的人是不可救药的,因为这里没有其他的伦理学。

(SL 4:216)

我们将在后面的章节中,尤其是在第六章第五至六节中进一步考察这一学说。

"边际约束"vs."绝对欲望"

关于道德权威的观点,还存在另一个特征,但这个特征不是在它所有的具体体现中从属于它。这一特征对于费希特来说十分陌生,但在其他哲学家看来,却通常是同道德权威的观点关联在一起的,并且还引出了一个对道德权威的理念来说非常重要的问题,即便当它出现在费希特的笔下时也如此。道德权威通常被认为是主要地或甚至是唯一地从属于哲学家们所谓的"边际约束"。道德要求我们的行动首先被视为必须要做的行动,因此我们接下来就可以得到允许,抱着一颗善良的道德良心,去做生活中的其他事——满足我们的非道德的欲望,追求那些非道德的计划。这些其他的事务被认为是我们真正关心的。比如,伯纳德·威廉斯(Bernard Williams)有一个著名论断,他认为,赋予生活以意义的东西是"绝对的欲望"(categorical desires)——比如,我们爱特定的某人,或者采取特定的某计划。类似的想法也出现在弗兰克福特(Hanny Frankfurt)有关"我们在意的东西的重要性"的观点中(Frankfurt, 1998)。与之密切关联的一种思想,尤其是在威廉斯那里就是,如果使中立的道德施加的边际约束过分占据我们的生活,就会威胁我们作为理性自我的完整性(Williams, 1981,尤其是第1—3章和第10章;关于相同观点的一个更强烈的表达，参见 Wolf, 2003）。

费希特反对这种思维方式。在他看来，我们的每一项行动必须是在回应那些拥有道德权威发号施令的原则的过程中做出的。对于费希特来说，在道德权威发话之后，就不存在其他道德上可允许的欲望、目标或计划。如果根据刚才描述的图画考察费希特的理论，他那极端的道德严格主义将会警告和击退我们。看起来，对于费希特来说，除了边际约束，对于我们的生活来说就没有其他什么。道德必然施加一种极端的控制，禁止我们关心任何其他东西，并且用一系列外来的和专横的要求来抑制我们。

为了从这种错误的反应中走出，我们必须从理解它错过了有关道德的某种重要东西的方式开始。首先，道德不只是包含他人针对我们发出的命令，它也深刻地与我们的自我尊重相关联，准确来说，与威廉斯在针对道德的过分要求而为我们进行辩护的过程中想要维护的那种完整性相关联。费希特的道德哲学完全是奠基在道德与自我性的关联基础上的。它将道德权威从自我的自由中推导出来。即便我们对他人针对我们的道德要求做出的理性回应，也是奠基于我们针对自身只是为了自身的自由提出的要求基础上的。唯一真正绝对的东西不是欲望，而是道德要求。对于费希特来说，正如我们在后面的章节中将要看到的，这不排斥对特定某人的爱，因为爱可能是与道德要求我们的东西联系在一起的。因此，威廉斯可能称之为我们的绝对欲望的东西也许就属于道德的绝对要求。对于费希特来说，错误就在于将它们分离开来。

为了理解费希特的立场，我们要牢记两件事。第一，对于费希特来说，伦理义务甚至在原则上也不能外在地强制推行。唯有法权才能提出一些他人能强迫我们遵守的主张，正如我们将在后面的章节中看到的，除非涉及侵犯他人权利的行为，否则费希特对法律和国家做了极端的限制。道德权威完全是自我施加的，不是由外在权威强加的。

第二，甚至更重要的是，对于费希特来说，道德只能针对我们的可靠计划发出边际约束的观点将会使一切东西真正地走向倒退。道德权利准确来说是我们自身理性、我们的真正自我性的权威。它的基础是我们自身对自由的冲动———一种绝对的独立性，或自我充足性。我们的每一项可靠的人生计划都可以归入其下。任何它之外的计划、目的或享受在道德上都是不被许可的，这准确来讲是因为道德之外的东西可能是外在于我们自身和我们的自由的，与我们自身和同我们的自由相对立。道德不可能侵犯这些赋予我们的生活以意义的关切、自由和计划。因为它们就是道德包含的东西，唯有道德之外的欲望、目的或冲动才会威胁我们的自由、完整性或自我性。唯有道德权威才能为之提供保障，我们将在第六章第六节中回到这个问题上来。

关于我们的自然冲动和个体目的的满足，稍后我们会看到，道德的作用不是否认它们，而是相反，不仅使它们同我们自身的自由，而且同他人的自由和谐一致。费希特的伦理学不是建立在使我们的自然欲望服从于外在于它们的理性命令的基础之上，而是完全奠基于"对完整的自我的冲动"（SL 4:44）的基础之上。道德表达了我们的整个本性的和谐一致。理性的目标从来就不是压制人性，或压制它的任一部分，而永远是自我的统一性（VBG 6:299）。只有当其他冲动或目的偏离我们对自由的追求，并因此威胁到我们的统一的自我性时，道德理由才会压倒它们。在对费希特伦理理论的考察过程中，这个论题将会始终伴随我们，我们将会在许多地方回到这个论题，不仅在本章稍后的章节中，尤其是在第五章第五节和第六章第五节中。

第二节　质疑道德权威

费希特主张，日常的道德接受道德权威，这一点得到了广泛承认，但一直以来也是争论的对象。许多哲学家，尤其是经验主义传统中的哲学家，从18世纪以来直到当下，一直都认为有关道德权威的理念不仅可疑，而且令人困惑。对道德权威这一理念的整体的或者是部分的反对，或者是将它进行缩减或压缩，采取了各种不同形式。自19世纪以来，这已成为我们的大众文化，也成为我们的道德哲学的一部分。这些反应的一个共同对象是康德的定言命令观念。对这些问题的完整讨论并非本书的内容，但我还是希望我们能看到费希特的康德主义版本在这些争论方面有一些与众不同的说法。

情感抑或理性？

有一些哲学家认为，很难使道德权威与他们有关人类的心理学理论相适应，抑或他们发现。就它似乎要求我们在元伦理学中致力于某种类型的道德而言，要使它适应于他们的自然主义的形而上学是不可能的。替代道德权威理念的策略要么是自然情感，要么是一种文化建构，后者据说可以做同样的事，而又不冒犯经验主义的道德心理学或自然主义的形而上学。

关于这一计划的一个不利方面是，它可能会不可靠地主张，某些特定情感是普遍性的，属于人性自身。比如，这就是哈奇逊和休谟的立场（因为通过观念化的交互主体性的态度在其中发挥的作用，斯密的道德情感理论在我看来能更好地使对理性的诉诸与情感相适应）。与诉诸道德情感不同，道德权威的捍卫者只需指出理性的人类有很好的理由欲求或感受特定的东西（无论他们是否现实地这样去做），在此同样也不需要在普遍分享的情感和特定的道德价值或确信之间有任何特定关联。道德源于理性，而非源于自然情感，并且在理性存在者那里，情感将他们同道德联系起来，因为情感是对理性的回应。

这种理性主义的立场不拒绝道德生活中的情感或感受的作用。当康德被认为这样做的时候，他就被严重地曲解了。费希特反复强调道德情感的作用：他的道德心理学是基于冲动，包含伦理冲动，而情感乃是对冲动的意识（SL 4:143—146）。在费希特的良心理论中，情感发挥了重要作用，我们将在本书第五章中对此加以考察（SL 4:156—173）。费希特宣称，任何人都不会完全缺乏道德情感（SL 4:139）。但人类可能不会去欲求或感受他们有理由感受的东西，因为，在一种否认状态中，他们拒绝或反对这种情感。在对他们的道德本性的这种拒绝中，他们甚至可能是被社会化了的。实际上，费希特认为，这种社会化是极其常见的，但是道德上的否认仍然是自愿做出的。

压缩

某些人实际上承认我们离不开道德权威的理念，但他们仍想通过解释取消这些理念。技艺娴熟的哲学家通过在非道德的根据之上为我们的如下需要提供证成，即需要设想仿佛存在诸如道德权威这样的东西，并且援引以这种方式思考给我们带来的进化论优势，展示他们的创造性分析才华。在他们看来，道德权威并无真理可言，但我们拥有一些态度或情感，它们似乎会在支持道德权威这一理念的主张中得到命题性的表达。他们主张，"准-实在论"（Quasi-realism）可以戏仿道德的普通理智做出的主张，与此同时，又可以避免理性主义哲学家

（他们只会采取道德的普通理智的那些主张）的虚假的（或反-自然主义的）元伦理学。如果我们将这些论证与有关真理的压缩观念结合起来，这些创新性的理论就会允许我们和普通理智达成一致（如果说只是口头上的话）[1]。和贝克莱一样，我们必须懂得和有学问的人一样思考，但要像俗人那样言说。

反道德主义

这里也有一个主要源自于19世纪但今天仍然非常流行的传统，它表达了一种有关道德的绝对主张，即将道德视为一种形而上学的妄想，常常与宗教的信仰相关联，或者可以同宗教信仰相比拟，而没有这种东西，我们也许会过得更好一些。[2] 这个传统既采取更温和的方

---

[1] "准-实在论"一词与布莱克本（Simon Blackburn）密切相关，参见 Blackburn（1993）。对此种立场的一个前后一贯的攻击可以在帕菲特 2011年的著作的第二卷中找到。福特（Philippa Foot, 1992）以一种直接的康德式术语对其做了如下表达：道德是一个假言命令的体系，而非定言命令的体系。这种立场在那些自认为是休谟主义者、经验主义者和自然主义者的人中仍然有着强大的吸引力，参见 Ruse（1986），Alexander（1987）。试图模拟日常道德对话或提供一种道德权威的自然复制品，又不背负道德实在论者的负担，可以在吉巴德（Gibbard, 1990, 2003）和布莱克本（1993, 1998）那里发现。根据它，我们日常思想和言说的方式必然是自我欺骗性的观点，与费希特描述的独断论的自欺欺人有明显相似。那种认为诸理由总是基于欲望的哲学理论看起来也许是明显的，并且与人们所谓的"自然主义"的东西相一致。但它们可能并不与有关我们实际上拥有的那种理由类型的有说服力的主张一致。从一个宽泛的康德视角出发对这个问题的新近讨论，较好的研究参见 Markovits（2014）。

[2] 我曾经讨论过这一19世纪的传统（Wood, 2002，第七章）。它的最为激进的代表是施蒂纳（Marx Stirner），而在讨论道德自身也许并不是这样一个好的理念的过程中，质疑道德的绝对权威的人中有乔伊斯（Joyce, 2001）、亨克弗斯（Hinckfuss, 1987）、加纳（Garner, 1994）和坎贝尔（Campbell, 2014）。很显然在威廉斯反对"体系道德"的观点中，以及在他论证道德思维破坏了个体的完整性的方式中，也有这种观点的一个版本在发挥作用。

式，也采取更激进的方式。它需要得到如下我们熟悉的事实的支持，即道德权威以上帝或理性为名，给人们强加外来的和未受到启蒙的价值。这些对道德权威的反道德主义的批判通常将道德的普通意识视为一种单一的、整体的心理-社会单位，而使这种批判变得更容易令人接受。他们将其描述为通过抽象概念建构起来的，例如道德权威这样的抽象概念，但同时也将其描述为体现了所有错误、妄想、罪恶以及属于极其不完善的人类社会和落后文化传统的体系性的社会不公。在这样的批判者们看来，道德权威只是强制性或操纵性社会秩序的代言人，并且是一切对于个体自由和理性的自我支配起颠覆作用的精神因素（作为"父亲""超我"）的神经学表达。

粗糙的经验主义方法论体系性地遮蔽了这些批判者中某些人的眼睛，不仅使他们看不到想要谴责的东西原本可以通过一种正确的道德来谴责，也使他们看不到之所以要以那种方式谴责它们是为了表达对一个落后或病态的社会秩序的反对。比如，弗洛伊德就将康德式的定言命令等同于从俄狄浦斯情结中产生出来的"超我"（superego）。[3] 这可以被认为，并且有时的确被视为对如下主张的支持，即主张道德权威的特定理念是某种极端非理性的东西，是某种我们没有它反而会过得更好的东西。这显然不是弗洛伊德本人的立场。在他看来，"超我"或"理想性的自我"是健康自我的必要部分，是精神分析支持的目标。弗洛伊德的立场甚至同康德的道德哲学的立场有许多共同之处。康德（预示着弗洛伊德）认为，可以在一种想象的被改变了的性关系中发现道德的历史和心理学方面的源泉，发现一种尊重的

---

[3] 参见 Freud（1953—1974，19:28—35）。弗洛伊德将定言命令的情感方面的力量不是置于理性中，而是置于无意识的过程中，也就是置于一个深刻的非理性的过程中。

情感。弗洛伊德的论证并没有排斥人类想要将道德的情感方面的力量适用于理性原则中的尝试。对于他来说，这些情感的精神方面的起源是极度非理性的，他很显然将这一点视为对精神健康的威胁。但由此无法得出，超我的一切具体体现都是非理性的。实际上，弗洛伊德想要从心理学层面论证的正是道德命令的绝对性质。他明显同意康德与费希特，反对那些可能将道德要求视为一个假言命令体系的人，或者反对那些可能将道德权威的概念排斥在精神健康之外的人。[4]

康德式和费希特式出于自身来思维的启蒙理想要求我们质疑一切对权威的主张，并且只有当我们自身理性支持时才遵从它们。[5]康德主义者或费希特主义者会（也应该）完全认同对道德的普通理智做出的诸多非道德主义的批评，这些批评认为，道德权威的理念常常被用来支持过度的、落后的、有害的和非理性的要求。如果康德或费希

---

[4] 参见 Kant, MA 8:112—113。关于这一文本的讨论，参见 Wood（2008），第230—239页。关于将弗洛伊德置于这同一个康德式方向的论证，参见 Longuenesse（2017），第八章。新近有关后殖民理论的一份讨论将法农的弗洛伊德理论理解为在动机方面本质上是康德式的，参见 Bird-Pollan（2015），第14—59页。费希特有关道德权威的根据的先验论证当然在根本上不同于弗洛伊德的论证。但是正如我们将在第五章中所见，费希特的论证也将伦理行动奠定在原初的冲动（Urtrieb）之中，这种原初冲动的源头内在于我们的自然身体中，和弗洛伊德一样，费希特也将道德权威同它适用于其上的内容区分开来，允许它——费希特可能会说，引导它——适用于那些理性对象。弗洛伊德式的论证不否认如下主张，即与道德权威相关联的诸原则是先天的，因为如果原则是从我们的能力，而不是从它们适用于其上的经验材料中推出来的，它就是先天的。费希特通过将我们的能力视为社会性地且（通过一个经验性的过程）历史地发展起来的，对先天性概念进行了修正（在这个方面，他被黑格尔和其他人追随）。

[5] 没有什么比保险杠贴纸上写的"质疑权威"更好地表达了康德和费希特所理解的那种启蒙精神。

特的某些道德观念在我们看来是落后的和过分严苛的，这些问题就能（也应该）独立于有关道德权威的争论做出裁决。

我们是否可以没有它？

那些认识到了这一点，并且同样批判传统普通理智的道德的落后的、愚昧的和病理学的诸多方面的人常常愿意承认，如果同"正确的"道德信念和态度相关联，道德权威就不会那么糟糕。但他们中的某些人，前后不一地求助于我们刚刚提到的那些哲学理论，这些哲学理论压缩了道德权威的主张，或者用情感替代理性的要求。那些将道德权威的理念视为已经为流行的元伦理学论证驳倒了的人，也看到了它被广泛地接受，即作为某种不仅从总体上看并不糟糕的东西，而且也许甚至是某种不仅对于一个有序的社会而言，而且对于一种审慎的生活方式而言不可或缺的东西。他们认为，唯有这种无条件形式的道德要求，在面对我们人类的不完善性使我们容易导致的各种精神错乱时，捍卫我们在实践方面的承诺。这些理论陷入一种十分令人沮丧的状态。它们试图捍卫一种非工具性的实践根据（但仅仅基于它的工具价值）。它们的理论可能会为他人接受道德权威的理念提供一种可信的社会或心理学解释（例如，一种进化论的解释）。但这将会是这样一种解释，它揭示了道德权威将是有用的，或是一种适应性幻象——这是一种错误，它将会被证明对陷入上述状态中的人来说是有利的。但如果将其提供给某人自身，它们的论证又只能是直接地自我颠覆性的。你可能会为了生活而接受它，但只能是通过某种类型的自我欺骗才能做到这一点，从一个仁慈的（并且是家长式的）第三方视角来看，你会认为这种自我欺骗是有利的。但是这并不是针对论证的直接的自我颠覆性特征做出的辩护。[6]这些道德权威的批判者们必定会支持一种自我指涉的态度,这种态度不与人格的完整性和自我尊严一致,甚至也不与工具理性的自我一致的做法一致。他们自身论证的效力必须取决于这种工具理性。在这里,不难识别出在费希特看来独断论者典型地容易陷入的究竟是哪种自我颠覆性的哲学和哪种体系性的自我欺骗。

一个先验地必要的概念

费希特主张,道德权威自身的问题不同于有关道德的内容的所有问题。他有关道德原则的演绎同样在先验的基础上直接挑战了对道德权威的经验主义的和自然主义的反驳。正如我们在本书第二章和第三章中所见,这不是一种形而上学的超自然主义,而是一种截然不同的对哲学的自然主义的拒绝。预料到可能有人会反对说,他将道德权威奠基于一种超自然主义的形而上学之中,费希特考察了那种认为他的演绎"想要超出思维领域,进入到一个全然不同的现实存在的领域"的主张,对此他回应说:

---

[6] 这种伪装的一个尤其公开和露骨的形式是由乔伊斯(Joyce, 2001)提出来的。坎贝尔(Campell, 2014,第468—476页)对此进行了正确的批评,但他在这个问题上的立场似乎并不清晰,也许同样前后不一。有时坎贝尔似乎接受了道德权威,这是从工具性价值出发考虑的,而在另一些时候,他说,他想要用"我们关注的和看重的"(第480页)东西的言辞来替代道德言辞。前一种态度将他置于和乔伊斯同一阵营,使他服从于他自身的批判,后一种态度则提出如下问题:如果道德权威是我们"关注和看重的"东西,那又如何?因为我们发现,我们自身有很好的理由关注和看重它。所有这一切都因为坎贝尔对道德权威的漫画式描述而变得模糊,他将道德权威描述为一种"独立于目的和动机"(第499页)的权威,仿佛从定义上讲道德没有自身的目的和动机,仿佛我们没有理由为了道德权威自身而去看重和关注它,而在普通理智看来,我们是可以这样做的。

> 这根本不是我们正在做的事,我们仍然处在思维的领域中。的确,这就是构成了对于先验哲学的误解的东西,这种误解如今仍在四处流行。但是,我们仍然要考虑这样的过渡是可能的,仍然要求这样一种过渡,仍然要认为,思维存在本身是可靠的。在我们自身之内的那种强制,除了是一种对我们有强迫作用的思维,一种必然的意识,还会是什么呢?……也许,这才是一切哲学的意图:揭示在理性的进程中,从普通意识的角度出发对于我们来说仍然未知的东西,在此,我们谈论的不是作为存在自身的存在者……因为理性不可能超出它自身。
>
> (SL 4:17)

费希特提到的必然的思维不是在我们看来有用的拟制或伪装,或者我们"情不自禁地"想要拥抱的东西——也许是因为某种经验性的理论在我们的脑海或基因中找到了关于它的某种确定性的解释。费希特在此所说的思维可能是必然的,因为唯一对它的替代将会前后矛盾:这是一种自我颠覆的理论,因为它不能同关于我们自身的如下思想相关联,即我们为了将自身视为出于良好的理由接受它,就需要它。

第三节 发现作为意志的我自身

费希特在演绎的开端(第一节)想要将这个演绎同知识学的基础关联起来(SL 4:15)。正如我们在第二章第五至七节中所见,这个演绎是根据耶拿后期知识学的第一原则进行的。从有关对象的思维开始(例如,在你面前的一堵墙),接下来将你的注意力转向思考墙的那个东西("自我")——首先转向直观,接下来转向这个自我的概念(SL,§1,4:18)。这一过程中的变化——将方向指向知识学的第一原则,这就表明了伦理学的出发点——包含在费希特描述为"发现自身"的那个对自身的意识中,找到的那个自身是自我,在此,客体与主体,被发现的东西和实施这一发现的东西被视为是同一个(SL 4:18—19)。发现是对仅仅属于以此种方式发现的自我的东西的消极领会(SL 4:19)。通过这种方式发现的东西结果是,首先它是一种特定类型的行动,其次它是这一行动的"本质"或"纯粹的存在"。费希特的第一个主张就是这个行动是意愿活动。

费希特认识到,他在此问题上的论证需要一个前提,即在遵循这个程序的过程中,我的确在事实上发现了我自身(SL 4:23)。他将这一点作为一个逻辑上必然的推论,使之同他将要给出的论证关联起来,他指出,这就是将眼前的证据与作为整体的知识学联系在一起的东西。我发现了我自身这个主张在实际上是如下这样一个主张,即我能够,并且有时也必然能反思性地意识到我自身。根据知识学的第一原则,这一点包含自我意识是一切意识的根据这个命题,或者正如他在导言中以一种预示的方式对他的论证进行的概括所说的:"没有对我自身效用性的意识,就没有自我意识;没有自我意识,就没有对其他不被认为是我自身的某物的意识。"(SL 4:3)

费希特的论证过程看起来就像单纯描述的现象学——说明事物单纯地在我们看来是怎样的。但他的目标不是单纯描述性的,它不是想要对我们在实际上如何思维做一个说明,或对"意识的事实"仅仅就它们呈现出来而言做一个说明。相反,它是一种先验论证,揭示的是,如果我们的思维想要避免不清晰或不融贯,我们必须如何思考。费希特有关我们发现自身乃是一个意愿活动的主张因此就通过一个推论性论证得到了支持。我们接下来将对这一推论性论证进行考察。在此有很好的理由解释为何费希特式的先验哲学必须要包含现象学与这一推论性论证的结合，因为它的目的在于发现经验的可能性的诸条件。出于这一点，我们就需对正在考察其可能性的那个经验做出某种解释。并且出于这一点，我们就需要一种有关经验的现象学。但我们同样也需要为如下主张提供一个推论性证据，这个主张就是，这个经验只有在特定的条件下才是可能的。同样的结合也包含在费希特有关"公设"的观念中（在与欧几里得并列的意义上），对此我们已在本书第二章第六节中做了讨论。我们被要求作出一项特定行动（在此就是发现我们自身），然后在此行动的基础上承认存在一个特定命题，即在何处让步，何种必然性可以得到论证的支持，并且在何处让步是必然的？费希特将"自我发现自身作为意愿活动"描述为一个 Aufgabe——一项任务或一个问题。但是这个词也可以被译为"公设"，在公设的意义上得到理解。

正如费希特注意到的，"我发现自身是意愿活动"不仅是《自然法权基础》的出发点，也是《伦理学体系》的出发点（SL 4:21）。但正如我们在本书第二章第四节所见，对于费希特来说，哲学的不同部分取决于第一原则所采取的方向，而这个方向在两部著作中略有不同。《自然法权基础》关注的是意愿活动作为针对外部世界的效用性。在那里，证据是从自我对自身的反思开始的，并且追问那个被反思到的东西是什么（NR 3:17）。这个论证遵循了1794年《全部知识学的基础》中的策略，即设定自我的界限以及它同限制它的那个世界的关系，而这个世界是它从理论上直观和认知的。接下来的论证是，自我的行动，即当自我反思自身时反思到的东西，必须不同于对世界的直观，而且相反必须是取消世界对它的限制的行动（NR 3:18—19）。在对这个世界的理论表象中，主观的概念被认为对应于世界现实地存在的方式：它的标准就是世界。然而，在这种与之对立的行动中——

也就是当自我仅仅反思自身时反思到的那种行动——表象就是关于目的的表象，并且世界是根据它同这个表象的符合性衡量的（NR 3:19—20，参见 SL 4:2）。进一步来讲，因为在对世界的理论表象中，世界只能是唯一的一种方式，它不受来自于我们的影响，所以那种反思到自我的行动，即规定世界的那个自我的行动，必须不仅在它的根据完全存在于它自身的意义上是自由的，而且在它能以不同方式规定世界的意义上是自由的（NR 3:18—19）。在费希特看来，这种作为反思对象的行动是一切自我意识的根本条件，也是一切意识的根本条件（NR 3:20）。这种行动，即一种自我规定的行动，一种可以采取不同的方式活动的行动，并且根据目的概念而在这个世界上发挥效用性的行动，因此就被识别为意志：

> 实践的自我是最初的那个自我意识的自我；一个只有在意愿活动中才能直接地知觉到自身的理性存在者……意愿活动乃是理性的真正的和本质的特征……实践能力乃是自我的最为内在的根源；任何其他东西都必须在这种能力的基础上发挥作用，并且系属于这种能力。
>
> （NR 3:20—21）

我发现自身是意愿活动的证据

我们接下来考察前面提到的那个推论性证明。在《伦理学体系》中，费希特的兴趣不是意志的外部效用性，而是范围更窄，在于自我在自身的自我规定的行动中与自身的关系。他识别出了他的论证将要奠基其上的三个根据：一、自我的概念，即自我作为这一行动，在其中，行动的主体和行动的客体是一个东西；二、一项原则，即在每一思维的行动中，设定了某种被思维的东西，这东西不是行动本身，而是被算作这个行动的客体；三、"客观性的原初特征"，即那个客观存在的独立于主观的东西，是以某种方式限制主体行动的某种实在（Reelles）的东西（SL 4:21—22）。因此对这个证明可以概括如下：

一、自我乃是这样的一种东西，在此，行动者和行动所针对的东西属于同一个（1）。

二、但行动所影响的东西独立于思维行动（2）。

三、在一种自我规定的行动中，受行动影响的东西具有某种实在的或客观的特征（3）。

四、因此，自我乃是一种现实地作用于自身的行动，是通过它自身对自身的实在的规定。

五、通过自身对自身的实在的规定乃是我们通过意愿活动想表达的意思。

（SL 4:22）

这个证明在费希特笔下以一种极其抽象的术语得到了表达。如果我们想要弄清它的要点，就需要对其进行阐明。如下看法是错误的，即认为在第二点中，费希特只是重复了《自然法权基础》中的观点，即自我必须针对在他之外的独立的客观世界做出一种效用性行动。在此他考察的只是自我就其仅仅与自身相关的原初行动，即自我在其原初的、自我规定的行动。他想表达的毋宁是，即便这里也必定存在某种主体和客体关系。正如他在一开始就告诉我们的，"意识的整个机制取决于主观东西和客观东西相分离的各个方面，也取决于两者的统一"（SL 4:1）。在自我针对自身的原初行动中，必定有一个方面具有客观性的特征，即被认为实在存在的，并且独立于那个行动的某种实在的东西。

自我规定

通过意愿活动我们想要说的仅仅是这一实在的自我规定。结果，要想揭示自我发现自身具有这种结构，也就是在设定自身的同时也设定了某种实在的或客观的东西（据此自我得到规定），就是要去揭示自我发现自身乃是意愿活动。在自由的意愿活动中包含的匹配方向因此就是心灵去匹配实在。意愿活动并不认知某种外在的东西，但是它也和认知外在的东西一样共同拥有这一点。

关于这一结论，在此有某种在我们看来必定自相矛盾的东西：如果特定的行动乃是在其中自我仅仅同自身相关的行动，是完全自我规定和完全自我同一的行动，那么在这个行动中，如何存在可以被视为独立于这一行动而存在，并限制此一行动的实在和客观的方面呢？在我看来，费希特主张的是，自我应该同某种可以被视为限制它或者规定它的实在的东西相关，这一点从属于自我的自我意识自身的主体-客体结构，尤其从属于自我规定的概念。这个实在的东西不能是外在的物质对象，因为在此我们考虑的只是自我与自身的积极关系，因此它就必须是一种完全不同种类的客体。

接近这样一个客体概念的方式，是要看一看自我规定如何不同于从外部通过不是某人自身的某物做出的规定，以及它如何也不同于无规定。规定某人自身不同于使个体的行动受到某种外部东西的影响或者限制，这里所谓的外部东西，或者是一个物质对象，或者是世界的某种状态。这些对象可能会限制个体的选择，但它们不能规定在这些选项之内个体的具体选项是什么。这就是为何自我的原初活动的实在的或客观的方面不能存在于客观的物质世界中的任何东西之中的原因。规定自身同样要求在个体自身之内存在某种规定（即确定或者限定）个体现实存在状态的东西，而不是在这方面不做任何规定，或者使个体的选择成为单纯偶然性的事：机会、偶然或任意。

因此，对于自我规定的行动来说，必须存在两方面：首先是主观的规定自身的行动，其次是在这个行动中和通过这个行动设定的使之成为意志的规定的某种客观的或实在的东西。这些东西使之成为意志的规定，而与无规定形成对立。在无规定这里，行动根本不做任何具体规定，或者是将被意愿的东西交给偶然或意外。费希特的主张是，这后一个概念——无规定或单纯偶然性的规定——是自我取消的，它并非是自由意志的行动的概念。

如果我们再一次地将自我设定的行动不仅设想为某种我们可能会注意到正在发生的东西（也就是当自我在"发现自身"时发生的），而且设想为某种自我参与其中的东西，即它不只是某种正在做出的东西，而是某种将要做出的东西，这也许会给我们带来帮助。费希特的主张因此可能是，这种行动必须设定某种实在的和客观的根据，据此，行动将要被做出。如果行动想要成为自我规定的行动，而不是某种外在规定的或无规定的行动，这一点就是被要求的。因此，意愿活动作为"通过个体自身对个体自身的实在的规定"（SL 4:22），就必须包含一个对个体要做的东西的实在的或客观的根据。

也可以这样来表达，即宣称意愿活动在本质上是规范性的。意志的任何行动与设定它所意愿的东西一道，同样设定了一个根据、理由或规范——具有某种实在的或客观的特征——根据它，行动将要被做出。具有本质性的是，这一实在的或客观的行动根据必须不仅是通过自我自身在自身的自我规定的行动中设定的，也同样是独立于设定它的行动的某种客观的、实在的东西。

没有根据，也不出于任何理由，或者不承认任何客观规范，换句话说，自我规定的意愿行动的观念是一种内在不一贯的观念。认为意志设定的根据或标准可能是某种单纯主观的、偶然的或听凭我们任意裁量的东西，也同样是一种内在不一贯的观念。这将导致没有任何根据。意愿活动要求设定拥有实在性的标准——具有针对意愿活动的客观权威。这一客观标准是费希特在接下来称为意志的"纯粹存在"或"真实本质"的东西。

第四节　意愿活动的纯粹存在或真实本质

至此，费希特宣称，他一直以来考察的只是一般意义上的意愿活动或自我规定，而不是任何具体的意愿活动。为了考察后者，必须引入同外在客体的关系，并因此将我们带到《自然法权基础》中与之相平行的那个论证的出发点上。意志的一切具体活动都包含一个有关在我们之外存在的世界的公设，都包含对这个世界的理论表象以及对这个外部世界的某种修正（SL 4:23—24）。在意愿活动的每一个具体情形中，意志都是在回应具体的外部环境。规定它的根据中包含着同它周围的对象的关系，以及就自我受到这些对象的影响而言，同自我本身的关系。但意志行动也被认为是某种纯粹自我规定的东西。为了表达我们对它作为纯粹的自我规定的东西的意识，费希特发明了一个词 agility（Agilität）——某种不能向那些并没有在自身直观中发现它的人展示出来的东西（SL 4:8，参见 4:36）。Agility 看起来是指自由的必然现象，在此，现象被作为真实地加以接受，而非作为幻相，同时看起来它也是指那个因此被认为是现象的东西的绝对自由的行动。因为费希特认为我们能产生这种意识，他就认为我们能从自由的自我在每一个具体情形中所受到的影响中抽身而出。这就使费希特可以追问一个有关意志的新问题：什么是意志的"真实本质"或"纯粹存在"？当我们从一切外在于意愿活动自身的东西抽身出来时，意志是什么？（SL 4:24）

对于费希特来说，"存在"是指客观性；在识别出意志的"纯粹存在"之后，他提醒我们"自我在此只被作为客体来考察，而非被作为自我本身来考察"（SL 4:29）。因此，在此寻求的只是正在意愿的那个自我的自我设定的行动的客观方面。在此问题上，费希特提醒我们，作为先验哲学家，我们眼下是从自我是绝对自由的这一原则出发讨论的。对意志的纯粹存在或本质的追求因此是从意志是绝对自由的这一假定开始的。然而，每当意志行动时，它总是处在特定的情境中：被它的外部环境限制，受到它与物质对象世界的关系的影响。在此问题上，我们的任务就是要完全从这种情境性中抽身出来，只去思考意志的纯粹存在，"在抽象的层次（这是在此它必然要接受的）上，这个概念可能是一切哲学中最困难的"（SL 4:26）。

钢弹簧

为了使我们找到想要寻找的那个概念，费希特提议使用一个例子，但这个例子的运用在论证的正当过程中将被视为是严格地受到限制的。他要求我们设想一个压缩的钢弹簧，钢弹簧有一种来自内部的动力，想要对抗压缩它的力量，从而恢复原状。在此，他想表达的是，这个钢弹簧就和意志一样，是受外力（它的意志活动的外部环境）影响的，但它恢复到原状是完全来源于它的内部，而不是来自于给它施加压力的东西。如果钢弹簧有意识，或者可以直观它自身的恢复原状,它就可能会意愿自己的恢复原状(SL 4:26)。[7]"这种自我规定,在理性存在者那里就是意愿的纯粹的活动。"(SL 4:27)

费希特进而描述了意志通过它而活动的那种内在力量,称之为"一种朝向绝对之物的绝对倾向"(Tendenz),"一种绝对的不受外在于它的东西规定的属性",抑或"一种不需要任何外在动力而绝对规定自身的倾向"(SL 4:28)。这些表达带给人更多的是困惑,而不是明白的告知。我认为费希特已经意识到了这一点,并且他在道德原则的演绎的第二节采取的论证程序也正是为了澄清它们。但他想立即澄清的问题是:他拒绝称这种倾向为"冲动"(drive),因为冲动"必然是以一种在物质方面受到规定的方式运作的,只要它的效用性条件出现"。而我们这里探讨的冲动必定属于一个完全自由的和自我规定的行动,它能以不同方式中的任一种来活动(SL 4:29)。因此我们获得的结果就是,"自我的本质特征……在于一种为了自我行动而去自我行动的倾向"(SL 4:29)。[8]

当从思辨的角度出发将其作为先验哲学家的对象来考察时,这种倾向就是自我的纯粹存在或本质。但这个自我同样在本质上意识到了它自身,并因此它就必须从日常经验的角度出发意识到这种倾向(SL 4:29—30)。因此,在演绎的第二节,费希特提议,我们的下一个任务或者问题是"以特定方式意识到一个人的原初存在的那种意识"

---

[7] 这个努力(striving)的概念显然借自斯宾诺莎,相当于 Conatus(意动),后者是每一个具体事物的本质(《伦理学》,IIIP7)。费希特认为,如果弹簧能够意识到它有一种反抗压力的努力,那么它就会意愿做出此种努力。这个评论必然会使我们想起斯宾诺莎的如下评论,即如果一块穿越空中而飞翔的石头有意识的话,它就可能会认为自己是根据自由意志运动的(*Ep.* 58)。不同于斯宾诺莎,费希特认为,正如在他之后的叔本华那样,这种看法是正确的(Schopenhaur, 1958, 1:126)。当然,费希特同样否认石头或钢弹簧可以变得有意识,它并不接受叔本华的那种泛精神论(panpsychism)主张。

[8] 对费希特的"冲动"这一重要的概念,将在本章第五节和在第五章中进一步加以探讨。

(SL 4:30)。换句话说，作为先验哲学家，我们必须意识到从日常视角出发自我意识到它的本质或纯粹存在的那种方式。费希特用如下的话描述了这种意识："自我使自身脱离自身，将自身作为某种自我充足性的东西推上前台。"（SL 4:32）"每当自我存在或已经存在，它就经历了自身作为一个变化过程，使自身脱离了作为一个给定的绝对的自我。"（SL 4:33）

先于你的本性而存在

要想理解费希特此处的描述，就要探究他在意识和被压缩的钢弹簧之间的类比存在的限制。弹簧恢复原状的倾向遵循的是因果必然性，以及构成弹簧的金属性质规定的规律性。在我们看来，弹簧恢复原状的行动受其本性规定。也正是出于这一点，它就不是一项自我规定的或是自由的行动。[9] 但如果我们只是想忽略这种因果规定，就会看到一种不是自由的或自我规定的行动，而相反是一种有某种不同属性的行动，即"盲目的机运"（SL 4:34）。正如我们在本书第三章中看到的，独断论者的典型做法是提出詹姆斯所谓的"决定论困境"——或者行动必须是在因果关系方面受强制的，或者它的发生是出于盲目的机运。费希特的论证再一次认为，我们必须将其视为虚假的困境而拒绝，因为它们排除了自由行动的可能性，正如我们在本书第三章中看到的，他因此推论说，自我或意志必须是某种"先于它的本性而存在的"东

---

9 在此费希特拒绝了斯宾诺莎的受个体自身本性所规定的而不是由外部原因所规定的自由概念（《伦理学》，ID7，参见 *Ep.* 58）。甚至对于费希特来说，个体自身的本性也是某种外在于意愿活动的东西，并因此而使意志的真正自我规定的行动成为不可能。为了能够自由地行动，我们的行动必须摆脱自身的本性和那些外在于我们的事物的本性。

西，或者"在他现实存在之前就已经存在的东西"（SL 4:35—36）。

这些表述都是有意地前后矛盾的，但只要考虑到费希特在演绎的第一节中确定的结果，这种矛盾就会消失。自我或意志先于它的本性而存在，意思是它必须作为自身的一个对象而存在，并且在此也并没有任何本性已经规定它，因为它将会是自我规定的。因此，首先就必须是这种未受规定的对象，为的是能在接下来有某种通过成为这样的对象而产生的具体的东西。在此所说的对象就是费希特通过自我的"纯粹存在"或"本质特征"所指的东西。

这就使我们站在某种可以看到费希特如何不同意萨特式有关"存在先于本质"的公式的立场上——如果从字面上来看待这个公式的话。因为如果自我将会是自我规定的，自我的"本质"或"本质特征"就应该先行，并因此规定它自身的性质或它的现实所是。但不能在字面上，即时间意义上，来理解"先行"一词。在自由的自我尚未自我规定存在的地方，可能还没有时间。同样，自我可能在形式意义上是自由的，而不需要在实质意义上是自由的，因此它在某种意义上是自我规定的，但在另一种意义上却不是。它处在一个自我给定的客观标准之下，但又不是根据这个标准自由地规定自身。只有当它的行为由客观标准规定时，它才是完全自由的和自我规定的。无论在何种情形下，它的自我规定的行动必须仍然被视为先于这一行动的结果。当自我完全地或实质意义上是自由时，行动就必须成为自我的自由的"纯粹存在"或"本质特征"的表达。

自由作为一种能力

费希特曾经用一种令人困惑的抽象表达描述过这一基本特征，例如，他说，这是"一种为了自我行动的自我行动的倾向"，他没有为了澄清这种倾向究竟是什么而去做任何事情。他是在将这种倾向描述为一个"概念"时开始做这件事的："作为一个有着关于它的自身的实在存在的概念的理智，自由的东西先于它的实在存在……特定存在的概念先于这个存在，后者取决于前者。"（SL 4:36）这就将绝对的自我规定置于实践理性的框架中，因为实践理性包含一个匹配方向，在其中应是现实存在的东西符合它的（规范性的）概念（有关目的的概念），而在理论理性中，概念必须适合现实存在的东西（SL 4:2）。当我们以这种完全抽象的形式考察自我规定时，它发挥作用的方式并不等同于当实践理性具体地存在某一处境之下时发挥作用的方式。在具体处境中，概念是某种确定的东西，自我（或世界）要与它相符合。

每一个特定情境化的行动都受到了将要实现的目的的某个概念或其他概念的指引。但是，在此我们设想自我乃是一种处在它自身的自我规定中的意志，通过这种自我规定，自我就产生了一个概念，对于这个概念来说，世界应该与之相符合。在这种自我规定的行动中，自我现在首先是一个将要成为的东西的概念，接下来，就自我规定获得成功而言，自我就变成了与那个概念相符的东西，即它就变成了一项符合这一概念的意愿。然后，它的意愿就产生了一个进一步的世界必须与之相符合的概念。当我们在此考察构成了仅仅为了它自身而考虑的那个自我的存在或本质的倾向时，这里的特定概念，即它的意愿必须与之符合的概念，同样是完全抽象的——它仍然是一个只属于"自我充足性"或"为自我行动而自我行动"的概念。由此，费希特就推理出，当它的自由行动仅仅为了它本身，从特定处境中抽离出来而考虑时，自我仅仅将自身设定为一项权力或能力（Vermögen）：

> 即仅仅是这样一种概念，对于这个概念，某些现实可以通过思维来与之联结，也就是特定的现实被认为在这种权力中有自身

的根据，而在它自身中并不包含任何关于这种现实是怎样的一种现实的信息。

（SL 4:38）

费希特曾以如此完全抽象的措辞来描述作为自我的本质或纯粹存在的倾向，我们并不应该因此感到吃惊或困惑。因为在最抽象的层面，并没有什么明确的东西构成自我的本质。如果我们的行动是绝对自由的，这里就没有确定的"本性"限制我们的行动能够或应该为它们自身做出的东西。意志的本质或纯粹存在仅仅体现在通过概念来规定自身的权力或能力之中，但这里却不存在使它的自我规定受到约束或者制约的任何明确的概念。这就是自我的本质和纯粹存在为何不能原初性地等同于任何确定的目的的原因，也是为何它必须仅仅存在于为了它自身而成为自我能动的或自我充足的东西的权力或能力之中的原因。

然而，这种本质或纯粹存在是作为实在的自我规定的意愿活动的客观根据。在演绎的第三节，费希特考察了我们在日常意识中意识到自我充足性的倾向的方法，在这里我们将会看到这一点是如何为我们在前面所谓的道德权威的理念或道德法则奠基的。本章第五节以下部分的首要任务就是要用费希特式的术语解释他的演绎的结果，其中的部分内容可能很难进行。但在我们上面所做的部分阐述中，这些内容已经出现了。但我希望在本章第六节中，它能够将我们置于一个提供了一个更为清晰的论证的立场上。

第五节　对于自我能动性本身的冲动

冲动概念对费希特的实践理性的理论来说十分重要。他引入的冲动概念同样看起来是如下概念的起源，这个概念在19—20世纪的心理学中［包括詹姆斯、弗洛伊德和赫尔（Hull）的理论中］毫无疑问地以一种修正的方式发挥了重要作用。对于费希特来说，冲动是我们的能动性的主观源泉，但它是从如下事实中产生出来的，即这种能动性是对某种已经给定的东西的回应，并因此就包含着一项预设了与某种客观东西的消极关系的能动性。冲动是"对于现实的自我能动性的实在的和内在的解释根据"（SL 4:40），但它变成了有意识的东西，或者变成了一个认知（SL 4:106）。冲动是一种倾向，但正如我们已经看到的，不是所有的倾向都是冲动。出于自我能动性自身的倾向自身就并非一种冲动，因为它是从自我对于它的纯粹存在的意识中产生出来的，而这只是自我的自由的客观方面而已。与之相对，冲动必然地并且以一种特定方式发挥作用（SL 4:29）。[10] 与此同时，冲动总是一种能动性，既不能通过因果必然性解释，也不能还原为因果必然性（SL 4:111）。

费希特讨论的大多数冲动都是从自我的具体体现中产生出来的，与身体的有机功能相关联。在他有关道德原则的可适用性的讨论中（SL，§8），费希特试图演绎出这些自然的或有机体的冲动的先验必然性（SL 4:101—102）。自然冲动就其产生而言，并不受制于我们的自由，但由于冲动属于自由或属于有理性的存在者，那么它就不能对任何能动性构成强制——理性存在者总是可以自由地基于这些冲动去行动，或者抗拒这些冲动（SL 4:107—108）。在将自我的本质或纯粹存在同冲动相区别的过程中，我们在费希特的演绎中就到达了一个点。在此，我们必须考虑一种为了自我行动而自我行动的倾向——自由行动的客观方面，即仅仅出于它自身而考虑，而不能在同任何外在

---

[10] 费希特借此想要说的是，冲动针对我们的行动乃是必然的，即便在我们反抗它时（费希特认为，我们总是可以自由地这样去做），参见 Street（2016）。

对象的关系中来考虑——如何成为有意识的。当行动的客观根据有意识地显现自身时,它是以冲动为形式做到这一点的。因此,尽管我们在此一直考察的倾向自身并不是冲动,当它成为有意识的时候,它就将自身显现为一种冲动(SL 4:40)。

自然冲动想要将自我同外在于它的东西统一起来,它通过使外部对象同我们的自然努力一致起来做到这一点。对自然冲动的直接意识是感觉(Gefühl);而在冲动聚焦于某个特定对象身上之前,它就被称为"渴望"(longing, Sehnen)(SL 4:41,参见 4:106)。当冲动指向某个确定的对象,它就变成了欲望(Begehren)(SL 4:126—127)。

对整全性自我的冲动

最后的这些命题适用于一切自然冲动,也适用于伦理冲动,只要道德原则适用于一切理性存在者的具体处境中。但我们眼下考虑的是自我对自我充足性的追求,或者考虑的是完全出于自身的自我行动本身,而不是在同外部对象或处境的关系中来考察它们。因此,这一冲动想要寻求的统一体就只是自我自身的两方面的统一,即主观方面与客观方面的统一。结果,费希特就将这种冲动称为"对整全性自我的冲动"(SL 4:41—44)。至此,我们的"整全性"(wholeness)概念就仅仅包含意识的两个必然的方面——主观方面和客观方面。但一个重要的费希特主义的学说是,自我努力追求一切类型的统一、和谐或同一。正如康德式的统觉是将我们的意识统一起来的东西一样,费希特式的自我追求实践方面的统一性——追求我们的意愿在一个共同原则下的统一性,追求我们的冲动之间的统一和我们的目的和其他理性存在者的目的的统一(参见 VBG 6:296—298,304)。所有这些都属于道德原则的适用,我们将在本书第五至七章中继续讨论这个问题。在我看来，这些进一步的统一与和谐的类型早已蕴含在此处所谓的"追求整全性的自我"的冲动之中了。

由于这一针对整全性自我的冲动不是从自我同外部对象的消极关系中产生的，从中就无法产生通常伴随冲动产生的任何情感（SL 4:43—44）。相反，冲动的唯一结果是"理智的规定"，或者一种思想（SL 4:45）。但这是怎样的思想？费希特发现这个问题难以回答。毫无疑问，这是因为从这种冲动中产生的思想就如同"自我充足"或"为自我行动而自我行动"那样抽象和不确定。这个思想即"整全性的自我"，指的是自我的主观方面和客观方面的统一。但费希特宣称，这是一种"无法被思维的统一体"，因为任何意识都必须包含主体与客体的差异和联系，而我们眼下考察的冲动想要在这一区分之外追求二者的统一。费希特因此就将其命名为 X，并说它"只能被描述为思维的一个问题或一项任务，但并不能得到思考"（SL 4:43）。也许费希特稍后很好地解释了他想说的东西，他说："在此，思想真正来说不是具体的思想，而只是思维自由的一种必然方式。"（SL 4:49）

二律背反及其解决

然而，费希特通过引入一个具有威胁性的有关演绎出来的思想（对于整全性自我的冲动）的二律背反，进一步加深了我们的困惑。正如我们已经看到的，这是他的论证过程中的常规部分——他的"综合方法"。从中产生综合方法的那种抽象，通过在它们之中抽出一种潜在的矛盾，并且在接下来引出一个避免这些矛盾所需要的概念，变得更具体和明确。冲动将自身呈现为思想（4:45—49）。但是思想乃是理智的一个规定——只是主观的，却是自由的和积极的规定。这一二律背反就是：

正题：我们已经演绎得出，冲动将会在理智中产生出思想。

反题：但由于理智仅仅是一种灵活性，那么在其中就不能产生出任何思想。

费希特对这个二律背反的解决如下：

合题：思想必须具有一种与灵活性一致的形式和内容。

就其形式而言，费希特指出，这种思想因此就是"理智直观"。直观是一种直接意识，当它单凭自身就可以产生出对象时，它是理智的。这种思想的形式是与灵活性一致的（一种不受约束的自由行动），但在此谈的对象不是物，而只是一项行动，是自我规定的行动，并且直观也就和被直观的对象是同一个（SL 4:45—47）。

费希特认为，就内容而言，思想只是一种自由的思想，或者毋宁是一种我思维自身自由的方式，因此，再一次地，思想与灵活性相一致：

> 我们已经推导得出的思想的内容因此可以扼要地进行如下描述：我们被要求去这样思维，即我们应该纯粹地和单纯地通过概念，也就是根据绝对自我行动的概念有意识地规定我们自身，这样的一种思维活动也就是我们一直去追求的有关我们朝向绝对行动的原初倾向的意识。严格来说，我们的演绎在此也就完成了。
>
> （SL 4:49）

然而，这一演绎的结果也仍然可能令人困惑。之前的论证都是抽象的，刚才引用的表述似乎同样如此。在费希特的论证过程中，我们目前处在如下这个点上，在此他有望引入一个术语——或者是从日常思维中，或者是从哲学中。据说它适合于已经被演绎出来的（通常来讲是含糊的或充满悖论的）概念，与此同时通过规定它的具体含义来阐明这个概念。

费希特是通过描述那个演绎出来的概念来做到这一点的，他使用了许多来自哲学的和日常生活的说法。他认为这些东西能使这个概念变得可以识别，这些东西包括：

[a] 定言命令（SL 4:50）：这是一个有关在理性方面具有拘束力的命令的思想，它并不预设一个预先给定的目的作为它的拘束性的前提条件，或者与这个命令相对应，是关于如下行动的思想，这一行动必须只是为了自身而被做出来，而不是为了任何其他目的，除那些可能包含在行动自身之内或为行动自身设定的目的之外。

[b] 关于规范和法则的思想（SL 4:51—53）。规范或者法则自身具有某种必然性，因为它代表了某种我们必须要做的事情。但费希特区分了这一规范的必然性和因果的必然性，后者禁止我们去做相反的事，或使任何其他事成为不可能。而在规范的必然性这里，我们仍然可以自由地去违抗一项规范或法则。在此，"必然性"意味着"理智安排自身去自由地规定自身"（SL 4:52）。这种必然性排斥其他选项作为理性选择的对象，规范的必然性因此就包含了属于道德权威的那种至高无上性。

[c] 一项应该要做出来的行动，或者被认为"适合的"（gehöre）或"妥当的"（gebühre）的行动。这个行动的对立面是不妥当的，并且不应该做出来（SL 4:54—56）。（如果费希特是在英语传统中写作的话，我认为，他可能会说一项行动是"正当的"

或者"自身正当的",与之对立的行动则是"错误的",或"自身错误的"。)在选择的每一种情境之下,费希特认为,我们应该选择这件事而不是另一件,认为它才是适合的、妥当的或者做它是正当的。这就捕捉到了道德权威的普遍存在的强概念。

就好像是在强调他的演绎和康德的道德哲学的亲缘性一样,费希特也将演绎出来的思想描述为自律或自我立法。并且,他是在三种相关联的意义上理解这个术语的(彼此作为形式、内容以及它们的综合联结起来):

一、法则的形式:法则之所以成为法则,只有当主体反思它,并且服从于它时才如此。当主体前后一致和内在一贯地思维它自身的自由时,它才能做到这一点。

二、法则的内容:法则仅仅要求自我充足性。直到它的适用得到演绎时,它才拥有明确的内容,而这必须是单独地做出来的,并且要在法则自身的演绎之后才能做出来。

三、综合:意志服从于法则——受到法则的强制——只能产生于对自我自身的自由和它的真正本质或自我充足性的反思中。这就使它遵守的法则成为它自身的法则。

(SL 4:56—57)

与康德相关,费希特也提出了另一个吸引人的主张,这个主张初看起来是不切实际的。康德将意志的自由以及法则对我们的约束性表象为两个不同的主张,但却是相互蕴含的(KpV 5:30)。但在费希特看来,它们并非是两种通过相互蕴含而彼此关联的思想,而相反,它们是同样的思想——它们就是同一个思想(SL 4:53—54)。定言命令、法则、应当、规范必然性和自由的思想是完全相同的，因为它们仅仅是我们的自由本身作为思想的方式。

第六节　对于费希特演绎的说明

至此，我已经尝试用费希特自己的话来展示了他的演绎。在我看来，迄今为止，结果不可避免地仅仅是一种程度非常有限的澄清。在本节中，我将试图更清楚地解释在我看来正在进行的东西。我希望不仅使费希特的演绎及其结论少一些困惑，也希望能够讲出它们在哲学上的启示。我从最后一个主张开始，即道德法则和自由并非是两种不同的（尽管是相互蕴含的）思想，相反它们是同一种思想。

在我看来，如果我们还记得费希特使用的自由概念的话，就能理解这一点。我们可能倾向于认为，一项行动是自由的，仅仅考虑到它不受阻碍和不受约束。我们认为它在某些方面是自由的，如果它在这些方面缺少强制或阻碍。因此，"自由"似乎意味着不受阻碍或强制。"自由"可能等同于或至少与"不受规定"一致。这也是哲学家们倾向于认为诸如费希特的不相容主义的自由观采取的方式。不相容论者倾向于认为自由是没有任何形式的规定——因为它假定，规定必须是因果规定。相反，相容论者倾向于认为自由行动应当被理解为仅仅在特定的方面不受阻碍或不受约束，即不受外部阻碍、威胁等。这种不受阻碍和不受约束可能是与行动的存在者（在因果方面）在其他方面受到规定相容的，例如，为行动者的欲望和信念所规定。这就足以使我们自由或至少（正如一些人承认的）使我们足够自由，即足够自由地受到谴责、被判处徒刑等等（这就是他们所想的内容）。

正如费希特注意到的，这种相容论留给我们的仅仅是一种虚假的自由。它使我们受到外在的规定，不能做出任何真正的选择。我们仅仅是舞蹈着的提线木偶，它被那些在因果性方面强制我们的欲望和信念的力量拉扯。诸如此类的思想将必然导致詹姆斯所讲的那个著名的困境。行动要么是在因果性方面受规定的，因此并非自由的，要么它必须是不受规定的，仅仅是因为机运随意产生的，因此对于人来说是无意义的，从而也就不是自由的行动。

费希特反对这个困境的两端。在他看来，自由必须被理解为不是没有强制或规定，而是必须被理解为自我强制，抑或甚至是绝对的（独立的、自我充足的）自我规定。因此正如我们在先前注意到的，自我规定不仅与强制或规定相容，而且绝对需要规定和强制，但是这是一种特定的规定与强制。这就是为何自由要求行动服从道德权威，也是为何对于费希特来说道德权威不仅是绝对的，也是压倒一切，甚至在强烈的意义上是普遍存在。每一个真正的自由行动（每一个实质上的自由行动）是我必须要选择的行动，但这只是因为道德法则要求它。然而，这种类型的强制或规定并不能使行动成为不可避免的，或在因果性方面成为必然的。我常常并不能做到（或拒绝去做）我（在道德上或理性地）必须要做的事。在此，"必须"表达的是一种规范的必然性。自由行动必须同样仅仅通过自我规定的行动自身才能产生出来，而不能从它的外部产生出来。在此，必然性是概念性的。[11] 规范的必然性仅仅表象了行动自身的客观的或自我强制的方面。规定自由行动的是特定的、客观的理性规范，它同时也是从属于那个特别的行动的自我生成的理由或自我颁布的法则。换句话说，一个真正的自由行

11　因此，在某种意义上，费希特还是接受了斯宾诺莎作为内在自我规定的自由观念（《伦理学》，ID7; *Ep.* 58）；他仅仅拒绝斯宾诺莎的如下观念，即认为这一自由观念意味着受某人的作为物的本性的因果性规定，相反，他强调它必须使行动受它自身的自我充足的灵活性的规定。

动的概念不过是这样的一个行动的概念，这个行动在规范性的或理性的层面是自我强制的和自我规范的。

自由和道德法则是相同的思想

每一个真正自由的行动既是对道德法则的回应，也是自我规定的。这是弄清楚费希特如下主张的最好方式，即自由与道德法则不是两个不同的相互蕴涵的概念，而是同一个概念。自由地行动，在其完整的或不受限制的意义上讲，只是根据道德法则要求的方式行动，以另外的方式行动就是不自由地行动——形式上自由，但实质上不是自由的。

我们可能会看到康德在自由和道德法则的同一性问题上已然和费希特是一致的。因为康德说，对于法则的意识乃是一项理性事实（Faktum der Vernunft）——一项理性的行为，换言之，一项自由的行动（KpV 5:31—32）。如果法则自身等同于对它的拘束力的意识，而两者又都等同于一项理性的行动或行为，那么康德与费希特之间的距离就并不遥远。但是，存在一个重要的区分：康德认为自由和法则是不同的（但却彼此蕴涵的）思想，因为他在这里提到的是具体的某项法则，有着具体的内容：它包含了他的普遍法则公式、自然规律公式、作为目的自身的人性公式、自律公式或目的王国公式。尽管理性的事实（或行为）是一种我们受到道德法则的强制自我生成的思想，但这些公式中没有一个表达了和自由思想相同的思想。自律公式与自由是相互蕴涵的，至少是与积极意义上的自由相互蕴涵的（G 4:446—467，KpV 5:28—31），但它和自由的思想并不是同一回事。然而，费希特的道德原则并没有具体的内容，它真正来说等同于康德的"理性事实（行为）"。道德原则只是说，在道德权威适用于行为的地方，行为必须是要做出的；因此，每一项选择都服从于那个普遍存在的和至高无上的定言命令。

正如我们注意到的，要想使自由行动处在一个规范之下，即要使行动者能去违反规范，这也是规范的必然性的含义的一部分。形式意义上的自由乃是一种想要成为不同于现实存在的东西的行动能力。严格来说，每一项行动因此就是形式上自由的，不论它是否遵循道德法则。说一项行动在规范层面上是必然的，即是说行动者有决定性的或压倒性的理由实行它。我们这群自由但却不完善的人类行动者并不总是在实际上基于我们所拥有的最佳理由而受到激发去行动，这就包含那些压倒一切的甚至在理性方面是决定性的理由。我们对于这些理由的回应，在与我们拥有的这些理由的关系中存在的我们的动因，以及使我们自身意识到作为理由的东西，完全取决于我。因此，属于我们的形式意义上的自由的乃是，不管我们在事实上做了什么，不管在我们做事的过程中可能有哪些理由，我们总是能选择以其他方式行动。

第七节　自我立法

自我立法的悖论

针对例如自我立法或自我颁布的规范的观念，存在一些著名的反对意见。如果一项法律或一项规范是自我颁布的，看起来它就起不到约束作用，因为一项法律或一项规范（根据它们的特定概念）就应该那样做。（我们可能会说）一项法律是由相较服从法律的人地位更高的权力制定出来的。如果法律是由服从它的人制定的，那么不管制定出来的是什么法律，就会在接下来被废除。并且，以这种方式制定的法律可能会或者早就已经以一种方式被制定。因此，由服从法律的人制定出来的那些法律就是任意的，没有强制力。这些法律严格意义上讲就根本不是法律。[12] 自我立法是没有意义的。

实际上，在上述论证中，有关立法的任何主张都不是真实的。首先，使某个实体成为立法者的不是占优势的力量，而是立法权威。强盗与野蛮人也可以命令和强制，但是如果他们没有正当的权威，就不能立法。一个立法者可能立什么法，不取决于立法者在力量方面的优势，而是取决于他的立法权威的范围。[13] 并不是任何立法者都可以制定他想要制定的任何法律。作为立法机关权威的基础，宪法可能会规定立法机关能够制定特定类型的法律——比如说，制定那些保障在宪法上受保障的权利的法律——而非制定其他类型的法律，例如取消或废除这同一类权利的法律。其次，出于同样的理由，不是每个立法者都可以任意地废除它制定的法律。宪法可能规定当立法机关制定特定的法律时，它接下来无权通过与制定法律相同的程序废除这些法律。立法者可能会被这些法律所捆住，或者它可能需要一个不同的程序来废除它。所有这一切都再度取决于它的立法权威的范围。

然而，与费希特对法则的演绎相关，关于这一反对意见有更深层次的困难。反对意见与据说是自我立法的法律的内容相关。它宣称自我立法的观念是成问题的，因为在内容方面存在所谓的变形。可能在

---

12 这是安斯康贝（Elizabeth Anscombe）针对自我立法提出的反驳的力度："康德提出了'为自身立法'的概念，这个概念是……荒谬的……立法的概念要求立法者拥有最高的权力。"Anscombe（1958），第2页。

13 事实上，康德否认道德法则是通过"最高权威"制定出来的。他认为，我们可以将自身视为道德法则的立法者，但这唯有通过展示出对法则的理性权威的尊重才能做到，这种道德法则独立于我们的意志，甚至独立于上帝的意志（G 4:439）。参见Wood（2008），第六章，以及本章注释20。

某个时间制定出了具有特定内容的法律，然后这一法律被废止了，或者法律具有了不同的内容。但是，费希特的自我立法的观点有截然不同的焦点：它使我们的自我立法的内容呈现出了开放状态。

法则的唯一内容就是自我的"自我充足性"，这不过是对某个问题或任务（=X）的一个占位符号（placeholder），它的意思仍然有待于通过后来的演绎被规定：首先是法则的适用性的演绎，接下来是它的适用的演绎。简言之，费希特的演绎只涉及了立法形式，即它是绝对的、高于一切的和普遍存在的。这个演绎仅仅表明，如果它适用或者当它适用时，道德权威的概念必然适用于理性存在者的任何和所有的行动。它没有告诉我们何种行动、政策或法则要落在哪个概念之下，但它的确规定了，如果道德权威的概念适用和当它适用时，它是独立于意志的任何行动客观地做到这一点的。更有甚者，它没有为理性存在者的意志保留改变或撤销特定内容的权力。自我立法并不意味着可以选择法则的内容。这个内容对于我们来说是真实的和客观的。我们将在本书第五章中看到，对于普通意志而言，道德法则的客观内容对理论探讨来说乃是一个问题，在实践这里可以通过良心的确信得到解决。在本书第六章和第七章，我们将对费希特有关法则的客观内容进行"科学的"或哲学的考察。

道德权威中的"道德"究竟是指什么？

然而，这一回应只是转移了反对意见的焦点。如果自我立法的东西没有明确的内容，如何能够确定道德权威的思想可以适用于我们的行动？即便它可以适用，费希特有关道德法则的演绎并未针对可能通过自我立法获得的道德权威的规则或政策施加限制。在这种情形下，为何还要称之为道德权威呢？也许它们适用的那些行动最终被证明是以自我利益为中心的行动，或者是我们通常会认为在道德上邪恶的行动。

这些问题的提出是顺理成章的，但回答它们却不是费希特有关道德法则的演绎的任务。它们并未构成对费希特方案的根本反驳。实际上，它们乃是内在于这个方案的问题，可以通过正当的论证过程得到回答。正如我们看到的，费希特承认，或者毋宁说，他反复宣称，他演绎的原则是纯粹形式的，不仅一般意义上可适用性，而且道德原则的具体适用都必须单独地被加以演绎（SL 4:51，131，138，147，163）。一旦我们演绎出原则的适用，在费希特看来，它的内容显然就会被承认为某种类似于普通理智可能称为"道德"的东西。例如，它将会禁止自私自利，并且为他人针对我们发出的许多主张奠定基础，但它将不会包含非启蒙传统认为是"道德"的东西，甚至会包含许多谴责这些传统的东西（正如我们已经看到的，费希特是一个社会和政治方面的激进主义者）。

在我看来，在此针对费希特的观点可以提出一个正当的反对意见，即认为我们的真正的自我性或通过通常意义上的"道德"，或通过费希特意义上的"道德"穷尽了。在费希特这里，这种"道德"是与义务和良心的概念相关联的。从我们的自由针对我们自身提出的主张中，流溢出了至少通常意义上所谓的"道德"和"义务"。我的生命的价值，以及我对于生活得好和赋予我的生命以意义和价值的责任，都超出了通常意义上的"义务"和"道德"。有一些哲学家使用"理性"一词来指涉这一宽泛意义上的价值，并且将"道德"限定在他人可能针对我们提出的要求上面（比如，Dworkin，2011，第13—14页）。另一方面，在费希特的传统中，也存在一种使道德概念，比如义务和良心的概念扩张的倾向，如此它们才能包含真正的自我性和生命的价值具有的宽泛意义。费希特的浪漫主义友人施莱格尔和施莱尔马赫将道德转换为个体的行为准则，仅仅对一个人的个体性来说是有效的。克尔凯郭尔的伦理人（参见本书第六章第六节）也可以被视为这方面的一个例证。海德格尔式的"本真性"的概念也许也是如此（Heidegger，1953，尤其是第 54—60 节）。甚至尼采也支持以这种扩展的方式理解的道德：他说，这个"责任的优越感"中沾沾自喜的至高无上的个体将会意识到一种支配性的本能，这种本能将会赋予他一种针对自身命运的权力。"如果他想要给它一个名称的话，他将会如何称呼这种支配性？毫无疑问，他将称之为良心。"（Nietzsche，1999，第 41—42 页）在这个传统中，正是费希特首次开始对道德进行了这种扩张。也许正是他的这种傲慢的扩张，刺激了后来的思想家们——施蒂纳、马克思和尼采本人——对道德的东西整个地加以拒绝。

实践概念的基础

眼下重要的是，道德权威的概念先验地奠基于自我自身的本质性的意愿之中。这就比我们在日常生活中称为"道德"的任何东西都走得更为深远。因为它为道德法则补充了一种理性的规范性力量。费希特使之同道德法则关联起来的客观价值也许同样可以被视为某种出于在我们看来既非"道德"也不是"利己"的理由而关切的东西。客观价值是我们有客观理由出于它们自身而去关切的东西。费希特倾向于将这些价值同道德义务的主张关联起来。但在此，没有理由来说明为何它们不能够是那些针对我们而发出的、能够赋予我们的生命和行动以价值或意义的主张。它们也许能够为我们的道德义务提供根据，而不是与它们相等同或是奠基于它们。这是后来采取了类似于费希特思想的存在主义者所走的方向，关于这方面的更多讨论，参见本书第七章第四节。

费希特演绎的真正要害在于，某种类似于道德权威的概念乃是自由或理性的行动的可能性的先验条件。每一行动都包含了一个概念，即有关目的的概念，这是现实世界中的某物要与之一致的。但在费希特看来，自由的行动要想在世界上产生这种改变，就必须首先是针对它自身的自由行动。自由的行动必须是自我规定的，并且这一自我规定是自由行动单纯地指向自身的行动。这就是被费希特视为自我（意志、理性存在者）的纯粹存在或本质的那种努力的含义。然而，如果我们想要用与我们设想一种针对世界的处境性行动的相同术语来描述这一针对自身的自由行动，就会发现存在关键性差异：在此扮演着世界与之相对应的那种概念的角色的东西，现在自身仅仅是自我的一项行动，而且是一项被视为自由的或自我规定的行动。在这个意义上，它产生了概念——这也是行动要与之相符合的标准。但这个概念不是其他什么东西的概念，而只是在产生它的过程中它自身行动的概念，因此这就不是有关具体如何去行动的那个特定概念，而仅仅是以这种方式为了它自身而去行动的概念。这里不存在这样的具体概念，任何事物采取的是在一个处境性的行动中，世界被认为去匹配一个目的概念时的那种方式去适应它。

在此不妨考察一下在实践理性中不同于在理论理性中典型的与匹配方向有关的情形。在处境性行动中，意志产生世界应该与之适应的目的概念，我们可以称之为"第一个实践概念"。产生这个概念的意愿必须同样与从具体处境中产生出来的概念一致，它将这个概念作为意愿的规范而颁布给自身。我们可以称之为"第二个实践概念"。比如说，在一个道德上受到激励的慈善活动中，第一个实践概念可能就是你使之受益的那个人的福利概念，而第二个实践概念则可能是你自身行动的概念，即着眼于使那个人受益的行动的概念。但如果我们在此从具体的处境中抽身出来，就会有我们需要援引的第三个实践概念，它的对象仅仅是那个纯粹自我的客观方面（曾被我们称为它的"本质"或"纯粹存在"）。它在一个自我规定的行动中发挥着规定性的作用，这就是自我自身行动的标准或尺度，而与此同时，它也是同一自由行动的产物。

因此，仅仅为自由而行动，就需要产生一个并非第一个实践概念的实践概念，即关于世界为了能匹配这个概念而应该存在的方式的概念，亦非第二个实践概念，即关于产生第一个实践概念的特定意愿。相反，它要求你同样要产生一个抽象的概念，对于这个概念，任何行动为了能成为真正（实质意义上的）自由的行动，也就是成为某种自我单纯地作为一个理性存在者应该去做的东西，都应该去符合它。正是这一作用于个体自身的行动方式，这一对应于第三个也是最基本的实践概念的行动方式是成为自我规定的含义：不仅是指在产生一个人自身意愿的具体概念的过程中的自我规定，而且也是在产生通过这一意愿产生的概念过程中的自我规定，这一意愿是世界应该与之相适应的。因此，一个自我规定的行动就是一个能提供它自身的行动据说要符合的客观尺度和标准的行动。这个标准是客观的，独立于那些将与之相符合的具体行动。但是，这个标准不是外在于自我自身行动的东西，它只存在于行动的概念中，这个行动是客观要求的，并且只能为自身而做出来。

因此，这个演绎就同样是费希特对他在《伦理学体系》导言一开始提出的那个问题的回答。在他看来，这是哲学长期以来忽视的一个问题。哲学家们长期以来都被认知是如何可能的这个问题所困扰，即主观的东西，我们关于世界的现实存在方式的概念如何可能同世界、同某种客观的东西相符合。但他们并未追问与之相对应的、与行动或实践理性相关的一个问题，即客观的东西（世界的事态）如何可能从主观的东西中产生出来，因此就有某种从我的概念之中产生出来的存在（SL 4:1—2）。费希特给出的回答是：为了能在世界上自由行动，自我必须不仅产生第一个实践概念，也要产生第二个实践概念，并且为了自由地做后面这件事，它就必须首先规定自身。通过这种方式，它就产生出了第三个，也是最基础的实践概念，这是它自身的一般意愿必须与之符合的，并且唯有在此之后它才能在任何特定处境之下，或者产生出这第二个实践概念，或者产生出第一个实践概念。而在这两个实践概念之前都是针对自身的自由行动——这个行动是出于它自身而做出的，它的尺度不是别的，而是它自身创造出来的、必须要与之相适应的标准。这是一切自由行动的可能性的前提条件。

可以用另一种方式表述与上述同样的理念：每一个自由行动都拥有一项目的——一种它想要产生出来的外部世界的状态。但为了能有一项目的，它就必须通过自我的一项自由的意愿行动产生出来——或者如费希特的说法，即"筹划"（project, entworfen）。这一行动不能为了与之同类的任何目的而做出，因为这一行动是由所有这些目的的设定预设了的。它必须是一项仅仅为了它自身而做出的自由行动。作为一项自由行动，它处在一项客观规范之下，但这项规范不能通过任何将由行动产生的目的来给定。通过它而能够规定自身的唯一规范是定言命令，这个规范不受任何筹划的目的或者处境限制。因为它对于每一个自由行动都是规范，因此它必须是普遍的，甚至具有一种强的普遍存在的属性（在我们先前描述的意义上）。它必须是至高无上的，因为它对于任何可能产生的被认为能压倒它目的的行为来说，都是一项规范，并且是一项先于这一行为的规范。

那些挑战道德权威观念的可理解性的人通常会认定，指向这个世界的有目的的行动（第一个实践概念）在理性方面的可理解性是不证自明的。他们通常仅仅思考将意愿同世界相关联的这一实践的匹配方向。他们也可能甚至会思考第二个实践概念——与我们设置世界与之相符合的目的有关的意愿概念。但他们并不认为这些行动要求的乃是自由的或完全自我设定的。费希特的论证想要展示的是，如果这就是针对世界的自由行动，它的可理解性就预设了行动的合理性，这种合理性是奠基于道德的权威之上的。

第八节　费希特笔下有一种元伦理学吗？

费希特的道德原则是纯形式的。他承认，甚至强烈主张，这些道德原则没有具体地告诉我们应该去做的事，或必须不去做的事。甚至是它的适用性，以及它的具体适用，不管是通过普通意识，还是通过道德理论思辨，都必须单独地和独立于原则本身进行演绎。实际上，费希特的演绎，如果说是成功的话，也仅仅证成了定言命令、应然、合法则性这些概念的不可或缺性，或者仅仅证成了我所谓的道德权威的理念的不可或缺性。它没有直接告诉我们应该去做什么。正如我们已经看到的，这一点必须单独地进行先验演绎。

20 世纪的元伦理学

因此，我们可能倾向于说，费希特的道德原则就不是像元伦理学那样的伦理原则，因为它看起来是在一个较之我们通常意义上所理解的规范伦理学更抽象的层面上运作的。然而，元伦理学的哲学领域——这是 20 世纪哲学的发明——通常是以一种截然不同的方式来理解的。它是关于道德概念、道德规范和道德判断的语义学的、认识论的或形而上学地位的研究。从语义学的角度来讲，问题是，是否道德判断要被理解为断言或其他什么东西（比如，感叹或命令）；从认识论的角度看，问题就是，它是否是认识的要素，抑或是某种非认知性的东西，例如态度、感受或情感。然而，真正的问题是形而上学的：价值特性，例如善、恶、正当与错误，究竟指什么？价值实体，例如应当，价值或理由，究竟指什么？这些东西真的存在吗？如果真的存在，是自然的还是超自然的，抑或是非自然的实体？它们在何处以同我们关于世界的概念相匹配？正是我们在形而上学问题上的立场常常决定了认识论和语义学方面的立场。如果善、恶、正当与错误是行动或事态的真正特性，关于它们的谓词肯定是表述了事实，而这些事实可能同其他事实一样为人所知，真正的问题通常是有关这些事实的形而上学身份，尤其是如下问题：它们是否真的存在？

那么，为何哲学家们倾向于谈论"元伦理学"，而非"价值的形而上学"？我怀疑这是因为20世纪关于形而上学问题的一个主要立场——也许甚至是占据支配地位的立场——通常认为根本不存在任何价值特性或价值实在，根本就没有任何可以断言的对象，也根本不存在任何可知的真理。承认问题事关这些实在或真理的形而上学地位，将会令人尴尬地注意到这一主流观点彻底的和令人震惊的虚无主义。因此我们被告知要将"元伦理学"用作一种适当的委婉语。

这个主流观点的一个变形形式说的是，日常生活中有关价值的言谈所指的就是它现实地说的内容。但是，我们需要提供一种有关它的主张的"错误理论"。[14]然而，对于其他人来说，这种公开的虚无主义

---

14 即这样一种理论，根据它做出的主张是错误的，是错误地提出的理论，也是一种有关这种错误为何会如此经常地发生的理论。对这一有关道德判断的立场的已知的最佳辩护，参见Mackie（1977）。但是，在我们前面考察过的对于道德权威的某些挑战中，例如在乔伊斯（Joyce, 2001）提出的挑战中，它同样是一个重要的要素。

似乎有着一种令人尴尬的直率。它们可以通过为道德提供一种语义学方面的挽救办法摆脱这种尴尬和直率，即认为，价值判断真正来讲并非价值判断。虚无主义的现象不过是哲学家的误解，是基于对道德语言的表面现象的一种语义学方面的错误解释。[15]

对实在论的最深刻的反驳

有一些人固执地坚持那些显而易见的东西，坚持那些直来直去的普通的道德理智。他们能够理解在此并不存在道德真理或特征（没有对错）的主张自身只是一种*虚无主义*的道德立场。他们并不会买那些准-实在论的模仿或那些模仿道德语言但不接受它的实质真理的欺骗性言论的账。如果你的自然主义的形而上学并未为道德特征留下空间，你就必须或者拒绝实践中的道德，或者寻求一种内涵更为丰富的自然主义的形而上学，抑或使你自身向一种非自然主义的形而上学开放，支持那些道德特征和道德真理。这是大多数元伦理学的反实在论形式在它们仅仅受到自然主义的形而上学或经验主义的认知论的刺激时，可能做出的唯一真诚的反应。它应该会迫使我们在伦理学——任何一种伦理学，一切生活都包含了选择、理由或任何类型的价值——和这种不充分的和贫乏的形而上学和认识论之间做出选择。

---

15 对于某些人来说，甚至无所谓这个事实也是无所谓的。参见斯特里特（Street）即将出版的书的书名。用斯特里特的话讲："我们应该担心的是，无所谓并不是作为一种哲学立场，最后可能令我们吃惊的是，它可能被证明是正确的，独立于我们所想的或所期待的东西——而且是作为一种我们可能会陷入其中的心灵状态。"用我自身（无疑是令人不满的）对它的描述来讲，她的立场是这样的：只要我们仍然保持对它的否认，那么无所谓就是完全正确的。虚无主义是真实的，但是需要担心的乃是我们也许会开始行动，就仿佛我们信奉了这一真理（这种逃避现实的鸵鸟式立场十分类似于美国共和党在全球气候破坏问题上的立场）。费希特也肯定认为这是一种自我颠覆式的独断论，它在自身的那种自我承认的自欺中洋洋自得。

但是，有一种反对元伦理学的实在论的十分突出的论证，这个论证不是源自形而上学或认识论，而是源自实践方面的考虑。它奠基于如下有说服力的理念之上，即任何单纯存在于那里的物或事实，单凭它们自身并不能赋予我们去做事情的理由。但这明显就是诸如善、恶、正当、错误以及价值等这些特征想要做的事。因此，这个论证指出，理由应该是某种在我们内心中有一个抓手的东西。它必须能够激励我们。然而，除非这是某种来自我们自身之中的东西——某种欲望、感受到的情感、采取的某种态度、做出的一项决定或计划、针对自身发出的一项命令——否则，就没有什么能做到这一点。在我们心中必定有某种想要理解这个世界，并且使任何事实（可以称之为是你意愿的）成为你能关注的东西的意念（conation）。正是这种出于意念的理解——不管是消极地感受到的，还是积极地产生的——而不是有可能从世界自身中产生出来的任何东西，必定会构成理由、价值、善、恶、正当与错误。

表达相同观点的另一种方式如下：实在论者必定会说，我们有理由仅仅是因为我们能够做出认知性的活动，识别和回应特定类型的事实。但是，实在论似乎并没有任何进一步有关据说从这种认知中产生出来的意念行动之起源的论述。如果我们能回应这些理由，关注它们，基于它们而行动，那么看起来这个解释的关键部分就肯定不是取决于我们对某种事实的认知，而是相反，取决于某种有关我们作为实践的——关切的或欲求的——存在者的内容。唯有当价值以某种方式部分地通过我们的意愿或关切，而不是仅仅通过我们的认知进入到世界之中，这种解释才是可能的。

一种有时被人们称为关于理由的"内在论"（internalism）立场，主张这种激发性的能力必须存在于欲望之中——如果不是直接地去做某事的欲望，也是对如下这种事情的欲望，即合理的实践推理为了满足前面的欲望,向我们表明我们要努力地去做这件事。但有关有价值的东西的客观事实从来就不包含这类欲望。相反,欲望是有关我们的主观事实,而并非是关于应然、正当或善的客观事实。内在论似乎排除了元伦理学的实在论。在这里潜藏着一种困境,甚至是一种费希特式的二律背反:

> 正题:道德与实践理性必须基于某种"存在于那里的"客观的东西。如果它们不是奠基于某种实在的东西,那么理由将可能会被还原为我们的感觉、欲望和选择。它们可能缺乏或是支持或是推翻这些的权威。在这种情形下,将最终没有任何理由。

> 反题:任何"存在于那里的"事实都不能构成一项理由。所有的理由都必须能激发我们,并因此在作为意念存在者的我们的身上产生出来。客观事实本身从来不能构成理由,因此,再一次地,如果实践理性仅仅基于客观事实,将根本不存在任何理由。

如果正题成立,我们就从来没有做任何事情的理由,因为没有什么有权威为我们的感觉、欲望或选择奠基,也没有什么有权威可以推翻它们(什么都不重要)。但如果反题成立,理性就可能被卖身为奴,被降格为激情,做卑贱的服役。而激情却不能构成做事情的理由(再一次地,什么都不重要)。无论通过何种方式,虚无主义都会最终胜出。

费希特对元伦理学的拒绝

费希特的哲学早于"元伦理学"及其提出的问题的发现。但在我看来,他有关道德原则的演绎的先验进路可以被视作对这些问题的独特贡献。关键点是，这个二律背反的双方都是从一个共同假设开始。它们认为道德与行动（价值、理由）是通过参考物自身或事实自身得到理解的。实在论者想要将理由置于这些事实之列，作为关于一系列具有理性权威的客观实体或特征的真理，反实在论者则想通过诉诸有关我们的感觉、决断或行动的主观的心理学事实解释理由和理性权威（或通过解释降低其重要性）。它们都想要一种可以通过某种方式奠基于有关"物自身"的事实基础上的理论——不管这些事实或物是自然的还是非自然的。费希特拒绝了这些选项。[16]

近年来，康德被一些学者解释为是一个元伦理学的反实在论者，对于他们来说，道德法则并非奠基于"现实存在的"客观的"价值秩序"之上，而相反是通过我们自身的实践理性而颁布给自己的。[17]这并非对康德的正确解释。[18]但正如我们看到的，对于费希特来说，这似乎指的就是在此我们作为理性存在者的确可以颁布道德法则。出于这种理由，有时我会想，费希特可能是第一位"康德式的建构主义

---

16 最近的一种类似于费希特的观点可以在德沃金（Dworkin, 2011, 第23—98页）笔下找到。德沃金论证了伦理学相对于在哲学的其他部门中发现的任何东西的"独立性"——这些东西是指认识论、语言哲学，或者简言之，任何可以被称为"元伦理学"的东西。但费希特不认为伦理学独立于先验哲学或知识学。他将德沃金可能称为伦理学的独立性的东西奠定在自我的"自我发现"之上，奠定在它的自我设定基础之上，最终奠定在意识的可能性的基础之上。

17 关于此一立场的最完整的表达也许是科斯嘉德（Korsgaard, 1886）。

18 再一次参见伍德（Wood, 2008, 第六章）。康德明确地并且明显地是一个有关作为目的自身的人性的客观价值以及道德法则的权威方面的实在论者。对于他来说，我们的自我立法是我们考察和看待道德法则的一种方式，但法则自身不是通过任何人制定出来的（不是通过上帝，也不是通过我们自身）。对于康德来说，拥有价值的东西是独立于任何存在者（甚至是最高的存在者）看待它的方式拥有价值的（G 4:439）。道德法则不再由上帝的意志创立，或由我们的意志创立，也不是由数学上的真理所创立（VE 27:282—283）。道德法则"存在于事物的本性中……存在于事物的本质中"（VE 29:633—634）。

者"。但进一步的反思使我确信,费希特在元伦理学问题上的立场既不是实在论的,也不是反实在论的。相反,他的观点是,在元伦理学的争论中,争论各方都是从一个共同的独断论错误出发的。元伦理学理论通过在有关实在本身的主张基础上——不管这个实在是心理学的,还是非心理学的,自然的或者非自然的——解释日常道德意识的真理(或虚假),而没有从我们对这些实在的意识(在此情形下,就是我们的实践意识)的可能性出发演绎出这一实在的概念。

费希特的先验进路将实践概念和规范严格地视为我们在意愿和行动时必须思考的内容。具体来说,我们在本章中已经考察过的费希特有关道德原则的演绎,不仅试图为我们曾经称为"道德权威"的概念提供一种康德式的形而上学演绎,而且提供一种康德式的先验演绎,它也规定了这个概念,即它已经表明,如果道德权威想要扮演它作为实践的自我意识的条件的角色,我们必须如何必然地思维它。结果就是,我们必须思维它的一种方式是,将它思维为一种客观的和实在的东西,思维为意愿的客观方面,思维为自我规定的真实方面,而我们必须思维它的另一种方式是将其视为由我们自我立法而产生出来。这两种方式对我们有关道德法则的意识来说同样必要,并且对先验哲学从中开始的那一自我意识的原则来说也同样必要。如果元伦理学认为两者不相容,这就表明它的独断的出发点是错的。相反,它认为是首要的形而上学问题遭到了排斥,因此不再给予回答,至少在引发这些问题的独断论的假定基础上是如此。

曾经得到演绎的道德原则是实在的和客观的,它为意愿活动包含的"实在的自我规定"奠定了基础。它是客观的,因为它奠基于意愿行动的客观方面,即被认为独立于那一行动,并且(规范性地)限制这一行动的方面。仅仅凭借这一点就使道德原则成为一项法则,具有一种规范的必然性,它可以规范地限制那些意愿的行动(它们根据其纯粹存在或真实本质服从于这一法则)。另一方面，这一法则也仅仅是从被认为独立于外在于它的东西的意愿中推出来的，因此，法则必须与此同时被思维为自我立法的或自律的。[19]实际上，费希特的论证是，法则只有当它同时被思维为我们自身颁布的法则时，才被思维为客观的。换句话说，不论是实在论者还是"客观论者"，抑或反实在论者或"主观论者"，都是对的，或者都是错的。从先验角度看，其中的一种立场脱离了另一个都无法得到捍卫。从先验角度来讲，两方都是融贯的，因为道德法则的客观性对实践的意识来说，不过是颁布法则的意愿的客观方面——这个意愿使之成为一项立法，而不只是任性的规则（或主观原则），只因它奠基于意志的客观东西上面。这个结论不是从对法则如何必须与"实在自身"（不管是规范性的，还是事实性的）相关联的考察中产生的，而仅仅是从我们必须思维自由行动的方式中产生的，如果意愿活动、自我意识抑或意识想要成为可能的话。

有些人可能倾向于将费希特的先验观念论解释为致力于一种反实在论或准实在论的元伦理学。在本书第二章，我拒绝了这种与物质世界的实在性相关的先验观念论解释。我指出，费希特想要反对这一点，也解释了为何他要这样做。费希特没有直接面对我们理解的那些元伦理学问题，但我认为，在元伦理学问题上的一种对费希特的反实在论或准实在论的解释可能会出于相同理由而遭到误解。

费希特演绎的"反-实在论"或"主观论"的方面并不真正是主观论或者"内在论"的。相反，它是理性论的——实践方面的理性论。它不是我们从经验角度碰巧欲求的那些拥有客观价值的东西，相反，它是理性自身，费希特将其等同于自我性，在本质上是由特定的

---

19 对于我来说，具有规范意义的自我乃是"我"(I)，即自由的行动；我应该与之和谐一致的那个理想必须是我自身的自由创造，参见 Neuhouser(1990)，第四章；Tugenhat(1986)，第132—143页。

意愿构成的，即是由一种根据实在的或客观的根据而行动的意愿构成的——正是这个根据使这个意愿成为了自由的，即使之成为自我规定的或自我充足的。那可能促使我们将费希特解释成一个反实在论者的原则，因此也是可以促使我们将他解释成一个实在论者的相同原则。我的结论是，我们不应该将他解释成这两者之间的任何一个——至少是以传统元伦理学理解它的那种方式。[20]

正如费希特演绎的，道德原则只是形式的，它仅仅包含着道德权威的概念。它针对的不是我们应该做什么中的什么，而仅仅是为何我们应该要那样去做。通过将道德的理性的或激发性的根据的问题同它的内容相分离，费希特就将动因同前面考察的反实在论依赖的实质性的道德真理之间的联系分离开来了。[21] 换句话说，费希特的立场是，

---

20 我们在后文中将会看到，费希特认为自由的或自我规定的自我（一个理性存在者）拥有特定的冲动，并且这些冲动中的一部分乃是在每一种情形下为我们自身形成去做道德上应当去做的那些事的定言命令的冲动（SL 4:155）。这看来好像是一种形式的内在论，也就是，前面我们定义的那种内在论认为，我们只有当我们有特定的欲望并且也仅仅因为我们有特定的欲望，我们才有理由去做某事。在此有两方面的理由质疑费希特乃是这种意义上的内在论者，首先，形成了定言命令，也就是构成我们去做应当之事的理由的并不是冲动，而是命令自身；其次，正如我们稍后可以看到的，冲动并不等同于欲望，我们可能有一种冲动去做某种我们并无欲望去做的事，费希特并不是可能激励元伦理学的反实在论或准实在论的意义上的内在论者。

21 相反，康德式的建构主义者通常认为，我们必须被视为同时也是在通过立法制定道德法则的内容（它通常采取了康德的诸公式的一种或多种形式）。在我看来，这就使它们处在一种站不住脚的立场上。他们必须或者说道德的内容取决于我们的意愿，或者说我们所立的法根本就不取决于我们自己，而是由我们独立决定的。但是这两种选择都无法令人接受。根据前者，我可以任意地改变道德法则，后者则可能使我们作为自我立法者或多或少地处于伊丽莎白二世女王的位置上，她必须签署所有的但只能是议会放到她面前的法案，因此只是一个挂名的首脑，而非真正的立法者。与之相反，费希特的立场是，作为纯粹自我，即一个自律性的理性存在者，我必然被激励着去履行任何我应该做的行动，这些行动是基于客观的根据而为我的知性所规定的。不同于康德式的建构主义，它将法则的激励方面同客观方面区别开来，前者来自于我们，后者是通过理论性的探究得到规定的。它因此就维持了法则的内容的真正的实在性和客观性，而这仍然是独立于我的意志的。

前面陈述的元伦理学的二律背反中的双方必定都是对的，因为它们也都是错的。基于独断论的假定，这里就不存在任何方式。借此，譬如善、恶、正确、错误、理性或道德权威这类概念既可以客观地存在（"在自身""在那里"），也可以通过我们的自我立法产生出来。

从先验角度看，普遍地和绝对地拘束我们所有人、在任何地方都可以适用的至高无上的道德原则只有在如下意义上才能说"存在于那里"，即它必须被设想为独立于任何规范地服从它的思维或意愿的行动而对我们有效。这显然是与适用于物质世界相同的客观性或"现实地存在于那里的属性"（out-thereness），而先验哲学也必须将它的实在性和独立性演绎为意识的可能性的条件。并且，由于实践理性是一切理由的源泉，它甚至比理论意识更为根本。在费希特的体系中，对于物质世界和道德法则就有一种相同类型的先验演绎。在费希特的先验哲学中没有为如下说法留下空间，即和元伦理学的反实在论者想要做的一样，认为物质自然以及有关它的真理是实在的和客观的。但是，与理由、价值或应然相关的真理不是实在的和客观的。从先验角度看，两种类型的客观性是相等同的。道德的实在性和物理的实在性一样真实。这两种实在论都从属于日常的实践意识。它们在经验方面都是真实的，因为它们在先验方面——而非在形而上学方面——是理想性的。

道德真理的先验结构

道德原则告诉我们应该去做什么。这里必须存在有关我们应该做什么的一项客观事实，这就要求一种"心灵匹配对象"的匹配方向，而且同样需要我们应该与之打交道的一种实在（也就是"现实地存在于那里的"客观真理）。但那个事实必须同样给予我们去做这件事情的理由,并且在此就存在"世界匹配心灵"的匹配方向。道德法则不能为我们做决定,但在特定情形下,它可以为我们提供以这种方式而非那种方式做这些决定的理由。并且,这个理由必须与我们应该这样做而不那样做的客观真理相等同。不管是心灵匹配于对象的真理,还是对象匹配于心灵的理由,它们既不会一方优先于另一方,也不会一方落后于另一方。准确来说,同一个"心灵匹配对象"的事实必须等同于做某事的"世界匹配于心灵"的理由。

对于任何有关自然世界的事实,或者有关"在自身"存在的东西的事实,是否有可能具有这一结构呢?许多哲学家都认为不可能。他们认为,道德实在论在使我们致力于"那些在本质上是规定性的特征"的过程中,也使我们致力于一系列我们的自然概念不能与之适应的奇怪实在,并且使我们致力于一系列假定的事实,关于这些假定的事实的知识,在任何情况下都无法解释我们如何有行动的理由。从这些论证中他们给出的通常的结论是拒绝元伦理学的实在论。费希特也许可以被视为与这些哲学家的看法相一致,但是他得出了一个根本上有别的结论,他认为,不论具有此种结构的真理是否与我们有关"实在自身"的观点相匹配,它们对于我们居住的生活世界中的知识和行动来说,却是不可或缺的。因此,我们必须在先验的根据之上来接受它,这就先于任何我们有关"实在自身"可能拥有的可以被证实的思想。请注意,这一点对于费希特有关元伦理学的反实在论的回应来说意味着什么,这些元伦理学的反实在论者宣称,这里并不存在任何道德实在,因为有关独立于心灵的实在的知识是从它对我们的因果性方面的影响中产生出来的,而且在此不存在"道德实在"能在因果性方面影响我们的任何方式。费希特否认如下这个潜在的前提,即认为我们以这种方式认识到了外部的物理实在。作为一个先验的观念论者,他主张,我们之所以知道外部世界的存在,是因为它是意识的可能性的先验条件。

费希特接受了有关物理世界的进一步的经验知识取决于它对我们因果性方面的影响这一看法，他的哲学想要演绎的正是它的先验必然性。我们知道，道德实在也以同样的方式存在，因为它是实践意识的可能性的条件，更具体地讲，道德知识不是通过物理实在的因果性作用获得的，相反，它是先验地演绎的，正如我们在本章中有关道德法则的讨论中看到的那样。明显的差异是，伦理学只取决于我们作为自由存在者的行动。唯有在道德发展的最低阶段的人——这个阶段在费希特看来通常是由独断论者占据的——才持有如下令人蔑视的观点，即认为伦理知识是从我们对自然的因果性方面的消极性中产生出来的。

费希特可能会拒绝20世纪的元伦理学——不仅拒绝它们的答案，甚至拒绝它们提出的问题。因为，一切选择，不论是实在论的，还是反实在论的，都预设了独断论。人们可能认为，在新近的元伦理学的立场中，费希特的立场最接近于胡赛因（Hussain）和沙阿（Shah, 2006，第268页）所谓的"寂静主义"的立场，即认为，在此"没有任何超出规范性思维的方式能够解释它"，因此就没有什么办法可以回答元伦理学问题。如果我们明确要求元伦理学问题必然要从独断论的视角出发来追问，那么费希特就可能会同意，因为他认为，我们不可能去回答一切从独断论的视角出发提出的问题。但是，如果元伦理学问题简单地被解释为有关诸如道德权威这样的概念——稍后，我们将同样会看到其他的一些道德概念，比如良心的确证、义务，甚至伦理实在——的基础或可证成性问题，费希特就肯定认为这样的问题是可以得到回答的：也就是从先验的视角出发得到回答。实际上，我们在本章中想要理解的费希特式的论证以及我们在本书第五、六、七章中想要考察的论证不过是如下这种尝试，它不是想要提供独断论，而是想要提供先验观念论对这些问题的回应。但是，这些问题并不属于任何"元科学",而属于伦理学自身。

这就相当于费希特对传统的自由意志问题的拒斥。我们必须预设自由,因为不仅对于行动者来说,而且对于认知者来说,不这样做对我们来说就是一种自我颠覆。我们必须类似地预设一种道德法则,它不仅是实在的,或是客观的,也是通过我们的意愿自身立法的,因为这一联结是自由行动者可以一贯地思维我们自身和我们自身行动的唯一方式。如果这一联结走向了一种不可能的(独断的)形而上学,那么对于这门形而上学来说,就没有比这更糟糕的了。

第五章　良心：道德原则的适用性

真正来讲，费希特有关道德原则的演绎只是针对特定概念的演绎，即针对定言命令或道德权威的演绎。被演绎的法则提供了一项绝对义务，并因此也为它适用的行动提供了一种纯粹理性的动机。但是，它却不能告诉我们哪些行动是绝对地被要求的，或者甚至不能保证存在这类行动。正如费希特能告诉我们的，这个演绎本身无法表明被演绎的道德权威概念能够运用于特定行动（SL 4:63—64）。法则的可适用性（applicability）是另一个单独的演绎对象。这个演绎出现在《伦理学体系》第二编，而法则的现实运用则是第三编的主题。

第一节　费希特的体系性方案：它的目标和结构

在费希特看来，不存在单纯可允许的或值得称赞的行动。在特定情形下，存在一种对个体而言是定言命令要求的行动方式；所有其他方式都是被禁止的。考虑到这种观点，如今的多数道德哲学家可能会认为，对于他来说，紧要的是提供有关正当行动的推论性标准。但正如通常理解的，这项工作并不在费希特的工作议程中。如果我们理解了他的良心理论和良心确信理论，就会看到为何它不在这个议程上。

这些理论将是本章的焦点,但我们并不立即进入相关讨论。

费希特的方法包含普通的、日常的或常识的视角与先验的、哲学的和科学的视角之间的互动。在他看来,普通的道德行动者通过有关究竟要做什么的良心确信,从而适用道德原则(SL 4:155—156)。因此,费希特想要通过为这一道德良心的经验提供先验证成(就其出现在普通行动者的生活中而言),从而表明道德原则的可适用性。

费希特有关良心的考察分为两阶段。在《伦理学体系》第二编中(§§4—13),他主张自己已经表明,道德法则的可适用性从普通人的视角出发采取了有关什么是我们的义务的确信的形式,换言之,采取了良心的形式。尽管在这一点得到确立的地方,费希特稍后又说"我们无法看到如何能够先天地规定义务是什么,除了做出这一行为的良心的认同或不认同,我们缺乏为这方面进行规定的任何标准"(SL 4:209,着重号为我所加)。因此,在有关良心的讨论中,必定存在第二个阶段,即在第三编的开端,费希特通过表明良心如何能够先于行动发挥作用,完成了有关良心的讨论。

根据费希特,良心概念(以及与之相关联的情感)的演绎为道德法则(道德权威的概念)的适用性提供了一个先验演绎。但这仍然并未提供道德法则的适用,或者为道德法则适用的行动提供理论性说明。正如费希特对这一情形的描述:"有了这一点,就可以确保道德法则的可适用性。这对于日常生活中的行动的意图来说是充分的,但对于科学的意图来说并不充分。"(SL 4:209)因此,为了明确从先验的或科学的角度出发我们在义务方面能知道什么,需做进一步考察。良心在规定从普通人的角度出发何种行动是正当的、何种行动是错的这一过程中发挥了作用,但它在费希特有关义务的内容的"科学"论证中,并未发挥这样的作用,这是本书第六章和第七章的主题。

第二节 关于人的实践条件的先验理论

费希特的良心理论建立在人类行动的先验条件之上。《伦理学体系》一书第二编的前四节（§§4—7）为我们针对这个世界的行动和我们关于这个世界的认知的关系提供了一个先验证明。这个先验理论的各部分在其他著作中得到了更具细节性的表达，例如在《全部知识学的基础》（1794年）和有关《知识学的新方法》的系列演讲中（1796—1799）。在本书第三章，我们讨论了对于费希特来说的行动的两个基本条件：一是自由，二是交互主体性。本节将致力于概括他在《伦理学体系》第四至八节中宣称获得的结果。

费希特被如下事实触动，即那种怀疑以及对它的回应是直指我们表象这个世界的能力的，但没有人花费相当的注意力关注我们如何可能形成有关目的的概念，并在接下来在这个世界上使其得到实现（SL 4:2）。鲍曼斯（Peter Baumanns）正确地指出："通过提出这个问题，费希特成了有关行动的体系性的先验哲学的奠基人。"（Baumanns, 1990, 第136页）费希特通过比较两个其他概念的实在性和适用性，阐明道德概念的实在性和适用性，从而开始了他的工作。这两个其他概念，一是经验世界中的因果性概念，这是我们在思维事件的关联时必须采取的，另一个是法权概念，这是我们在思维其他理性存在者以及我们的外在自由同他们的外在自由的相互关联性时必须采取的（SL 4:64）。

在此费希特再度关注"匹配方向"的问题。在道德权威的情形下，他指出，它和因果性概念不同，后者有一个以世界中现实存在的某种东西为形式的对象，并且为了使这个概念成为正确的，概念应该与这个对象匹配或符合。相反，道德权威的概念类似于法权的概念，它采取了在我们自身中的理念（Idee）的形式，或者采取了思维的形式，这个世界以及我们的行动应该与之匹配，或必须与之符合（SL 4:64—66）。费希特之所以专注于匹配方向的上述差异，主要是因为我们的实践处境包含理论认知与实践努力的相互依赖。在认知中，概念据说要与实在相符合，或成为实在的摹本（Nachbild）。对于实践来说，概念则是使实在与之符合的模型（Vorbild），根据后面这种方式看待的概念是目的概念（SL 4:71）。

自由、时间性与世界性

理论与实践的这种必然的相互性使我们的自由自身成为一项理论原则，成为认知的可能性的条件（SL 4:75—76）。从先验角度看，主体的行动自由——它的探究、经验和得出结论的自由——是建构认知对象的经验世界的先验基础。正如我们在本书第三章中所见，自由并非作为一个对象（作为某种可以认知和在理论方面把握的东西）与对客观世界的认知关联起来，而只是作为理论探讨的先验条件而与其关联起来。这就是为何传统的（独断论的形而上学）有关自由意志的问题一直未曾得到解决的原因。

意识只有在时间中才是可能的，并且仅仅对一种想象才是可能的——这一想象在向自我自身敞开的不同的真实可能性之间摇摆（schwebt）（SL 4:97，GWL 1:216—217，SL 4:136—137）。这就是时间之"箭"的意义。过去是行动的一种确定的、不可改变的状态，未来则向通过我们的自由选择做出的修正敞开（SL 4:78—79），这就是为何每一个眼下的时刻受某个过去时刻的限制，自身又是接下来的时刻的前提，而不受其限制的原因：

> 时间是一个前后相继的时刻的确定序列。在其中，每一个单一的时刻受到另一个时刻的制约，而这另一个时刻并不反过来受它所制约的那个时刻的制约，而是接着制约其他时刻，而这其他时刻并不反过来制约它。
>
> （SL 4:97）

> 因此，正是通过意志，也唯有通过意志，未来才在现在的时刻被把握。正是通过意志，一般意义上的未来概念才成为可能。
>
> （NR 3:117—118）

> 对于我们来说，必然存在一个过去。因为唯有存在过去，才会有现在。唯有在此存在现在，意识才是可能的……意识之所以是可能的，唯有自我设定一个非我与自身相对立。可以理解的是，这一点之所以可能，只是因为我将它的理想性的行动指向非我，这是自我的行动，而不是非我的行动。并且，只有在它是自由行动时才是如此，即只有在它能够指向任何他物而不是这个物的情形下才如此。
>
> （GEW 1:409—410）

自我并非一个实体，也非一个物，而只是一项行动。因为它不是物，就不拥有能受他物影响且它的状态受他物在因果性方面强制的"本性"。但自我又必然是有限的和处境性的。它受到了世界的限制、抵抗与挑战。自我消极地面对世界，世界对它的因果性为它的效用性设定了范围和限制（SL 4:97—98）："规定去行动预设了静止……（自我）必须早已被提供了它的对象，并且必须消极地接受这个对象。因此，自我规定去行动就必然预设了一个消极状态。"（GWL 1:372—373）

对象是为行动提供处境的某物或事态,对这个对象的消极性的意识是一种对一切意识具有根本性的"情感"(GWL 1:289—322,GEW 1:365—372,SL 4:105—106)。这种处境提供了自由意识必须进行选择的不同可能性。

自我的处境就是它的世界。任何自由行动的主体的实践处境是为其提供行动的诸条件的东西。这些条件即是它的生活世界,它自身的世界,"我的世界……是通过它与我的对立或对比被规定的,即作为我们原初地发现的那个世界,作为一个据说不需要我的任何辅助也能存在的世界,这个世界通过它与我的对立,通过与我的对比得到规定。这里的我是自我必然地发现自身将要成为的样子,而不是作为自我也许应该自由地将自己塑造的样子"(SL 4:72—73)。这即是后来存在主义者"世界性"(worldhood)观念的来源。[1]

能力、行动和有生命的身体

费希特认为,我们物理方面的能力只能通过它们的现实发挥而自己归结给自己:"理性存在者如果不在自身之内发现这一能力的现实

---

[1] 海德格尔的"在世存在"(Befindlichkeit)和"实际性"(Facticity)也可以被理解为人们对"客观"世界可能形成的一切更抽象观念的先验前提(比如,人们通过自然科学认识到的世界)(Heidegger, 1953, 第52—62, 130—140页)。费希特同样也是海德格尔式作为距离或"去远"(Entfernung)的空间性观念的创始者。(Heidegger, 1953, 第101—111页)从先验角度看,空间性是最初的,也最重要的东西,它将我们与我们可以通过自身的自由能动性产生的世界中的种种改变区分开来,或者以另外的方式将我们同这些改变联系起来。"对象X在空间中处于与我的这种距离之中,这就意味着,在穿过从我到对象的空间的过程中,为了能够设定特定的对象,我必须首先领会和设定其他对象。"(SL 4:99)有时,我们也注意到费希特发明出了存在主义者"实际性"的概念,这一点是对的,但是这个发明出现在1804年,并且他也没有在存在主义者后来使用这个词的意义上使用它。(WL1804, GA II/8, 182;参见 GA II/8:77, 299)

发挥，即不在它自身之中发现一个现实的自由意志的行动，也就不能归结给自身一种自由的能力。"（SL 4:83）费希特的论证是从意愿活动和认知之间的对立中推出来的。意愿和认知再一次地是不同的和对立的，但也是相互依存的。为了认知，我必须意愿，相反亦然。费希特坚持认为，我并不能感觉到我的意愿活动（SL 4:86），即我对于它并不具有单纯主观的意识。"如果理性存在者不同时归结给自身一种自身之外的现实的因果性的话，他就不能在自身中发现任何他的自由和意愿活动的运用。"（SL 4:89）我的意愿自身因此只能通过它的客观效用性才能被识别。这一点是从对笛卡尔的实体二元论的拒斥中产生出来的。一个没有躯体的自由行动者或理性存在者的概念内在地是不融贯的，因为身体化乃是自我同非我积极关系的一个先验条件。[2] 因为我们的自由行动的唯一存在的主体是我们的躯体。我们的每一项意愿就等同于身体的某些变化，以及在我们的世界中其他身体上引起的变化。

因此产生出第一个推论（我们可以将它说成是）：不存在纯粹内在的行动。[3] 不存在任何只能间接地产生出外在变化的意愿，或者可能产生出它们，但也可能不会产生出它们的意愿。不存在诸如康德

---

[2] 费希特这一观点的先行者是斯宾诺莎的如下论点，即心灵和身体乃是同一件事，是在不同的特征之下所构想的，因此每一项心灵的行动——不管是有意识的，还是无意识的——同样是身体中发生的一种变化，并且在外部的有形世界中引起了进一步的变化。（斯宾诺莎，《伦理学》II，第13—14，219页）

[3] 在《自然法权基础》一书中，费希特似乎是颇费心思地同这一点相抵触，他主张（比如说）形成目的概念并不包含任何身体性的或外部的行动（NR 3:55；113）。严格来讲，这一点甚至同他在那本书中所提出的其他主张相冲突（NR 3:59），但是他的意图似乎是想要区分出一类不能公开观察到或认识到的意愿，并因此不服从于强制性的立法。这里也许有一类意愿，对于它们来说，这一点是真实的，即便每一种意愿的确导致了对我的身体及其同外部事物间的关系的某些结果。在此可能并没有一种方式，公开地规定我必须设定这一目的而非另一目的，使这些行动免于受强制性的规制。

所说的善良（或邪恶的）意志，能够完全独立于它的"外部"效果而存在，纯粹出于它自身而在道德上得到评判（"像珠宝一样闪闪发光"），而完全独立于它的"外在的"效果（G 4:394）。对于费希特而言，意愿活动通常体现在身体方面，并且通常指向外部。目的概念是我们对于预示着某项行动和为该行动奠基的行动的表象。但我不是首先（在某一时刻）形成有关某个目的的概念，然后（在稍后的时刻）采取某一行动。相反，"筹划某一概念的行动在时间上不先于（意愿的）行动"（SL 4:88）。而是，筹划（entwerfen）某一目的已经是去行动了（SL 4:85—86）。后来的存在主义者表达了这一费希特式的理念——自由自身即是一项筹划。严格来讲，每一项行动都是通过某一目的的筹划而构成的。自由的价值是与特定的处境性的筹划——也许是与这些筹划的整体序列——的价值不可分割的——自由的价值在这些筹划中得到了具体化。

第二个推论："因此，严格来说，如果我们能够意愿某物，那么我们也就同样能够做到它。"（SL 4:94）[4] 我们可能会希望某些超出了我们能力的东西，但却不能够意愿它们。费希特说，与这一主张明显对立的例子通常会包含一系列的意愿（和行动），通过这些意愿（和行动），最终的那个目的就会通过一系列中间目的和行动间接地产生出来（SL 4:94）。当我们认为自己能意愿某事却不能够去做这样的事时，这只是意愿行动的一个例子，并因此同样是能够去行动，但仅仅

---

[4] 这一表达必定会使我们想起叔本华在一篇讨论意志自由的文章中反复提出的主张，即"我可以做我意愿之事"（Schopenhauer, 2005, 第6, 16, 19页等处）。我认为这并非偶然。尽管叔本华对费希特并无溢美之词，但针对费希特，他常常说一些最为真诚的奉承话，这可能是一个哲学家能对另一个哲学家说的最真诚的奉承话了。他（并没有明确地承认而）从费希特那里借用了他的原则。叔本华的著名学说，即我知道自身直接地乃是意志，显然是这方面的另一个例子。

是作为这个序列的某一个特定的部分,去行动就是要在我的身体之中造成改变,这个改变与此同时可以引起这个世界的改变:

> 因此,如果我能够通过我的意志改变我自身的某些东西,那么我的世界也同样会发生改变,通过展示前者的可能性,也就可以解释后者的可能性,"我的世界被改变了"意味着"我被改变了"。
> (SL 4:72)

一切意愿都既指向我自身,也指向它的世界。

有机体和肢体

每一个意愿同时是一个有效用的行动,这个命题的进一步推论是,我关于我的身体的经验在本质上不同于我对于世界上其他物体的经验。我的身体从来就不只是我的自由行动的单纯的外在的或陌生的手段。从先验角度看,作为一个自由存在者,"我就是我的身体"(SL 4:127)。我的身体的每一个行动都包含我的行动,我的身体从来就不只是一个理论认知的对象。它永远同时也是我的意愿和自由能动性的表达。这不仅是我的身体的"主观"经验,与对我的身体的"客观"研究相对,后者是将我的身体作为物质世界中存在的众多物体中的一种。唯有通过这一对于我的身体的经验,我才能获得有关一切的认识。活着的身体通过成为一切认知依赖的那种自由行动的条件,成为一切认知的先验的必要条件。

构成我在这个世界上的因果效用性的出发点的表象系统,必须因此而有别于构成了我的行动所针对的外部对象的任何表象系统(SL 4:98—99)。这是一个先验地必要的真理。将我的身体作为单纯的对象来研究，因此在本质上不同于通过我自身的能动性以及通过影响这一能动性的冲动来对于它的体验。费希特推论出，关于人类身体被安排和运行的方式，必然存在两个不同的概念。[5] 自我设定的和积极的自我必须不仅被安置在一个物质化的身体之内，而且也必须同样被安置在一个活的身体之内。这个身体的各个部分或器官的自然的和无意识的意向都落到了有机体的概念之下。用康德的术语来讲，这就是出现在《判断力批判》中的表达了内在的或自然的合目的性的反思性判断概念的运用（NR 3:77—78，参见 SL 4:134）。[6] 这就是使人类身体成为一个有生命的东西的身体——一个属于某一特定物种的动物的东西。但与之相对，身体也同样可以被视为这样一个系统，它是有意识的自由行动的出发点。那么，这个安排也就不能落到"组织"的概念之下，而是落到了一个截然不同的"肢体接合"（articulation）的概念之下（NR 3:59—61，SL 4:98）。[7]

---

[5] 探讨该命题对感知心理学和认知心理学的影响超出了本书的讨论范围。但费希特的基本命题随后的两个重要发展可以在梅洛·庞蒂（Merleau-Ponty, 1958）和吉布森（Gibson, 1980）笔下找到。有关近年来这类理论的一个批判性检视，参见夏皮罗（Shapiro, 2011）；有关费希特在此主题方面的最近的有帮助的讨论，参见高赫（Goh, 2015）。

[6] 人类自然的和无意识的方面（人的身体）同他的自由和有意识地自我设定的方面的统一是费希特哲学的一个重要主题——有时也是一个悖论性的主题。比如，它包含在费希特的那个令人奇怪的论点中，即自我除非是有自我意识的，否则什么也不是。但自我的原初活动（Tathandlung）——借此，自我就与非我一道将自身设定起来（这里的非我是指自我的行动针对的和它认识的自然界）——必然是无意识的，并且只能通过从自我的自我设定向着它的先验条件做出的推论，从而哲学性地确立起来。

[7] 一个活的身体的肢体接合看起来预设了自由能动性，在对非人类的动物的本性的简要讨论中（这个讨论很显然写于《伦理学体系》之后不久），费希特主张动物的身体之所以不同于植物的身体，是因为它包含肢体接合（SW 11:366）。他承认，在人类这里，肢体接合预设了自由意志，但却主张在其他动物那里也有一种根据必然性运行的肢体接合（SW 11:367）。他并没有解决在这个陈述过程中含有的明确冲突，费希特的伦理作品的确没有讨论我们对非人类的动物的道德义务。

冲动概念的演绎

认知与行动的相互依赖（它在人类身体的组织的和肢体接合的这两个方面展示自身）产生了一个二律背反，这个二律背反的解决乃是《伦理学体系》第八节中的内容：

> 正题：理性存在者除非作为他的受到限制的结果，否则就没有任何认知。

> 反题：但是，除非因为一项认知，至少因为对理性存在者自身中某种东西的认知，否则自我行动就不能系属于理性存在者本身。

（SL 4:102）

在此看到的难题，至少在其最直接的形式中，不是矛盾的威胁，而是相反（正如费希特本人在这里告诉我们的，SL 4:103），是陷入恶性循环的威胁。看起来，自由能动性的那些实践条件和理论条件是以一种威胁要使两者无法得到解释的方式，因而是以一种使它们从先验角度看不可能的方式相互依赖的。这就是用矛盾来威胁我们的东西。那些已经被证明为先验地必然的东西看起来同样是在先验上不可能的。

费希特对二律背反的解决在反题的最后一个句子，即在"至少因为对于理性存在者自身中某种东西的认知"中得到了暗示，在此，我们看起来需要的是对理性存在者自身中某种东西的认知，这同时既是对他的本性的认知——也是对他的有机体及其无意识方面的认知——也是对理性存在者的自由能动性的认知。和其他许多这样的费希特式的二律背反(以及通过综合方法对它们的解决)一样,通过二律背反而先验地演绎得到的概念可能自身初看起来是悖论性的,甚至自相矛盾。在此情形下,理论认知的对象要想和自由能动性的对象等同就是不可能的。但正如我们在本书第三章中看到的,与召唤的概念相关,解决二律背反的任务是以如下方式将这一悖论性的概念展示给我们,以使之不仅看起来是可能的和可理解的,而且是不可避免的,是经验的独特可能性的一个条件。在这种情形下,能够被说明的经验是成为一个具体化为自然的有机躯体的理性行动者的经验,并且与此同时,这个自然的躯体因为这同样的行动者而做出自由的肢体接合。费希特给这个演绎出来的概念取的名称叫冲动(Trieb)。

第三节 自然的冲动与纯粹的冲动

在本书第四章中,我们熟悉了冲动的概念,它是作为费希特论证我们对于自我的真实本质或原初存在的意识的一部分出现的。冲动是一项倾向,"它必然地以一种在内容上受到规定的方式来发挥作用,只要它的效用性的条件出现"(SL 4:29);它也是"一种有关现实的自我能动性的实在的、内在的解释根据"(SL 4:40),但这种现实的自我能动性变成了有意识的,或者说是一项认知(SL 4:106)。"能动性客观地来看,就是一项冲动。"(SL 4:105)

冲动与意识

先验观念论通过一系列步骤将经验从自我意识的可能性中推导出来,从而解释了它的可能性。正如费希特主张的,自我意识的根本条件是自由。哲学始于从日常经验中进行抽象，通过将经验的诸条件从自由的可能性中推导出来而逐步前进。冲动的概念因此就是以在我们身上自然被经验为我们自身的自由能动性的方式产生的。因为它是自由的表达，冲动就不能从因果性角度或从机械论角度出发来理解（SL 4:14）。在适当的条件下，我必然地要服从于冲动，但当我根据冲动而行动时，就不是冲动在发挥作用，而是那个根据冲动并且拥有一种形式自由而行动的自我在行动。但回应冲动，不是带有一种实质的自由去行动。这就使自然冲动成为必然与自由、消极性与积极性之间的界限：

> 冲动和冲动的感觉据说不对自由产生任何因果关系。尽管有冲动存在，但我也能以一种违背冲动的方式规定我自身，正如我也能以一种与冲动相一致的方式规定我自身。但是，规定我的总是我自身，我无论如何不是由冲动规定的。
>
> （SL 4:108）

> 冲动在意识中不是效用性地发挥作用，但那个根据这一冲动效用性地发挥作用或者不能效用性地发挥作用的是自我。在这里就存在理性存在者向自我充足性过渡的一个点。在这里，存在着必然性与自由之间的明确的和清晰的界限。
>
> （SL 4:125）

自然冲动是内在于自我本身之中，内在于它的自由能动性之中的自然。我们作为自然存在者的受限制的属性体现在一个自然体系中，在此，我们是作为合目的的有机体。因此，我的自然就存在于作为"一个原初的、确定的冲动和感觉的体系"，这个体系尽管是我的能动性的体现，但是"它是固定的，且独立于自由受到规定"，并因此被称为自然。"在某种特定的方面,我自身就是自然,尽管也具有理性和自由的绝对特征,我的这种自然即是冲动。"(SL 4:109)

冲动不是在我身上认知到的,而是感受到的。感受不是一种客观的认知,而完全是主观的(SL 4:106—107)。属于冲动自身的典型感受是渴望,费希特将其描述为"一种不明确的需要的感觉,不是由对象的概念规定的"(SL 4:106)。当我们受到驱动,又不知道我们欲求什么时,我们就感受到了渴望。因为我是一个有生命的有机体,而这个有机体的内在的合目的体系是多元的。不同的冲动可以出现在我的身上,每一种都有它的明确的对象概念,以这种方式,自然冲动的体系就构成了一个明确的冲动的体系,与我们的有机体的自然对应(SL 4:109,114—115)。当冲动由某个对象规定时,它就不再是渴望,而变成了欲望:"通过它的对象规定的渴望……称为一项欲望。"(SL 4:126)特定欲望的满足通常是一种确定的方式,通过这种方式,某些外在于身体的东西就与身体的自然冲动和谐一致,自然冲动,单纯地作为它自身,单纯地为了满足而满足,就被费希特称之为"享受"(Genuß)(SL 4:128)。

道德意识的各个阶段

正如我们在本书第四章中所见,在理性存在者身上同样存在一种并非来源于自然的冲动,或者并非来源于自我对外部对象的依赖(或者来源于它消极地面对外部对象)的冲动。它是自由的纯粹体现,是一种"朝向完整自我的冲动"(SL 4:44)。在《伦理学体系》的第一编中,只有当这一冲动体现出了自我的"纯粹存在"和"真实本质",并且为道德原则奠基的时候,费希特才对这种冲动感兴趣。在第二编中,他将这种冲动同我们的自然冲动联系起来,作为他展示这一原则可以适用于我们的行动策略的一部分。费希特的先验论证想要通过一系列步骤将这种适用推导出来。这些步骤中的每一步都是对于行动条件的抽象。但是，放到一起，它们就走向了具体，并且它们在特定情形中就为有关道德能动性和道德动因的先验论解释奠定了基础。

从自然冲动走向纯粹冲动的自我行动乃是一种反思行动。当然，我们可以对我们的任何精神状态进行反思。我们可以有意识地感受到快乐和痛苦，或者有意识地消极地去感知在环境中存在的某种东西。甚至可以进一步地反思我们处在这些状态中的事实。但是，对于费希特来说，自由行动者的每一个状态都包含我们的能动性——正是通过原初的自我意识（统觉、自我设定）而来的能动性使一切意识成为可能。费希特在此所感兴趣的是具体地对包含在我们反思的那些状态之中的意愿的能动性进行反思。这些状态从此就被规定为冲动。

在我们的经验中，冲动仿佛是某种我们只能消极面对的东西。道德上的邪恶和恶劣的性情采取了这种形式——一种没有实质自由的形式自由。[8] 我们仍然消极地面对自身的冲动，并且（拥有一种形式

8　有关费希特自由理论的这一特征的讨论，参见高赫（Goh, 2012）。科什认识到，在这一学说之内包含不同的能动性程度，她将能动性的程度解释为与道德责任的程度对应，并因此总结说，费希特讲述了有关形式自由的"两个不一致的故事"，其一与法权有关，其二与伦理有关（Kosch, 2011，第162—164页）。在此存某种正确的东西，因为能动性的程度较低可能意味着，在他人看来责任的程度较低——比如，在不法行为或犯罪行为中法律责任的程度较低（在我看来，费希特似乎并不清楚是否这一点将会如此，他很少谈论刑事责任的心理学方面）。但在我看来，在此并不存在任何的前后不一致。科什认为，它使费希特有关恶的全部理论成了问题（SL §16）。她甚至将费希特笔下的"恶"描述为一种"错误的刻画"。科什显然认为，较低程度的能动性可以使行动者免于道德的邪恶（第167页），但这明显并非费希特的立场。形式自由总是包含如下意识，即我们的冲动是非规定性的，我们总是意识到可以自由地抵抗它们，并因此进入到一种更高级的反思阶段。我们将因为没有这样做而受到谴责（SL 4:174）。实际上，对于费希特来说，这是最基本的道德邪恶，关于这一点的进一步讨论，参见本章第八节。

自由）让我们接受它们的规定。但包含在这种消极态度中的缺乏对冲动的反思并非能动性的缺乏，而不过是发挥自由能动性的有条件的方式——即不能积极地行使它，或者不能实质上自由地行使它。积极地行使自由的第一步在于对我们冲动的反思。这个反思过程使你在反思的较低阶段不可能的行为成为可能，并因此它允许费希特去解释在较低层面上的行动，甚至是去主张，与反思的特定阶段相关，对于行动者来说，任何其他的行动都是不可能的。

在此问题上，费希特预示了克尔凯郭尔有关"存在的阶段"的观念。对于费希特来说，正如对于克尔凯郭尔来说，大多数人都处在最低的阶段，即克尔凯郭尔所说的"感性"阶段。他们消极地等同于他们所处的状态，而不是等同于自由；他们消极地面对他们的欲望。克尔凯郭尔的那个年轻而忧郁的"感性人"（或Ａ）是与众不同的，这只因为他是一个感性的人，但却会反思。他正处在超越这个阶段的边缘。当费希特在与道德的关系中讨论"普通人的视角"时，他所指的是开始反思的人的意识，这些人以某种方式向着他称为他们的"道德本性"的东西敞开。这潜在地是我们所有人的阶段。因为所有人都不断地产生对我们自由的意识。我们仍然消极地面对自身的欲望，不能去反思它，而仅仅是通过拒绝反思而这样做。这种拒绝反思是一种逃离我们的理性和人性的持久的自我欺骗。至少在人性发展的当前阶段，这也是我们中的大多数人在大多数时候的状况。

费希特从我们在历史中的位置中推导出了当前的道德状况。出于我们只有在第六章第九节才能开始理解的理由，费希特认为，人类历史必须要被理解为一个行动的单一整体或一个行动的系统，不仅包含过去，也包含着未来的世代。在他的讲演《现时代的根本特点》（1805）中，费希特说，人性从无辜的时代中产生出来，在那里，人们仅仅服从于非理性的本能，进入到如下状态，在此，它处在权力和传统的非理性的权威之下。费希特为这一阶段给出的一个神学名称是，这是一个原罪开始的时代，在现代世界，我们又从这一阶段中走出来进入到第三个阶段——解放的时代。我们不仅从本能和权威中解放出来，也从一般意义上的法律中解放出来——这是一个完全有罪的时代。我们处在第四个阶段的边缘，在此，理性和科学的权威将要取代人类事务中的权力的位置——这是一个走向正当化的时代。最终，费希特认为，如果人性沿着自身的使命而求索，真理就将会在第五个时代，即在完全正当和神圣的时代（GGZ 7:11—12）获得胜利，而正是人类历史的危险的第三个阶段决定着我们当前不稳定的道德状态。*

对自然冲动的反思

对冲动的反思使我们可以接近纯粹的冲动，后者是指向为自由而自由的。自我通过一对有序的反思行动而获得了它的纯粹冲动：首先，它对自身的自然冲动进行反思，也许是以一种确定的欲望为形式（SL 4:127），它因此就将自身设定为在同欲望的关系中是自由的。通过这第一个反思行动，我就将自身提升到了它的自然冲动之上，将自然冲动视为是构成了他的"低级欲望能力（SL 4:127）"。

> 那个反思的主体处在较它反思的那个东西更高的位置。它提升到了后者之上，并将后者包含在自身之内。出于这个理由，反

---

* 这五阶段的划分，参见费希特：《现时代的根本特点》，沈真、梁志学译，商务印书馆 2017 年版，第 12、18 页等处。此处的译法同中译本有差异，中译本分别译为"人类无辜的状态""恶行开始的状态""恶贯满盈的状态""说理开始的状态""说理完善和圣洁完满的状态"。参见上述中译本第 12—13 页。——译者

思性的主体的冲动,也就是那个意识的主体的冲动,就可以正当地被称为高级冲动,而由这种冲动规定的欲求能力就被称为高级欲求能力。

(SL 4:131)

自我因此能够做第二个反思行动:它反思了如下事实,即通过它的第一个行动,它将自身建构为这一高级能力。这"不包含任何东西,只包含在第一个反思行动中出现的纯粹的绝对的能动性;并且只有这一纯粹的能动性才是严格意义上的和真正的自我"(SL 4:140)。但从先验的视角看,它带来了一种全新的和高级的冲动,"一种为自由而自由的冲动"(SL 4:139),这一冲动以及它的对象并未进入普通意识;它们必然会被先验哲学作为对这些反思行动是必要的东西推导出来。"纯粹冲动是处在一切意识之外的某种东西,它不过是意识中的某种东西的先验解释根据"(SL 4:152)。然而,纯粹冲动同样也可以被理解为在普通意识中识别出来的特定感觉的先验根据;这些感觉中首要的是有关人性的最高价值和尊严的感觉(SL 4:142)。其他的感觉将在本章第五节中加以探讨。

第四节 何谓实质自由

对于两个反思行动的先验考察阐明了形式自由与实质自由之间区分的另一个方面。当我们反思自然冲动,意识到它是非规定性的时候,我们是形式上自由的(SL 4:135)。第一个针对冲动的反思行动使我们意识到了自身的形式自由,意识到了自身意志的无规定性。第二个反思行动则使我们意识到独立于自身的自然冲动而行动的可能性:

> 如果我仅仅遵循它的自然冲动，这种无规定性就是不可能的。因此这里就必须有某种无需诉诸自然冲动并且与之相背离的冲动来规定个体自身，这种冲动不是从自然冲动出发，而是从自身出发来推导出个体行动的内容。
>
> （SL 4:139）

这就是费希特所谓的"纯粹冲动"，它的对象必须是单纯为自由而自由。基于这一冲动而行动，我们就获得了实质的自由：

> （形式的自由）仅仅存在于如下事实中，即一个新的形式原则出现了，但没有在结果的序列中造成任何改变。在这种情形下，不是自然在起作用，而是自由的存在者在起作用，尽管后者产生出的东西和自然可能产生的东西（如果自然继续起作用的话）是一样的。（通过比较）这第二种意义上的自由就在于，不仅新的力量出现了，而且就同一个行动的内容来说，也出现了一个全新的行动序列。尽管就同一个行动的内容来说，从现在开始不仅理智参与到效用性的行动之中，而且它也造成了某种不同于自然可能造就的东西。
>
> （SL 4:139）

哪些行动属于这个"新序列"？它们如何得到识别？费希特在这个问题上直接告诉我们的东西想要直接地从他的先验论证中产生出来，但它可能并不能使我们满意，反而更多地是带来了困惑。他说，实质上的自由行动回应的是"纯粹的冲动"，一种单纯为自由而自由的冲动，"纯粹冲动着眼于绝对的独立性，即它存在于如下序列中，通过这个序列的持续，我将走向独立"（SL 4:149）。一项行动，如何能够成为其持续将会导向"绝对独立"的那个序列的一部分？这究竟是一个怎样的序列？我们如何识别出这个序列的行动？

一种计算——结果主义的解释？

如果将"绝对的独立性或自我充足性"的观念表达成为一项可以实现的目的，或者至少是可以最大化的目标，我们就能计算出何种行动能作为实现它的最大化的最佳手段。这些就可能是实质上自由的行动。这是科什提出的一种解释：

> 对于康德来说，道德的根本原则需要我们仅仅以如下方式做出选择，即道德的准则能够同时被理性存在者的王国意愿为普遍法则和作为它们的普遍法则。康德强调这一原则是"形式的"；与之相对，实质性的原则可能规定要产生一项目的，并且在它们产生和促进这一目的的基础上，判断行动、规则或政策的善。费希特的道德原则与（康德的）相对，是这种意义上的实质性的……它的道德原则要求……我们追求理性存在者的完善和实质性地独立于一切类型的外在限制这一实质的行动目标。
>
> （Kosch，2014，第2—3页）

通过这种方式理解费希特的第一个主要的障碍是"绝对独立性和自我充足性"这一目的的抽象性，或者甚至可以说是实际上的不可理解性。科什注意到，"在《伦理学体系》一书中，有关实质自由的大多数描述十分抽象"，而且它们中的一些甚至"听起来是荒谬的"（在本书第六章第一节中我们将看到，这些说法实际上都只是轻描淡写）。然而，科什主张，她在那些更通俗的作品，比如说《人的使命》中，发现了费希特通过"绝对的自我充足性"真正想要表达的东西。在那里,她说:"朝向实质性的独立和自我充足性的进步(部分地)被描述为使类族摆脱必须'面对倔强的自然'为生存而斗争的处境。"(Kosch,2014,第 7 页)

令我困惑的是,在此科什做了一项奇怪的限定,即"部分地"。她没有解释在她看来绝对的自我充足性可能包含着其他什么。除非我们对自我充足性有一个完整理解,否则无法计算出哪一行动可在最大程度上实现那个目的。但在科什对费希特的进一步解释中,似乎是将对自然的最大程度的控制简单等同于绝对自我充足性这一目的。重要的是,她还补充说"实质性独立的目的必须包含正确安排人与人之间的关系以及与非人类的自然之间的关系"(Kosch,2014,第 8 页)。但在科什看来,费希特理论的要害是"一种非福利主义结果论的伦理理论",它是"使大多数人被康德吸引的那种义务论承诺的反题"(Kosch,2014,第 2 页;Kosch,2011,第 151 页)。实践推理完全存在于康德所谓的"实践-技术"推理中,它完全是"计算式推理"(Kosch,2011,第 158,160 页)。"对于费希特来说,道德推理包含同样最大化的计算性推理,而在康德看来,这只是明智情形下的典型特征。"(Kosch,2011,第 157—158 页)[9]

为何这种解释不对

认为费希特是结果主义者,是"义务论承诺"的对手——认为它提出了一种"实质性的道德原则"(在康德有关这个词的意义

---

[9] 这就不仅误解了康德,也误解了费希特,对于康德来说,审慎不是"使欲望-满足最大化",而是产生一种截然不同的目的(幸福)的概念,这个概念将诸爱好结合成一个可以为我们达到的整体。这不只是一个最大化的过程,审慎同样不只是选择通向幸福的手段,而主要是使幸福优先于其他经验性目的,参见 Wood(2014a),第二章,第 52—60 页。

上）——在我看来，这些看法都不仅与费希特伦理学的字面含义相违背，也与其精神相违背。实际上，我怀疑，在整个伦理学史上还有谁比他在根本上更加奉行义务论，或者对伦理学中的结果主义推理较他有更为无情的敌意。在我看来，科什的解释的主要根据是它可能做了许多道德哲学期待费希特去做的事，但同样，我所说的内容根本不在费希特的议题之内。它将提供给我们一种有关正当行动的推论性标准。如果拒绝了科什的解释，我们选择的其他方案就必须解释为何不应被这一确定的道德标准的前景吸引。为了进一步发展在我看来是正确的解释，我们将在本章和下一章中做一些讨论。

在此的讨论只是开端。在《人的使命》中，费希特提出了如下主张：

> 在此有某种号召我去做的东西，仅仅是为了这些事情可能会被做出……我必须不拥有一项指派给我的目的，并因此在接下来去探究为了实现这一目的我必须如何去行动；我的行动必须不能取决于目的。我必须以特定的方式去行动，只是因为我应该这样去行动……我意愿某事将要发生，因为我必须行动，这样它才会发生……我之所以这样行动，不是因为要实现某种特定的目的，而是这个目的对于我来说变成了一项目的，因为我必须要以可能实现它的方式去行动……目的并不能规定诫命，相反，是诫命的直接给定的意图规定了目的。

(BM 2:264—265)

从这段话中可以清楚地看到我们将通过这种方式理解绝对自我充足的目的，即对它的追求就存在于在我们已经和独立地识别为实质上自由的一系列行动中。正如费希特强调的：目的不能规定诫命，相反，是诫命规定了目的。我认为这不仅意味着每一项实质上自由的行动的直接目的，也意味着自我充足性的直接目的。

费希特反复宣称独立性或自我充足性的目的"离我们十分遥远"，不可能达到（SL 4:149—150, 211）。这些说法不能被理解为（以科什明显地理解它们的方式）只是主张它是（类似于对于功利主义者来说的最大程度的或完善的普遍幸福的）最大化。尽管它在现实条件下无法完善地或完全地达到，但却可以接近，或增加到最大程度。自我通过非我的限制是自我自身可能性的先验条件，如果目的的满足会取消一般意义上的努力的特定条件，我们是无法将这个目的最大化的。[10] 本书第六章第一至二节将会更详尽地讨论这一主张。

然而，费希特认为，回答如下问题十分迫切，即"我们如何才能更接近一个无限的目的"。他并未通过提供一种"更有帮助"的或不那么"荒谬的"有关终极目的的描述来回答这个问题。相反，他只是强调，我总是通过"在眼前放置某些特定目标"，从而"使自身更接近它"，并且我通常只在一个"特定范围"内把握我同对终极目的的无限追求的关系（SL 4:150）。筹划这些特定目的的行动序列构成了我的伦理使命："在每一个环节中都存在某种适合于我的伦理使命的东西。"（SL 4:151）换句话说，在我目前的处境中，唯有通过去做绝对地要求我去做的行动，即出于义务论的考虑，独立于任何假设的目的要求我去做的行动，才能使我更自由。对此将在本书第六章第一至二

10　黑格尔注意到这一点，并且认为它展示了一种伪装（Verstellung），一种费希特立场中不真诚的"转变"（PhG §§ 616—630）。如果科什是对的，那么我认为费希特就很容易遭到黑格尔的指控。在第六章第三至九节中，我将解释费希特使对绝对的独立性的努力同自我性的诸条件结合在一起的方式。由此导致的有关否定性、肯定性和限制性的义务都是从义务论角度出发构想的。它们不包含任何"转变"或不一致，借此我们关于自身应当做什么的概念似乎与我们在做这件事的过程中目的的实现是不一致的。和科什的解释不同，这就为费希特提供了一个针对黑格尔的批判的有说服力的回应。

节中做进一步讨论。

当涉及实质的或目的论的伦理理论时,费希特完全同意康德在拒绝这些理论时的立场。费希特反对任何奠基于如下目的之上的伦理学,这种目的只能通过规定何种行动被视为实现它的手段,仅仅从技术-实践的角度出发建议做某种行动。相反,康德和费希特都认为,我们首先是通过识别应当遵循的原则,识别应当做出或不应当做出的行动,来识别行动的目的。这些被绝对地要求的行动或不行动接下来使我们得以规定那些要求于我们的特定行动的目的。对于康德来说,我们应当追求的目的包括"德性义务"——个体自身的完善和他人的幸福——并且最终是至善(summum bonum)或世界的最高善。这些目的不是计算式地和结果主义地被规定为独立的最大化给定的目的。对于费希特来说,绝对的自我充足性是我们在一般情况下将为了自由而进行的努力概念化的一种方式。在此方面,没有什么比他的如下说法更为清晰或明确的了:

> 在某种特定的意义上,即在它必须要为从它自身之外赋予它的某种目的寻求手段的意义上,亦即通过我们的自然需要或自由选择,它总是向理性承认它是实践的。这种意义上的理性就被称为技术上实践的。但我们认为,理性为自身设定了一项纯粹的并且单纯通过自身设定的目的,并且在此意义上,它是绝对实践的。理性的实践尊严就存在于这种特定的绝对性之中。
>
> (SL 4:57)

处境伦理学

我们已经看到,自由行动的处境概念对于费希特的自由行动的理论来说有关键性意义。在我看来，费希特是在那之后被称为"处境伦理学"的早期倡导者的。自从"处境伦理学"一词被使用以来，它有时指的是行动根本不服从任何原则，抑或（在神学的运用方面）仅仅服从基督的爱（参见 Fletcher，1997）。费希特显然拒绝被如此理解的处境伦理学，但如果"处境伦理学"的意思是，对于普通的行动者来说，行动者应该去做什么受制于对"每一个个体在其中发现自身限制的确定情形"的反思性考虑，换句话说，受制于对"行动者情境的特定事实"的反思性考虑的规定，这个词就可以适用（SL 4:154, 166）。在决定我们应该做什么的过程中，我们必须"拒绝纯粹的哲学，而允许我们自身诉诸那些事实"（SL 4:225）。"任何人都应该去做，并且也必须去做处境、内心和洞见安排他去做的任何事。"（SL 4:270）为我们提供道德理由的事实通常仍然是异质性的和非体系性的——在性质上过于变化多端，以至于不允许被还原为任何慎思程序。在此不存在有关正当行动的任何推论性标准。费希特明确地接受了康德式的可普遍化原则，但只是在单纯启发性地理解这个原则时是如此（SL 4:234）。在决定哪些东西在道德上是正当的过程中，他从来就不支持，而是严词拒绝一切技术-实践方面的结果主义程序（SL 4:57）。

大多数情境主要包含了我们同特定的他人的关系，或者包含了我们对自身正在从事的规划或承诺的责任。如我所理解的，在特定个体处境的文化语境中，费希特的观点允许较大程度的变化和弹性。不同的文化关于要去做什么有不同的思维风格，但每当说某人能通过在某种类型的根据或理由的基础上判定应该做什么，从而来判定现实中要做什么的时候，费希特的论证就可以得到适用。很难想象在此存在一种上述做法不成立的文化。

对于费希特来说，正如我们将要在本书第七章中看到的，在一个理性社会中处境的一个重要部分可能是阶层,并且它的重要部分也同样是我对整个人类未来的贡献。正如我们在第七章中将要看到的,根据费希特,这就构成了我的生命的真正意义的东西,也是人类能获得的唯一的不朽。在我们的处境中赋予我们做某事的理由的事实,抗拒以任何有可能还原为结构主义计算的话语做出的表达。这部分地是因为我们的生命的道德方面的重要性不仅存在于我们的过去,也存在于我们的未来。我们做出了承诺和保证,他人也已经为我们做了事。过去的事实有助于建构我们的处境,未来的可能性便由此展开。有时,对我们应该做什么至关重要的是,存在某种不得违背的道德规则。但这种道德规则在通常情形下仅仅约束(考虑到其他更适合构建我们处境的事实)我们应该如何去行动。这个问题在通常情形下就是:对于生活在此时此地的我来说,什么是正确的行为路线?

提出相同观点的另一方式是强调费希特通过何种方式预示了关于本真性的存在主义伦理学——或处境性的自由。正如格雷恩(Marjorie Grene)很久以前指出的,存在主义的本真性真正来讲是众多传统美德的结合——主要是三种,即真诚、勇气和积极的承担(Grene,1952,第26页)。并不意外的是,对于费希特来说,构成恶的主要缺陷与这些美德正相反对,我们可以交错地将它们列举——懒惰、懦弱和虚伪(SL 4:198—205)。

对于存在主义的本真性来说同样具有本质性的是如下主张,即自由是一项根本上积极的价值。这并非是抽象的自由:不是不存在障碍,不是机会的出现,或根据某种形式规则或决策程序而可能运用的那种自由,而通常是体现在具体筹划中的自由。在我看来,费希特的实质自由因此就是存在主义的本真性的运用。波伏娃提出了一个十分清晰且有说服力的观点,即评判自由就是在评判表达自由的具体筹划

（Beauvoir，1948，第25—30页；参见 Anderson，2015，第816—818页）。对于费希特来说，道德是中立的（SL 4:281—282），但它并不超然，和中立行为——结果主义伦理学——的要求一样，因为它同样是处境性的。隶属于我的处境的"偏向性"通常是我的自由的表达。因此，本质性或实质的自由需要的就不是任何运算程序或演算。尽管这些东西为理性选择提供了模型，但它们不仅对于费希特来说完全陌生，而且对于他的继承者们，例如克尔凯郭尔、海德格尔、萨特和波伏娃来说，也是完全陌生的。

人同自然的关系

科什认为，费希特很重视自然臣服于人类的目的。她的看法并没有错。这在费希特有关科学在社会中的角色的看法中（就它能对社会组织产生影响而言）是一个重要主题，但核心问题并不真正在于人类同自然的关系，而在于人与人之间的社会关系：

> 人群中的大多数人在他们的生活中仍然艰辛地劳作着，为的是给自身以及少部分关心他们的人获取食物……人对自然的统治应该逐步地扩展，直到……劳动不再是一种负担；理性存在者的使命并不是成为负担的承受者。

（BM 2:266，268）

费希特倡导人对自然的征服仅仅是在如下所需的程度上，即将大多数人从为了得到基本的生活必需品而眼下不得不做的卑贱劳动中解放出来（VBG 5:314—322, GH 3:422—423；GGZ 7:163—167）。因此，他预示着马克思在"必然王国"和"自由王国"之间做出的著名区分，这两个王国都被希望存在于人类未来的某个地方（Marx，1981，3:959）。

将费希特描画为倡导人类针对自然要采取一种控制态度同样有误导性。正如我们马上看到的，费希特有关伦理冲动的观点驱使我们要使自身的自然冲动和对自由的纯粹冲动和谐一致，或将它们统一起来。同样的说法对于人类的目的和在自然中已经发现的目的之间的关系也是真实的。罗赫（Peter Rohs）正确地指出了这一点：

> 对于费希特来说，与内容相关，自然的自由通过目的概念的中介获得了非常具体的含义……伦理的行动同先前给定的自然目的相关联，这是伦理的一项功能……这毫无疑问给我们提供了一个优先的出发点，超越了当前生态伦理学的讨论所提供的视角。
>
> （Rohs，1980，第103—104页）

费希特的观点是，每个个体的自然物都有其"终极目的"，我们应该根据这个目的来使用这些个体的自然物。这个目的不是任意性的，或者说它的实现可以通过使人们对一般意义上的自然的控制最大化而得到最大化。"理性的目的"在为每一个对象规定终极目的的过程中起到了根本性作用。[11] 费希特的确从我们的伦理使命以绝对的自我充足性作为终极目的这个事实中，推导出感性世界中每一件事物的最终目的都服务于理性的目的（SL 4:170—172，210—211，229）。这些推论是讲得通的：当事物被形塑以满足我们的目的时，它们就不再对这些目的构成限制。进一步而言，当物服务于我们的目的时，我们就要

---

[11] 在第六章第九节，尤其是在第七章中我们将会更多地讨论费希特是如何构思"理性的目的"的。

比之前更自由，也就是说，这些物不再对我们追求自身目的的行动构成障碍。然而，这些有效的推论没有赋予我们任何理由，将人类对自然的控制等同于绝对的自我充足性这一最终的目的。通过在技术上获得对自然物的控制，我们不再依赖于这些物。我们仅仅在追求有限目的的过程中，才变得更加确实地依赖于它们。这种等同可能是费希特的错误，但并无迹象表明他犯了这种错误。

科什似乎意识到了这一点，但是她说："在我看来，将《人的使命》中所描画的那种社会和技术进步称之为理性行动者在与外在于它的东西的关系中越来越走向"独立"或"自我充足"的进步，在用词上没有什么不妥。"（Kosch，2014，第8页）但这不是正确的语言学用法的问题。无论我们如何选择使用语言，"对自然的技术控制使我们更加独立于自然"不过是一个虚假的说法。无论在何种情形下，对自然的控制对于我们的终极目的来说甚至不是一个候选项。这种控制从来不是出于它自身而在理性方面被看重，而是出于其他目的而被看重，这些其他目的是通过控制自然的特定部分得到满足的。对于费希特来说，在这些其他目的中，首要的是将劳工阶级从卑微的苦工中，从因此导致的对特权阶级的臣服中解脱出来。此外，出于对自然的控制本身而看重此种控制，也相当于如下这一极其邪恶的准则，即寻求"对我们自身之外的一切物的无限制的和失去法则的控制"（SL 4:186）。

我们在后面的讨论中将再度回到这些问题上来。在《伦理学体系》第二编中，费希特从普通视角出发看待事物。在第三编中，他想要对义务给出一个"科学的"论证。科什的解释可以被理解为不是适用于日常视角，而只适用于这一"科学"的阶段，费希特的"科学"论证的确可以被视为包含了一种手段——目的推理。但这种推理并不与作为实现有关自我充足性的这一终极目的的手段的行动相关，而相反与作为实现我们的目的的手段的那些物有关（SL 4:171—172），并且与每一个理性存在者有关，即作为"一项积极的原则，而不是单纯某物，他（这些理性存在者）是道德法则的一项工具"（SL 4:270）。必须表明这既不包含对一种工具推理（有关行动的选择）策略的承诺，也不是将绝对的独立性与人对自然的最大程度的控制相等同。它为何并非如此，对此的解释是本书第六章和第七章的内容。

第五节 伦理冲动

我们已经看到，我们的本性（自然）提供了一个从我们的有机体生命中产生的冲动体系。对这些冲动的两方面的反思使我们意识到自身作为自由存在者相对于这些冲动的优越性。我们优越于它们，首先是考虑到形式的自由，这种形式的自由可以适用于一切自然冲动；其次，考虑到我们针对一种朝向实质自由的高级冲动（以某种尚未得到规定的形式）的意识，这种高级冲动的终极目的是绝对的自我充足性，是独立性或为自由而自由。但是，这两种冲动是如何相互关联起来的呢？

> 我作为自然存在者的冲动和我作为纯粹精神的倾向是两种不同的冲动吗？不，从先验的角度看，两者是同一种原初的冲动，它们构成了从两个不同方面来观察的我的存在。

（SL 4:130）

在此，再次重要的是注意到普通视角和先验视角的区分。因为从先验视角来看，自我作为一切意识的单纯根据，只是单一性的，纯粹冲动和自然冲动必须仅仅是同一的原初冲动或根本冲动（Grundtrieb）

的两种显现（SL 4:143）。但是，这两种冲动——纯粹冲动和自然冲动——从普通意识出发看起来的确是不同的："二者在事实上是同一个，但自我性就其整体而言取决于如下事实，这就是它们看起来是不同的。将它们分离开来的界限是反思。"（SL 4:131）

良心和过去的行动

这两种冲动在根本上是相同的，但在普通立法中属于不同体验。自然冲动被体现为一种渴望，目的是为了满足——甚至只是着眼于为了它自身的满足而满足，或者是享受。与之相对，纯粹冲动则被体验为一种绝对的要求（Fordern）（SL 4:145）。它不是作为一种感受出现，而是作为一种思想出现——一种定言命令的思想，它命令我们纯粹出于它自身而行动或不行动。因为自我是形式上自由的，所以当它行动时，它就不仅独立于自然冲动的渴望，也独立于纯粹冲动的要求而规定自身。它或者将根据纯粹冲动发出的要求而行动，或者将违反这一要求，在后一种情形下相对立的行动将要受某些特定自然冲动或欲望的推动，只着眼于它的满足带来的享受：

> 在前一种情形下，冲动的主体和那个行动的人是相互一致的。因此，就会产生出一种赞同的情感——事情是正确的，发生的就是过去想要发生的东西。在第二种情形下，将要产生的是一种同蔑视关联起来的不赞同的情感。
>
> （SL 4:145）

这些赞同和不赞同的情感是普通意识在同我们自身行动的关系中（在这些行动发生之后）体验自然冲动的方式。

费希特比较了在此感受到的和谐与"冷静的认知判断",在后者中,可以体验到认知性概念同它的外部对象的一致。他也将在此感受到的和谐同在审美愉悦中(基于康德有关它的论证)体验到的直观和概念之间的和谐相比较。但在此同样存在与这两种情形的一个本质性比较。认知性的判断也好,审美判断也罢,它们单纯地作为自身都不是直接地同任何实践兴趣相关联的。但赞同与不赞同的情感的确包含着一种兴趣——对赞同的东西感到愉快,对不赞同的东西感到不快,这是我们去做前者而避免去做后者的根据(SL 4:146)。

在此,愉快或不愉快都是与包含在"享受"中的那种愉快——后者是对于自然冲动的满足——相对照的。因为在与赞同或不赞同的关系中,自我是积极的,但是在与享受的关系中,自我是消极的。在与纯粹冲动相关联的愉快中有一种自我和谐,但在从自然冲动的满足产生出来的愉快中却存在一种自我疏离,"享受将我与自身分离开来,使我与自身疏离……它是一种不自愿的愉快……同样的说法对于其反面来说也成立:感官的不快或痛苦"。而在纯粹冲动这里,情况恰恰相反,"愉快以及这一愉快的根据不是外在于我的自由,而是取决于我的自由……(它)没有引导我走出自身,相反它引导我回到自身"(SL 4:146)。对我的行动的赞同情感是满足,而它的反面乃是与对于自己的藐视相关联的懊恼。

费希特说,对于与纯粹冲动相关联的那种感受能力,恰当的名称是良心。赞同的情感是在同行动的关系中的一种愉悦。在与个体自身的关系中,它只是一种"安宁""平静"或满足:在此意义上,"并不存在像良心的愉快这样的东西"。他论证说,这种感受能力因此是从作为对我们的自由的意识的自我意识中产生出来的。"良心这个名称选得很好,因为它仿佛是对意识所赖以存在的东西的直接意识。"(SL 4:14)

纯粹冲动

至此，费希特已经给出了有关良心的论证——仅就其通过奠基于对自我能动性的纯粹冲动之中的感受，回应了已经发生的行动而言。这些感受的确包含了道德原则对于行动的运用。在此意义上，它们已经以一种有限的方式阐明了这一原则的适用性。用康德的术语说，它们构成了有关道德原则的一个有限的先验演绎——它们阐明了它在我们的经验中具有的例子。但我们仍然没有看到道德原则如何激励行动。我们已经推导出了实质性的自由行动概念，展示了它的先验来源。但至此还没有揭示如下这一点，或者理解实质性的自由行动自身是如何可能的。用康德的术语来说，我们已经提供了有关实质自由的形而上学演绎，但还没有提供一个完整的先验演绎。为了完成先验演绎，需要如下证明，即我们可以通过纯粹冲动激励去实行那些实质上自由的行动。

如果我们认为费希特是康德的追随者，就有可能会认为，在这个问题上，我们知道接下来将会是什么。我们倾向于认为，出自纯粹冲动的行为将是正当的和善的，而出自自然冲动的行为将是恶的，或者无论如何都缺乏道德价值。如果我们将费希特在自然冲动与纯粹冲动之间的区分解释为相当于康德在"自身实践的纯粹理性"和根据实质性原则而行动的"受经验制约的理性"之间的区分（KpV 5:21—28），那么我们将会以这种方式来思考。如果这就是我们所想的东西，那么我们会大吃一惊。

与已经做出的行动相关，纯粹冲动仅仅被体验为对自然冲动的否定。我们赞同与纯粹冲动一致的行动，而不赞同与这些行动冲突的自然冲动的每一项满足。"从纯粹冲动中产生不出来什么，只能产生某种弃权……纯粹冲动（是）一种指向于单纯否定的冲动。"（SL 4:147，152）因此，为了积极地受到激励而去实行一项行动，我们就必须以某种方式发挥自然冲动。"每一个可能的目的概念都指向自然冲动的满足。（一切现实的意愿活动都是经验性的。）"（SL 4:148）任何实质上的自由行动都不能仅仅受到纯粹冲动的激励。

但事情甚至变得更糟。在接下来的部分中，在费希特有关恶的讨论中，他的确暗示了一种方式，借此，纯粹冲动，朝向绝对的自我充足性的冲动可能基于自身就可以引发行动。但它可能会引发邪恶的行动，而非善的行动。这样一来，纯粹冲动就可能作为一种"盲目的冲动"出现，不是受法则支配，而是只受制于"对外在于我们的一切东西的一种无限制的和无法则的支配的准则"（SL 4:185，186）。纯粹冲动因此看起来是一种无边际的自负，将道德上的每一次自我牺牲视为对自身的不义，并且将我的每一个道德的行为视为多此一举，"无论我们如何去行动，都是不会错的"（SL 4:189）。根据费希特，这种冲动导致了征服战争和宗教战争，导致了邪恶的行动，导致这些行动的责任从来就不是因为消极地屈服于自然的冲动和欲望。它没有因屈服于自然冲动而导致的邪恶那么常见，但却更应受到谴责，也更难纠正。正如费希特借用基督教经文的话所说的："税吏和有罪者虽不比自视公正的法利赛人更有价值……但前者要比后者更容易得到改善。"（SL 4:491）

伦理作为一种对整全的冲动

因此，伦理冲动就必须是第三种冲动，它综合了自由的两个方面，即纯粹冲动和自然冲动：

> 伦理冲动是一种混合的冲动。它从自然冲动中获得它的内

容，即它指向的那个东西……综合性地同伦理冲动统一起来和融合起来的自然冲动和伦理冲动着眼的是同一个行动，至少部分是如此。伦理冲动从纯粹冲动中获得的是它的形式。

(SL 4:152)

因此，道德确信发挥作用的方式就是这样的。它选择了自然冲动中与伦理冲动相联结起来的部分；通过这种方式，"我为了成为自由的而自由地行动"（SL 4:153）。也就是，为了能选择在我的处境中可以为我所用的实质上自由的行动，我形式上自由地行动。当自我能"带着对我的绝对的自我规定以及思维着的自我意识（Besonnenheit）和反思"行动时，就可以做到这一点（SL 4:154）。做到这一点就是将特定行动作为义务来把握。伦理冲动驱使我形成一个定言命令（SL 4:155）。接下来，我的良心采取了一种运用于这一行动（这是我的义务）的确信的形式。因此，"一种可以运用的伦理学的原则"就是"总是要根据你关于义务的最佳确信去行动，或者根据你的良心去行动"（SL 4:156）。

如果我们认为费希特的伦理学讲述的是理性东西相对于自然东西的优越性或支配，或者说纯粹东西对于经验东西的优越性或支配，就在根本上误解了它。不，它在根本上涉及的是和谐、统一或整全。自我的本质，它的为自由而自由的努力，是一种走向整全性自我的趋向（SL 4:44）。纯粹的和经验的冲动在原初意义上是一种原初的或原型的冲动。反思将纯粹冲动与经验冲动区别开来，我们的人类使命是通过理性将它们重新统一起来。

（非我）的典型特征是多样性。（自我）的典型特征是完全的和绝对的统一性。纯粹的自我总是同一个，而从来不是任何不同于他的东西……一切理性存在者的最终的典型特征因此是绝对的统一性、持续的同一性、完全与自身相一致……所有人类能力本身就构成了一种能力：（它们）应当在一种彻底的同一性中联结起来，应该同彼此和谐一致。

（VBG 6:296—297）

第六节　理论判断与良心确信

费希特在《伦理学体系》第十五节中有关良心的讨论很难解释，也容易遭到误解。我在很长一段时间里一直对它有误解，直到去年以来才开始正确地理解它。[12]

费希特从如下命令开始：

> 在每一种情形中都去探究你的义务是什么。包含在后者中的乃是如下内容：在作为义务的确信方面做你眼下能做的事情，并仅仅因为你确信它是一项义务而去做它。

现在，费希特想象有人在问如下问题："但是，如果我的确信是错误的，那又如何呢？在这种情形下，我做的就不是履行义务，而是违背义务。我如何能对此心安理得呢？"（SL 4:163）费希特给出的第一个回应是，我必须将眼下的确信同"我作为一个整体的我的可能确信的概念"，以及同"我的确信的整个体系"作比较，并且通过这种方式来校正我的确信。"这样的比较和检验是一项义务"，但是异议仍然在继续，如果我的确信的整个体系都是错误的，又如何呢？"如果我在

12　反映我早前的（也是错误的）解释的论证，参见 Wood（1990），第 176—178 页。

有关我的全部判断的判断中也犯了错,那又如何呢?"费希特宣称,我们的理论判断是否走上了正轨,这必须被视为偶然的或运气之事。

良心行动的二律背反

这就导致了一种两难,或者一个典型的费希特式的二律背反:要么我趁机行动(正题),要么根本不允许我行动(反题)。但是,必须"将我的全部生命耗费在一种不决断的状态,在拥护和反对之间永远不断摇摆"(SL 4:164)。任何选择都不能被接受。不行动(不决断,道德方面的无能)是为道德法则禁止的。但是将我们的行动的正当性单纯地留给偶然来决定,在道德上也是轻率的,同样是不可接受的。为了避免这一二律背反,费希特做了一个激进的结论。初看起来——或者在我看来,甚至多年以来我一直这样看——他的结论要比他想避免的反题更加无法得到辩护。他推断说:

> 为了使义务性的行动成为可能,必须有一个评判我有关义务的确信的正确性的绝对标准。特定的确信因此必须是绝对正确的,并且为了义务本身,我们也得坚持这一确信。
>
> (SL 4:165)

他继续说道,这一标准被体验为一种感受(情感),"一种对真理性和确定性的感受",同时也是一种"我们的意识同原初自我之间的直接的和谐一致"的感受,"这种感受从来不欺骗我们"(SL 4:169)。这种感受就是良心。唯有它才使伦理行动的激励成为可能。费希特因此认为,我们"有一种获得这种意识的绝对义务"(SL 4:173)。如果我们的行动没有它,就是违背这一义务而行动,并且因此就是错误地行动。"如果一个人在行动时并不确定他的良心发出的宣告，他的行动就是无良心的（gewissenlos），他的罪责就昭然若揭。"（SL 4:174）

我们已经看到，费希特借助综合方法解决二律背反常常导致悖论。他对某个二律背反的表达方式常常初看起来是荒谬的，抑或甚至自相矛盾。因此，对于已经推导出来的那些东西的正确理解就意味着要理解这个悖论，并且看一看，那些似是虚假的或者自相矛盾的东西在事实上是可以接受的，甚至在先验层面来看是必然的。因此，我们就不要对论证的下一阶段看起来充满悖论而感到吃惊。我们不是匆匆忙忙地去拒绝它，而是应该尝试去更好地理解它，如此才能看到它并不像看起来的那般充满悖论。如果我们忘记了这一点，就可能会认为费希特不过是使自己的论证陷入荒诞，甚至陷入在道德上令人厌恶的境地。费希特的论证看起来就是，既然我们无法容忍道德方面的不确定性——也就是在有关要去做什么的判断方面，我们可能会犯错的可能性——因此，就必须存在一项关于道德真理的绝对可靠的标准，并且这个标准只能存在于认为我们是正确的主观感受之中。他甚至主张，我们有绝对的义务去获得这种感受和确信，使我们确定自身是正确的。当我们以这种方式理解费希特的立场时，看起来他就是认为，仅仅基于我们关于自身是绝对正确的这一主观感受，除非我们已经使自身对其产生一种坚定不移的狂热之心，否则我们无法充分地对道德判断加以反思。这种立场看起来是荒谬的、不合理的，甚至可以说是令人厌恶的。

这也许是我们在阅读费希特有关良心的主张时很容易采取的方式，但现在我确定，这种理解是错误的。如果我们认识到刚刚提供的这副不讨人喜欢的图画是与费希特在同一节中突出强调的东西直接冲突的，我们就要开始寻找一条通往费希特真正想要得出的结论的道路。比如，他拒绝认为，存在一种"实质性的信念义务"（SL 4:165），即任何确定的有关我们必须相信什么并且我们不得质疑的命题。如果良心的确信简单等同于一个特定的、必须被视为绝对正确的理论结论（基于一种对确定性的感受），那么持有这种确信的道德要求就相当于一种实质性的信念义务。费希特同样写道：

> 思维应当严格地沿着它自身的路线独立于良心……如果这意味着要永远坚持这种相同的确信，而没有任何可能去改变他的确信，那么单纯狂热的信徒也不敢基于他的感受而行动。
>
> （SL 4:175）

如果费希特的理论就是刚才认为的那样，这里的宣称就可以被视为对他的理论的一个直接指责。如果追随他（在 SL 4:166 中的说法），我们让 X 来代表特定行动或要求我们不行动，那么"实践能力就不能给我们提供这个 X；相反，它是由判断力寻求的，而判断力在此是自由反思的"（SL 4:166）。这一点可能直接会同如下思想冲突，即认为良心以其对确定性的感受为何种行动是正确的提供了一个永远正确的指引。

判断／确信

在我看来，理解费希特立场的关键在于认识到他区分了道德判断和道德确信（或确定性）。[13] 道德判断是理论探索的产物，在这一探索中，我们追问应该做什么，并且获得了某些答案。它为我们提供了义务的"内容"，良心的确信或确定性与此不同。在费希特看来，确定性是一切理论探究在数学和先验哲学之外的主题上无法提供给我们的东西。作为普通的道德行动者，在关于我们应该去做什么这个问题

13　为费希特做辩护的另一种进路，参见 Breazeale（2012）。

上，我们无法拥有这种确定性。因此，良心并未告诉我们需要去做什么，那是我们从理论探索那里获得的东西。但这种探索必须是自由的和持久的，并且总是被质疑的，从来就不是终点。它的结论在每一个点上都永远是尝试性的，并且在某种程度上总是不确定的。良心的作用是给这种理论判断增添某种实践的东西，即一种有关确定性的直接感受，即在此时此刻，我应该这样去做。

当费希特说出如下的话时，他就将我们引向了这个关键性的区分：

> 良心是对我们的确定的义务的直接意识。（但是）对某种确定的东西的意识本身却从来不是直接的，而是通过一种思维活动被发现的。（在它的内容方面，对于我们的义务的意识并不是直接的。）

（SL 4:173）

或者再一次地说：

> 良心是一种感受能力……（它）并不能提供这一内容，后者是由判断提供的，然而良心的确可以提供一种自明性（Evidenz），而这种类型的自明性仅仅出现在有关义务的意识中。

（SL 4:173）

有关义务内容的理论问题也许永远处在不确定中，正如理论判断的事务一样。我们也许从来无法确定，作为一项理论判断的事务，我们应该去做什么，或者在回顾过去时，我们原本应该去做什么。事实上必定是这样的，如果像费希特所认为的，有关任何主题的全部确定性都属于确信，从来就不是理论性的事务，而永远是实践方面的事务。确定性，换句话说从来就不属于理论判断，它永远包含着一种实践方面的承诺，"在此，除了道德方面的确定性，没有任何其他确定性。而且，那些确定的东西之所以是确定的，只因它指向于我们的道德行为。"（GA I/5，40）（关于此问题的有洞见的讨论，参见 Breazeale，1996，第 35—59 页；与我们此处的论证不同的论证也请参见 Breazeale, 2012）

理论方面的知性为我们展示了证据，提出判断，但它并不行动或做实践方面的承诺。因此它不能导致确信："我的全部确信仅仅是信念，它产生自我们的性情（Gesinnung），而非出自知性。"（BM 2:254）不管理论方面的问题是什么——哪怕是有关我做什么是正当的，或者我们做过的什么是正当的问题——思维可能并且甚至必须继续自由地和独立于良心地去追求它。

在费希特看来，判断总是试探性的，缺乏确定性，这单纯地是因为探索必须总是自由的和开放的。作为一桩理论事务，我们总是在事后质疑有关任何问题的判断，包括那些在我们看来是正确的做法。在大多数行动中，也许永远不可能避免理论错误的风险。当费希特宣称这是因为"机遇"（SL 4:164）或"幸运"（SL 4:166）时，不管我们有关义务的理论判断是否正确，在我看来，我们必须认为他是在表述（也许有一种修辞方面的夸张）一个在他看来是真实的立场。它的真实性没有受到有关实践确定性的感受，即良心的影响。在此，关键在于，即便在我们在要去做什么这个问题上有可能犯错，我们也必须去行动。如果我们是有良心的道德行动者，在道德问题变得严峻的地方，我们的行动必须坚定而不轻率，它必须建立在一种在实践方面对于我们来说是确定的良心确信的基础上。

对于费希特来说，宣称我们有关自己要去做什么这个问题的理论判断可能是正确的只是一种"机遇"或"幸运"，肯定不无夸张。因为，如果我们真正做到了认真地和明智地将有关我们要做什么的正确判断与证据、论证和其他方面的确信的整个范围做比较的话，结果就极可能是正确而非错误的。如果我们从事的理论探索是负责任的，就不会使我们获得正确结果成为仅仅是运气之事。即便如此，我认为，费希特有很好的理由夸大他讲的东西：他将理论探索视为永远是无止境的，永远在思维方面是开放的。他的判断总是容易犯错，也容易受到错误的影响。他宣称唯有出于"机运"，我们的理论判断才是正确的，他借此想要强调的正是这种开放性和易错性。

在《伦理学体系》第十五节中并未明确提及为何这些理论理性的性质必须是开放的。关于其理由，费希特认为，我们有关要去做什么的推论应该包含与他人之间的往来沟通，并因此任何事物都应被允许视为一个可能的理由，是他人可能向我们作为理由而提出来（SL 4:233—236；参见 VBG 6:307—311）。在本书第六章和第七章，我们将要看到，即便在对伦理学内容的"科学"论证中，费希特也认为有关义务的内容的真理总是临时性的，并服从于理性沟通的自由。这也许就是如下事实的最根本的理由，即我应该做的事永远不能被确定地加以规定的，并且始终是一个我们的判断永远要冒犯错误的风险的理论问题。在此意义上，我是否把它弄正确了常常在某种程度上是运气使然。但道德却需要坚定的行动，这就意味着确定性。这就是费希特的良心理论想要解决的悖论，除非这个悖论得到解决，我们就永远不能出于良心地行动。

第七节　良心的确定性

歌德有一个著名的说法："只顾行动的人，永远没有良心；只有思考的人，才有良心。"（Goethe, 1907）我们可以看到，这是在费希特《伦理学体系》第十一节中的立场：在这一讨论阶段，良心以一种赞同或不赞同的情感来回应已经做出的行动，但它不能激发眼下的或未来的行动。这种立场在费希特看来在实践方面是有缺陷的。我们必须超越这一点。仿佛歌德在放弃他的这个从前的学术门徒之前就是这样看的——我们可以想象费希特这样对自己说："这个来自拉梅瑙的自命不凡的人，脑袋灵光、有着激进的政治观点，并且有一种令人难以置信的人格。"[162] 费希特在《伦理学体系》第五节中有关良心和确信的理论可以被视为明确地想要证明歌德的观点是错误的。

如费希特所见，需要良心决断的问题不是我要做什么，而是我是否可以采取行动，以及以何种态度采取行动。这就是我们应该如何理解费希特的如下论断，即必须存在有关正确确信的"绝对标准"（SL 4:165）的方式。费希特并不主张，必须有一个判断这是我应该做的事情的正确性的绝对可靠的标准。相反，他关注的是做这件事的决断。

费希特前后一贯地主张，不存在有关一切理论判断的真理性的标准。甚至那些知识学的原理，正如我们在第二章中所见，也必须等到先验体系完成（这是他从来没有完成的）而从外部得到确认。但对于理论判断而言，绝对标准的缺乏尤其适用于我们应该做什么的判断，"我应该做这个，或者做那个""我原本应该做这个，或者做那个"。这些理论性的问题可能在某种程度上永远是开放的。良心必须处理如下事实，即尽管有这种理论上的不确定性或易错性，我必须在此时此地行动，必须以一种道德上严肃的或坚决履行义务的精神去行动。因此，就必须有一项标准，它能使我带着道德上的坚定性要求的确定性去行动。对这种确定性来说，有根本意义的是一种自我和谐的情感（SL 4:167—168, 174—176）。正是针对这一实践的确定性，费希特才赋予它"确信"之名。

真理和正当

在每种特定情形下,我必须做某种服从道德法则的事,这是伦理冲动始终不懈地要求的。但这种冲动不能("实质性地")规定我必须做哪项行动。这种规定是通过"自由反思的判断力"做出的。相反,伦理冲动将我导向了两种东西,首先,"它规定判断去寻求某物。因此,道德冲动自身体现为一种朝向某种特定认知的冲动"(SL 4:166)。它的另一个要求在判断发现它被驱使着去发现的东西的时候发挥了作用,即便这一点在理论上并不确定,即便必须承认它是否正确是一种运气之事。因此,伦理冲动的第二个要求是,我带着一种对义务性的确信的确定性,去做道德判断宣称我应该去做的事:

> 我们不妨假定,判断力要去寻找 X,这个发现看起来取决于好运气:原初性的自我和现实的自我在此就达成了和谐一致,从中产生出一种情感。

费希特将这种情感描述为一种"冷静地赞同的"情感:以这种方式做出的赞同在行动的情形下就称之为正当,而在认知的情形下,则称之为真理(SL 4:166—167)。

请注意,对于费希特来说,确定性不仅在理论的情形中,而且在实践的情形中都是实践的。有时出于行动的意图需要肯定一项理论判断,并且在此,同样地,确定性也不只是理论证据方面的事情,而最终是一种实践承诺。这一承诺并非一项选择——与之相对,可能存在另一项可能的选择——因为如此就会使我处于摇摆和犹豫中,仍然不确定。它毋宁是一种基于自我和谐的情感的承诺。某些哲学家采取了一种真理的"收缩论"（deflationary theories of truth），认为采取"P是真的"这种形式的判断只是一种"元-判断"。这种对真理问题的轻视正是费希特强烈拒绝的。收缩论在"正当"和"真理"中仅仅看到了多此一举的理论方面的元判断，在这些地方，费希特看到了全新的和极其重要的东西，即实践方面的承诺。费希特想要做出的区分使认为某一行动是正当的（或一个认知是真实的）根据或者理由区别于有关它是正当的（或真实的）的确信。不论从理论上讲，还是从实践上讲，确定性总是属于意志的事务，它是建立在纯粹冲动和经验冲动的和谐感受之上的。[14]

对于根据和理由的考察乃是理论能力或判断力的事务，它们可能甚至是必须自由地寻求实践冲动所要求的东西。在此，"想象力持续在对立面之间犹豫或摇摆"——比如说，在认为行动 X 是我的义务这一思想和认为相反的行动 Y 是我的义务这一思想之间犹豫或摇摆。在费希特看来，这种犹豫或摇摆乃是怀疑的条件，他强调，怀疑并不是某种通过理论能力可以认知的东西，而是某种可以感受到的东西。它是与实践方面的关切（Besorglichkeit）相关联的，要求得到解决。正如怀疑是某种感受到的东西，它也同样通过感受得到解决——这是一种自我和谐的感受。它构成了确定性——确定 P 是真理，或者确定 X 而非 Y 对于此时

---

14 费希特的立场因此可以被视为有时被称为"信仰的唯意志论"（doxastic voluntarism）的东西的一个版本。这种信仰的唯意志论在历史上的支持者也包括阿奎那、笛卡尔和詹姆斯。在此存在许多这样的学说。对信仰的唯意志论的较好讨论，参见 Audi（2001）。费希特的看法中并不包含如下论点，即我们永远可以直接地选择或者决断去信仰什么（而詹姆斯的立场则会包含这一点），也不包含詹姆斯的如下论点，即我们应该让"激情的本性"规定自身信念。自我和谐的感觉带来了确定性和确信，它有一种理性的基础，并且极大地不同于詹姆斯捍卫的东西，但并不清楚一切确定性对于费希特来说是否都是源自于怀疑和关切，后者通过情感导致了实践方面的决断。正如布里泽尔向我指出的，费希特似乎并不以这种方式看待数学上的确定性，也不认为这种确定性包含在先验哲学（知识学）自身之中。

此地的我来说是正当的行动。在义务性的行动中,正是这种确定性允许我严肃地和坚决地行动。实践方面的决断论以及与之相伴随的感受是良心和确信之事。费希特注意到,我不是通过论证知晓我自身是处在怀疑之中或感到确定的,而仅仅是通过直接的感受而知晓我自身处在怀疑之中和感到确定的(SL 4:169)。这种感受是我的确信的正确性的标准,赋予我们为了坚决地去行动需要的确定性。(SL 4:170)

危险的墨西拿海峡

费希特担心的不是我可能仍然在理论上不能确定要去做什么,因此我就需要强迫我的知性克服这种不确定性。这种对我知性的强制只能导致一种"实质性的信仰义务"——在他看来,这在道德上是绝对地被禁止的。相反,他的担忧是,当我真诚地承认有关义务的内容的问题在理论上是开放的时,这可能使我瘫痪,不能做出任何行动。更糟糕的是,它可能导致我在道德上有重大意义的那些事上做出不负责的、随意的和轻率的行动。要想使我曾经做出的行动是正当的,可能需要一个"好时机"——就像陀思妥耶夫斯基(Dostayevsky)小说中的那个醉醺醺的赌徒,他只是为了寻刺激,便异想天开地、轻浮地将全部祖传下来的东西押在转盘和骰子上。道德行动者出于同样的精神气质可能会说:

> 在这种情形下我也不确定自己应该做什么。这件事情是有争议的,因此不管我做什么都没有人苛责我。因此,我就可能去做在我看来是最容易的、最舒心的,也能带来最大利益的事,然后告诉每个人(从我自身开始),我认为这样做是(或至少是一桩)"道德的"事。

以这种精神状态行动——不管我可能做什么——可能要比根本不做任何行动更糟糕。

作为道德行动者，我面临着一种类似于奥德修斯的困境。如果我选择这一边，道德怀疑就会麻痹我，就像我盯着斯库拉的许多个头时一样——在我面前有许多行动或不行动的（可能性），而正当的行动在某种程度上永远在理论上是不确定的："它们中的哪一个才是可以正当去做的行动？"我知道我容易犯错，因此我就保持这种不确定状态，不做任何事。如果我选择另一边，我就有在道德上轻率的风险。这就将我拉进卡律布狄斯的致命旋涡中。正如费希特构想的，良心的确信代表了安全渡过危险的墨西拿海峡的唯一方式。良心不能改善理论的或认识论的处境，它们也许永远不确定。假装存在其他可能性是不诚实的，良心赋予我们如果想要去行动所需要的确定性，同时也认真对待我的行动，将其视为义务。

费希特有关良心和确信的讨论最终被认为非常类似于康德的论证。康德区分了有关特定行动是正当的这一知性的判断和一种截然不同的判断，即良心的判断。良心并不直接关涉我应该做什么行动这个问题，甚至不直接关涉我曾做过的行动（或者我正在想要做的行动）是否在客观上是正当的或错误的问题。相反，它是一种内在的法庭或法院——在这里道德行动者也是一个指控者，是被告人，也是法官。法庭要裁断我在打算去做的事，或者在我曾经做过的那些事上，我是否要被裁判为有罪责或清白无辜（MS 6:437）。康德认为，如果我不反思（我原本是应该反思的），如果我不是出于良心去做它们，即便我做了正当的事，我在这个法庭面前仍然可能是有罪的。换言之，即便我的知性在它的判断中犯了错，认为我已经做出的行动，或我想要做出的行动是正当的，我也可能会在这个法庭面前被判无需承担罪责，只要我在做这件事情的过程中是出于良心去做的，我就可以被宣告为"无罪责"。因为除此之外，不能要求我们做更多的事情（MS 6:440）。

良心永远正确不意味着道德永远正确，或者，毋宁说，它只意味着我判断对于此时此刻的我来说做这件事是正当的（是出自良心的），这个判断永远正确。这不排斥在这之后我所做的猜测，即是否我的良心确信奠基于其上的判断可能发生了错误。通过这种方式，费希特认为，构成良心的确信（即确信我的行动是正当的）的和谐一致的感受必须有别于我的判断力在理论方面获得的解脱。即便当我行动时，它们也必须仍然可以自由地思考支持和反对有关X是真正地需要做出的行动的论证和证据。良心提供给费希特的确定性的方式可以被视为类似于在康德笔下良心提供给终审法庭的确定性采取的那种方式。我们必须去行动，良心是确定的，意思是，在良心之外，就我们当前的行动来说，再没有什么上诉法庭。[15] 但我们可以继续思考道德困境，并且在此后改变我们有关它的理论判断的正确性的看法。

我们可能会被诱导着认为，对于费希特来说，包含在良心的确信中的确定性只是一种出于实践意图的确定性。它也许是真实的，但也是误导性的，因为它忽视了费希特信仰的唯意志论。对于费希特来说，一切确定性——一切信仰，一切理论方面的探索，我们有关世界的全部观点——不仅最终与我们的实践使命关联在一起，而且一切确定性，严格来说，在其本性方面也是实践的——不仅属于判断方面的事务，也属于实践承诺方面的事务。

这就是费希特对康德有关"实践理性的优先性"论题的理解（SW

---

15 良心的声音发挥的类似作用近年来在韦尔曼（David Velleman, 2006）笔下得到了辩护，但如果在此进一步探究韦尔曼和康德或费希特之间的相似性和差异，显然就离题太远了。

4:165）。"我的世界是我的义务的对象和范围……现实世界的意识是从行动的必然性中推导出来的。我们之所以行动，不是因为我们的认知，相反，我们之所以有认知是因为我们被呼吁着要去行动。"（BM 2:261，263；参见 GGW 8:184—185）。"理论方面的标准不是理论性的，（而是）实践性的。"（SL 4:170）费希特通过如下方式理解这一点，即它不与我们思考证据与论证的理论判断的全部自由相冲突。它并没有包含任何"信仰某种东西的意志"，也没有包含任何"有关信仰的实质性义务"。我对眼下去做 X 是正当的确信就体现在我对确定性的感受中，也就是使支持和反对特定判断的论证继续通过我的知性而得到自由的思考。我们将在本书第六章第七节中进一步地探究这个观点。

现在我们可以看到，歌德的那句著名格言为什么完全搞错了。理论能力仅仅思考支持和反对的理由，从来就不是良心的真正核心。这方面的考虑与怀疑或确定性方面的感受没有关系，也与确定性的感受想要解决的关注和关切无关——因此，也就与此时此地需要去坚决地行动的确信无关。通过自我和谐的感受，我就获得了一种出于良心地行动的能力。正如克尔凯郭尔清晰地看到的，良心针对的问题不是理智方面的，而是存在性的：

> 正是在这里，道路出现了分叉，发生的改变如下：尽管客观知识悠闲地走在接近真理的漫长道路上，并且自身并不受激情的驱使，但对于主观知识来说，每一次拖延都极其危险，并且决断是如此重要，以至于变得急迫，就仿佛机遇会因为没有被把握而将要消逝一般。
>
> （克尔凯郭尔，《非科学的总结性附言》，SV 7:168）

克尔凯郭尔在此所说的"主观知识"就是费希特笔下的良心确

信。这是行动在每一种情形下所需要的东西。克尔凯郭尔在此说的"激情"是出于良心的行动需要的确定性感受。我必须准备忍耐如下风险，即作为我的行动根据的有关义务的理论性判断也许是错的。作为认知性存在者，我必须继续自由地探索与这个问题有关的东西。但作为道德行动者，我必须行动，并且要有确信。因此，费希特的立场是：总是有可能，在此之后论证将让位于如下判断，即作为我的义务的不是 X，而是 Y。但如果在行动的情形下，我关于 X 是正当行动的确信通过我在良心上对确定性的感受得到了确认，我就不会撤销自己的判断。这个判断就是，在我做出行动 X 的过程中，在我做出这个行动时，我的行动是对的。单单这一点就构成了良心的永远正确，使它免于错误。

但这一立场仍然有争议。我们也许担心它只是为过去的错误决定提供了一个不充分的表达遗憾或忏悔的空间。如果它做错了事，并且在这之后认识到原本可以不这样做，费希特就仍然告诉我们，由于那时是带着确信行动的，我就不应有遗憾，无论我的行动在如今看来是多么错误，甚至有些人认为它根本不可能是对的。

费希特的立场允许各种类型的遗憾与忏悔。当然，我可以对哪怕是最具义务性的行动的不可避免的糟糕结果深感抱歉，我甚至可能因此有义务为我造成的损害申辩或赔偿，即便我确定我那时做出的行动是对的。我也同样为一个糟糕的选择感到忏悔，只要它的做出违背了我的良心确信，是在没有真正形成的确信之下被做出的，或者是自我欺骗地认为我的行动是根据良心做出的。如果在行动之后，我获得了新的信息，我也可以说："如果那时我知道了眼下知道的这些，我可能会有完全不同的确信，也会做出截然不同的行动。"费希特的观点仅仅禁止我们说，如果我的确是根据良心的确信做出行动，我在那时的行动就是错误的。我不能说的一件事就是，我应该违背良心而行动。

黑格尔与"信念伦理学"

黑格尔看起来也可能拒绝费希特的立场。他区分了"形式上的"良心和"真正的"(或"真实的")良心。形式上的良心支持行动者在行动时可能持有的任何道德意见。这些观点是基于行动者拥有的任何似是而非的理由或主观感受。真实的良心仅仅包含如下判断,它们是客观真实的,符合有关法权、道德和伦理生活的有效标准(黑格尔,《法哲学原理》,§§138—139)。在黑格尔看来,康德与费希特的观点十分接近于弗里斯的"信念伦理学",黑格尔将这种伦理学置于道德邪恶的不断下降的圆圈系列的最下面的部分(PR,§140)。在黑格尔看来,使主体自身的确信成为一种严格意义上的伦理标准完全取消了伦理的客观性。他认为这就为各种类型的以自我为中心的欺骗敞开了大门。

费希特指的"信念"并非任何单纯的主观意见。如果它包含一种以自我为中心的欺骗或错误表示,它就不可能是一种信念。信念必须奠基于自由的思维在行动的特定时刻和特定地点能获得的最佳理论判断基础上。正是自我和谐的感受记录的这一事实构成了良心的确信。产生良心确信的感受必须是一种真正的自我和谐的感受,而不是一种自鸣得意的托辞。费希特承认我们的判断也可能出错。如果进一步的反思使你相信自己在此前有关要去做什么的判断中出了错,费希特的立场就告诉你,正如你现在不能撤回过去的行动,因此你不需要也不必要撤回有关在那时你的行动是正当的确信。但你可能会形成一个同样确定的良心方面的确信,即沿着同样的道路继续走下去可能是错的,并且判定这一义务现在要求你在接下来采取相反的行动。[16]

黑格尔认为，只有当道德判断也是客观正确的时候，良心才有效。但这完全没有回答费希特想要回答的有关道德不确定性的难题。去行动通常使某人服从于如下这些人做出的自以为是的判断，他们并不在场，也不能（或不愿意）设身处地为我们着想。但我作为道德行动者，要服从自己的良心，而非他们的判断。去行动，就是要将我暴露在如下风险之下，这个风险就是，我的判断也许是错的，或者甚至是自我欺骗的和虚伪的。

黑格尔当然很清楚这一点，因为他在《精神现象学》第六章（PhG，¶¶623—671）提出了一个极其类似的有关良心的困境。这就是存在于一个不动的但却在评判的"优美灵魂"和一个邪恶但虚伪的行动者的意识之间的冲突。[17] 在这个讨论中，黑格尔似乎不允许存在一个有良心的、不虚伪的错误的道德判断。他甚至可能假设，如果我们从一种不受谴责的、真正的良心确信出发采取了一项行动，我们就是在思维在此不存在有关道德判断的客观原则。但费希特的立场呈现为如下思想，即我可能在自己的判断中客观上犯了错，但我仍然可以正当地行动，遵循我的良心确信。《精神现象学》讨论的结果显然承认我们无法避免邪恶和虚伪，然后通过宗教的宽恕超越道德行动。这不是对费希特良心理论的拒绝。它并未回答在道德不确定的情形下——在此情况下，我的判断也许是错的，但我必须

---

16 根据费希特，良心的确定性的"唯一真正的标准"乃是你是否可以冒眼下的确信将永远不会改变这一风险（SL 4:169）。在此，费希特显然受到了康德的《纯然理性界限内的宗教》一书的影响（R 6:68—69）。这并不是说你必须要做出一个顽固的和不变的决定，这个决定将不被改变。在这种情形下，就不会有任何良心的情感要去克服的对风险的经验。它仅仅意味着当你有良心地行动时，你要运用这一经验。

17 黑格尔有关这些主题的讨论显然是基于雅可比的哲学小说（*Woldemar*, 1796）。参见 Speight（2001），第 112—121 页。

要去行动——道德行动者应怎么做。它也没有回答一个更重要的问题，即我应该如何思维要去做的事，避免在道德上沦为瘫痪，同时也仍然保持良心地去行动，并且意识到自己的易错性。

如果我们想拒绝费希特的立场，就必须直面他提出的问题，指出我们应该如何才能渡过危险的墨西拿海峡。对于看到了自身招致的反对意见，却不能或不愿认真思考设定给自身去解决的困难问题的人来说，哲学方面的立场常常很容易被搁置在一边。

第八节　自我欺骗与道德方面的转变

费希特道德心理学中的一个突出主题是自我欺骗。费希特认为，对什么是我的义务的清晰意识与不去履行这一义务的决定并不相融（SL 4:197）。他推断，在所有的道德邪恶中都包含某种形式的应受谴责的自我欺骗。我们有可能在没有自我欺骗的情形下陷入理论方面的错误，甚至陷入有关将要去做什么的错误中；但为了真正地去做邪恶之事，我们必须以某种方式"遮蔽一个人的知性"（《罗马书》3:21），或"使一个人身上的对义务要求的东西的清晰意识变得模糊"（SL 4:192）。使用不确定性作为不行动的借口的人和以一种道德方面随意地方式行动的人都犯了这种错误。费希特的良心理论基于如下思想，即良心的确信是唯一可设想的防范这一错误的保障。

自我施加的无能

这种模糊意识的最常见形式是墨守成规或伪善（SL 4:200,

193）。[18] 这是消极地追随安逸的、习惯性的或在社交方面保守的行为方式的人的道路，以及毫无反思地屈服于自然冲动与欲望的人的道路。不道德的自我放纵自然地与社交方面的保守主义联系在一起，也出于类似的理由受到鄙视。费希特说，在自身身上例证了这种邪恶形式的人，在形式方面是自由的，但实质上仍然依赖于自然（SL 4:184）。它在人性中的基础是怠惰与懒散，当受到现实挑战时，怠惰就通过懦弱保障自身，通过弄虚作假和欺骗掩饰自身的恐惧和失败（SL 4:198—205）。这是道德发展的最低阶段。在费希特看来，也是大多数人无法走出的一个较低阶段（有关此一问题的讨论，参见 Ware，2015）。然而，如果我们将其理解为设定了形式自由的不同程度，暗示了道德责任的或高或低的程度，就可能会误解费希特。当然，他也愿意承认自由能动性和责任缺乏或克减的情形（例如，在未成年或精神失常情形下）。但是，包含在消极地屈服于个体的处境和欲望中的自我欺骗的惰性并不处在这一标题之下。[19] 圣·保罗（St. Paul）的"遮蔽知性"归根结底是想要证成他们"没有借口"这一结论（《罗马书》1:20）。反思的较低水准包含一种行动者的无能。但这

---

18 那些想要理解德语词"墨守成规"的言外之意的人，应该去看看巴赫的《咖啡清唱剧》（又名《咖啡康塔塔》）（BWV 211）。这出喜剧的主角施伦德里安（Schlendrian）先生是一个古板且威严的父亲，他想要阻止他的精力充沛的女儿丽茜（Ließchen）喝咖啡（但没有成功）——这是保守的施伦德里安想要禁止女人们享用的美味佳肴。这部欢快的作品是莱比锡咖啡屋委托巴赫创作的。

19 科什归结给费希特如下观点，即由于道德方面的消极和自我欺骗包含一种无能力，它们也同样包含一定的不自觉状态，并因此包含一定程度上的被减轻的责任："责任因此伴随着道德方面的成功而变化——一个人要么对德性承担责任，是就美德是形式自由的发挥带来的结果而言，但是它并不以同样的方式对邪恶承担责任。"（Kosch，2011，第167页）这一点直接同费希特明确讲述的东西相冲突。科什同样认为，费希特也不同意康德有关邪恶包含自我欺骗的观点（同上，第165—167页）。但康德与费希特都认为，邪恶包含一种应受谴责的自我欺骗。如果是自我欺骗和自作自受，道德上的无能就不是借口。参见 Wood（2014b），第50—52页；Wood（2015）。

种自我施加的无能无法缓解恶,甚至会加深恶的程度。费希特将沾沾自喜和自我放纵的墨守成规视为处在反思的较低水准上,而非处在一种有良心的道德行动者的层次上。行动者应该对那种应受谴责的自我欺骗承担责任,这就包括:

> 他原本绝对应该将自身提高到反思的高级层次,他同样原本能够做到这一点,他要因为没有做到这一点而遭受谴责,并因此他也要因为无能力的准则而受到谴责。这种无能力的准则(untaugliche Maxime)源自他不能将自身提升到更高的层次上(SL 4:181)……因此,如果一个人在行动时并不确定他的良心发出的宣告,他就是没有良心地行动。他的罪责就昭然若揭,并且他不能将这种罪责推给外在于自身的任何东西。在此,对于任何罪责,不存在借口。
>
> (SL 4:174)

人们通常是可以从这一幽暗的道德意识中走出来的,但唯有借助于一种道德方面的转化才能做到。费希特期待他的著作与讲演也许至少能在读者或听众中的某些人身上带来这种转变。

谁处在接受谴责的位置上

尽管道德行动者要对他们的消极性、自我欺骗和由此导致的道德无能负责,但我们仍然可以提如下问题:对于仍然处在较低道德层次的人来说,谁能裁判他的罪责?正如我们在本书第三章中有机会注意到的,费希特有关我们是自由的确信的观念并不涉及要为指向他者的那种"反应性态度"提供证成。他有关道德罪责的反思几乎完全导向行动者自身的观点。如果我是一个不能根据良心做出行动的行动者，我就应该认识到，我造成的道德无能是我自己的错，并且要责备我自己，"（那个意识到了这一点的）个体可能会看到自身存在于一种受人鄙视的形象里，对自己感到厌恶"（SL 4:204）。如果我们认为自身无法站在更高的角度看事物，（正是从这个角度出发，才有可能做出上述判断），那么直到我通过自我欺骗看到事物时，也许没有人能够指责或谴责我。但我能够，也应该将自身置于某一位置上，明确反思和超越那属于自己造成的道德上的无能，从而使自己承担责任。

促进他者身上的道德的义务

对于费希特来说，不仅培养个体自身的道德是一项重要义务，促进他人的道德也是一项重要义务。从制度角度看，费希特认为这是宗教的主要职能之一（SL 4:205；参见§§33，第348—353页）。但是，对同我交往的个体在道德上产生启发性影响也是每一个人的任务（SL，§§25，4:313—325）。然而，关于我们可允许地试图履行此一义务的方式，费希特却给了我们一些提醒。首先，法权要求人们尊重他者的形式自由，除非是在法律强制规则之下的犯罪情形中，否则就不能为了使他们相互变得更好而去对彼此实施强制（SL，§§23，4:276—299），"不能违背个体自身的意志而使任何理性存在者成为有德性的、聪明的或幸福的人"（VBG 6:309）。[20] 其次，在费希特看来，改造类族的主要手段就是人们之间自由地和彼此尊重地交往（SL

---

20 我曾听说过这样一种看法，即一个人不能违背他者的意志而使他者更有德性。但是这一点看起来是含糊其词的，它并不是费希特主张的内容。古老的强制立法的体系的一个公开声称的目标乃是使公民们变得更有智慧、更幸福、也更有德性。费希特认为，即便强制能够做到这一点，通过强制手段实现它们也是错误的。自由优先于幸福、智慧，甚至优先于德性。

4:23—253，参见 VBG 6:315—316）。因此，我们不能为了使他人在道德上得到改善而去破坏这种交往的条件。不仅强迫是被禁止的，灌输也要被禁止——即想要通过在人们身上产生一种理论确信，使他们变得更好（SL 4:314—317）。最后，尽管费希特认为，羞耻感和对自身的厌恶是根本上的自我改善的最强有力的动机，但他强调这些动机必须从内部产生。因为道德失败而表达出对我们的厌恶，这不应该是我们同胞们的职能，也不应该是宗教的职能。羞辱他人和指责他人是不对的，也违背了我们在道德方面改善他人的义务。

在费希特看来，在对他人产生道德上有利效果的过程中，向我们开放的主要手段就是，我们秉着正当的精神去做正当的事，向他人展示出我们人格的一个好榜样（SL 4:322—325）。这恰好是展现我们的优越性的反面，或者说恰好是在道德上凌驾于他人之上的反面。相反，唯一的重点是使他人看到尊重是可能的，人性能够实现其道德使命。这就有可能使某些人对自身的态度和行为感到厌恶，并因此将他们引向道德上的转变。当然，也有一种危险，即有可能传递给他们一种关于个体自身优越性的信息——"高人一等"（holier than thou）。费希特奉劝我们要确立一个好榜样，而不传递这样的信息。但也另有一种危险——更有甚者，有道德说教和道德指责的危险——即好榜样也可能会使他们不再相信自己，而走向道德方面的绝望（SL 4:318—322；参见 4:266—267, 311）。这将会直接地带来相反的效果，这是应该不惜一切代价来避免的。在讨论宗教的道德影响时，费希特尤其强调了这些危险（SL 4:351）。我们必须因此永远要这样对待他人，"要谦逊，要尊重每一个人格的人性尊严和自我充足性"（SL 4:352）。

费希特本人是否践行了这些原则？他似乎常常没有做到。他是一个极其敏感的哲学上的好争论者。在道德著作中他的典型语调是严厉的，甚至是指责性的。他有关道德的不同阶段的反思的观点也为他认为大多数人已无可救药地受到欺骗和堕落敞开了可能性（SL 4:136，EE 1:434—435）。他对同时代的人感到绝望，或者对他们中的绝大多数人感到绝望，他说，能"将自身提升到理念层面的人"，"在任何时代总是很少，（但）绝没有眼下这个时代这么少"（VBG 6:292）。我们已经看到，费希特有关人类历史不同道德阶段的理论是如何为这一判断背书的。在1792年的两个导言中，他反复强调无法与批评者们沟通，强调他与他们毫无共通之处（EE 1:434—435，ZE 1:508—511）。他甚至看起来对于这一不能相互理解感到得意——他抨击说，"我们根本不想说服他们"，"因为我们不能去欲求不可能之事"（ZE 1:510）。"如果他们理解了我，我会感到抱歉"（EE 1:422）。与此同时，费希特也继续告诉我们（和他自己），没有人可以摆脱如下期待，即人与人之间不存在内在差异，理性对所有人都是共通的（ZE 1:506—507）。我们最神圣的义务就是不仅通过理性的沟通，也通过公开的、真诚的情感投入，将我们和他人提升到更高的道德层次（VBG 6:307—309，SL 4:313—317）。总之，我们不能对他人绝望，抑或放任他们对自身感到绝望（SL 4:318—322）。我们有义务为他人树立最好的榜样，使我们能在这些问题上相互之间公开交往，并且也愿意交往（SL 4:322—325）。

看起来没有办法将费希特有关对手的道德上无可救药的陈述和他本人有关道德义务的论证协调起来，但这种无法融贯的结合仍然有意义。我们也的确或者至少也应该始终一致地和强调地提醒自己要抵御那些最极端的邪恶，这是我们知道的自身最容易陷入的邪恶。在费希特这里，这种恶就是他不信任那些他不得不交往的人的倾向，以及对周遭的社会世界感到绝望的倾向，但我们中又有谁能完全摆脱这种倾向呢？

第六章　理性的自我充足性

——关于义务的系统学说

费希特有关日常道德视角（或道德的普通理智）的先验证成主要包含了针对特定概念的演绎和适用。到现在为止，主要概念首先是道德权威或道德法则，其次是良心或在任何特定情形下对我们的义务的确信。正如我们已经看到的，费希特有关日常道德视角的论证在标准或决策程序方面没有像道德哲学家们通常理解的那样提供那么多东西。迄今为止，它只是临时性地假定了根据普通理智道德法则具有特定内容。现已表明，对于日常的道德行动者来说，这一内容是以在每一种特定情形下有关义务的良心确信的方式展现出来的。在《伦理学体系》第三编中，费希特的任务是为他有关日常视角的哲学辩护做一个补充，即补充一个有关我们的道德义务的更体系性的、"科学的"或哲学的理论。

费希特已经引入了一种理念，这个理念肯定通常没有被视为普通道德理智的一部分。这就是，道德义务在一种强烈的意义上是普遍存在的：不存在道德方面不相干的行动。准确来讲，在每一时刻、每种情形之下，都有一种属于我们义务的行动方式，所有其他行动方式都是错的和背离义务的（SL 4:137，139，155—156，

207）。[1] 费希特直到在第三编中有关义务的"科学"讨论中，才就为何义务要在每一种情形下运用展开哲学讨论，并且讨论适用于日常道德行动者的那些目的或道德规则。他认为，日常的道德行动者的确有一种确信，即他们应该要做的东西在处境方面是特定的，并且基于各种不同的和不同质的理由。费希特在此想表达的意思是，日常的道德行动者几乎不具有一种可以从中推导出这些确信的哲学理论，那些聪明人可能会指望道德哲学能为他们的确信提供这样的基础。而费希特的论证程序，正如本章和下一章所言，是确认他自身的如下观点，即先验哲学并不破坏普通理智，而是为之提供证成。正如我们将要看到的，费希特的理论将对道德哲学诸原则的追求表现为人与人之间的一种持久的理性沟通的事务。这意味着一切哲学理论必须只是临时性的，是对这一自由且开放的沟通过程的贡献。

第一节 自我充足性的终极目的：一种形式的结果主义？

费希特有关义务的科学讨论的基础是每一个理性存在者的终极目的，即绝对的独立性和自我充足性。但这一目的是无法达到的，那它如何被认为在有关我们更直接的目标和适用于日常道德行动者的其他

---

[1] 正如鲍曼斯所说，"道德的行动不是在其他行动中的这样一组行动……比如清扫房间或弹钢琴"，而相反是"一切行动的性质、方面或环节"（Baumanns, 1990，第145页）。这也是费希特的立场，但这不是一个重要的主张。因为如下这一点是几乎任何道德哲学都会承认的：任何行动都是道德判断的可能对象，并且它是一切行动的一个方面。但问题在于，当伦理冲动被视为一切自由行动的根本冲动，甚至清扫房间或弹钢琴也必须被视为伦理义务——如果它们甚至在道德方面是可允许的话。在此总是有许多行动向你敞开，它们不能被视为你的道德使命的实现。在费希特看来，这些行动都是错误的，是违反义务的。

道德理由的哲学论证中占有一席之地呢？

对于费希特来说，自我充足性（Selbständigkeit）和独立性（Unabhängigkeit）概念具有两个密切相关的含义，它们指的是自由意识相对于外在于它的现实做出的因果性规定的独立性，并且同样指自由意志的终极目的。这是通过每一项履行义务的行动促进的。这两个含义对应的是形式自由和实质自由的区分。形式自由是我作为理性存在者意识到的内容，即在情境供我自由选择的范围内，我知道自己能抵抗一切冲动或欲望，因此我行动的方式只取决于我的自由选择。实质的自由则是我通过遵循自己关于义务的良心确信从而服从道德法则的行动所获得的东西。

当费希特说，在回应伦理冲动并根据义务而行动的过程中，理性存在者意愿出于自由而自由的时候，自由的两种含义——独立性或自我充足性——是被设定为处在相互关系中的（SL 4:139, 153）。我们拥有形式自由而行动，为的是实现实质自由，而实质性的自由行动则着眼于（并且接近于）作为独立性或自我充足性的绝对自由的终极目的。终极目的迄今为止被设想为个体理性存在者的自我充足性。我们将在本章第七至八节中看到，根据一种综合方法，这最终变成了理性的自我充足性或（如费希特将指出的）理性存在者的整个共同体的自我充足性。

费希特反复强调这个终极目的无法达成，对它的追求是无止境的和无限的。它是"永远无法实现的特定目标（Ziel）"（SL 4:166）；"理性存在者的最终目的必然存在于无限之中"（SL 4:149, 150）。

> 道德法则的终极目的是绝对的独立性和自我充足性，不仅与我们的意志有关……也与我们的整体存在有关。这个目的是难

以企及的，但在此仍然有一种持续和不间断地接近这一目标的过程。

（SL 4:209）

在我们的具体处境中，道德法则为每个人规定了一个特定的行动序列，这是我们有义务去做的（SL 4:149）：这个序列构成了"自由之事"（SL 4:153）。每一项行动都有自身独特的或"有限的"目的，但同样它也以我们的绝对的自我充足性作为"最终目的"，或者在它的进一步发展中，以理性的绝对独立性或自我充足性作为"终极目的"。纯粹冲动，同样地，伦理冲动，都着眼于"如下系列，通过这个序列的连续，我将走向独立（unabhängig）"（SL 4:149）。"我的作为一个整体的冲动的目标是绝对独立的和自我充足性。"（SL 4:171）在每项义务行动中，我们"必须行动，以更接近这一终极目的"（SL 4:136；参见 4:209）。

> 伦理冲动要求的一切事情的终极目的是完全的独立性，但这种完全的独立性的目的又是什么呢？也许是某种享受，抑或是某种类似的东西？绝对不是。绝对独立性是它自身的目的。我之所以应该着眼于这一终极目的，绝对是因为我应该着眼于它——因为我是一个自我。

（SL 4:152）

重新思考科什的解释

该如何理解这一有关独立性或自我充足性的终极目的的学说呢？在前一章中，我们考察了科什的解释，她认为费希特的道德理论是一种康德意义上的"质料伦理学",是一种建立在技术-实践理性基础上的计算式结果主义。在她看来,义务性行动的序列是通过在每一种情形下能使理性存在者——或之后,理性——的自我充足性或独立性最大化的东西规定的。在第五章中,我们认为这不是对费希特有关日常道德视角的论述的正确解释。正如费希特所见,道德行动者服从定言命令。这是一项要求我们出于每一项行动自身,同样也出于内在于要求的行动的特定目的而选择做出行动的法则。费希特将有关应该做出何种行动的判断描述为理论判断的事务(SL 4:166),但他从来不认为这是"技术-实践"理性方面的事务,实际上,他也明确否认这一点(SL 4:57)。

然而,许多结果主义理论都在如下视角之间做了区分:一、日常道德行动者的视角,即他们如何能更好地思维道德;二、道德理论的视角,它规定了有关正当、错误和义务的哲学方面的真理。某些理论主张,不管日常的道德行动者采取何种方式思考这方面的问题,这个真理都是由与特定的终极目的相关的结果主义计算规定的。这种结果主义的计算通常着眼的是在当前情形下将其成果最大化。基于能使绝对的独立性或自我充足性的这一终极目的最大化,费希特的理论可以被解释为这种类型的结果主义理论。当以这种方式理解科什有关费希特的解释时,似乎最有前景。

但是,为了理解费希特作为一种计算式结果主义形式的哲学性的或"科学的"义务理论,还需要有关"绝对独立性或自我充足性"的充分明确的观念,从而使我们计算出哪种特定行动有助于最大化这个目的。这种最大化理论实际上从不主张我们可以完全实现想要追求的全部目的。比如,享乐主义的功利主义者不认为一切有感受力的造物的完全幸福是可以达到的目的。但在他们看来,我们的行动与处境相关,可以使这一目的的实现达到最大化的程度。正当的行动因此被规定为使目的得到最大可能实现的手段。根据我们在此考察的解释，这极有可能就是费希特在说"接近""增进"或"更为接近"绝对独立性或自我充足性时想表达的意思。

是否有一种有关绝对的自我充足性的足够确定的观念，使我们可以采取这一结果主义的计算式方式来使用"目的"？使科什懊恼的是，正如我们看到的，《伦理学体系》没有足够清晰地告诉我们，通过说"绝对独立性和自我充足性"使之成为可能，它究竟想要表达的是什么意思。她的解释性看法主要是基于费希特的通俗作品，认为费希特通过独立性和自我充足性的终极目的真正想要说的是理性的人类对自然进行控制的程度。人们从来就不期望这种控制是总体性的，但他们可以——不仅从个体性角度，还是从整体性角度——着眼于在那些偶然的经验情形下，使这种控制达到最大化。

在第五章第四节，我已指出了一些理由，解释为何科什的解释性看法站不住。费希特从未将人类对自然的控制等同于自我充足性这一终极目的。对自然的控制并不被视为终极目的而被看重，它也不能使我们独立于自然。费希特看重的只是对自然的特定类型的控制，即有可能将劳苦阶级从特权阶级的统治中解放出来的控制。除此之外，对于费希特来说，寻求对自然的无限制的支配是一种恶（SL 4:186）。我在这里不打算重复之前做过的论证。在此，同样明显的是，在费希特通过"独立性和自我充足性"表达的意思中，科什的解释根本没有考虑到在此还存在一个重要方面，即人对出于义务做出的义务性行动的选择展示了我们的意志相对于一切自然冲动的独立性，也展示了我们的意志独立于每一种满足带来的享受，这只是为了使自身得到满足（SL 4:130，141—142，161）。费希特强调，这种独立性会导致一个全新的行动序列，而这是自然无法产生的（SL 4:139，参见第五章第四节）。

费希特在思考我们的义务的过程中有时也会使用手段-目的推理。但在此，"手段"不是指行动或规则，也不是指行动的策略。这是科什的解释可能要求的。这些手段通常是指物或人格。我们以一种能使之服务于理性目的的方式塑造物（不管这些目的最终可能是什么），这甚至被费希特称为"一切给定的物的终极目的"（SL 4:171，210—211）。我们同样也通过自身的行动塑造自身，并且想要通过理性的沟通教育影响他人，尤其是通过我们自身的好榜样，如此一来，所有人都成为理性或道德法则的自由的和有理性的工具（SL 4:255—259，268—270，277—279，303，313—325）。但倘若我们想要在《伦理学体系》中寻求如下形式的主张，即某一特定的行动是正当的或不正当的，是因其结果可以使自我充足性或独立性最大化，这一寻求就会徒劳。因为，简要地讲，这并非费希特思考应该如何选择我们行动的方式。

绝对的自我充足性的不可能性

围绕着自我充足性的终极目的的这整个理念也存在一个悖论。我们在第五章中已经提到了这个悖论。现在是时候更深入地对它进行探究了，因为它涉及绝对独立性或自我充足性理念在哲学方面的内容。当功利主义者或其他结果主义者的理论寻求那些能够最大化某一目的的行动时，因为我们不能实现这一目的的彻底完美的形式，这种不能便通常被理解为偶然性的和经验性的。我们并不具备知识或能力使所有有感觉的存在者如同在原则上使他们获得的那般快乐。我们也不能做到人类对自然的完全控制。但在此，不论在哪种情形下，完美都是无法获得的，这是一个先天的或者是必然的真理。在此，也存在一些费希特宣称无法实现的道德的目标，因为它们仅仅是以此种方式偶然地不可能的——比如，使所有理性存在者在他们的目的和道德确信方面达成完全一致这一目的。然而，关于绝对的独立性或自我充足性，费希特的确认为，甚至从原则上来讲，目的的不可实现是一个必然的真理。因为自我的能动性自身的一个先验条件就是，与自我的能动性本身相对立，有一个非我的对立的能动性，并且因此，自我的能动性自身就总是依赖于对其能动性的这一限制。"人类必须无限地接近他在原则上无法实现的自由"（GWL 1:117）。通过如下方式来解释费希特，即将绝对的自我充足性的目的从某种"无可救药地"抽象的或者甚至"荒谬的"东西转换为某种更具体的东西，转变成为可以根据计算式结果主义的概念理解的东西，因此就必然是错误地理解了他。绝对的独立性或自我充足性被认为在先验层次上是荒谬的。关于这一目的，不能设想任何"有益的"结果主义的看法。这并非关于如何追求某个目的的问题。

费希特不认为，绝对的独立性和自我充足性是对非我的控制，相反它是一种想要完全取消非我的努力——"一般性地消除对象"（GWL 1:269）。"要使这里不再有非我！"（GWL 1:144）要想充分实现这一努力的对象，就要取消实践性的努力自身的先验的必要条件。有时费希特将这种不可能完成的努力描述为努力去将非我包括进来，或者努力将非我合并进来，"自我要求将一切现实包含进自身，穷尽一切无限"（GWL 1:277）。或者再一次地，他将这一努力的对象描述为对象与自我自身的同一、等同或类似（Gleichheit）（GWL 1:260）。基于这些考虑，绝对的自我充足性就会取消对自我自身的自我设定来说的必要条件。

世界能够对我成为我的身体眼下所是的样子吗？

在《伦理学体系》中，当费希特说有某种东西可能会引导我们思考他将自我充足性的终极目的等同于人类对自然的控制时，实际上也就提出了一个类似看法：

> 作为我们的最终目标的自我充足性在于一切东西都取决于我，而我不取决于任何东西，在于我意愿在感性世界中出现的一切事情之所以出现，纯粹是因为，也仅仅是因为，我意愿它们出现——就如同发生在我的身体之内一样。身体是我的绝对因果性的出发点。这个世界必定对我成为我的身体眼下所是的那个样子。这个目标虽然不可达到，但是我应该去塑造这个感性世界中的一切，如此它们才能作为实现我的终极目的的手段。这个不断接近我的终极目的的过程，就是我的有限目的。
>
> （SL 4:229）

在此费希特想表达的思想是：绝对的自我充足性可能包含着对我成为我的身体眼下所是的样子的全部感性世界。在科什看来，"世界对我变成了我的身体眼下所是的样子"可能是指某种类似于我实现了对自然的总体控制的东西。因此，更接近或趋近绝对的自我充足性就在于进行一种结果主义计算，看我们如何最大化地控制自然。因此，在她看来，这段话可以支持她的解释（Kosch, 2014, 第 7 页）。但如果看一看语境，我们就可以看到这段话在一个导致了完全相反的结论的间接证明中只是一个前提。费希特的整体观点是，世界，甚至从原则上来讲，不能对我成为我的身体眼下所是的样子。

在我解释这段话中的论证时，这个论证是这样的：

一、自我的能动性存在一个前提，即自我应该为非我所限制，并因此取决于非我。我的身体在与非我的关系中是我的能动性的出发点。

二、因此，如果感性世界对于我来说成为我的身体眼下所是的样子，在我的能动性和感性世界的起限制作用的与我对立的能动性之间就不存在区别了。但如此一来就可能使我自身的能动性成为不可能。

三、这就是为何这一目标无法达成的原因。

四、因此，这一目标的无法达成就不仅是偶然的或经验性的，而是一种先验的必然性。

如果绝对的自我充足性在实际上是不可能达成的，自我的可能性的根本的先验条件也就因此而被取消，自我自身也将消失。简言之，世界从原则上不能"对我成为我的身体眼下所是的样子"。因此，如果"世界对我成了我的身体眼下所是的样子"被认为是自我充足性的终极目的的一个表象的话，我关于这一目的的概念就会因陷入不融贯而导致失败。自我向着它做出的努力就是指向某种可能会消灭自我自身的东西。

因此，前面这段话就引出了一个典型的费希特式的二律背反，从中可以先验地演绎得出一个新概念，即有关特定的伦理义务的新概念。它存在于自我性的诸条件和自我对于绝对的自我充足性的努力的综合之中。我们将看到，义务分三组，根据康德的关系范畴得到排列：分别涉及身体（因果性）、认知（实体）和交互主体性（交互性）的义务。根据康德的量的范畴，这些义务中的每一个都采取了三种形式，分别是否定性、肯定性、限制性。这些义务在形式上是道义性的（涉及我们必须去做的或不去做的行动）。它们是基于规定那些对于绝对的自我充足性的冲动在原则上是无法努力获得的东西，并因此明确了那些绝对有义务要去做的或是绝对禁止去做的行动。

关于这一二律背反的揭示和解决将放到下面第三节去谈。接下来的第四至九节将着力对上面列举的特定义务的推导进行讨论。但首先，我想要针对有关努力追求、趋近或者接近于自我充足性这一终极目的的究竟意味着什么这个问题提出一种解释。我们将会看到这种解释较之科什提出的计算式-结果主义解释将会得到更多的辩护。

第二节　作为对于我们的有限目的递归式推进的终极目的

自我必然受到非我的限制。身体，它的行动是我们的行动，因此必然不同于外部世界，后者抵抗和反对自我做出的行动。这些必然的区分导致了一个问题，即我们如何才能设想绝对的自我充足性和独立性在根本上作为一项目的。费希特说，由于在自我之内并不存在着眼于自我自身的取消的根本冲动（SL 4:211），那么对于我来说，甚至不可能着眼于将整个世界转变为实现我的其他目的的手段，并且这一点也被最终证明不能成为我的绝对的自我充足性的终极目的的真实含义。

在本书第五章中，我引用了费希特的如下说法："目的不能规定诫命，而相反，是诫命的直接给定的意图规定了目的。"（BM 2:264—265）这句话出现在他的通俗著作中，并且似乎是想要表达从日常的道德观点出发事情是什么样子的。但它也提出了一种在与不可企及的终极的或最终目的的关系中思考我们行动的方式，这种方式显然与计算式-结果主义的方式对立。结果主义的方式必定从某种有关终极目的自身的非常明确的观念开始。这种观念必须足够明确，如此我们才能计算出哪一种行动是实现目的的最适合手段，或者至少是一种能在最大程度上实现这一目的的手段。然后，我们就可以将这种目的思维为某种特定的东西，比如，百分之百地是某种东西（比如说普遍的幸福或人对自然的控制），但我们也意识到，我们不能整个地实现它。

我们可能在某个时刻实现了25%，但在接下来在有关目的的概念以及对这个世界中的因果关系的认识的指导下，我们可能会实现它的28%，并且在未来我们还可以努力实现更多，但我们永远不能指望实现全部。通过这种方式，我们的目的就一直无法企及，我们无限地去努力，尽管在时间的流逝中，我们的确更为趋近、接近或逼近终极目的。

然而，我们可能会以完全相反的方式思考这种关系，即从这个过程的另一端开始，亦即从我们的直接行动及其有限的目的出发，我们有关终极目的的观点因此通常仍然是极不明确的——是如此的不明确，以至于不能通过工具理性规定何种行动是实现它的最大化的正当手段。它甚至在原则上依旧不明确，尤其是如果我们认为它无限地远离我们，不可企及，这不只是因为我们的偶然限制，而是一种先验的必然性。那么，我们可能会通过一系列的行动接近终极目的，每一项行动都有其特定的有限目的，在每一阶段我们都能进一步向前扩展，一直将其作为一个无限的序列。

如果我们以这种方式行进，我们对序列中的下一个单元的选择就不是计算式地被指引的，即不是通过一个有关终极目的的观念和一个被计算作为实现这一目的的行动被引领的，而相反是通过我已经采取的行动被引领的。接下来的行动是作为这些相同行动（当它们被认为是作为一个序列时）的进一步的扩展或推进而被选择。我们并不计算式地或工具式地来思考我们的行动，将其视为能使我们有某种明确的观点的东西最大化。相反，我们是递归地来思考它们，作为一个有限行动的序列的延续，每一个有限的行动在它所能实现的东西的有限范围之内，都有自己明确的目的，但接下来每一个有限的行动又导致了序列中的下一单元的行动。每一项行动都有其自身的目的，并且在有限的范围内获得了某种东西。序列中的下一个行动超越了这些限制，并且设定了某种进一步的有限目的。在序列中每一项新的行动的选择并不受一个全局性的有限目的的观念引领,或者甚至受这个有限的目的的最大化来引领,而相反,是受这个序列中前面的行动设定的具体界限的引领。因此我们只能将我们的终极目的思维为这个递归序列的(不可能的)终点。我们有关终极目的的概念因此必然仍然是无限的。在计算式的或结果主义的推理中,我们不会使用它判定何种行动属于这个序列。每当我们认为每一个行动都在越来越趋近、接近和逼近终极目的时,我们关于终极目的的唯一概念是,它是一种理想性的(或者甚至是先验层面不可能的)"无论它是什么",这里有一个趋向于它的(无限的)行动序列。

我们的道德使命

如果我们更仔细地考察一下费希特有关我们努力追求绝对自我充足性的说法,就会看到,他的确是以刚才描述的递归方式思考它:

> 有人问,究竟该如何更接近这一无限的目标呢?……我是为我自身而更加接近它,然而,我永远也无法把握住无限;因此,我永远只能在眼前看到一些有限的目标。对这一目标我无疑可以更接近它一些,即便在我获得这个明确的目标之后,我的目标可能比这扩展得更远一些。因此,从一般方面来讲,我永远不能更接近无限。我的目标就存在于无限之中,因为我的依附是无限的。尽管我从来不能在无限性中,而只能在某个确定的范围内把握我的依附性,但在这个范围内,我无疑可以使我更加自由。

(SL 4:150)

根据这段话,自我应该如何努力走向无限呢?它是这样做的,即设定一个明确的、有限的目的,并且实现这个目的,但在实现它的行动中,又设定了一个新目的,为自身设定了一个新界限。超越这个界限的努力正是设定新的有限目的的那个东西。在此谈到的唯一明确的目标是一个最为接近的目标,而非绝对的自我充足性这一终极目的。这个设定有限目标的过程是无限制地递归发生的,并因此是无限的。这种目的的递归式设定产生了一系列行动,每项行动都有自身的受限制的目的。终极目的并不意味着任何东西,而只意味着一个无限遥远的结果,而这正是递归式序列朝向的结果:

> 我在感性世界中能够实现的永远不是道德所命令的那个终极目的;这个终极目的存在于无限之中,我们在感性世界中可能实现的仅仅是接近这后一个目的的手段。因此我的每一项行动的最为接近的目的乃是未来的一项新的行动。
>
> (SL 4:261)

在每一个阶段设定的新目的并不受一切行动努力实现的终极目的的某种一般性观念的规定,比如,普遍幸福或者是针对自然的完全控制。在这里,当然也可能有之前的那种递归性,因为终极目的是为一系列行动所追求的,这些行动中的每一个都可能会在情形所允许的范围内将它尽可能地最大化。但并不清楚这是否总是包含着更加接近它。这一点可能取决于具体情况。可能最终表明在不利的情形下,对我的目的构成外在障碍的东西可能造成的最大化在于现实地在接下来的行动中相较在之前的行动中将我置于离目的更远的地方。(如果要使人的垂死状态加剧,我眼下最好是能够使这个人较他昨天更虚弱。)在偶然的情形下,使任何目的最大化既不能保证朝向这个目的的直线推进,也不能保证"可以更好地接近它",后者是费希特的走向绝对的自我充足性的行动系列所要求的。

对于费希特来说，属于我的道德使命的每一个行动都处在通往终极目的的道路上，并且必然地使我们更接近这个目的。并且，每一个递归都包含着仅仅在一个具体范围内设定一个新目的，而不是同时根据某种有关这个终极目的的具体概念设定终极目的。相反，我关于终极目的的唯一观念是，它是某种沿着受这一递归式的行动序列规定的道路处在无限中的东西。因此，当费希特说，我的行动是通往绝对自我充足性的"手段"时，他并不是计算式地思维这些行动，将其视为对感性世界中的某些特定对象的最大化。他的意思是，每一行动都导向了从属于同一系列的一个新行动。

这就是费希特在1794年《全部知识学的基础》中思维自我的无限努力的方式：

> 如果自我的能动性并不能够扩展到无限，那么它就不能自身为这一能动性设定界限……自我的能动性意味着一种无限制的自我设定。针对这一点，这里产生了一种抵抗，如果它屈服于这一障碍，那么存在于这一抵抗的界限之外的能动性就可能会被完全取消和破坏。在这个意义上，我将不能设定任何东西，但是，考虑到这一点，它就必须同样也能在这一界限之外进行设定。
>
> （GWL 1:214）

> 自我是有限的和受到制约的……但这个界限存在于何处？这个界限就存在于自我所设定的无限之中。自我是有限的，因为它服从于限制，但在这一有限性之内的自我是无限的，因为界限可以被设定在通往无限的更远的地方。
>
> （GWL 1:258）

我们看到这同一种有关我们与自我充足性这一终极目的的关系的观念,也在费希特规定道德法则的实质内容的进路中发挥了作用:

> 道德法则的终极目的是绝对独立性和自我充足性……这个目标是无法达到的,但这里仍然有一个持续地和不间断地接近这一目标的过程。因此,这里必定有一种持续的和不间断的行动序列,通过这个序列,个体可以越来越接近这一目标。这个序列是从每个人占据的最初立场出发的……我们的问题因此就可以这样来重新表述:在我们刚才描述的思路上究竟是一些怎样的行动?
>
> (SL 4:209)

对象及其终极目的

费希特说,根据它们的实质或内容,从属于这个序列的行动根据对象的终极目的对待每一个对象(SL 4:210)。这是受我们想要使用这个对象追求的东西规定的。但它并不是受个体任意地为对象设定的任何目的的规定。它并不着眼于对对象的控制,因为这就仅仅意味着任何对象用于我们可以使用它达成的任何其他目的。再一次地,这就可能是如下准则,即"寻求对外在于我们的一切东西的无限制的和无规律的支配",这被费希特谴责为最大的恶(SL 4:186)。更准确地说,对象的终极目的是将对象与我们的原初冲动关联起来这一目的(SL 4:210)——这一冲动是其他一切冲动的基础(参见第五章第五节),但"这一冲动":

> 着眼于许多不同的东西,(并且)只能逐步地通过那些中间

状态得到满足……甚至在个别的情形之下，原初冲动的目的可以通过自由的反思划分为多样性。（在每一个可能的阶段，这一冲动都在追求某种确定的东西=X……）唯有通过这种方式才产生多样性。

（SL 4:207）

当然，至此，对于原初冲动通过"自由反思"的"划分"如何可能导致为每一个特定的对象规定"终极目的"，并因此导致规定处在导向绝对的自我充足性这一路线上的一系列行动，仍然是模糊的。但在此没有迹象表明，有关任何确定的目的如何能在偶然情形下达到最大化，结果主义的计算能起到任何作用。相反，费希特再度强调了从原初冲动中产生的目标的多样性，和这一冲动在每种特定的情形下要求的东西的特定性，以及原初冲动在自我可以基于它行动的任何形式中的有限性。正如我们此前注意到的，这个论证导向了典型的费希特式的二律背反，对其提出的解决方案是为我们的义务之事提供一个科学的或体系性理论的下一步。

人格的同一性

但在讨论这一二律背反之前，值得暂时停下来注意一下费希特有关实质性的自由行动的递归式观点对人格同一性的观念来说具有哪些内涵。费希特认为，每一个自我都是处于时间之内的，自我使自身成为通过一个递归式过程而逐渐形成的东西，这个递归式过程使它自身的自由推进到一个由它自我选择的确定的未来。我同我的未来的自我的同一性，甚至我同我过去的自我的同一性乃是某种我不断地通过我自身的选择塑造和再造出来的东西。这些不仅是对行动的选择，也是对这些行动建立在其上的价值的选择,以及是对致力于这些价值的自我选择。我是谁(我的真正的或者实质上的自由的自我)是由一系列我努力追求绝对的自我充足性的行动序列所构成的。这个系列并未提前得到确立(比如通过结果主义的计算),相反它是不断地通过每一个新的行动所设定的界限,以及通过行动序列中的每一个新行动超越那一界限的递归式过程,从而被塑造和再造的。

换句话说,我的同一性并非是任何类型的"事实",它并不是一项经验性的事实,比如洛克通过记忆而产生的连续性,也不是一个形而上学的事实,比如某些非扩张的精神实体的同一性。我的同一性乃是一项规范,是我针对我自身反思出发的一项命令,即整合和统一我的个体性,包括我的全部冲动,不管它们是有意识的,还是无意识的,不管它们是自然的,还是社会性的。对于费希特来说,道德成了一项塑造我自身的真正的同一性、塑造我的真实自我的计划,它不是"法庭式"的,着眼于要求他人来负责,而仅仅是从一种对于我自身作为自由存在者的自我选择的责任中产生出来的。

充分地揭示费希特在此的立场的内涵,不是我们眼下这个研究的任务,但对于它们,我们可从亨利希的如下富有洞察力的评论中瞥见一斑:

> 正如费希特和存在主义者们想要指出的,原初的自我指涉不仅导向了而且也早已蕴含了一个过程。这就相当于主张原初的自我指涉是精神生活的一种发展,它同样可以包含和解释人类生活的那些道德的和能动性的方面。费希特有关人格同一性的解释在根本上改变了曾经在哲学上占据主导地位的这个问题的主要意义。它远离了洛克-休谟式问题的支配,后者在根本上指向人格同一性在时间中的标准。但在费希特笔下,同一性的问题变成

了人格价值的体系在一个完整的动机结构中的不同阶段的发展问题。仅从这个角度看,费希特有关同一性问题的新解释有助于我们把握他与各种不同形式的心理学理论和精神分析理论之间的历史关联。我们甚至可以说,我们在当今的心理学理论中发现的人格心理学的同一性观点身上有着费希特取向的痕迹。

(亨利希,2003,第251页)

自我努力追求绝对的自我充足性的递归式观念,是在费希特的伦理学理论中在此为亨利希提及的新的人格同一性观念采取的主要形式。费希特的新的人格同一性观念后来的一个突出表达是克尔凯郭尔笔下有关一个想要去存在的自我究竟意味着什么的观点:

> 那个已经存在的主体性的思想者……继续处在一个变化的过程中,即继续处在一个做出努力的过程中……但说一个已经存在的主体性的思想者继续在努力,并不意味着在一个有限的意义上,他有一种努力的目标,一旦达到了这个目标,这个过程就完成了。不,他的努力是无限的,他继续处在变化过程中。

(《非科学的总结性附言》,SV 7:62,72)

费希特思想的另一个表达是尼采提出的那个著名说法"成为你自己"。[2] 在本章第八节,我们将会看到(在第三章第九节中早就对此有所预示),对于费希特来说,我的人格的同一性——我的个体性——

---

2 尼采显然引用了品达(Pindar)的"成为你学会要成为的那种人"(品达,《第二首皮托凯歌》,第72行)。品达的说法包含着如下思想,即你的身份就在于你学到的东西。考虑到你自身和你的情境(就你真正地了解它们而言),你将会变成你真正选择成为的模样。

同样有一个交互人格性的维度。"我是谁"通常是我将自己塑造成为的那个人——通常是在我同他者的相互沟通的关系的语境中出现的。同一性因此包含了社会的同一性——种族的、民族的和性别方面的同一性——它们都是社会性地建构的,也是规范性的,因为它构成了真实的伦理选择的处境。[3]

第三节 二律背反:自我充足性 vs. 自我性的诸条件

费希特主张,我们的终极目的乃是绝对的自我充足性,但是这一目的必须是在先验地构成了自我的存在的限制性的诸条件下被追求的。这是一种直接地与绝对的自我充足性概念抵触的限制性。正如费希特在 1794 年《全部知识学的基础》一书中讲述相同的那个二律背反时所说:

> 自我是无限的,但仅仅是在它的努力追求方面;它想要努力成为无限。但是,这个努力追求的概念已经包含有限性,因为如果针对它这里不存在一种反努力的话,就根本不会有任何努力了。如果自我所做出的仅仅是努力,如果有某种无限的因果性,自我就不可能成为一个自我;它不会设定自己,并因此可能什么也不是。但如果它并不以这种方式来无限地努力追求的话,它也不能设定自身,因为它不能设定任何与自身相对立的东西,再一次地它就不是自我,并因此什么也不是。

(GWL 1:270)

---

[3] 参见 Appiah(2005);Haslanger(2012)。

费希特在 SL 4:207—211 中*设置的问题因此就是如何解决这个二律背反。我们如何理解自己以一种避免矛盾的方式对绝对的独立性和自我充足性的努力追求？我们必须尝试以它们并不同时取消自我性自身的诸条件的方式，去设想更接近、趋近、逼近绝对的自我充足性的行动。"发现道德法则的实质内容的方法"，因此"就是通过综合地将自我性的概念同自我充足性的概念统一起来"（SL 4:211）。这不能通过将我们对自我充足性的努力追求视为只在经验方面受到限制来做到（例如，受到对我们控制自然的能力的偶然性限制）：

> 这种限制性应该是一种原初的和必然的限制性，奠基于理性本身之中，并且无论如何并非经验性的和偶然性的限制……在自我之内不存在一种不再成为自我的冲动……因为倘若如此，它就会着眼于自身的取消，而这是自相矛盾的。相反，任何并不直接从自我性中产生的冲动的限制性并非是一种原初的限制性。
>
> （SL 4:211）

绝对努力的限制性

我们的自由能动性的限制性构成了我们的"处境"（SL 4:225）。我们的义务的质料是由我们在自身处境的范围内能追求自我充足性的方式规定的。我们的每一项义务性行动改变着我们的处境，因此导致了另一个处境："我通过每一项行动规定我的个体性。"（SL 4:221）但我们必须将对绝对的自我充足性的努力追求和自我的自我设定（或者

---

* 此处是指小费希特编辑的《费希特全集》第四卷第 207—211 页的内容，对应中译本《伦理学体系》（梁志学、李理译，商务印书馆 2010 年版）第 214—220 页的内容。——译者

一般性的自我性）的诸条件协调起来——换句话说，同它不能绝对地独立和自我充足这一先验的必然性协调起来。要想做到这一点，就是要发现对于绝对的自我充足性的冲动来说原则上无法努力追求的东西。"这里所讲的限制性因此必须是实质性的：冲动必须不能追求确定的东西。"（SL 4:211）

对于绝对的自我充足性的努力追求的限制并不单纯在于我们（偶然性地）不能获得的东西，因此，我们不能通过计算哪些行动能最大化"自我充足性"，将义务从绝对的自我充足性的冲动中推导出来。我们不能像以那种方式追求其他目的而去行动那样，去为绝对的自我充足性而行动。努力追求最大限度地取消个体努力追求的先验条件是自相矛盾的。相反，在《伦理学体系》的第十八节，费希特通过规定何种限制性或有限的目的是对于绝对的自我充足性的冲动，从而展开论证。接下来，在对这些目的进行规定的基础上，他又规定了哪些行动不能同对自我充足性的追求相容，哪些行动是被要求的，以及哪些原则对后面的行动构成了限制。费希特将这些问题进一步划分为三种类型（根据在自由能动性的先验条件下我必须追问它们的方式）。他运用了康德关系范畴的三个契机（但将前两个契机颠倒过来），将义务受到规定的三个领域体系化：

> 因果性：有关身体的义务，这是自我的因果性的条件。
> 实体性：有关我们的认知能力的义务，它在我们面前表象为道德法则的实体。
> 相互性：在与其他理性存在者的关系中的义务，它必须是相互的。

（SL 4:216）

这三个主题如何包含着绝对的自我充足性的目的与自我性概念之间的综合？它们包含着康德笔下的关系的诸范畴。费希特认为它们是对立面的综合得以产生的范畴。我是作为物质世界的效用性行动的原因而同我的身体联系在一起的。我的理智给了我有关我的处境和义务的客观实在性的信息。它们构成了一个实体，在其上我可以做出有关要去做什么的决断。同样地，实体也是一个自因，并非奠基于它自身之外的东西上。这就是道德法则或定言命令被展示出来的样子。最后，我处在同其他理性存在者的交互性和共同体的关系之中，正如我们将会在本章后面部分和在下一章中所见，这最后的一种关系在规定道德的目的和我们的义务的内容的过程中最为关键。

在将自我充足性的终极目的与我们的原初的限制性综合起来的过程中，费希特同样遵循了康德有关质的范畴（实在性、否定性、限制性），并且将前两个范畴颠倒过来。他从否定性的义务，即不去做某事的义务开始。正如我们很快将在第三节中看到，它们包含了消极回应个体身体方面的欲望：将它们的满足作为终极目的去追求，而不将它们用实质自由的理性目的关联起来。那些受到禁止的努力同样包括——如本书第六章中所见——不允许自由探究，而是使我们的理智服从于某种东西，例如教条或权威。最后，如我们将在第七节中看到的，消极的义务也包含禁止采纳不能为其他理性存在者分享的目的，这些目的与朝向绝对充足性的冲动背离。这种冲动是不去追求这些目的，因此它们在道德上就受到禁止。

费希特接下来引入了积极的义务，将我们的行动同理性或者道德上可能的目的关联起来。这些将是一些同对于自我充足性的冲动一致的努力。它们包括保持我们的身体健康以满足使我们去做应做之事所需的自然冲动；培养我们的智力；同时和他人沟通，从而在我们的目的方面达成一致。在对这些目的的追求过程中，可能的确存在某种工具性的或结果主义的推理，但这些目的不是通过计算式结果主义或技术-实践的推理从关于绝对的自我充足性的某种观念中推导出来的，并被视为我们可以尝试最大化的东西。相反，它关注的只是提升我们的能力，去追求我们可能理性地选择去追求的（至此尚未得到明确规定的）有限目的。

最后，也存在一些限定性的义务。它约束着我们在追求积极义务的过程中可以采取的各种行动。再一次地，这些受到禁止的行动通过如下方式得到明确，根据这些方式，我们不能用与对绝对的自我充足性一致的方式去追求我们的目的。

从对自我充足性的冲动和自我性的诸条件的综合中产生出来的消极的、积极的限制性的义务通常以严格的道义论术语得到构想，即它们是被要求做出和为了它们自身而做出的行动或不行动，并且是为了在这些行动自身中展现出来的目的，而非为了任何在行动之前就已给定的目的，对这些目的，行动只是作为手段。这就是我们原本应该能够从一切质料性伦理学的和一切形式的结果主义的毫不屈服的对手那里期待的内容。

第四节 身体：不存在任何单纯为了它自身的享受

身体是我们的限制性最直接的表达，因为正是通过身体，自我才和这个物质世界与限制自我的那个非我在因果性方面有一种互动。关于身体，核心问题在于从作为有生命的有机体的身体中产生的那些自然冲动。"如果我可以自由地规定自身达到这一点的话，那些为原初冲动要求的东西通常就被认为是在经验的范围之内发生的。现在的情况是这样的：自然冲动属于原初冲动"（SL 4:213）。正如我们曾经所说的，费希特现在根据康德式的质的范畴来描述三种义务，他再一次地颠倒了前两个义务的顺序：

> **否定性**：身体必须不能被视为终极目的。
> **肯定性**：身体应该以一种使它适合自由的目的的方式得到锻炼。
> **限制性**：任何享受，如果它不能带着一种真诚的确信，与以一种适当的方式使身体得到锻炼的努力有关，就是不允许的。

否定性的义务

初听起来，这些与身体相关的义务有一种令人不愉快的严厉性。很显然，费希特想要它们产生这种感受，因为（正如我们在前面注意到的）他补充说："认为这种伦理学是严厉的和痛苦的人是无可救药的，在此不存在其他伦理学。"（SL 4:216）为了理解义务真正要求的东西，我认为需要做更为仔细的考察，在此基础上，他的立场看起来并非那么不合理。

对于费希特来说，"享受"有一种技术性的含义，即"为了满足而满足，我们就称之为享受"（SL 4:128）。作为自然的有机存在者，我的身体努力追求自然物同它的统一，比如，追求"将自然的确定部分吸收到自身中"（SL 4:122）。这种努力仅仅是作为关于需要的一种不确定的感觉，就被感受为一种渴望。当它在对象方面受规定时，就变成了欲望（SL 4:125—126）。这一在与自然的关系中的努力追求只是我自由能动性的一个方面，并且是一个以自然冲动为形式、消极地经验到的方面（SL 4:126—127）。每一项自然冲动都着眼于自身的满足（Befriedigung），这种满足在于使自然物同我们自身的本性产生一种确定关系（SL 4:128）。当这一目标得到实现，任何满足在某种意义上都可以说是为了它自身，并因此通常是一种形式的"享受"。但正如我们早已看到的，伦理冲动是一种混合性冲动。纯粹冲动自身可能只是要求"一种持续的自我否定"，并且不能导致积极的行动（SL 4:147）。但伦理冲动将纯粹冲动的形式与经验性冲动的内容结合起来，其对象通常是自然冲动的满足（SL 4:148）。因此，看起来每一项伦理行动就必须也包含某种自然冲动的满足，因此包含了某种形式的享受。

但费希特主张，屈服于"单纯的享受"是某种在我们能力范围内不能做的事（SL 4:130），而且这会使我们成为自我藐视的对象（SL 4:152）。因此，一个自然的问题是，一般意义上的享受，为满足而满足，是某种道德上许可的，还是不能许可的？为了把握费希特对此问题的回答，我想应该区分"享受"与"单纯享受"。享受包含了对某种自然冲动的满足，只要这种满足从属于对伦理冲动的满足。但单纯的享受是指满足某种自然冲动，只是出于它自身，而不考虑伦理冲动。当享受因此存在于作为伦理冲动要素的一切自然冲动的满足之中时，就是允许的（或者甚至是不可或缺地必要的）。单纯的享受只发生在当自然冲动脱离伦理冲动并独立于伦理冲动追求时。伦理冲动应包含在一切行动中，并因此应包含在一切享受中：

> 我从来不认为应该去服从感性冲动本身，尽管根据我们之前的内容，每当我行动时，我都要服从这种冲动。因此，伦理冲动必须包含在一切行动之中，否则就没有什么行动可以根据道德法则而随之产生了。

（SL 4:156）

肯定性的义务和限制性的义务

与身体有关的义务的否定性命令——即它必须不能被视为终极目

的——因此就不应该被理解为禁止一切身体方面的愉悦、满足和享受。它甚至也不为了禁止它们而禁止——因为一切冲动都着眼于它自身的满足，并且任何满足根据其概念都总是为了它们自身。与身体有关的义务的否定性命令禁止的只是那些和我作为自由存在者的伦理使命无关的满足。限制性命令应该被理解为具有一种类似内涵，限制性命令——锻炼我的身体、使它适合于自由的目的——允许，甚至要求我可能去做的任何事，要将我的身体状况，包括身体方面的享受同我作为一个理性存在者的使命关联起来。费希特认为，那些在此看到某种严苛和痛苦东西的人只能是更喜欢过消极的自我沉溺的生活的人。这种生活更适合于不思考的、只顾埋头的食草动物，而不适合于人，人是生活在自由的和反思性的能动生活之中的。这种生活方式使过这种生活的理性存在者成为自我藐视的对象。在费希特看来，选择过这种生活的人是"无可救药的"。正如我们已经多次看到的，他认为，在人类历史的当下时代，大多数人，尤其是来自于"所谓'良好'等级"的那些人，属于他的通俗著作或学术著作的读者或听众的人，事实上就生活在这种反思生活的较低层次上。在独断论中，他们甚至发现了一种为自身的这种令人鄙夷的道德散漫提供理由的哲学，他们必定对此感到震惊，这就是费希特严格并且苛刻的语言的关键。

的确，这种积极命令的内涵即便在我们更好地理解了"自由的目的"之后也仍然不清晰。因此，针对有关我们身体的义务的一个信息更丰富的论证要迟至我们能更好地理解这些目的是如何得到规定时才能做出。关于我们的认知方面的义务，同样的说法也是真实的。我们将在《伦理学体系》第十八节的第三个部分和最后一个主要部分中才能得到更多答案，这两个部分讨论的是自我的交互主体性的问题，本章第八至九节将对此问题进行讨论，更多的讨论见于本书第七章。

第五节 费希特的"严格主义":没有道德上不相干的行动,没有单纯可称赞的行动

正如我们刚才看到的,费希特认为,"伦理冲动必须包含在一切行动之中,否则就没有什么行动可以根据道德法则随之产生了"(SL 4:156)。正如这个句子的第一个分句暗示的,对于"单纯享受"的禁止必须与费希特的学说一道得到考察,后者很显然是更为冷峻的一种学说,即认为在此根本不存在(道德上)不相干的行动。每一项行动要么是一项义务,其从属于将我们更拉近绝对的自我充足性的那个序列,要么就会落到这个序列之外,其违背道德法则(SL 4:153,156,207,264;参见 NR 3:13)。现在是时候直接回答这个学说的含义了。

康德主义者的反驳

费希特反复否认在此存在"道德上不相干"的行动。这似乎意味着,首先,不存在单纯可允许的行动,任何不是作为义务的行动都不被允许。从康德的视角来看,费希特似乎是极端的严格主义者之一,这些人可能"为每一步设定义务,就像铺设人为的陷阱一样"(MS 6:409);其次,很明显,它不仅意味着不存在"道德之外的"(supererogation)行动,而且意味着没有道德方面称赞和责难的程度划分。一切正当的行动都是被要求的,一切不正当的行动不比其他行动更糟糕——它就是单纯不正当的行动。所有这些都和康德的归责理论抵触,也与他有关存在严格的、完善的或应该承担的义务和宽泛的、不完善的和值得称赞的义务之间的区分的学说相抵触(MS 6:388—394,参见 G 4:421,KpV 5:66)。如果我们接受所有这些内

涵，就会有许多人（包括康德主义者）认为费希特的伦理学完全不可接受。

但在我看来，这两个明显的内涵都存在问题。第一个内涵是费希特肯定接受的，如果我们正确地理解它的话。但一旦它得到正确理解，它就不像看起来那么有威胁。它只表明了我们在第四章中提到的费希特的道德事务的扩张。接下来我们将进一步思考这个问题，并试图展示，如果更同情地看待它的话，将会是什么样子。第二个内涵在我看来更令人怀疑。在我看来，它并不包含对康德有关道德方面赞美的学说的直接拒绝，而毋宁是一种方式，借此费希特在《伦理学体系》一书中的计划就会完全避免有关道德之外的行动、道德方面的赞美与归责程度等方面的问题。正如费希特在第一个问题上的立场可能代表了他在道德方面的扩张，因此他有关第二个问题的立场可能代表了他对道德哲学任务的确定——也许是他对之做出的收缩。

想要在这个问题上正确理解费希特，根本就在于承认他主要关切的，或许是排他性地关切的道德原则的适用问题，即识别出道德法则要求的行动（正如我们在第四章中所见，费希特将这些行动等同于我前面所谓的"道德权威的概念"）。这就意味着他感兴趣的只是从行动者立场出发对行动的评价，尤其是从行动者的预期立场出发对行动的评价。费希特的伦理学是针对如下行动者的伦理学，这个行动者正在决定何种可能的行动是在不远的将来要做出的，何种可能的行动是不应该做出的。

行动和目的

费希特有关不存在不相干行动的主张不适用于当今许多哲学家可能认为是一项"行动"的事情。对于费希特学说的意图来说，可以被视为一项独特"行动"的不是在做某事的过程中我的身体活动的细节,甚至也不是在何处这些细节可能是行动者想追求的,更不是在我选择做某事的方式中发生的变化。"当我沿行动的路线继续前进时,"费希特说,"我必须持续地根据自由的概念从对我来说仍然是可能的所有行动中做出某种选择。"(SL 4:221)一项"行动"在不存在道德上不相干的行动的意义上,因此是一种"行动的路线",或(如费希特所说)是对于我来说"可能行动的多样性中的一个确定部分"(SL 4:221)。在我的处境中,一个常常需要回答的问题是:这个多样性的哪一部分是我必须选择的?多样性的这些部分的规模和形状是由支配即将做出选择的各种考虑因素规定的。对于费希特学说的意图来说,我所做的事情中存在的差异并不能作为"行动",因为在此并不包含相关的"在这一多样性部分中的诸选择"。它们也许并非道德上不相干的行动,这不是因为它们不是不相干的,而是因为作为不相干的行动,它们不能被算作(个体化的)行动。它们顶多可能会被包含在构成一项行动的更大范围的多样性的某个地方。

　　严格来说,描述这一多样性的东西是体系性地受到限制的。费希特反复告诉我们:"行动(在与之相关的意义上,因此,在不存在不相干的行动的意义上)筹划了某个(有限)目的的概念。"(NR 3:19, 37, 59; SL 4:2, 5, 9, 66—71)选择通向这个目的的手段,就道德方面的考虑因素在决定何时与如何才能筹划这一目的的过程中可能发挥了作用而言,也许有道德方面的重要性。这些也许就是援引道德权威过程中的考虑因素。换句话说,是一种纯粹道义论方面的约束,否则从道德原则的视角来看,采取其他手段实现你的目的就无法被视为一个不同的行动。一旦目的被筹划,如果在此没有包含其他道德方面的考虑因素,那么任何进一步的工具推理可能在道德上的确就是不相干的,这种工具推理可能会引导我选择这种或那种实现目的的方式。

这是因为，手段的选择在此种情形下也许不会构成不同的行动路线，或者不会构成向我敞开的多样性中的一个完全不同的确定部分。那些不同的、在道德上不相干的变化可能全部属于同一个"可能行动的多样性的确定部分"。

有一些哲学家认为，我们并非理性地选择自身的目的。他们认为，一切行动——一切理性的选择——仅仅被理解为工具的和计算式结果主义推理的结果。费希特的行动概念从属于完全不同的哲学空间，它有别于这些不幸的哲学家们居住的寒冷的和荒芜的矮行星。费希特完全不是将一种基于工具式推理的选择作为伦理学的基础，他认为，单纯的工具式选择缺乏伦理意义。它们如此远离伦理方面的注意力，以致甚至不能被视为不同的行动。对于费希特来说，对实现特定目的的手段的选择可能不能被视为一项选择或一项行动，至少在——也恰好是因为它——它在道德上是不相干的意义上是这样。唯有筹划一个目的概念才能真正地被视为一项行动。在此意义上的那些行动之间，没有一种行动在道德上是不相干的。我们的一切目的都关乎道德；而关于手段的选择只关涉在何种程度上它可能包含道义论方面的强制。

道德上的称赞与"道德之外的行动"

费希特的伦理学针对的是那个正在决定他/她现在应该去做什么的行动者。道德之外的行动、道德方面的称赞、道德责难及其程度这方面的观念并不自然而然地被思维为对行动者问题的回应的一部分。为了能判定我现在应该去做什么，我不必说哪一种方式可能或原本可能更值得称赞，或者如果我采纳了某种其他方式，是否我本应值得得到更多称赞，或者值得接受更严厉的谴责。道德之外的行动和道德上的称赞与责难的程度看起来主要是"评判者的价值"——这是他人（或者我自身，采取一种针对我的行动的评判者的态度）或预见性地或追溯性地可能运用的正面或反面的评价。它们不能规定我们眼下应该做什么。对于我来说，当面临严肃的抉择时，关心这些评判者的价值就有如陷入一种空虚感和负罪感，在我判定自己眼下应该做什么的工作中，它们只能让我分心。

也许，这就表明，除了费希特在《伦理学体系》一书中致力的那个哲学计划之外，道德理论也需要一种有关这些评判者价值的理论——一个做正当之事的行动者如何原本可以做得更好或更糟，或者一个做了不正当之事的人如何原本可以去做那些应该受到更多或者更少指责的事。这一点顶多可以表明费希特的伦理学计划，就其选择实施这个计划而言，缺乏一个属于其他道德哲学的重要因素。从费希特自身体系的视角出发，这并不表明他主张——对于我来说，就是决定眼下要去做什么——不存在道德上不相干的行动是错的。

出于这一理由，我们可能会想要指责费希特过度窄化了哲学伦理学关注的东西。这可能是一种表达我们对他的明白易懂的"严格主义"反驳的正确方式。但接下来我们同样应该留意，就康德的伦理理论从行动者的视角来看能使评判者的价值——比如说称赞和指责的程度——影响行动而言，它也给自身带来了麻烦。如果在此重要的东西在于是否我带着一种普遍的意志而行动——它"就如像自身有充分价值的珠宝那样熠熠发光"（G 4:394）——那么，为何一个康德主义者要在乎结果的可归责性，要在乎归结给这些结果的称赞和责难的程度呢？（参见 Wood，2014a，第 223—224 页）

进一步地，在康德主义者之间，在有关宽泛的和可称赞的义务应该如何影响我们的特定决断的问题上存在争论。有些人认为，宽泛的义务允许不去做在履行这些义务的过程中原本需要做出的行动。[4] 其他人则认为，唯有当它们同履行其他义务（严格的或宽泛的义务）的行动冲突时，才能不去做这些行动。根据这一解释，康德的立场似乎就和费希特的严格主义观点走到了一起。非康德主义者，如卡根（Shelly Kagan），有时也非常巧妙地为一种也许较费希特更极端的严格主义立场辩护，尽管事实上，其他人，甚至卡根本人，也不满意这种极端结论（Kagan，1989）。但这个争论本身表明，做出我们可以不假思索地拒绝费希特有关不存在道德方面不相干的行动这一立场的决定可能并不明智。

正如我们在第四章中所见，一部分问题在于，人们倾向于假定，道德义务表达了对我们的外部边际约束，从而接近上述问题，这就干扰了我们独立于它们理性地设定的生活路线。重要的是认识到，费希特以一种截然不同的方式接近事物。他使道德在根本上是自律的或自我支配的事务这一康德式理念变得激进。作为我的自由的表达，每一选择都呈现了道德方面的重要性。这不应该暗示我们，我们是受到强迫的，受到了压力或被操纵去使我们的行动同他人针对我们发出的要求相符合。相反，道德如今被排他性地视为我们对自身提出的要求，即便这一要求具有强烈的社会内容，并且要求我们为了人性可能针对我们发出的更高级主张而牺牲掉一些享受。正如费希特所见，整个要点在于，即便这些沉重的要求也不过是我们自

---

4 这一对康德的更宽松且更合理的解释似乎也更流行，比如，希尔（Hill，1992）就持这种解释，见"康德论不完善的义务和道德之外的行动"（Kant on Imperfect Duty and Supererogation）。我对康德论题的讨论（在旧金山湾区温暖的气候下形成）也适合于这一更令人舒畅的不拘一格的和宽松的范畴。参见 Wood，2008，第168—170页。有关康德学说的一个略微严格的但其对某些特定决定的内涵并不那么清晰的文本为巴隆所著，参见 Baron（1995），第21—110页，同样参见 Timmermann（2010）。一种甚至更极端严格主义的对康德的解读（对此我肯定费希特是会赞同的）是由里维拉-卡斯特罗（Rivera-Castro，2006）给出的。

身自由做出的主张。

考虑到费希特推导出道德权威的观点的那种方式，原本可以期待他能够将其运用于我们的自由处在紧急关头的每一种情形中。在我们的所有行动中，自由不断处在紧急关头，因为成为自我所是的自由存在者永远是我的使命。每一项自由的或自我规定的行动具有它的客观的或者是规范性的方面，它们最终表明是一项拥有道德权威性的主张。自我应该永远忠实于作为自由存在者的我自身，即便是在我的感官方面的享受中。为了做到这一点，我必须总是将这些享受同道德使命关联起来。用费希特圣经说教式的语言来说，哪怕我们吃吃喝喝，也应该是为了上帝的荣耀。

第六节 克尔凯郭尔的"伦理人"——作为一个费希特主义者

在我看来，与对费希特在此问题上的学说的解释相关的是对后来的一个人物笔下产生的问题的回应，此人即克尔凯郭尔，特别是对他笔下的"伦理人"（B 或"威廉法官"）问题的回应。这个人也是《或此或彼》(*Either/or*)第二卷中的那个使用了化名的作者。当科什问道，在德国观念论伦理学中，哪一种立场与克尔凯郭尔笔下的伦理人的立场最相似？她的答案是，是费希特在《伦理学体系》中的立场。[5] 我认为，在这个问题上她是完全正确的，并且这种关联可以帮助我们更好地理解费希特和克尔凯郭尔笔下的伦理。

---

5 Kosch, 2006. 正如科什看到的，对费希特出现在克尔凯郭尔有关伦理的观念中相类似的主张，早前为赫希（Hirsch）和法伦巴赫（Fahrenbach）所提出。

"我的义务"

克尔凯郭尔笔下的伦理人宣称:

> 不存在一般意义上的"义务":只存在某人自身的义务,并且这通常是某种具体的东西。我从来不这样说一个人,说他正在履行一项义务或许多项义务,而是说他正在履行他的义务;我这样说:我正在履行我的义务,你要履行你的义务。
>
> (克尔凯郭尔,《或此或彼》,SV 2:236)

我的处境常常提出了我要履行的义务。这通常是此时此地要求我做出的特定行动。义务从来就不是侵入到我的生活中或约束我的自由的某种外在的(社会的或神圣的)权威。它是一项针对我提出的主张,这一主张仅仅是通过我的自由本身做出来的。准确来说伦理人是通过选择他自身主张自己的自由的。这就意味着,使他的生活的每一方面——他作为法官的职业,他的友情,以及他的爱情与婚姻——成为他自由的表达。这就是将他的每一项行动在他真正地做出选择,并且仍然忠于这一选择的意义上,转变为一项伦理义务。自由、正直、真诚仅仅存在于履行个体的伦理义务之中。免于义务的自由,如果我们可以使用这个表达的话,将是仅仅出于你自身的一种自由;它将是你自身最终的丧失,是你自由的完全丧失。

"普遍性的东西"

在克尔凯郭尔的伦理人的生活中,道德原则或前面所谓的"道德权威"的出现是通过他称为"普遍性的东西"表明的。他作为一个人的任务就在于,在他的全部行动中发现这一普遍性东西。用费希特的术语来讲,他是通过使自身行动同他对义务的良心方面的确信相一致而做到这一点的。每一项行动,如果它依旧要忠实于伦理人所谓的自身选择,就要同时是对义务的履行。在每一项行动中,个体既可以选择根据个体的自身选择去行动,也可能无法达到个体自身选择的要求。这个伦理人说,个体在其具体性中的完整生活是"它用于建设的材料,也是它被建构起来的材料"(《或此或彼》,SV 2:227)。"那个过伦理生活的人表达了他的生活中的普遍性东西,使自身成了普遍性的人,但不是通过放弃他的具体性……而是穿上普遍东西的外衣,同普遍性的东西相互渗透。"(《或此或彼》,SV 2:229)"普遍性的东西是从具体性中浮现出来的。"(《或此或彼》,SV 2:234—235)在生活中,在伦理义务的范围之外没有选择。道德权威在一种强烈的意义上无处不在。

"根本规划"

考察费希特(以及威廉法官)立场的一种方式是将它们视为回应诸如威廉斯和沃尔夫(Susan Wolf)这些哲学家们的另一种方式,他们担心道德的要求通过压制我们的"根本规划"或"绝对的欲望"(Williams, 1981; Wolf, 2003),从而产生一种剥夺我们的完整性和使我们的生活失去根本意义的危险。因为这种道德的要求压倒了我们的"根本规划"或"绝对的欲望",费希特也曾以这种方式重新反思道德,认为一切属于我们的根本规划的东西都变成了我们的道德义务,或者,如果你愿意的话,也可以说,费希特式的道德不过是我们的"绝对欲望"的一个体系。

当然，对于费希特来说，这些东西必定有一种能被整合到我们的道德生活中的内容：对他者的爱很容易使我们在本可以挽救另一个溺水者时选择去救我所爱的这个溺水者（我们将在第七章第八节中看到，它必然包含这种选择）。但这不应该包含使我们爱的人操纵我们参与叛国、欺骗、武装抢劫或大规模屠杀等行为。如果威廉斯和沃尔夫想要使我们发现如下理想的人格魅力，它们可能会使例如麦克白、焦哈尔·杜达耶夫（Dzhokar Tsarnaev）、邦妮和克莱德或者伯纳德·麦道夫的孩子们这些人在爱的驱动下做出的行为得到认可，那么他们想要的东西就太多了。

然而，对威廉斯和沃尔夫关注的问题的一个费希特式的回应完全不同于比如赫尔曼提出的标准的康德式回应。赫尔曼的回应是，道德方面的考虑因此为我们的根本规划设定了特定的限制和约束，但是并不是去取代它们或使我们同它们疏远（Herman，1993，第23—44页）。赫尔曼可能也提出了我们在前一段话的末尾提出的相同观点，但费希特走得比他们更远。费希特的确是认为我的道德使命取代了其他的规划——其他全部的规划，它取代了不能通过道德反思整合到我成为一个现实的自由的自我的方案中的一切欲望或规划。这是因为其他欲望和规划都不能成为我的自由或真实自我的表达。在道德法则的理性的中立性同我的处境的具体要求之间并不存在冲突。对于费希特来说，它们是相同的。我对他者的关注，我投身于其间的种种规划和事业，都从属于我的道德使命。当救那个溺水的我所爱的人的时候，这里不再有两种想法——一种是"要想做一个真诚的自己，我必须救她"，一种是"救她是道德要求于我的"。对于这些想法来讲，成为一个真诚的自我是一个想法，是同一个想法。这对于我来说是唯一正确的方式，我不必"想得太多"。

"选择我自身"

这可能包含哪些行动,在特殊性(以及"偏爱")的方向上它们可能扩展到什么程度,这些问题必须通过我在具体处境中的良心来做出决定。威廉法官可能说,它们将通过我对自身的选择来决定。克尔凯郭尔笔下的伦理人因此就给我们提供了有关费希特的道德严格主义的一种有吸引力的解释。与此同时,他也揭示给我们,费希特的伦理学如何最终在比如"自我选择""本真的自我"中展示自身,这些都是后来的存在主义者,如海德格尔与萨特笔下的存在者主义观念。"履行一个人的义务"不过是费希特用来指涉一个人的实质自由的伦理表达方式。如果我们愿意,也可以说,费希特将我们的一切决断都"道德化了",但它从来就不是一个使某种称之为"道德"的外在力量支配我们生活的问题。[6] 一旦我们如费希特那样理解道德,就不用担心从道德中会对我们的自由和完整性产生什么威胁,唯一可以想到的威胁来自于道德之外。

第七节 认知:费希特的信念伦理学

身体乃是自我的必然限制性最初的也是最直接的方面——它与限

---

[6] 尽管在此对这些描述有一种道德化语调,其在今天的我们看来是古怪的,甚至是刻板的。但这也许更多是因为费希特的言辞风格,而不是因为他实际上主张的内容(Wright, 1996,第 104 页)。怀特在此讨论的是费希特在柏林晚期关于知识学的讲座(1804)。他上面的话也可以适用于费希特的大多数著作,尤其是适用于《伦理学体系》中的那些段落,在那些内容中他看起来是最严格的道德主义的。但这不只是费希特言说方式的问题,它也与费希特将康德的自律概念的激进化有关,从而创造了一种有关自我选择的存在主义概念,并且根据这种概念对道德进行重塑(与扩展)。

制它的非我在因果方面相互作用。我们对世界的认知是另一个方面。[195] 因为正如费希特所说，对那个限制我们和使我们得到安置的世界的认知，对于自我的行动来说是必然的。在此，费希特再度使用了康德的质的范畴的那个修订版本：

> 否定性：不使理论理性屈服于任何东西，而是绝对自由地去探索。
> 肯定性：尽你所能培养你的认知能力。
> 限制性：使你的一切反思活动同你的义务联系起来，并且为了发现你的义务是什么而去进行探究。
>
> （SL 4:218）

正如我们看到的，费希特认为，理论理性与实践理性是彼此需要的；它们是彼此依赖的（SL 4:1—2）：为了行动我必须认知，为了认知我必须行动。但他也认为，实践理性享有针对理论理性的优先性：我的认知最终是为了自由行动这个意图。实践的考虑将我的"信念"奠基于意志的自由之中，而这一点是无法向独断论者阐明的，或者甚至不能以知识学原理的其他命题能够得到证明的方式得到证明，这是因为自由构成了整个体系的基础或第一原则。

证据主义或反证据主义？

实践东西的这种优先性可能会被认为是对于理论理性的诸标准的妥协。实践的（道德的）兴趣独立于理论方面的证据或证明，可以被认为向我们要求那些我们必须去相信的东西。因此，如果证据主义是这样一个立场，即我们的信仰必须仅仅建立在认识论的根据之上，而不是建立在实践的兴趣之上（并且认为这两者是不同的），费希特则很容易被视为一个"反证据主义"（anti-evidentialism）者。[7] 这种类型的反证据主义似乎就是康德在与上帝、不朽这些悬设的关系中有关实践东西的优先性的观点，就像他在《实践理性批判》中说的：

> 我愿意有一个上帝，我在这个世界上的存有在自然联结之外也还会是一个纯粹知性世界中的存在，再就是最后我的延续是无穷的……这是唯一的场合，在这里由于我决不可以忽视自己的兴趣，我的兴趣就不可避免地规定我的判断。
>
> （KpV 5:143）

康德认定在此存在一系列完全理论性的对此表示同意的根据，并且认定这些根据没有办法决定有关上帝和不朽的问题。他主张，在这个独特的情形下，仅仅基于实践的根据而认为某些确定的命题无法获得理论根据，是可以被允许的——即由兴趣而不是证明来规定我的判断。他主张，这是因为在此实践方面的兴趣乃是道德的兴趣。

费希特有关自由与上帝（或者道德秩序）的结论是相似的。当他说到有关我们是自由的确信时，说到这是一种"信念"，不是建立在"任何理论的洞见，而是基于实践的兴趣"之上时，他心中想到的极有可能是康德（SL 4:26）。即便如此，他看待事情的方式和康德也有极大不同。他不认为，使理论理性服从于任何不同于它的东西是可被允许的。因为这会违背"对真理的纯粹兴趣"，而这种兴趣是不能出于任何理由而放弃的。在费希特看来，只有理论探索的结果才应该预

---

[7] "反证据主义"是赫尔策尔（Hoelzel, 2014，第36页）理解费希特有关实践东西的优先性学说的方式。我对证据主义的辩护，参见 Wood, 2002，第一章和第二章。

先规定理论方面的结论。对于探索而言，对真理的纯粹兴趣应该成为排他性的关注点（SW 8:342—352）。"不要为你自身提前设置某种你想要达成的目标——因为你究竟从哪里才能获得这样一种目标呢？"（SL 4:218）正如我所理解的，它意味着实践方面的考虑可能甚至是必须，通过自我和谐和确定性的感觉规定你的确信，尤其是在例如意志自由和道德秩序这些事务方面。但这并非不妨碍"对真理的纯粹兴趣"。

费希特认为，我们可以通过"信念"把握自由和道德秩序（或上帝）。但是，正如我们在本书第三章中所见，对于他来说，这并不是相信某种缺乏理论支持的东西的问题，因为道德（或任何其他东西）赋予你一种兴趣，要去相信那独立于理论的根据或甚至与之相对立的东西。费希特并不认为在这里知性或理论方面的考虑要求做出一种决定，比如，中止判断或者否定意志自由，而实践方面的考虑则要求做出另一种决定。相反，费希特的立场是，理论和实践方面的考虑必须总是同时发挥作用，但后者具有优先性（SL 4:165）。理论方面的考虑只能为一个判断提供支持，但是每一个确信，每一种确定性，当通过那种走出了怀疑与关注状态的知性来获得时，在其性质上就是实践的。

正如我们在本书第五章第六至七节中所见，对于费希特来说，除非是在数学和先验哲学中，否则知性凭借自身永远也到达不了确定性；它只能是质疑、探索、评判，并且提供那些可能的确信。道德事物中的确定性通常取决于确信，而确信则是指向实践的。费希特认为，尽管我们无法（在经验证据或独断的形而上学的论证基础上）在理论方面为自由提供证明，但同样真实的是，除非我们确认了自身的自由，否则就不能前后一贯地将自身视为继续行动的，或甚至继续在理论上探索的。这个论证是先验的。有关我们是自由的判断的根据是理论性的，但它们导致了一种确信，一种关于我们是自由的确定性，而这是实践的。

只有当我们使用一种与费希特本人观点不一致的"证据"观念（或"认识论的根据"）来进行讨论时，他的立场才是反证据主义的。对于他来说，某些先验的考虑在其性质上是认识论的或理论性的。比如，一方面宣称要去理解或相信某物，或者做出在个体看来是实质方面自由的选择，但在另一方面又拒绝确认个体是自由的，这就可能是一种自我颠覆的做法。为了避免这种内在的不一贯，将自由的现象接受为真，就构成了肯定一个人自身的自由的理论性的或认识论的根据。正是从理论根据出发，我们接受了如下确信（"信念"），即自由的现象并非幻相（SL 4:25—26）。

在对世界的道德秩序的信念方面，费希特似乎持有一种类似的看法："在此，包含的不是希望，不是期待，也非一种对支持和反对的理由进行评估的活动，更不是一种自由的接受，对此自由的接受的相反方面仍然被视为是可能的。一旦个体下决心要服从内在于自身的法则，那么有关这一目标可以达成的接受也就是完全必然的。"（GWL 5:183）作为道德存在者，我们不能前后一贯地将自身表象为在行动时不接受对道德秩序的确信。这是为了使我的信念和行动之间达成一致所要求的。尽管实践方面的承诺走在了前面，但对这种一致性的要求则是认识论方面的。[8]对于费希特来说，"理论性的东西隶属于实践性

---

[8] 参见 Martin（1997），第六章。马丁揭示了费希特有关实践东西优先性的观念是如何奠基于他所谓的"努力学说"基础上的，即没有这种实践方面的努力，就不存在认知的客体。并因此，理论理性的规范先验地看只是实践理性的规范的例子。对于费希特的类似解释是由皮平提供的（Pippin, 2000）。他将费希特所谓的"主观的、心理学的观念论"解释为在事实上某种截然不同的东西：主张"规范性领域的自我充足性或自主性"（第156页）。这些主张必须被视为是从先验角度提出的，而非从日常视角提出的。这是为第二章中的结论所做的另一种辩护。

的东西"意味着"一切理论法则都是基于实践法则,或者毋宁说,因为实践法则只有唯一的一项,那么它们也就是基于同一项法则"。结果,"即便在理论的情形下,也存在一种反思的和抽象的绝对自由,也存在如下可能性,即作为义务之事,使某人的注意力从其他事物身上转移到某种事物身上"(GWL 1:294—295)。

探索的绝对自由以及仅仅通过理论性的根据来规定理论方面的判断同样也是一种道德需要。对任何想要采纳一项确信的决定来说,它们是唯一可接受的根据。我们必须不能带着与探索结果相关的某种预先给定的目标去进行探索——比如,它们必须同某种我们偏好的世界观(例如有神论或者自然主义)和谐一致。我们必须听从证据和论证,不管它们是经验方面的,还是先验方面的,或者走向认识,或者走向信念,不管它们将我们带到何处。在我们的认知能力方面,费希特认为,义务要求我们(根据探索和论证的恰当的规范)排他性地引导它们寻求真理,而不是指向其他目的。费希特的信念伦理学不允许我们因为希望它是真的,或者希望我们去相信它,而去相信某物(GGW 5:182)。它禁止一切"实质性的信念义务",即有义务抱持某种信念,因为它具有某种特定的内容(SW 4:165)。我们应该仅仅考虑那些恰当的规范,并且这些规范只能是引导我们相信某种东西是真实的规范,从而来形成我们的信念,这是对于证据主义的接受,而非排斥。

我们也许可以根据如下方式理解,一种实践方面的信仰,例如对自由或者对道德秩序的信仰,如何可以同证据主义一致。信仰产生于对某种实践规划的承诺,这种承诺包含了一种理论性的预设。比如,带着实质自由做出的行动预设我们是自由的,而努力追求人类更好的未来,则预设了这种努力获得成功是可能的。我们在执行这个规划的过程中,已经包含了一种理论上的承诺,但这个规划并不需要对它预设的东西有一种先天的信念。它需要的只是一种较弱的态度，比如希望，或出于实践意图的接受。接下来，保持理论方面的一致性的需要连同个体在实在论方面的承诺，可能最终，也许在时间的流逝中，以及通过实践方面的努力与理论方面的接受之间的一种持久关系，导致了对一种更为坚定的理论方面的承诺的认识论证成——也许甚至是一种我们称为信念（belief）的更强烈的命题式的态度。有关个体规划的理论性预设可能并不与证据明显冲突，并且实践方面的接受和希望也必定不会产生一种与证据不成比例的信念的力量。出于这个原因，理性的信仰就确认了对预设的东西的接受，并且如果我们哪怕获得了一丁点有利于它的证据，就如同我们的规划只是取得了部分成功，也会有助于使它在信念的方向上向前移动。（出于实践方面的意图的）接受，尽管它还不是信念，但也会在支持信念的那些证据给出之前被赋予我们。如果它最终导致了信念，这个信念也必须仍然是与证据成比例的。如果个体规划最终取得的成功是不确定的，它就应当包含希望、信仰和怀疑的值得注意的混合。正是这一点使自由的基督教神学家们指出："信仰的对立面不是怀疑，而是确定性"。[9]

在我看来，这就是康德道德论证的结构，也是费希特实践方面的信仰的结构。论证要想获得成功，需要的是实践方面的承诺得到无条件证成——就如同通过定言命令得到证成一样——并且不能明显地违背理论方面的理由和证据。实践规划在理论方面的预设必须基于良好的理论方面的根据，从而保持同实践规划的联系。这些需要不容易被满足，康德或费希特的论证是否能够满足它们也许是有疑问的。但如

---

9 这种说法通常归结给拉莫特（Anne Lamott, 2005，第256—257页）。但拉莫特又将其归结给一个耶稣会的友人，那个她称为"神父汤姆"的人。

果它们得到了满足，我们就会拥有一种实践方面的信仰，甚至是以信念为形式，它可以满足通情达理的证据主义者的标准。

真理之友

这就意味着拒绝任何形式的信念伦理学，这种伦理学允许我们为了达到某种不同于真理的目标（例如幸福或对某种宗教的信仰，抑或某种可能与为真理而爱真理不一致的道德要求）而形成我们的信念。它因此也同样谴责任何使我们的真正信念最大化的间接策略，即通过一种诡辩的自我操纵，它可能会可靠地产生真正的信念，但却是通过一种与理性对立的、自我欺骗的或不真诚的手段做到的。在此，费希特坚定的反结果主义展示了它的全部效果。正如费希特理解的，指引我们走向真理的规范没有引导我们去最大化那些真正的信念（或最小化那些虚假的信念）。[10] 相反，它命令我们，通过那些认识论的标准和出于"对真理的纯粹兴趣"形成我们的每一个信念。费希特承认，仅仅出于"对真理的纯粹兴趣"形成我们的信念，不能使真正的信念得到最大化；它可能偶尔也会使我们陷入错误。但即便它这样做了，我们也仍然是"真理之友"，而那些诡辩的、能使真正的信念最大化的人仍然是真理的敌人：

> 真理之友同那些诡辩者们有如下差异：如果我们思考一下他

10　这种进路的一个最有名的支持者可能是威廉·詹姆斯。他倡导要让我们的"激情本性"去规定我们信仰的东西，其根据是认为它能够最好地使我们"相信真理"。他似乎承认，这并非是一种"避免错误"的好方式，但基于"我们的错误肯定不是这类极其严肃的东西"，他排斥了这种考虑（James, 1968，第727页）（不妨让威廉·詹姆斯向埃阿斯、克瑞翁、奥赛罗与李尔王等人说出这一点）。

们讨论的事情，那么前者可能是错的，后者反而正确。但前者仍然是真理之友，即便他是错的，后者则是诡辩的，哪怕他谈论的是真理（也许是因为真理能满足他这样做想要达到的意图）。真理之友沿着自己的道路径直而行。诡辩者们总是改变道路；他的运动将那条弯弯曲折的道路描述为一个他想要做出改变的地点。真理之友并不着眼于任何特定的地点，他径直而行，不管在这条道路上哪一些地点最终表明不过是谎言。

（BHW 8:345）

在此意义上，"真理之友"可以被视为处在证据主义的核心。我们的义务是追问、论证、观察、实验并解释其结果，并从所有这些活动中得出结论。如果就像费希特主张的，理论性的规范并不独立于实践性的规范，并且唯一与认知相关的实践性的规范是寻求真理，那么关于实践理性的"兴趣"就不存在任何问题。这种兴趣提供给我们"非认知论的根据"去解决理论向我们开放的问题。它仅仅是观察实践方面的考虑自身如何最终规定理论性规范和认识论的根据的问题，在它们的基础上，我们作为有意愿的行动者最终为自身决断有关自由、世界上的道德秩序和其他方面的问题。

因此，支配认知的否定性义务就是不要使任何外在于对真理的寻求的东西干涉我们的探索，不让它们预先判断这一探索的结果。肯定性义务就是要培养我们的认知能力。这可以与康德的自我完善的义务的一部分相提并论。我们很快可以看到，对于费希特来说，培养认知能力的义务融入了参与同他者的自由的、理性的沟通的义务中，并且成为一项同如下任务难解难分的义务。这项任务就是，为道德自身规定目的和义务，同他人共同建立一个与这些目的一致的共同体。

因此，肯定的义务就自然地过渡到了一种与认知相关的限制性义务。这就是使我们的认知能力接受我们的义务的指引。你不能只是出于好奇或闲散而去提问，即不能出于一种与你的道德使命无关的兴趣提问。重要的是，费希特强调，你应该去探究道德法则自身的内容和实质，寻求"去认知你的义务是什么……不要想着以某种方式去发现你的义务就是这或者就是那，因为你如何可以在认知之前知道你的义务呢？"（SL 4:218）在自由探究的结果产生之前，你能设想的唯一的义务就是自由探究的义务本身。

对于费希特来说，违背有关认知方面的义务的基础通常是因为不真诚——最终是对于自身的不真诚。这种不真诚源于怯懦，而后者又源于自满或懒惰：怯懦使人们害怕说出真理，甚至使人害怕去面对真理。人们之所以撒谎，是因为他们不想行动，他们"害怕去确立能够用来主张他们自我充足性的能力——唯有通过这种方式，人类的奴役制，不管是物理的，还是道德的奴役制，才能得到解释：人云亦云和机械的模仿（Nachbeterei）"（SL 4:202）。对于费希特来说，虚假的真正起源总是社会的和政治的："一切虚伪、谎言，一切背叛和狡诈都是因为存在压迫者，那些统治他人的人必须紧紧把握这一点。"（SL 4:203）

第八节　交互主体性：个体自我充足性的限度

正如我们在第三章中所见，费希特认为，自我的自我意识的那种特有的可能性取决于自我同他者之间的关系，正如通过他者，自我被召唤发挥自身的自由的能动性。这一论证比较早地在《自然法权基础》中被提出（NR，§§3，第二定理）。但从它的原则和动因的角度看，费希特的伦理学是第一人称的伦理学，而非第二人称的伦理学。直到后来在《伦理学体系》中才引出有关交互主体性的主题。它不是作为道德法则的根据，而是仅仅同它的适用关联起来。[11] 我认为，对此的解释乃是费希特将道德法则视为个体人格的自由的最根本表达。其根据不是他人针对我们提出的一系列要求，而是我们为了追求自身的自由而施加给自身的自我颁布的命令。

尽管交互主体性的主题明显在《伦理学体系》中姗姗来迟，而当它前来时，它就从那一点出发改变了费希特伦理学的整体精神。不是在它的动因中，而是在它的适用中，我们将会看到费希特的伦理学是第二人称伦理学。进而，我们不应该忘记我在第三章中想要论证的内容，即对于费希特来说，我们成为理性行动者的能力是通过一种源于其他理性存在者的召唤的方式获得教育或培养的。对于费希特来说，我们的理性能力本身不单纯是某种"内在于我们的"东西，单纯地作为我们的精神（或神经的）"装备"的一部分，而是通过与他人互相交流被诱发和形成。对于费希特来说，理性本身在本质上是集体性的、相互合作的，但首要的是一种批判性的沟通能力。在此意义上，为我们自身形成了一项道德法则或定言命令的能力（SL 4:155），理性驱动的可能性和道德法则的适用都不只是第一人称的或主体性的，

---

11 费希特主张第二人称的权利理论，对此我们将在本书第八章中进行考察。但他抱有一种第一人称的伦理理论。因此，达尔沃（Darwall, 2006）创造性地运用费希特的第二人称视角发展出的有关康德伦理学的独特看法，就并不忠实于费希特有关伦理学的根据的观点。在达尔沃的书出版后不久，布里泽尔就指出了这一点。当然，在此指出有关达尔沃和费希特的学术观点，并非是为了贬低达尔沃的第二人称进路的伦理学在哲学上的成就，而只是说，他的进路和费希特的进路不同。我希望读者们能从我这里说的东西中看到，布里泽尔的看法在其他方面也存在限制。

而是交互主体性的。[12]

法权理论的根本目标是保障个体的自由，应该从这些个体同他人所处的那种法权关系开始，并且应该植根于这种法权关系中，这样做是恰当的。同样恰当的是，看起来是为了他人或者为了理性存在者的共同体而对我们提出了众多要求的那种伦理学，应该从个体自由的实现开始，并植根于个体的自由实现之中。在此意义上，费希特的伦理学在根本上是自我指涉的，并且排他性地致力于行动者自身的自由。然而，正如费希特所见，我们的伦理义务需要一种极其无私的态度。我们作为自由个体的生活乃是一种投身于并非我们自身的善，而是投身于理性存在者共同体的善的生活。正如我们在此将要看到的，道德法则的适用是与我们的社会生活紧密联系在一起的。

对于费希特的道德哲学来说，根本的是个体的价值与共同体的价值并非相互竞争，而是同一个基本价值，即自由行动的两个对立的侧面或方面。只有当他者集体性地确保我的自由时，他者才是自由的；相反，只有我过的生活是为了他者，我才实现了我的自由。那些认为个体必须以共同体为代价才能产生，或者认为共同体的善要求个体做出牺牲的人，并没有理解它们各自的价值。更重要的是，他们将无法实现自由——个体和社会都做不到这一点——而自由是它们两者的根基。

在《自然法权基础》中，费希特有关我们同其他理性存在者的关系的先验演绎的核心乃是自由行动自身的可能性：召唤是自我当下的

12　这种有关人类理性的观点通常是在与黑格尔的关联中提出来的。重要的是看到费希特是黑格尔的社会的或交互主体性的理性观的直接来源。然而，在某些有关黑格尔的解释看来，伦理方面的规范性不仅在形式上，而且在内容上，都取决于偶然的社会理解和传统，并因此不受理性的批判。在我看来，这是对黑格尔的严重误解。但是它甚至也不是对费希特的一个可以让人相信的解读。对于费希特来说，伦理的交互主体性的维度被认为是一个持续的、在规范性方面受到了引导的自由和理性沟通过程的一部分。对于费希特来说，理性的批判甚至是这一过程的本质。

自由行动的必然对象。但费希特很快得出了一个推论,即只有通过同他者的关系,自我才成为一个个体性的自我。在《伦理学体系》中,自我的个体性对如下论证来说有核心意义,这个论证就是,成为自我必然包含着受到他者的召唤(受教育或得到培养)。唯有我的自由能动性才能使我成为现实所是的那个个体,但这个使我得以个体化的自由行动只有在同他者的关系的语境中才是可能的:

> 严格来说,我究竟是谁?即我究竟是一个怎样的个体?我成为我现实所是的那个样子的原因究竟是什么?……从我有意识的那一刻起,我就是我自由地使我自身成为的那个样子,并且这就是现实中的我。因为这就是我将自身塑造成为的样子……但是,在眼下的这个预设下……我的最初状态仿佛就是我的个体性的来源,不是由我的自由来规定的,而是通过我与其他理性存在者的联系来规定的。
>
> (SL 4:222—223)

在规定源自自我的交互主体性的义务的过程中,费希特没有明确地将他的相关讨论——如在有关身体和认知的讨论中那样——运用康德式的否定的、肯定的和限制性的范畴组织起来。但在我看来,他在实际上遵循了同样的次序。一个重大的差异是,当他界定肯定性的义务和限制性的义务的时候,他是从这一点出发以改变他的义务理论的方式做到的。并且,由此也规定了他在《伦理学体系》中有关义务的科学的或理论性讨论的余下来的内容。

否定性的义务

费希特认为,可以从我的终极目的是绝对的独立性和自我充足性这一事实出发推断出,"我应该塑造感性世界中的一切东西,使之能够作为实现我的终极目的的手段"(SL 4:229)。当我们将这个问题同自我的交互主体性的命题并置的时候,就会产生一个二律背反。因为在感性世界的存在者中,还存在其他的理性存在者,其他的自我。他们的自由乃是我自身的自我意识的条件,但是"我对绝对的自我充足性的冲动不能着眼于取消它自身可能性的条件,即他者的自由"。对自我充足性的冲动因此在自身之中就包含了它自身的否定或限制:"绝对禁止干扰他者的自由,而要将他人视为一个自我充足的(存在者),并且绝对不得将他用作实现我自身目的的手段。"(SL 4:221)但这一禁令不仅适用于其他理性存在者自身——适用于他们的身体和行动;我也同样不被允许以一种破坏他者自由的方式去改变其他的对象。对于任何给定的外部对象,"我不允许根据我自身的目的来改变它……如果我改变了他们的自由的产物,我就干扰了他们的自由。因为这些对象对于他们来说是促进目的的手段"(SL 4:230)。这就代表了在有关我的交互主体性方面的一种消极的义务。问题并不仅仅是每一个人的外部自由如何根据法权的法则得到保障,我也许有权以一种阻碍其他人的目的的方式去行动。如果有的话,那么什么时候可以在道德方面允许我这样去做呢?这就导致了另一个重要的费希特式的二律背反。

肯定性的义务和二律背反:我的目的与他人的目的

我的对绝对的自我充足性的伦理方面的冲动要求我们不仅要改变整个外在世界,使之能作为实现我自身目的的手段,也要求我不得限制或妨碍任何其他理性存在者的目的。这就导致了一个费希特式的二律背反,这一二律背反的解决将是一种有关交互主体性——我们同他者之间的相互关系——的肯定性义务：

> 因此，我们就遇到了朝向自我充足性的冲动——并因此是道德法则——同它们自身的矛盾，道德法则要求：
> 一、我使任何对我构成限制的东西（……这就意味着，所有那些处在我的感性世界之中的东西）服从于我的绝对的终极目的——使它们成为我更为接近绝对的自我充足性的手段。
> 二、我不得使那些的确对我构成限制的东西服从于我的目的……而是要使它处在如同我发现它们时的样子。
> 上述两点都出自道德法则的直接命令。首先，当我们一般性地考察这一法则，或者考察法则自身的时候，它就是前者；其次，当我们考察同一法则的具体体现时（即就它对于其他理性存在者的朝向自我充足性的冲动的影响来考察同一法则的具体体现时），它就是后者。
>
> （SL 4:230）

这个二律背反的产生仅仅是因为我的目的与他者的目的可能构成冲突。因此，在此仅有一种解决方式，并且是一种激进的方式——"解决这个二律背反，并且确定道德法则同它自身相一致的唯一方式，可能是预设所有自由存在者必然共享一个相同目的"（SL 4:230）。

第九节 道德真理通过普遍的理性同意来构建

这一二律背反的解决不仅从根本上改变了道德法则的终极目的，也从根本上转变了有关自我充足性（这是这一法则的终极目的）的冲动主体的观念：

> 这一冲动并不是（这个个体性的理性存在者的）自我充足性，而是理性本身的自我充足性。我们的最终目标乃是理性本身的自我充足性，而不是某个理性（或某个有理性存在者）的自我充足性，就其作为一个个体性的理性存在者而言。
>
> （SL 4:231）

在这些主张中，"理性"一词现在必定是指理性存在者的共同的或集体性的努力，并且这一努力的目的（或多个目的）必须被视为是他们必定可以预设为能够达成一致的。这一点不仅对包含在服从于道德法则的手段-目的关系有一种根本性的结果，而且对于道德法则所要求的行动及其目的，也有一种根本性的结果。

伦理冲动被认为是一种朝向个体自我的自我充足性的冲动；这个自我被视为是设定目的的，这些目的递归式地扩张，导向了这个自我的绝对的自我充足性，并且实现这些目的的最直接的手段是个体自我的身体。但现在，伦理冲动被视为一种集体性的冲动，为所有理性存在者共享，它不属于任何个体冲动，而是属于"理性"或费希特如今所谓的"纯粹自我"的冲动：

> （因此，我的全部个体性就必须被视为）道德法则唯一的工具和渠道。（在此前，这个工具是身体，现在它成了全体的在感性方面和经验方面被规定的人，并且有了这一点我们就可以同时将经验的自我同纯粹的自我清晰地区别开来，这种区分不仅特别是对于伦理学，而且对于作为整体的哲学都有非常大的好处。）
>
> （SL 4:231）

费希特有关我必须将全部的个体性只是作为道德法则的手段-用具或工具的学说必定会使读者感到震惊，令我们不快。比如，它看起来与认为我们中的每个人都是目的自身的康德式原则直接冲突。费希特稍后也谈到这个问题，他认为如果这一学说能被恰当地理解的话，这两个学说就是相容的（SL 4:255—256）。这将是我们在本书第七章第四节重点关注的问题。

费希特的文本中的第二个也是更直接地使我们注意到的内容是，他有关人类全体共享同一个目的的主张从经验角度看显然是假的。但它却是这样一项主张，在费希特看来，如果想要解决道德法则同自身的矛盾，就必须预设它的真实性。事实上，理性存在者有着极其不同、甚至相互冲突的目的，甚至他们的道德方面的确信——他们认为道德要求他们以及要求他人做出的行动——也常常是冲突的。但我们必须预设共享的目的并不是你的或我的目的，不是（当我们都被视为个体时）你的自我，或者我的自我的目的，而毋宁是纯粹自我的目的，是我们共同享有的理性的目的。从普通理智的视角看，这个目的是"普遍道德"的目的，为了追求它，施行它要求的行动，我们必须关注于寻求和识别这一共同的目的。

限制性的义务：人类的目的必须现实地达成一致

这种追求可以被视为在我们的交互主体性方面承担的第三项义务，或者说限制性的义务。这是一个耗费了大篇幅讨论的主题，占据了《伦理学体系》篇幅较大的第十八节的最后二十页（SL 4:233—254）。它也是本章接下来的部分以及下一章讨论的内容。

费希特在此提出的问题在某种意义上是我们在国家契约理论中熟悉的问题，契约主义的道德理论则更为普遍地为人们所熟悉。这些理论的规范取决于某种一致性:对于社会契约的诸条款一致性地表示同意,或者对人们将据此受到对待的规范一致地表示同意。在费希特看来,对人们共享的目的的一致同意相当于对道德法则的诸命令的同意。在不存在现实的一致同意的地方,契约论想要代之以理想的或理性的一致同意,即一系列只要是合理的所有人便都会同意的规范。[13]

但这样一来,就产生了要在如下两种情形中做选择的困境:(1)现实的一致同意也许使用了某种潜在的或默示的同意的观点,理论家们主张所有人都会现实地给出这种同意,抑或代之以(2)理想的一致同意——在特定的理想型的认识和合理性的条件下,所有人可能会一致地对此表示同意,即便他们从来就不能达成现实的一致。这第二种类型的契约论者认为,我们必须以一种他人不能合理地拒绝的方式针对他人采取行动,而不论他人是否在实际上拒绝我们这样做。

在现实的一致同意和理想性的一致同意之间存在的鸿沟,对于契约论来说产生了一个严重的问题。无论哪个立场都并不令人满意,都令人不舒服,并且在我看来,也应该让我们不舒服。如果我们来思考一个类比的话,就可以看到这是为什么。请想象一下,我对你承担了一项义务,却发现我目前处在如下情形中,在此,倘若我履行了这项义务,就会给我带来不合理的负担,或者是对于我来说过于繁重,或者会给第三者带来过度的伤害。在此情形下,我可能会请求你使我从这项义务中摆脱出来,从而避免承担义务——让你同意我无需履行这项义务。在此,在你现实地做的事和对你于来说合理地做的事之间就出现了鸿沟。对于你来说,同意我的请求是合理的,甚至可以说,如

---

[13] 关于此种类型的两个最著名的理论是由罗尔斯(Rawls, 1977)和斯坎伦(Scanlon, 1998)提出的。

果你不同意就不合理,但它并不是如此地不合理,以致我们最好是说,在此根本不存在任何义务。

在这种情形下,我们必定会感到不舒服,除非根据某种理想性的标准,不论是你使我从这一义务中解脱出来,还是你实际上的确使我从这一义务中得到解脱,都被评判为合理的。如果你拒绝使我从中得到解脱,如果我认为你应该使我从中得到解脱,我也许会认为这项义务的有效性是存在疑问的。但如果你现实地使我摆脱了这项义务,我又可能会担心是我操纵你违背了你的最佳利益,而使你将我从义务中解脱出来。无论哪种情形,如果对于你来说合理的做法与你在现实中的做法不一致,我们都会感到——除非是在极端情形下,我们会正当地感到——这种情形在道德上是差强人意的,或者充其量是在道德上含糊其辞的。只有当对你来说使我从义务中得到解脱很显然是合理的,并且实际上你的确使我从中解脱出来,只有在类似这种情形下,我们才可能感到舒服,或者才有资格感到舒服。

在只有现实同意或只有理想性同意的条件可以满足的情形下,在我看来,也可以归结给契约论的政治与道德理论——不仅是那些现实同意的理论,还是理想性同意的理论——一种类似的不满,或者至少是一种道德上的模棱两可。我们并不,也不应该对单独的现实同意或单独的理想性同意感到满意。

很显然,费希特想要使他有关我们必须预设全体理性存在者对于他们的目的一致同意的主张包含现实的同意,而不只是理想性的同意。他甚至将其视为他所提出的道德理论的一个非常明显和突出的特征。"有德性的人们的必然目标因此就是对相同的实践方面的确信表示一致同意和对从中产生的行动的统一性表示一致同意,这是一个要点。"他强调说,"并且,它也是我们的道德表现的一个典型特征。"(SL 4:236)从这一论述中,费希特得出了两个重要结论:第一,我们有关义务所持有的一切确信都只是临时性的；我们必须这样行动，"仿佛（关于我们的终极目的的一致同意）已经实现了"（SL 4:234）。其次，我们有一种义务，要努力追求在道德确信方面获得现实的一致的理性同意，即使我们永远不可能实现这一目标。

第三个结论也许更具根本性：当我们寻求同他者的真正的和明示的一致时，我们是基于先验前提做到这一点的。这个先验前提是，我们的目的和原则已经潜在地达成一致了，"即一切自由存在者必然共享同一项目的"（SL 4:230）。因为，如果他们不共享同一项目的，二律背反（我的目的同他者的目的之间的对立）就得不到解决。当我们将自身的确信视为对他者临时性地有效，并且想要通过自由的、理性的沟通同他们达成现实的或明示的一致时，我们就是在如下前提预设的基础上做到这一点的，即我们在此临时性地筹划的且想要实现的一致性已经潜在地出现了。

启发性的标准

正如费希特意识到的，一种可能的有关理想性的同意而非现实的同意的理论可能会以康德的可普遍化原则作为标准。费希特愿意接受这个标准，但只是将其作为一个启发性的标准，"而非构成性的标准"（SL 4:234）。我不能意愿我的准则成为普遍法则，这是一个很好的标记，表明它不能作为一个有效的行动原则而获得一致的和理性的同意。但这一点只是启发性的，因为真正的标准要求的是现实的同意，而不只是符合这一理想性的检验：

在此涉及的关系并不是，某物因为它是普遍立法的原则因此应该成为我的意志的准则，相反，是因为它应该成为我的意志的准则，它才因此同样成为普遍立法的原则。

（SL 4:234）

重要的是要理解，费希特有关康德的可普遍化公式"只是启发性的"主张并非是对康德的公式的拒绝，而是对它的一种解释，并且极可能是对它的一种正确解释，仿佛它就是康德本人想要的解释。康德本人运用可普遍化检验，只是为了揭示特定的准则是不可被允许的。他从未得出结论说（应该说在他的全部著作中，甚至一次也没有），准则仅仅因为通过了可普遍化检验就是可被允许的（他的读者们常常得出这个结论，但康德不能因为这个如此草率地做出的推论而受到指责）。正如费希特所见，通过康德式的可普遍化检验只是启发性的。它为通过这一检验的东西的可允许性提供了必要条件：

> 康德的命题仅仅谈到了一致性同意的理念，而没有谈到任何实际上的一致同意。我们将会看到这个理念有一种实在的运用，即我们应该寻求实现这个一致同意的理念，并且在某种程度上必须要这样行动，仿佛它已经得到了实现。

（SL 4:234）

这段话中得出了三个重要结论。第一，尽管人们事实上没有在目的和道德确信方面达成一致同意，但为了行动，我们必须暂时性地、仿佛他们已经就此达成了一致同意那样继续下去。第二，康德的公式，如果我们正确地运用它的话，就会启发性地呈现给我们一种有关现实的理性同意的理念。第三，在同他者理性沟通的过程中，我们必须寻求实现或者是至少接近现实的理性的一致同意。

但我们还可以从中得知如下结论，即如果一切人类目的的现实同意是一个先验的必然的前提预设，我就必须同样预设，我的行动在同他人的行动的关系中构成了一个共同的体系。我必须预设它们不仅在同现在生活的人们的行动的关系中构成了一个这样的体系，而且甚至在同早已逝去的世代以及尚未出现的未来世代的关系中，构成了一个这样的体系。从第七章第四节开始，我们将看到，费希特事实上得出了这个结论，并由此出发得出了与我们的个体生活的终极意义与价值相关的进一步结论。

自由地相互沟通

自我或者理性同物的关系是主从关系：自由和理性的存在者必须这样来对待物，也就是使它服务于理性的目标，但他们同其他理性存在者的关系必须是相互协调的（VBG 6:308）。我们在同他者的关系中的行动，以及我们集体性地使物从属于我们的行动，必须是由相互的自由来规定的。对于费希特来说，自由存在者相互之间关联起来的行为模式乃是一种理性的沟通，是一种自由往来，是一种同他人的沟通能力和感受来自他人发出的沟通请求的能力（VBG 6:330）。由此可得，尽管费希特的伦理学在其动因方面是一种第一人称的观念，但在其最根本的层面，在道德原则的适用层面，它是第二人称的观念。

费希特有关人格的道德尊严的观念在本质上是一种交互主体性的观念。他可能会同意距离我们半个世纪以前莫里斯（Bertram Morris）接受的立场，莫里斯曾写道：

> 尊重一个人并不是考虑到他拥有一种内在于他自身的品质，而相反是进入到同他的沟通之中，挑战他和接受他的挑战，并且

愿意遵循人类联合的那种辩证法，而不论它可能将我们带到何处。

[Morris，1946，第63页，参见德比斯（Debes）在2015年对这篇文章的回顾]

在第七章中，我们将会看到费希特如何认为这一点使如下两个论题达成了相互一致。一个论题说的是，一切理性存在者必须将自身（以及彼此）视为理性或道德法则的工具；另一个论题则提出了表面上看来同前一个论题对立的主张，即认为一切理性存在者都是目的自身。并且我们也将看到，这一点如何禁止我们，即便是在将每个人视为道德的工具的过程中，也不得比较某个人相对于他人的工具价值。这是因为，在对集体性目标和普遍性原则达成理性的相互同意的这一沟通性的事业中，在最根本的层面，所有人都是同伴。

费希特承认，全体的理性的一致同意的目标是无法企及的。但这里所说的无法企及和绝对的自我充足性那里所说的无法企及在方式上是不同的。自我的绝对的独立性或自我充足性将会取消自我性本身；而在人与人之间的一致同意则不会取消他们，或者不会取消他们的共同体——相反，它将是他们以及他们的共同体的最充分的完善。从逻辑上讲，或者在先验层面上说，一致同意就其本身而言或者必然地讲并不是不可能的。但是，因为人类的不完善，也是因为生活的复杂性，就具体情况和偶然性地来说它是不可能的。出于这个原因，对于我们来说，就有可能这样行动，"仿佛这一不可企及的目标（即普遍的同意）被认为已经达到了"，抑或此种情形对我们来说是可取的（SL 4:253）；道德真理永远是一件正在制作的作品，我们的判断永远是临时性的。

因此，费希特接受了康德的公式（当其由某个人启发式地得到运用时），但却排斥了那些在其上一致的理性同意也许是不可能的准则：

然而，出于如下理由，这个公式只能得到启发式的运用，即一项从中产生谬误的命题是虚假的。现在的谬误在于，如果我不能设想所有人在同样情况下都应该去做 X，我就应该去做 X。

（SL 4:234）

费希特同样将这视为"康德命题"。换句话说，他主张，对康德公式的运用既是否定性的，也是启发式的。进而他认为，这就是康德自身想要使公式得到运用的方式。正如我们在几页之前注意到的，费希特在这个问题上的看法是对的。将费希特有关康德的可普遍化原则的讨论视为对康德式伦理学的拒绝，因此就不只是对康德的误解，也是对费希特的误解，这就是在并不存在不一致的地方，宣称他们之间存在不一致。[14]

费希特进一步的观点是，他认为那些在道德上可以获得许可的目的，以及有关义务的客观有效的确信，都取决于一切理性存在者事实上达成理性的和一致的同意这个预设。对这一观点康德是否表示接受，这是另外的问题。当我们认识到这个预设在事实上是虚假时，我们如何可以基于它行动？费希特的回答是：我们可以通过理

---

14 在记录费希特观点的文献中，最常见的做法是简单地主张费希特反对康德式伦理学的"形式主义"，有时它们会援引这一有关可普遍化的标准作为证据。康德当然在许多地方都十分明显地为一种"形式的"而非"质料的"伦理学进行辩护（G 4:427；KpV 5:27—31，41—42）。但正如通常人们所使用的，"康德式形式主义"这一表达假定了如下对康德的一种普遍误解，即认为康德想要将一切义务从普遍法则公式中推导出来（或从自然法则公式中推导出来）。当费希特反对此种误读时，他就被认为是在反对康德式伦理学。但很少有人注意到，费希特本人也反对这一对康德的误读，两个例子参见鲍曼斯（Baumanns, 1990, 第 133 页）和科什（Kosch, 2011, 第 150 页）。在将费希特引证为所谓"反形式主义"的作家中，科什是唯一承认费希特的观点是基于对康德的某种"有争议的"解读之上的。但她并未注意到，费希特本人是最早反对这种对康德的通俗误解的人之一，而她本人似乎接受了关于康德的这种通俗误解。

性沟通的过程做到这一点，理性沟通据说可以将我们引向使这个预设为真的方向。

费希特有关道德真理存在于普遍的理性同意中的论点回应了那种针对启蒙伦理学（尤其是康德式伦理学）的常见批判，这种批判认为启蒙伦理学建立在一种有关理性的抽象的和非历史性的观念之上。事实上，这一点即便对康德来说也不真实，康德有关人类物种特征的论述乃是认为人类是一个理性物种，并且理性是一种历史性的自我形成和自我塑造的能力（Anth 7:321—325）。比如说，由后现代主义者，或由自诩的"黑格尔主义者"或"历史主义者"提供的有关启蒙的理性主义的诸多标准的批判，都因对它们想攻击的目标的这种肤浅的和基本误解而被证明是错的。在康德的历史理性观念基础上，费希特补充了进一步的观点，即理念的规范永远是在制作中的作品，受人类沟通的现实结果所规定。但永远需要如下条件，即这些结果是通过自由的和理性的沟通获得的，而非通过强制、欺骗或其他形式的支配或非理性的操纵获得的。有人可能会认为，现在是时候重新考察我们在第四章末尾提出的那个元伦理学问题了，在那里，我们从费希特的视角出发，拒绝了这种元伦理学。实在论者可能会说，如果伦理真理存在于理性存在者通过一个尚未完成的自由的和理性的沟通过程可能会一致同意的东西中，那么在这个东西可能是什么这件事上就存在一项客观事实。反实在论者可能会反对说，因为这个理性沟通过程永远是一个正在制作中的作品，永远不能完成，并且是某种我们正在做的，或承诺去做的事情，那么在这件事情上就不存在任何伦理事实。在此，唯一能够存在的伦理方面的"真实"的东西是我们通过在这个理性沟通过程中表达的愿望展示出来的。在此不必重新考察这个问题，而只需提醒我们注意为何费希特要拒绝这些问题，并且也拒绝给它们提供标准答案。在本书第四章中我们已经看到，我们应该使行动符合对于我们来说作为客观的伦理真理的东西，后者也是为我们颁布的，这是实践的自我意识的一个先验条件。

接受一个客观的、独立的、现实的存在（这个现实构成了道德主张的真理条件）和接受一个客观的物质世界的存在，这二者有明确的相同的先验根据。它们都不是独断论哲学那里不加论证地预设的"实在本身"，而是在先验哲学笔下被阐明为真实的并且独立于心灵的存在。反实在论的投射主义（projectivism）否定伦理真理的客观性，它给予我们的要比我们内在一贯地接受的东西少得多，而独断论的道德实在论给予我们的要远远多于我们可能前后一贯地做出来的东西。道德真理永远是一件正在制作中的作品，永远是临时性的，是容易犯错的。对于我们来说，它的每个细节都和物质世界一样客观和真实。根据道德权威的概念（关于它的演绎我们已在第四章中讨论过了），我们必将走向它。作为道德行动者，我们面对的是有关易错性的问题。我们是通过运用第五章演绎出的良心概念和道德确信概念面对这个问题的。对真理的无止境追求，这一我们在交互主体性方面的肯定性义务，将为我们展示一个理性社会的观念，这将是本书下一章的主要论题。

第七章　理性的社会统一性

——人的使命

交互主体性的二律背反为人类的目的最终将会达成一致这个前提预设提供了一个先验演绎。一方面，我们必须临时性地假定我们的目的潜在地一致；另一方面，我们要寻求它们的现实一致。

由此产生的第一个结果就是，道德法则在其适用中，就被重新解释为是以理性的自我充足性，而非个体自我的自我充足性作为终极目的。由此产生的第二个结果是，在形成我们自身个体道德确信的过程中，必须认为它们表达了所有理性存在者潜在一致同意的目的和原则。表达道德确信或基于某一道德确信而行动，是临时性地主张它不仅表达了某种全体理性存在者可能一致同意的东西，也表达了作为先验地预设的事务他们早已实实在在潜在地给出了同意的东西，并且也是他们现实地将要一致同意的东西，如果这些理性存在者之间的沟通持续得足够长、足够成功的话。进一步的结论是，我们有义务与他人自由沟通，努力追求在普遍性的道德方面达成现实的一致同意。[1]

然而，我的道德确信事实上有别于你的道德确信，而且我们的道

---

[1] 因此，黑格尔在《法哲学原理》的序言中，在思考"如何在无限的观点中，区分和发现那些自身是普遍承认的和有效的观点"时，他就是在追问一个费希特的伦理学直接提出的问题（《法哲学原理》，序言）。

德确信不同于第三者的道德确信。费希特追问说:"谁将成为法官,在这些问题上做出普遍有效的判决?……如果其他人主张要根据他的最佳确信行动,如果我在相同处境中做出不同行动,那么根据他的确信,我就是不道德地行动,正如在我看来,他也是不道德地行动一样。可以用谁的确信指导另一方的确信?"(SL 4:233)费希特的回答当然是,任何个体的确信都不能做到这一点。但我们也不能"简单地各走一边,每个人都允许他人各行其是"。因为所有人必须相信的道德必须同样被相信是普遍性的,"因此,我们就必须要使自身的判断同他人的判断达成一致"(SL 4:233)。我们最终都能分享共同的目的这个预设意味着:

> 每一个我们以任何方式相识的人也会只因为和我们相识而成为我们关切的对象,他会成为我们的邻居,成为我们的理性世界的一分子,正如同我们的经验对象属于我们的感性世界(Sinnenwelt)一样。[2]
>
> (SL 4:235)

正如我们在第四章中所见,道德如同物质世界那样客观,因为它们拥有相同类型的先验根据。每个人的义务是尝试使他人相信自身确信的正确性,而不是放弃这种确信。说服他人的目的乃是要达成一个共同的或公共的目的。因此,我们就必然地意愿普遍的道德养成,而这是可以通过互动达到的(SL 4:236)。加入到这种相互的沟通行动之中乃是交互主体性的限制性义务,因为它包含相互对立的活

---

[2] 这是另一处文本证据,表明费希特不是将"理智世界"等同于某种在形而上学方面超越的或超自然的东西,而是等同于人类理性沟通的世界,尤其是就这个理性世界成为先验哲学的对象而言,参见本书第二章第二节。

动——相互的积极性和消极性，同他人沟通和接受他人发出的沟通邀请（VBG 6:308）。

第一节　康德与费希特笔下伦理的交互主体性

正如罗赫注意到的，费希特是"商谈伦理学"和"支配-自由沟通"理论最切近的灵感来源，这些理论为20世纪的哲学家，如阿佩尔（Karl-Otto Apel）和哈贝马斯所提出（Rohs，1990，第109页）。但费希特在这个主题上的思想其实只是他将在康德那里已经发现的观点更彻底地表达出来的另一个例子。

在《纯粹理性批判》中，康德在如下基础上倡导沟通自由，即"理性的存在取决于（沟通的自由）"（A738/B766）。在《什么叫作在思维中确定方向？》一文中，康德将如下规则视为"出于自身而思维"的标准：当你被要求接受某种东西时，问问你自身是否有可能使你由以接受它的根据或规则成为理性的普遍原则（O 8:146 n）。几年后，康德表达了运用知性的三项原则：

一、出于自身而思维。
二、从他人的立场出发来思维。
三、一致地思维。

（Refl 1486；Ak 15:715；VA 25:1480；KU 5:294—295；Anth 7:200，228；VL 9:57）

康德的《什么叫作在思维中确定方向？》一文也解释了为何直接从第一规则过渡到第二规则是顺理成章的。如果出于自身而思维意味着以一种可能对所有人有效的方式思维,那么确保你真正出于自身而思维的最佳方式就是从他人的立场出发去思维。康德主张,想要做到这一点的最佳方式是尽可能出于更多的他者的视角来思维,并且为了达到这一目的而同他人沟通,运用他们的思维作为你自身思维的一个外在的真理试金石(criterium veritatis externam)(Athn 7:128)。这就解释了为何康德认为理性的存在取决于自由沟通(KpVA 738—739/B766—767)。这也同样解释了为何他认为,鼓励进行启蒙——也是一个使人摆脱自我施加的受监护状态,从而出于自己而思维的过程——的唯一方式是存在一个相互沟通的场所,存在一群"有学识的听众"或"有学养的大众"(gelehrtes Publikum),并且有尽可能多的人参与进来(WA 8:36—37)。

康德伦理学,因其奠基在理性的自我立法(自律)基础上,显然是一个正在经历启蒙过程的社会想追求的。康德并未像费希特那样明确说,事实上为所有人理性地同意乃是目的和原则的道德正确性的最终标准。但是,他正确地将康德的普遍法则公式、自然规律公式和自律公式描述为启发性的原则,这些原则可以区分所有人能够理性地同意的原则和他们不会同意的原则。对于康德来说,得到了最充分地发展的,与此同时也是最直观的公式是目的王国公式。这个公式将道德法则视为在一个理想的理性存在者共同体中可以成立的东西,在此,理性存在者的目的能彼此和谐一致,形成一个共同分享的目的的相互支持的系统(G 4:433—435,438,439)。因此,有关在目的和原则之上达成普遍理性同意的理想显然存在于康德式伦理学的内核中,而自由沟通则是存在于康德有关理性如何运作的观念的内核之中。

康德和费希特的主要区别在于如下两点。第一,对于康德而言,交互主体性只是一个经验性事实。在感性世界中,一个理性存在者与其他理性存在者处于一种特定的偶然关系之中。理性存在者之间的沟通乃是理性存在的一个偶然的因果性条件。对于康德来说，这些看起来只是有关理性在事实上如何在人们之间发生作用的偶然性事实。但对于费希特来说，正如我们在第三章中所见，它乃是理性自然的可能性的条件，这个理性自然是，存在众多的理性存在者，他们彼此提出要求或"召唤"对方去进行理性活动。费希特甚至将理智世界或本体世界等同于彼此之间沟通的理性存在者的世界。正如我们在此前指出的，这不是一种超自然主义者的形而上学理论，而是对理智世界的先验意义——对于我们来说属于人的意义——的重新解释。

第二，尽管康德和费希特都将沟通自由和理性存在者之间在目的方面的一致同意视为一种在我们这个世界中从来就不可能充分实现的道德理想，但费希特将朝向这种一致同意的现实努力视为一项义务，甚至视为一切义务中最根本的义务。因为在他看来，道德上有拘束力的目的和原因的真正标准可能就是所有理性存在者对它们的现实的和理性的同意，这种一致同意是从沟通过程中产生的。关于这一点的理想性检验标准，比如康德的可普遍化的准则，仅仅是具有启发式辅助作用的东西，它可以帮助我们识别哪些目的和原则可能是所有人类能理性地达成一致同意的。对于费希特来说，主张一项目的或原则是在道德上有效的，相当于主张，它应该可以被视为所有人能够同意的，并且被视为如果理性的沟通足够长久且足够成功，则所有人终将会真正同意的。

使康德前后一致

可以看到，为何费希特认为，在采纳所有这些立场的过程中，他是唯一一个前后一贯的康德主义者（也许要比康德本人更前后一贯）。

在本书第三章中，我认为，就其不能为人类理性的交互主体性提供一个先验基础而言，费希特可能在康德的立场中看到了一种完全的不融贯。如果理性的能力在于理性沟通，在于通过理性沟通实现一致同意的过程，这种能力就必须被视为对我们的行动和认知能力来说是本质性的，就如同康德将他有关经验和能动性的论证建立在其上的其他能力一样。因此，对交互主体性的先验演绎似乎至少就和有关范畴的因果原则、有关外在于我们的对象的存在、有关道德法则的先验演绎是同样必要的。如果道德法则的内容是人类目的方面的体系性的一致或共同体，那么进入到这种沟通之中，以这种一致同意作为目标就是一项根本性的人类义务。由此得出的进一步结论尤其涉及伦理义务的理论。如果人类带着一种想要在他们的目的上达成一致同意的意图而理性地沟通，那么从这种一致同意中产生的关系和制度就会成为伦理学的重要部分，成为伦理义务的客观理论的本质性部分。

这就赋予了费希特的义务理论以一种与康德义务理论截然不同的特征。在《道德形而上学奠基》中，康德将"道德形而上学"界定为一种有关义务的完全先天的理论；将其运用于人类生活的经验性条件是道德哲学的单独部分，这个部分被称为"实践人类学"（G 4:388）。但在康德写作《道德形而上学》时，改变了有关这个标题的含义的想法。他做了一个区分：某些义务可以通过将其适用于"人类的特定本性"而从道德的纯粹原则中推导出来（MS 6:217）。康德将这些一般性的人类义务与"人们在与他们的处境相关的方面对彼此的伦理义务"作了区分，后者"严格来说不能构成德性学说的形而上学第一原则的部分"（MS 6:468—469）。他的意思是，特定的社会关系和制度可以界定有关人们可能占据的角色的义务。康德将这些义务置于"道德形而上学"之外，后者的目的是界定那些他想要体系化的义务。在康德的法权理论中，提供了对可以强制性执行的义务的论证，这些义务是与政治生活或"法权状态"相关联的。但他并未提出任何与非强制性的社会制度相关的伦理义务理论。唯一的例外是有关友爱的理论（MS 6:469—473）和在《纯然理性界限内的宗教》一书中有关教会的理论（《纯然理性界限内的宗教》，第三部分）。与之不同，费希特的伦理义务理论也是一种有关理性社会结构的理论——不仅是在政治国家中发现的理性社会结构，也包括存在于更一般性而言的社会生活中，尤其是经济生活中的理性社会结构。

第二节　学者共和国

费希特的伦理理论也是一种有关理性社会的理论。理性社会必须是一个通过理性沟通而自由地和集体性地自我塑造的社会。因此，伦理义务体系的出发点就是一种有关人类应该采取相互沟通的方式的理论，人类之所以相互沟通，为的是能够走向对于他们的目的、原则和共同的生活方式的一致同意。正如费希特在《伦理学体系》第十八节中所言，这一沟通的出发点是现有的社会制度，这些制度可以被视为能够促进理性的沟通。费希特有关这些制度的观点主要源自康德在这些观念上有着康德和费希特与它们不期而遇时的那个时代和地点的印迹。但随着费希特对这些制度的发展和批判，它们很快超出了那个时代和地点，为有关人与人之间的关系的一种必定看起来如同一个遥远理想的观点敞开了道路，不仅对于费希特是如此，对于我们来说也是如此。

作为国家和教会的社会

在费希特看来，对于着眼于一致同意的自由和理性的沟通来说，有两个必然的社会前提条件。其一是在个体自身的恰当范围内行使个体的自由行动权的外在自由，包括自由地表达自身的权利；其二是着眼于一致同意的沟通必须从某个参与者已经同意的点开始。上述条件中的第一个被认为是由政治国家提供的，第二个则是由组织成为教会的社会提供的。费希特认为，着眼于一致同意的沟通必须从人们一致同意的某个点出发，并且对于作为整体的社会，他将其概念化为所有人被假定会一致同意的符号或信条。并不清楚在这一共同信条之外，他所说的"教会"指的究竟是什么。费希特似乎接受了教会与国家的制度，至少临时性地是如此，但他讨论的关键点乃是倡导对它们进行根本性改革。一切现存的国家都是需要的国家或紧急国家（Notstaat），并且类似地，一切宗教的信条都是需要的表征（Notsymbol）。它们是眼下我们处在迫切需要或危急之际必须临时性地接受的。就眼下的形式来说尽管不可接受，但我们急需这种东西，而且没有更好的可以利用的东西（SL 4:238—242）。

社会就其被视为教会而言，其信条不是固定的或永恒的。它必须不断改变，因为社会经历了人们可以共同地接受的那些改变（SL 4:236）。不得教授民众任何特定的信条，或者要求民众忠诚于它们，因为信条的功能只是作为进一步讨论和探究的共同出发点（SL 4:244）。迄今为止，我们所接受的信条的基础——当费希特想要将其表达为任何能够在道德方面得到培养的人的出发点时——乃是如下理念，即"存在某种超感性的和超越一切自然的东西"。很显然，费希特有关这一超感性的东西的观念是历史性地同一神教的观念联系在一起的。他说，对它的信仰最初是在古代犹太人中产生的，后来基督教和穆斯林的信徒们以不同方式接受了它们（SL 4:242—243）。但费希特强调，"超感性的东西"可以根据解释者的不同有不同解释。我们知道，他本人的解释是不能被他那个时代的基督徒所接受。我们并不清楚费希特是否想要为道德培养得以进行的出发点设定特定的学说限制,也不清楚他是否认为无神论者——或拒绝任何"超感性"东西的人——不能有任何道德方面的发展。可能有人会这样想,但的确他有关沟通自由的学说是通向这个结论的。对"超感性东西"的解释,甚至对信条自身的解释,必须不断地遭到质疑:"我不得允许任何良心上的顾虑阻止我内在地质疑一切,阻止我继续探索一切,不管它看起来如何神圣,任何教会都不得强迫我产生这种良心上的顾虑。"(SL 4:237)进一步地,在哲学中没有信条,"甚至有可能,那些进行哲学思考的个体无法就任何单一的观点达成一致"(SL 4:241)。

为了保障个体的自由,国家是必要的,必须假定国家基于全体的一致同意或公民契约之上。"在国家之中同他人联合起来是良心的绝对义务"(SL 4:238)。然而,正如我们将在第八章中所见,费希特认为,现有的国家离实现正义还有遥远的距离。在费希特1793年为法国革命辩护之后,他的政治思想在那些重要方面得到了发展。但他仍然认为,一场正当的革命需要的只是共同的意志通过那些发动革命的人被清晰地把握(SL 4:240)。对于政治革命,费希特要比康德更倾向于对其抱有支持的态度。但他们的共同希望是,现有的国家将从内部逐步地改革自身,迈向正义理想。费希特认为这个过程是无止境的,它的目标是达不到的。但一个逐步取得进展的国家,一个致力于改革的国家,至少会接近正当性的诸条件(SL 4:361)。

有学识的公众

费希特将这一尴尬的处境展示为一项二律背反,并且根据综合的方法,用它来提供有关社会制度的概念的先验演绎,这种社会制度不同于教会或国家,它是人类的道德使命要求的。

正题：" 我不被允许表达这种私人的确信，因为在这样做的过程中，我可能会致力于推翻国家。"

反题：但与此同时，"我的确信的发展是绝对地被要求的……我的私人确信的沟通乃是一项绝对的义务"（SL 4:247）。

合题：必定存在一个有限的范围，一个公共场所，在此，沟通的自由是绝对的，这就是"有学识的公众阶层"或"学者共和国"（SL 4:248，251）。

"有学识的公众"这个解决了上述二律背反的全新概念也是从康德那里借用的。但是康德和费希特对这一社会制度似乎有略微不同的看法。对于康德来说，它似乎是通过空间（venue）来界定的：当某个特定的人（例如，一个士兵或教士）以私人名义发言时（当他在履行军事义务或代表教会时）必须是受限制的，但当他以公共名义发言时，例如在向普遍的有学识的公众写书和发表文章时，并无限制（Kant，WA 8:36—38）。履行义务的士兵不得违抗命令，但是他们可以拿起笔来批判上峰的命令和战略。教士在其职业能力方面不得质疑教会的教义，但他可以在向有学识的公众撰写的神学论文中做这样的事。

然而，对于费希特来说，有学识的公众看起来是如下这些人的一种特定联合，这些人"抛弃了教会的信条和国家的法律概念所代表的枷锁"。他们在一个"共同意识的论坛"上彼此谈论"在这个论坛中，有绝对的和无限的自由去考察和思索一切可以设想的东西"（SL 4:248）。在只有少数人有文化的时代，这两个观念——即公共论坛的观念和在这个论坛上演讲的知识人共同体的观念——可能相当于同一回事。康德和费希特都认为，大学或至少哲学系（不同于那些得到了国家扶持的在职业方面获得了许可的法学院、医学院和神学院）是有学识的公众的中心（SL 4:250；参见 Kant, SF 7:21—36）。但费希特的学者共和国的观念可能立即使我们想到了一个松散地组织起来的"知识界"（intelligentsia），它拥有某种程度的"团体精神"（esprit de corps），并且集体性地致力于社会的改革。

费希特将他的讲演和通俗著作中的一个重要部分用于界定学者的任务或使命，并且为学者的沟通自由做辩护。他的早期论文直接地指控欧洲君主压制思想自由（SW 6:1—35）。正如我们在第一章中所见，这是他在耶拿的第一个通俗讲演系列的核心内容，也许也是他的整个哲学生涯的巅峰。正如罗赫正确指出的，这些讲演是他的伦理思想的前奏。[3] 我希望上述论证有助于解释为何自由和理性的沟通对于费希特来说是一个媒介，借助这个媒介，通往理性存在者之间的目的和原则的统一体的进步将成为可能，并且也正是这一进步本身——而不是哲学家所发明出来的任何原则的结果——当它为伦理科学所把握时，规定了我们伦理义务的客观内容。

沟通自由——那个时代和现在

有关沟通自由和社会进步的问题自 18 世纪晚期以来已经发生了重大改变。在那个时代，主要问题是国家和教会是否允许自由讨论那些被认为对它们的制度利益具有敏感性的事情。在 20 世纪的极权政

---

[3] Rohs(1990)，第 99 页。在费希特被剥夺了耶拿的教职之后，他有关学者使命的著述可以被理解为主要是用来捍卫学术自由。《现时代的根本特点》(1804) 第六讲是对学者的思想自由与出版自由的辩护（SW 7:78—96）。学术自由是费希特埃尔兰根讲座的主要论题，这个讲座的名称是《论学者的本质及其在自由领域中的表现》(1805, SW 6:350—447)，也是他就任柏林大学第一任校长的就职讲演的主题（即《论学术自由的唯一可能的干扰》）(1811 年 10 月 19 日讲演，1812 年版，SW 6:449—476)。

体下，自由沟通面临的威胁是强大且野蛮的，仍然有许多社会，沟通的自由在此受到了极大削减。对于掌权者的质疑受到了野蛮镇压。但是，即便在所谓的"自由"或"民主"社会，学术自由的问题也仍然存在：教授终身制正遭到攻击，教授们仍然被排斥在特定的职位之外，或者被拒绝终身教职，这些都是因为他们的意见不受普通大众欢迎，或至少不受掌权者欢迎。这些策略与康德和费希特所熟悉的国家和教会对自由沟通和表达的压制如出一辙。但是在许多社会，这些策略如果表现得太过野蛮，就会被证明是起反作用的。它们反而会为受到攻击的观点和个人赢得殉教者常常所吸引的大量读者。

掌权者可能设定如下目标——他们很清晰地意识到，这是他们的统治得以持久下去的条件——即一个社会的知识共同体应该同民众隔离开来。要对那些进步的观点以及那些散布进步观点的人投之以不信任的和充满敌意的目光。如今，大量的政治宣传都指向这一目的。19世纪的思想，在马克思及其后的批判传统中的思想，开始意识到以意识形态为形式的对理性沟通的更为精致的威胁，并且意识到，一个时期的主流观点反映占统治地位的阶级的利益的方式。启蒙时期的思想家们，包括康德和费希特，都寄希望于一个自由沟通的过程，寄希望于有学识的公众的自我教育。如今这个过程仍然存在，但在许多方面，它已经被巧妙地推翻并且遭到腐蚀。关于沟通如何实施，出现了许多重要的规范性问题。[4]

对于当今的我们而言，至少在大多数西方社会，有关自由的理性

---

[4] 这些问题近来主要是在政治讨论的语境下得到探讨。参见 Rauls（2005），第六讲；Estlund（2008）；Cohen（2009）；Stanley（2015），第三章。女权主义者认识论对于在一个更为宽泛的语境之内考察这些问题做出了主要贡献。参见 Code（1987）；Antony 和 Witt（eds.）（1993）；Fricker（2007）。

沟通的普遍存在的问题并非何种沟通可以得到允许的问题，而是哪种观点可以广泛地为公众所知，并且被允许去影响公众的问题。那些拥有和控制大众传媒的人能够去控制这些意见和使之边缘化，而不用去禁止或指控它们。学术书籍，比如我撰写的这本书，可以自由地出现在那些可以预见的有限的读者们面前。这些书可能会威胁到的掌权者们，早就提前计算好了这些书本的影响将是可以忽略不计的。政治方面的沟通被更加牢固地掌控在他们的手中，但也不是通过野蛮的武力或粗鲁的压制的方式，而是通过金钱的权力，它决定了哪些意见可以在媒体中广为传播。

在我们这个时代，对自由沟通的最大威胁是在大众传媒中不断出现的和到处渗透的政治宣传以及欺骗和弄虚作假的信息，而非缺乏自由和理性的沟通——大众传媒的产品被用来歪曲理性辩论，压制使我们可以了解真实情况的信息和被压迫群体的观点。逐渐地，整个民众会将自身等同于政治光谱中的右翼，他们将会生活在一个幻想的世界中，那里充斥着左翼的阴谋，一切政治都是邪恶的（除非那些企业补贴可以使控制媒体的权势者得利），削减针对有钱人的税收（通过"刺激经济"）帮助所有人。要言之，冰水使人暖，烈焰使人凉。总而言之，有钱人配享特权，穷人活该倒霉。甚至毫无争议的科学发现也会遭到有影响的势力的拒绝，只要它们对他们构成威胁。我们的制度将公众自身培养成了这样一种听众，他们的偏见是可预见地有利于培植者的利益的，这些培植者只是极少的一部分人，是有钱人和公司管理者，他们的利益对绝大多数民众和公共利益来说是直接不利的。[5] 只要沟通采取的是这种方式，说我们生活

---

5 这方面的经典研究见 Chomsky 和 Herman（1988/2002）。从一个哲学上更精妙的角度对相同现象进行的新思考，见 Stanley（2015）。

在自由社会就是一个谎言。

康德和费希特谨慎地希望，有学识的人们能通过理性劝说当权者放弃不公正的特权，促进人性之善。哲学家仍在尝试，但动力仍然异常相似。主权者使用的制度性的震耳欲聋的扩音器的声音盖过了真理的声音，它的音量较人类向当权者说出真理的声音要大得多。

第三节 人类的社会使命

费希特有关自由的、理性的沟通的思想看起来和我们有关沟通自由的问题毫不相干；但它们在某些方面是相关的，仍然给我们展示了一种理想，不只是自由沟通的理想，而且是自由社会自身的理想。这种理想超越了自身的时代，也超出了我们的时代。它为我们提供了一个标准，借此就可以识别出我们应该追求的真正目标。如今这个标准在我们不断受到的曲解中也很容易被视而不见。只要对费希特的研究能够使我们一瞥这一标准本身，对他的研究就是值得的。

社会自由、社会的统一

在1794年的《关于学者使命的若干讲演》一书中，费希特引入了一个有关社会（Gesellschaft）的初步定义，即"理性存在者彼此所处的关系"（VBG 6:302）。接下来他发展出了一个新的和更实质性的社会概念，即作为"一种由概念所支配的交互作用（Wechselwirkung）"，一个合乎目的的共同体或目的性的共同体（zweckmäßige Gemeinschaft）（VBG 6:305—306）。每一个理性存在者身上的社会性冲动"着眼的是交互作用、相互影响、彼此往来、相互的被动与主动,而不只是着眼于因果性,不只是着眼于单纯的能动性,而对此他人只能被动地行为"。通过"社会性的冲动",费希特所指的是努力寻求一个在我之外的自由且理性的存在者,并且同他们一道进入共同体之中。在此,"共同体"并不意味着"从属,就如同在物质世界中那样,而是意味着相互协调"(VBG 6:308)。社会性冲动并不是想要去支配他人,就仿佛他人乃是被驯化的动物一样,而是去解放他人:

> 卢梭曾经说,一个人越是觉得自己是他人的主人,他就越是较之他们现在所是的更是其奴隶。如果他这样说可能要更为准确,即任何人,只要他认为自己是他人的主人,他自身就是奴隶……只有意愿使周围的所有人自由的人才是自由的,他的影响实际上就是这样,只是其原因一直以来没有被人注意到。
>
> (VBG 6:309)

一个人不能将他人只是作为实现自身目的的手段来使用,或者甚至是作为你认为应该是他们自身目的的手段来使用:"不能违背他自身的意志,而使一切理性存在者成为有德性的、智慧的或幸福的……,或者甚至是希望这样做,即使这样做是可能的。"(VBG 6:309)借助通过概念而实现的自由沟通,理性存在者应该通过彼此完善自身,彼此传达有关人性的理想,不仅将他人提升到这一理想的层面,也通过理性的沟通使这同一理想得到完善,从而寻求对自身的完善。"在这一精神性的斗争中,获胜者通常是那个更高级的和更优秀的人。因此,人类的改良就在社会中有其根源,并因此,我们就发现了一切社会自身的使命。"(VBG 6:307)

完善：协调、同一性、平等

对绝对的自我充足性的冲动（费希特从中推导出了道德原则乃是一种朝向"整全性的自我"的冲动）追求的是绝对的协调与统一（SL 4:44）。相同的说法也适合于社会性的冲动：

> 完整的和形式上的自我协调的法则同样也对社会性的冲动进行了积极规定。由此出发，我们就获得了人在社会中的现实使命。属于人类的一切个体是彼此不同的。只有唯一的一个东西，在此，他们可以达成完全的一致，即他们的最终目标——完善。

（VBG 6:309—310）

对于费希特来说，和对于康德来说一样，完善是多样性的统一，"是多就其构成一个一的完整性"，或者"是某种复合的东西通过多在一个聚合体中的协调而实现的总体性"（AK 20:228）。与此同时，它乃是"多在某个东西中与目的之间的关系"（KU 5:346）。这是某物同被认为应该存在的东西的概念之间的符合性（KU 5:226—227）。当适用于人类社会中时，这一完善的概念将人类在社会中的使命（即社会的目的或意图，这是人类在彼此关系中应该成就的）等同于他们之间存在的某种关系，这种关系接受他们彼此之间的差异，但却将不同的个体整合到一个和谐一致的统一体之中：

> 完善只在一个方面得到了规定，即它是完全自相等同的（sich selbst völlig gleich）；如果一切人类都能够变得完善，能够

> 实现他们的最高的也是最后的目标,那么他们所有人就会变得彼此完全同等(alle einander völlig gleich);他们将会成为唯一的一个一;一个单一主体。
>
> (VBG 6:310)

这个表达典型地将费希特的崇高修辞同他那令人头晕的哲学抽象结合起来。在这两个方面,都需要我们给出解释。一个实体,当它的部分、构成要素或元素被组织起来形成一个整体,它就是完善的,而这个整体的概念以及诸要素为了形成这个整体而协调或被结合起来的方式则是完善的标准。根据该标准,属于同一类的不那么完善的样品就可以得到评判,而且它也可以指导那个朝向完善的努力过程。在社会中,构成整体的要素的是自由人及其理性活动。协调一致的结合是他们选择将自身以及自身活动相联系起来的方式。作为完善标准的概念是一个人们自由地一致同意作为自由的和理性的沟通结果的概念。

人类在禀赋和才能方面根据自然彼此不同,社会的完善就在于将他们的能力与行动结合为一个单一的、和谐一致的整体。费希特说,社会性的冲动是两种冲动的综合体:

> 一种是沟通的冲动,即在他人身上培养一种人格方面的冲动(我们因拥有这种人格尤其变得强大),一种尽可能使每一个他人同我们自身的优良自我等同起来的冲动;另外是一种接受的冲动,即允许他人在我们身上培养他们特别强而我们特别弱的那方面的冲动。自然造成的错误就通过这种方式为理性和自由来矫正……理性将会使个体的缺陷成为共同的负担,并因此无限地减

少他们……（社会性的冲动）要求我们和其他需要它的人共享拥有的善，并从富足的人那里获取我们缺失的东西。

(VGB 6:315—317)

社会的完善使得所有人彼此完全同等。在德语中，gleich 一词的含义多样而含混：它可以指同一的、相似的、相当的或同等的。人类并非彼此同一，他们在能力方面彼此不同。但当他们将自身活动协调或统一成为整体，并且这个整体的概念是自由地一致同意的时候，他们就会因此变成同一：他们变成了"唯一的这一个；一个单一的主体"。在形成该整体的过程中，他们彼此视为同等，这既是因为整体的概念必须要由全部个体自由地达成一致同意，也是因为从自我同一的整体的视角出发，整体从某一个体那里获得的东西等同于他从其他个体那里获得的东西。在该整体内部，对他们共同实现的东西，没有人可以主张较其他人更多的信誉，也没有人可以主张较其他人更高的地位。每个人都可能是自由的；唯一的依附性在于每个人对整体的依附。这种依附完全是相互的，并且完全同等，"同等的结果必须产生自对同等禀赋的同等培养，并因此，我们就获得了一个相同结果……一切社会的最终目的乃是它的所有成员的完全同等"（VBG 6:314—315）。

社会作为目的自身

同等意味着所有人都是同等的社会成员，并且他们视彼此为同等。但这并不意味着在此对任何东西都应该给予每个人以同等份额。分配正义在任何情形下都是法权的事务，而非伦理的事务。在第八章中，我们将会更为详细地考察这个问题。

现在我们可以这样说：费希特认为每个人都有权劳动，有权从劳动中获得生计，而在人格上不依附于他人。理性国家可以提供这种自由，将其视为一桩法权事务。我们所有人都依附于整体，但没有人有主人。慈善不应着眼于发放救济，而应主要为那些受益者取得"一个固定的阶层"（eines festen Stand）（SL 4:286）。那些不能从自身的劳动中养活自己的人有权从国家那里获得生活必需品；相反，任何人都没有权利获得他人的帮扶，除非他劳动，或者他无法劳动。对于任何劳动来说，恰当的报酬是继续进行这一职业所需的，而对于不同阶层来说这也许是不同的（NR 3:213—215，参见 GH 3:402）。国家同样不得对个体的"绝对财产权"提出主张，即对他们在缴纳税收之后拥有的物品提要求（NR 3:240）。在人们各自拥有的东西之间可能存在重大差别。但任何人都不应该只拥有如此少量的东西，以至于他们要在人格上依附他者；并且任何人也不得拥有如此之多的东西，以至于可以使他人臣服于自己的意志。人类必然要相互依赖。只要有可能，这种依赖就必须是相互的。它不应该包含一个人对于他人的生活条件的所有权：

> 一切人类活动的目的就是为了能够生活；也仅仅是在有这种可能性的基础上，一切由自然安置于生活之中的人享有同样的权利主张。因此，首先要进行划分，如此所有人才能活下去。生活，再生活！……（财富的）划分必须要根据他们权利的这种平等来进行，如果在此有许多人是彼此相邻地生活的话，就要以一种所有人和每个人都可以过上尽可能同样舒适的生活方式来进行；所有人都能尽可能地过上平等舒适的生活。我在这里说的是

"能够"，而非"必须"。如果他想要过得更舒适的话，他必须靠自己，决不依靠其他人。

(GH 3:402)

费希特同意卢梭的看法，卢梭认为，"关于平等这个词，不能将其理解为是指权力和财富的程度要绝对相同，而是……比如，就财富方面而言，任何人都不得如此富裕，以致可以去购买另一个人，没有人如此贫穷，以致必须出卖自身"[卢梭，1997，《社会契约论》，II，11（1—2）]。

费希特认识到，人类这个物种离社会完善仍然遥远。在追求社会完善的努力的中心，乃是一种自由沟通的行动：

> 因此，在社会之内，人们的使命乃是统一，一种内在力量方面不断增强、外在边界方面不断扩大的统一。但是，既然人们彼此一致同意或者能够一致同意的唯一的东西是他们的最终使命，这种统一就只能通过对完善的追求才成为可能……即通过自由地利用他人对我们的影响来完善自身，并转过来影响作为自由存在者的他们，使他人获得完善。

(VBG 6:310)

引导这个过程乃是学者（或有学识的人）的使命："有学识的阶层的真正使命是对普遍的人类的现实进程以及这一过程的不断促进行使最高监督权。"（VBG 6:328）这一使命并不是特权，也非他们享有优越性的来源。这是与应该促进的东西的独特理念相冲突的。但它却是学者的独特责任："因此，最大限度地在自身之内培养一种社会性的感受力和沟通的艺术就是他的独特义务。"(VBG 6:329)费希特说，一个通过自由沟通将彼此联系起来的由理性存在者构成的社会，并不只是实现参与其间的成员们的目的的手段，而是它自身的目的（ist selbst Zweck）(VBG 6:307)。它自身就是善的，或者它出于自身的利益就是善的，而不是因为我们关注它，或者甚至是因为我们应该关注它。这接近于我们可能拥有一种理性的独立性或自我充足性的观点，即人类的终极目的。

第四节 理性的终极目的

"来世"

费希特通过对"就个体而言人类完全的终极目的"给出一个总结，结束了《伦理学体系》一书第十八节（SL 4:252）。

> 所有个体在社会中的有效用的行动都具有如下目标：所有人都被认为应该要达成一致……这应该成为我们一切思维和行动的目标，甚至是我们的个体培养的目标：我们的终极目的不是我们自身，而是每一个人。
>
> （SL 4:253）

在此，重要的是理解所谓的"每一个人"必须指代的意思。在第六章第九节中，我们看到，有关人类的目的是一致的这个预设意味着，我的行动同过去世代的行动，以及未来世代的行动构成了一个共同的体系。因此，"每一个人"就不仅意味着人类的过去世代的每一个人，也意味着人类未来世代的每一个人：

> 不管你是谁，因为你长着一张人类的脸，你就仍然是这个伟大共同体的成员。不管在这个转变中包含了多少数不清的处在中间的成员，我仍然对你有一种影响，而你也对我有一种影响……我们共享了共同的召唤。
>
> （VGB 6:31；参见《论人类的尊严》，SW 1:416）

这就是舍夫勒（2013）所谓的"来世生活"。他说的是，正是这一点赋予了生活以意义，而不是指这个词传统以来的含义。费希特同意：

> 我的存在不是徒劳，也不是没有任何意图。我是那个巨大链条中必然的一环，这个巨链从人类首次充分意识到他自身存在的时刻开始，一直延伸到永恒……在（过去的世代）必须停下来的地方，我可以进一步地建设，我可以使他们不得不留下的未建成的那座高贵庙宇进一步地接近于完成。
>
> （VBG 6:322）

再一次地，如同人类的共同体自身，生命的意义对于我来说就不只是一种以自我利益为中心的善；我之所以关注它，也不只是因为我有道德义务这样做。如果它同样是这些事情之一的话，也不过是因为它单纯是善自身，为了善而善，或者是一种绝对的善。[6] 作为某种自身是善的东西的对理性社会的追求是人类的使命。

---

6 在舍弗勒（2013，第53—58页）的书中，关于这一点有较好的讨论。

赋予生命以意义的人类历史的连续性是费希特在 1805 年的《现时代的根本特点》中的论题。在那里，他认为，人类从清白无辜的状态中产生，进入到权威的状态，现在已经在进入无法无天的自由状态，只有将自身的生命投入到对真理的追求和为寻找更好的共同生活方式的目标而努力时，我们的生命才有意义。

有人可能会说，如果对于费希特来说，我们的生命只有通过投身于人类的"来世"才有意义，那就必须最终包含一种结果主义。从微不足道的意义上讲，所有行动的确都是"结果主义的"，因为要行动，就要设定一个在未来能实现的目的。费希特不否认这一点，但重要的是看到，结果主义的伦理学理论远远超出了这里所说的微不足道的意义。费希特的伦理学并不包含在对行动的结果，尤其是它们的长远结果的计算基础上做出的行动选择。对于他来说，我们不需要通过计算哪些行动可以获得确定的善或使之最大化而决定要去做什么。我们的直接目的不过是应该去做的行动的目的，而关于更遥远的目的——绝对的自我充足性、来世——它们的内容是我们仍然要去寻求的。我们应该去做的是去做我们应该做的，这些行动是它们自身的目的，也拥有其他目的。我们希望自己的行动能有助于一个更好的人类未来，但它的内容对结果主义的计算来说仍然太过模糊，因为我们应该去做的事情中的一部分，就是同他人一起去无止境地寻求那个内容。

被认为实现了的不可实现之物

费希特问道："如果这个不可实现的目标被认为已经实现了，又会发生怎样的事情呢？"在通往不可实现的目标的道路上，他认为：

> 有学识和没有学识的公众之间的区别消逝了，正如国家和教会

的区别消逝了一样。每个人都有相同的确信,任何单一个体的确信乃是每一个人的确信。作为立法权和强制权的国家也消逝了……每个人根据这一共同的意志而运用他个人的力量,尽他的最大所能去恰当地(合乎目的地)改变自然,以便供给理性使用。因此,每一个个体所做的任何事可能会对所有人有用,并且所有人做的事也会对每个人有用……这就是目前的状况,但只是在理念中。在每个人所做的一切事情中,他都应该想到所有人。这就是为何个体不被允许去做特定事情的准确原因:因为他不知道这是所有人都意愿的。这样一来,所有人就可以被允许去做他意愿的事,因为所有意志将会意愿相同的事。

(SL 4:253)

在这段话中,费希特做了两件十分不同但彼此有关联的事。首先,他试图描述,如果所有人都对他们的目的在理性方面达成一致,这将是一种怎样的情形。他说,事情已经在"理念"中处于此种状态,即成为此时此地的我们的目标或规范。其次,从这最后一个主张中,他提出了有关在当前的(非理想性)处境中应该做什么的某些结论。

有人可能会认为,刚刚援引的这段话中的第三句话——及其提到的"恰当地改变自然,以便提供给理性使用"——可以为科什的如下看法提供支持,即对于费希特来说,"理性的自我充足性"等同于人类对自然的完全控制。这种看法是错误的。这段话谈的不是我们眼下应当如何行为,而是如果人们的目的在实际上可以达成一致,他们会如何行为。每个人都会尽自己的最大努力恰当地(或合乎目的的)改变自然,以便供理性使用。但如果将这一点解释为,我们可能会出于计算的理由选择自身行动,如此,就可将对自然的控制最大化,那就是毫无道理的。推论说我们眼下就应该这样做，就更没有道理。在这段话中强调的不是人类应如何对待自然，而是强调他们可能会如何对待彼此：个体所做的事情可能对所有人是有用的，所有人做的也可能对每个人有用。这并不是结果主义的最大化原则，而是社会相互性的原则。它不过是对费希特有关学者道德的讲演中的社会理想的重复。他说："这是一个联合体，在其中，如果一个人不同时为他者工作，就不能做到为自身工作，或者，如果不同时为自身工作，就不能为他者工作。"（VBG 6:321）

进言之，费希特在这里为我们所推出的一个结论乃是彻底义务论的：实际上，是一项道德禁令。他说，我们之所以被禁止做特定的行动，是因为我们不知道这些行动也是所有人意愿的，这就是它在早前援引的（康德式）否定性的和启发性的原则——如果我不能意愿所有其他人在同样情形下都做同样行动的话，我必须不这样行动。这是因为我在眼下不能认为，一切他者，如果他们在目的方面达成一致，可能会同意我以这种方式行动（SL 4:234）。唯有当人们之间达成实际上的同意，才不会出现禁令，因为如果他们实际上同意的话，所有人都会意愿同样的事（SL 4:253）。计算-结果主义者的推理在眼下还不能决定将要去做什么，因为这种推理可能需要预设我们已经知道了所有人一致同意的目的。但很明显，这是我们眼下还不知道的。我们顶多可以尝试以一种能促进这些目的的方式行动，而不论这些目的最终被发现是什么。眼下可以看到的是，这是费希特如下主张的基础，即使我们成为理性或道德法则的积极工具是我们的义务。

何种同意？

对于费希特来说，我们最高的伦理义务乃是参与到自由的和包容全体的理性沟通中，以实现在目的和实践原则方面的完全一致同意。所有人可以达成一致的东西就构成了伦理真理。在这里，我们看到了皮尔士（Peirce）的如下著名观点，即真理是一切理性探究者必将同意的东西——并且我们也看到了，这一点也在后来的实用主义者笔下和在哈贝马斯和阿佩尔的商谈伦理学笔下得到了进一步的发展。费希特承认完全的一致同意在实践中是不可能的，但他将朝向这种一致性的融合视为唯一能令人接受的目标。

但是，这个目标如何得到理解？多大程度的一致，以及在哪些方面达成了一致？如果这个目标被视为在所有原则方面达成完全的一致，并且完全地分享所有的目的，这就不仅看起来不可能，而且甚至向这个目标的聚拢看起来也并不值得被追求。即便在科学中，也似乎没有各种理论向着一个统一体的汇聚，而是研究的计划和专门性领域的不断增加的多元性（参见 Suppes，1978；Cartwright，1999）。同样地，在哲学中，我们知道，沟通常常采取了论证、反论证、无休止地争论的方式，并没有完全一致的同意的前景。当哲学家们发现他们处在一致中时，这通常只意味着进一步的哲学交谈变得毫无意义。这里永远存在着人类生活方式、伦理体系的多元性，那些基于彼此接受的条件共同生活在一起或合作的人们面临的问题，也永远存在多元性的各种可能的解决方案。即便我们可以看到"世界文化"出现的一丝曙光，也并不清楚是否甚至应当想要、更不用说希望一种朝向人类价值体系和生活方式的完全统一的日益趋同。

问题真正来说是这样的：哪种类型的一致同意被认为是（不可实现的）目标，其可以最好地解决出现在第六章第八节中的那个二律背反。在每个理性存在者的实质上自由的行动同其他理性存在者的实质上是自由的行动的和谐一致是必要的程度上，如果我们想要共同分享我们的目的和原则,需要何种类型的一致同意?正如我们将在本章第九节中马上可以看到的,费希特认为理性社会将包含多元的阶层——在生命活动中,或是在生活方式中,抑或是相互依赖的社会角色中,都存在多元性。它们也可以被视为包含着多元的生活计划,包含着人类的生活状况中寻求意义的不同方式。目的、性格、寻求有意义的生活方式的多样性并不必然阻碍这种和谐一致。它们甚至对于这种和谐来说是必要的。费希特本人甚至说过这样的话(VBG 6:314—318,参见 SL 4:343)。

在有关伦理价值、伦理原则和伦理目的的理性商谈中,我们需要的不是完全一致或甚至是完全地走向一种融合。无疑,人们共享某些目的是值得追求的——比如,保障所有人的权利和尊严,逐步实现有关世界的可靠信息的获取与传播,保护后代人所依赖的自然环境。但是,我们并不要求所有人直接地分享我们所追求的全部目的,或者共同分享我们生活的原则,而是我们提供给彼此以追求他们的自由和资源,并且根据所有人能够合理地接受的条款生活在一起。使我们的生活方式彼此协调一致的问题一定不能靠战争、暴力,或者依靠非理性的操纵来解决,或者是基于统治与服从的条件来解决。这就是我们的理性商谈应该寻找的那种汇聚,而不是所有伦理原则、价值评判和价值目的之间的完全一致。伦理真理就在于对人类沟通的一般性条件的一致同意,这些条件是人们彼此接受的,并且允许每个个体以一种可接受的方式来生活。我们可以继续在哪些目的和行动在实际上是善的问题上存在分歧,这没有任何矛盾。理性的商谈也可能会涉及这个问题,但它要求的只是将分歧交给未来的商谈。我们预设了正确的答案,但我们的讨论没有必要达成最后的解决方案。

第五节　目的自身抑或道德法则的工具？

认为我们并不知道理性存在者将会理性地同意哪些目的，这就为费希特有关我们的义务的那些主要的正面结论奠定了基础：认为我们的义务是奠基于要将我们转变成为道德法则的工具的义务的基础之上。当我们同他人沟通以规定理性的目的的时候，也就同时使自身成为了理性存在者的共同体一致同意的那些目的的恰当手段。费希特有关这个命题的主张反复出现在他的笔下，并且得到了强调（SL 4:215，231，236，255，259，270，280，311）。正是这种针对我们自身的态度，甚至是针对他者的态度，而不是我们对于行动进行选择的那种工具主义-结果主义的观念，有时也赋予费希特的伦理学以一种目的论的或手段-目的的气息。

一项积极的工具

"工具"一词意味着消极性。"工具"供某人使用——即便这个工具是一个人，也可以为另一个人使用——去做某事。但在这里，费希特对这个词的使用完全排斥了这种含义。使我们成为理性或法则的"积极工具"的正是我们自己（SL 4:270）。这里的问题不是说其他人使我成为不是由我选择的目的的工具。费希特的整个法权理论涉及的是那些权利受到保护的人的共同体的可能性，强制在此之所以被许可，只是为了保障自由。即便是在后来，当费希特的讲演指派给国家一个更大角色的时候，他仍然警告，他的时代有一种"使公民成为国家的单纯工具"的倾向，逐渐地使个体的资源成为"祖国祭坛上的供奉"（GGZ 7:208—212）。费希特的伦理学认为，我应该选择将自身视为道德法则的工具，这并非是说，他人可以替我做出这一选择。

与康德的一个最明显的比较看起来直接存在于费希特的如下主张中，即我们是唯一的工具或载体："我对于我自身来说——即在我自身的意识面前——是道德法则的唯一手段、单纯的工具，而绝不是它的目的"（SL 4:255）；"我仅仅是（道德法则）的工具，而非它的目的"（SL 4:255）；"没有人对自身是目的"（SL 4:256）。这些主张看起来——直接地甚至是公然地——同康德的人性公式冲突："要这样行动，你使用人性，不管是你自身人格中的人性，还是他人的人格中的人性，总是同时作为目的，而决不只是作为手段。"（G 4:429）它甚至直接同费希特自身强调的主张，尤其是在《关于学者使命的若干讲演》中的那些主张相冲突，在那里他不仅竭力否认任何人可以作为手段而被对待（VBG 6:309），而且主张每个人是"自身的目的"（VBG 6:295）。然而，费希特没有看到冲突的存在，他强调指出："当我的命题得到进一步阐明时，康德的命题（"每个人是目的自身"）与我的命题是一致的。"（SL 4:255）

对于我自身来说……不是一项目的

这里通常有一个限定，即唯有"对于我自身来说……和在我自身的意识面前……"，我不是一项目的。"在我自身之内和在我自身的意识面前，道德法则并不将自身提供给我之外的其他个体，而是只以他们作为对象。在我自身的意识面前，这些他者并不是手段，而是终极目的。"（SL 4:255）"着眼于目标的人看不到他自身，因为目标存在于他之外……主体丧失了自身，消逝在……他凭直觉知道的终极目的之中。"（SL 4:255）

"对于我自身来说"这个限定说的是，当我从事一项行动时，我关注它的目的或者目标，并且我的注意力不在我自身。当这个目标是道德性的时候，也就是致力于他者的善，或者致力于被认为是所有人共享的善的时候，这一点就显得尤其正确。至少费希特想要表达的一部分内容是，我不应该在意正当的行动是否有利于我们，抑或是否反映出了我们身上的某种好东西。如果我在意，我的态度便在道德上是成问题的。这可能是与将我自身或者我的善作为它的要素之一的行动的目的十分一致的。因为，当然地，如果理性的目的乃是所有人的目的，我的目的也就包含在它们之中。因此，它就不涉及我的行动的客观效果，而只涉及我的态度或立场，在这个问题上，费希特强调，"个体的全部个体性的消逝或取消"，这样"每个人才能成为道德法则的纯粹在场，并因此——就这个词的严格意义而言——成为一个纯粹自我"（SL 4:256）。

然而，对于它来说，除了我对自身的态度，在此必定还有更多内容。费希特反复强调，对于我来说，他人也只是"道德法则的工具"："每个人都应该将其他人视为道德法则的工具"（SL 4:312；参见 4:277，279，280，281，283，302，303，304，311，336）。即便当"他人不是手段，而是终极目的"时，他们也要被视为"道德法则的工具"。但要牢记的是，将他们视为道德法则的工具，就是将他们视为他们自身颁布的法则的工具。将他们视为"理性的工具"，就是将他们视为他们自身理性的工具。费希特从我将他人视为理性的工具中推出来的第一个结论是，我必须"维护所有个体的自由"（SL 4:256）。进而他认为，将个体自身视为理性的工具并非对个体的贬低，而相反，"这没有降低人性的尊严；对于人性的尊严反而是一种提升，（因为）每个人对于他自身来讲和在他自身的自我意识面前，都承担了一项要实现理性的总体目的的任务"（SL 4:256）。然而，对于费希特来说，这就总是意味着去做你的处境指定你去做的事，而不是以一种行为-结果主义者的方式使你自身对最大化某个整体承担责任。

将某人视为目的而对待

费希特认为，他的立场是同康德的如下命题一致的，即所有人都是目的自身，并且甚至与我应当将自身视为目的这个命题相一致："有人可能会反对每个人应当明确地对他自身成为一项目的，我们也承认这一点。每个人都是目的，意思是，每个人都是实现理性的手段。"（SL 4:256）费希特甚至认为，你将某个人视为一项目的，仅仅因为你将这个人视为实现理性的手段，或者将其视为道德法则的工具。这是费希特式的悖论之一，其目标是我们应该反思和理解的。

为了获得这一理解，最好要把握两点：第一，将一个人视为目的意味着什么；第二，当费希特说一个人是道德法则的工具时，他想要说什么。第一个问题是关于康德式伦理学的著名困惑。批评康德的人常常抱怨，康德有关人格是目的自身的观念太过含糊，以致不能产生任何明确的结论。它必须被还原为一系列有关人格将如何得到对待的禁令。对这个异议的审慎的康德式回应应该是，这种还原论进路遗漏了某些关键内容。个体作为目的自身的价值或尊严被认为为这些禁令提供了根据或理由。不管将一个人作为目的对待要求的是怎样的行动或不行动，它们都源自对这一价值的赞赏，并且在行动中表达这一赞赏。看重一个人的价值，可能意味着要看重他们的生存和持续生存这个事实，但确切来讲，并不等同于此。拥有在此所谓的价值的是人格自身（他或她），而不是将人格包含在内的某种事态。康德式伦理学包含着将事态从结果主义理论中作为价值的根本对象的宝座上拉下来，在这个方面，费希特也是一个康德主义者。

对于康德和费希特来说，特定的有价值的实体就存在于作为理性本性的典型体现的人格之中——即作为一个自由的和理性行动者的人格之中。要求将某人作为目的来对待的行动因此主要有两种：第一，不干涉他的自由行动；第二，重视他通过自由行动设定的目的，因为它会赋予我们理由去帮助那人促进那些目的。与看重一个人的自由和理性同样根本的（也许是不可分割的），是进入到同他的一种特定的关系中。在康德和在费希特笔下，对于这种关系的名称都是"承认"（Anerkennung）。康德和费希特是独立地使用这个词的，一方不受另一方的影响，并且他们运用它的情况也不同。对于费希特来说，这个词主要适用于法权，而在康德笔下，则适用于有关尊重的伦理义务。在康德的伦理学中，我们必须重视个体自由，关切他们是否能够或者实实在在地同意我们对待他们的方式，抑或关注他们是否可以分享我们采取的影响他们行动的目的（G 4:429）。如果适当的态度想要对我们产生影响，我们就必须使他们的目的成为我们的目的（G 4:430）。对一个人的尊严的承认排除了以一种展示出藐视而非尊重的方式针对他采取的行动。康德援引了三种这样的方式：傲慢、诽谤和嘲讽（MS 6:462—468）。

当我们考察如下行动，即在费希特看来是从将他人——我们自身和他人——作为道德法则的工具的过程中产生出来的行动时，我们看到它是与康德有关将人格作为目的自身而对待所要求的行动紧密对应的。我们将会重视每个人的生命，重视他们与身体有关的福利（SL 4:261—265，277—282）。我们必须尊重每个人的形式自由，这就意味着我们要避免欺骗，也同样要尊重他们的财产，包括他们的谋生手段，这将使他们独立于他者的强制，自由地生活与行动（SL 4:282—299）。也许，最重要的是，我们必须不使一个人——不管是我们自身,还是他人——如此放松他们有关自身价值的感觉,以至于他们对实现有价值的目标或自身的道德改良感到绝望,或放弃希望(SL 4:266,318—319,352)。如果一个人的荣耀或名声,包括我们自身的荣耀与名声遭到了攻击,我们就必须捍卫它(SL 4:312—313)。这些结论都得到了费希特的捍卫,它基于如下原则,即每个人都同等地是道德法则的工具,也必须因此受到对待。在他为这些结论做的论证中,最重要的是认为人格不是单纯的物,而只是作为一项积极的原则的道德的工具(SL 4:270)。

但这仍然无法(至少对于我们这些康德主义者来说)令人满意。因为尽管他想要指出,康德可能从人格中的理性本性是目的自身这一主张中得出了相同结论,但他看起来是从直接相反的前提中得出它们的。这个相反的前提是,人格只是手段或工具(尽管它们是自由的和积极的)。我们可能会怀疑费希特的结论是从他的前提中得出来的。即便它们可以从这个前提中推出来,但我们可能会认为他是出于错误的理由接受了那些结论。

理性存在者共同体中的成员资格

为了消除这些担忧,我们需要提出第二个困惑,即费希特通过人格乃是道德法则的工具这一主张究竟想表达什么?但我们在此之前已经有了答案。道德法则指引我们走向道德使命,追求我们的终极目标,命令我们在针对它们的这一服务中成为工具。那个终极目的,即"理性的自我充足性",就我们能够形成一个有关它的明确观念而言,最终被证明是一种特定的人类社会。它是这样一个社会,在其中,"任何一个人所做的所有事可能对于所有人是有用的,所有人所做的事情也对每一个个体有用"(SL 4:253)。或者在这里,"一个人如果不同时为所有人工作，他就不可能为自己工作，如果他不为自身而工作，就不能为他者而工作"（VBG 6:321）。成为道德法则的工具与在这样的社会中拥有积极的成员资格并无差别——就这个社会已经存在而言——并且只要它还不存在，就要努力地使它产生出来。在这个社会中，人与人之间的关系可能是一种相互尊重的关系，是一种相互协作的关系，并且是一种集体性的努力，它们的目标是实现一切人类目的的理性一致性，实现一个由此而产生出来的共享的目的构成的体系。对这样的一个社会，康德的名称可能是"目的王国"。对于康德来说，它"只是一个理想"（G 4:433—436），但在费希特看来，它是一种现实的社会秩序，是一种已经部分存在的秩序，是一种将要产生出来的秩序。成为道德法则的工具与成为这个理性社会的成员无异，如果你同样想要将它实现的话。

这就是费希特向我们呈现事情的方式。他通过区分经验性的自我或个体性的自我（这是一个服从于道德法则的人格）同纯粹自我（这可以被视为"外在于我的理性"），从而引入了这个论题；并且他将后者等同于"理性存在者的整个共同体"，或者（用费希特的基督教措辞来说）等同于"贤人的团体"（SL 4:254—255）。[7] 这个共同体的每一个成员都着眼于共同体自身作为终极目的，它包含自由、相互承认和每个成员之间的同等福利：

> 对于外在于我的每一个理性存在者来说，道德法则将自身提交给他们的方式和将自身提交给我们的方式是一样的，即作为

---

[7] 这段话摘自《使徒信经》。《信经》的末尾写道："我信……圣徒相通，我信罪得赦免，我信身体复活，我信永生，阿门。"圣徒相通通常被理解为神圣天主教会，也就是地上的虔信者和天上的得福者的联合体，他们构成了一个单一以基督作为领袖的属灵共同体。

道德法则的工具,我是理性存在者共同体的成员之一。因此,从他的角度看,我对于他是目的,正如从我的角度看,他对于我也是目的。对于每一个人来说,所有在他之外的人都是目的,但没有哪个人对于他自身是目的。将一切个人毫无例外地视为终极目的的视角超越于一切个体意识,它是一种从那里出发一切理性存在者的意识可以统一为一个意识、作为一个对象的视角。严格来讲,这就是上帝的视角,从此视角观之,每个理性存在者都是绝对的终极目的。

(SL 4:255—256)

费希特指出:"任何人都是目的,意思是说,任何人是实现理性的手段。这是每一个人格存在的最终目的。"(SL 4:256) 潜在的前提是:一个人(不管是男是女),只要其存有的最终目的被视为一项目的,他自身(或她自身)就被视为目的。"主体丧失了自身,消逝在……它的被直观的终极目的之中。"(SL 4:255) 既然我的存在的最终目的是道德法则的工具,那么当我将自己或他人视为道德法则的工具时,我也就将自我自身和他人视为目的。当我认为某个人乃是在这个世界上实现理性的手段时,我也就将其视为目的:

> 任何人,对于他本身而言,并且在他的意识面前,都有一项实现理性的总体目标的任务;理性存在者的整个共同体依赖于每个人的关切和效用性的行动,而唯有这个人不依赖于其他东西。就每个人被允许这样去做而言,每个人都成了上帝。……每个人维护着一切个体的自由,(并且)为共同体而行动,借此,个体也就完全地忘掉了自己。

(SL 4:256)

第六节 我自身的幸福

看起来仍然还有某些重要的事情被遗漏了。如果我真正地在康德的意义上将自身视为目的，难道我不需要至少在将我自身的幸福和福利——无论如何，至少是我自己配享的幸福——包含在我的目的之内的意义上来思考自身？

然而，即便对于康德来说，这一点也并不十分清晰。康德否认存在一种促进个体自身幸福的直接义务。就不幸福可能会诱使我去违背自然法则而言，也许也存在一种促进我自身幸福的间接义务（G 4:399，KpV 5:93，MS 6:388）。这似乎是费希特也可能赞成的关注个体自身幸福的方式，就这种关注对维护一个人作为道德法则的工具是必要的而言。道德，甚至你必须将自身视为目的的原则，并不要求你去追求自身的幸福。在这个问题上，康德与费希特完全一致。

然而，康德同样认为，我可以被允许出于自身的幸福本身去追求它，只要这种追求不干涉我的义务（KpV 5:93，TP 8:281，MS 6:388）。这一主张之所以是可能的，只是因为康德不认为——正如他所说——我们的整条道路上"布满了义务，就如同处处是陷阱"（MS 6:409）。我们的某些行为并不是严格地为义务所要求的。我们已经看到，在这个问题上费希特是持异议的，并且在前面我们也尝试去表明他的立场并不对我们的自由、对我们的个人计划或我们的完整性构成威胁。的确，这是捍卫它们的正确方式。

然而，康德有另一种论证，这个论证可能会给费希特带来更多麻烦，"牺牲个体的幸福和个体自身的需要去增进他人幸福的准则，如果做成一项普遍的法则，将会与自身构成冲突"（MS 6:393）。据此，如果每个人都为他人的幸福牺牲自身的幸福，就没有人会感到快乐。

为了看清费希特可能会如何回应这一项论证,我们需要进一步考察他关于我们的个体幸福存在于何处以及它如何能够获得的观点。在此,费希特在《关于学者使命的若干讲演》中持有的立场和他在《伦理学体系》的立场之间似乎有冲突。在早期文本中,费希特显然不同意康德有关最高善的观点,也不同意他有关德性与幸福的关系的观点。

> 这种最高的善决不会包含两个部分,而是完全是一个整体;最高的善乃是理性存在者同自身的完全协调一致……幸福自身的概念和对幸福的欲求首先是从人类的道德本性中产生出来的。不是那些使我们幸福的东西是善的,而毋宁说,只有善的东西才能使我们幸福。离开了道德,一切幸福都成为不可能。当然,没有道德,甚至是与道德相对立,愉快的情感也还是可能的……但是,这种愉快的情感并不是幸福,它们常常与幸福相对立。

(VBG 6:299)

在此,费希特采纳的有关幸福的观点类似于康德在斯多葛学派中发现的幸福观:幸福即美德(KpV 5:126—127)。也许费希特的观点更接近亚里士多德的观点,也更为接近当代某种美德伦理学的幸福论形式(eudaimonistic forms),即认为,幸福,或者至少它的主要要素和它的必然的状态,就在于有德性的行动。[8] 当然,这就十分不同

---

8 关于这一观点的一个有说服力的辩护,参见 Annas(1993)。但在本章第九节,我们会看到,费希特认为生命的意义在于我们想要创造和生产的东西,而不只是在于我们的行动——用亚里士多德的术语来说,是存在于我们的生产(ποίησις)中,而不只是在我们的行动(πρᾶξις)中。

于康德的幸福论，因为在康德那里，幸福并不存在于我们的行为之中，或者存在于人格的价值之中。相反它存在于我们的状态或处境（Zustand）的令人满意的属性中。这是根据我们的希望和我们的偏好的满足来衡量的（G 4:415—416，KpV 5:25—26）。但是，康德的观点看起来非常接近于费希特后来在《伦理学体系》中被称为"幸福的准则"或"自我利益"的准则的观点，它"仅仅着眼于享受，以愉悦作为动机"（SL 4:180，183）。因此，看起来在1794年到1798年，费希特改变了他对幸福属性的看法，他似乎变得越来越像是一个康德主义者，而非斯多葛主义者。

追求幸福与获得快乐

然而，理解费希特立场的关键在于要看到在这里根本不存在所谓看法的改变。只有当我们理解了原因，才能看清楚为何费希特会认为，除了义务——除了那种要求成为道德法则的工具的自我关切——我们无需任何（康德式的）对追求幸福的许可。《关于学者使命的若干讲演》告诉我们幸福究竟是什么，它是一种富有德性的行动："唯有善的东西才能使我们幸福"。但是，"幸福的准则"规定了什么是追求自身的幸福，或什么是追求自我利益，并且仅仅是出于自身的幸福或自我利益自身，而不是当它们被包含在你要成为道德法则的工具这一义务之中时。在此，关键性的洞见在于，自私——即为了你自身的幸福而去追求它——并非获得快乐的方式。相反，获得幸福的方式是忘掉自身，成为道德共同体中的一个能发挥良好功能的成员，成为道德法则的工具。自私的人——即那些直接地使自身幸福成为目的的人，尤其是对于他们来说，自身的幸福是首要的，甚至是唯一目的的人来说——通常是不幸福的，这并非一个新的观察结论，最幸福的人是并不关切自我利益的人，而是使自身追求其他更值得追求的目标——例如他人的幸福——的人。[9]

在道德共同体内部，人们主要关切的是他人的福利，并且只有在能使自身对于在道德共同体中充当一个积极的成员并且促进理性的目的是必要的时，才关切自身幸福。此外，在道德共同体中——就这个共同体已然存在的意义上讲——甚至当它较之当前状态得到更多的完善的时候——我的幸福就更多地是从他人如何对待我的过程中产生的，而不是出于我的那些以自我为中心的行动，这就好比说，他们的幸福更多是出于他人对待他的方式，而不是出于他们的自私。简言之，唯一幸福的人是关注自身之外的人和事的人。这看起来就如同一句令人难以置信的软话，甚至令人感到乏味。但考虑到大多数人的生活方式，它也的确是一句令人难以置信的硬话，因为它解释了为何在我们这个世界中有如此多的人陷入到了一种注定要自我谴责的不幸状态。关于这一思想的另一个表述是从布莱希特的"人类追求的不充分性之歌"中所援引的诗句：

是的，追逐幸福
但莫要追得太紧！
人人都在求幸福
幸福却在身后赶。

---

[9] 在道德哲学家中，有关这一洞见的两个著名例子可能不会与康德或费希特产生联系，参见 Butler(1726)，尤其是《布道》(*Sermon*)，XIII；Mill(2001)，特别是第二章和第三章。密尔说得好："(在我看来)只有那些一门心思扑在不同于自身幸福的目的上面，也就是扑在他人的幸福、人类的改良上面的人才是幸福的……因此他们着眼于某种其他东西，在这条路上，他们会发现自身的幸福……问一问你自身是否是幸福的，你将不会这样做。"(Mill, 1957，第92页)

费希特有关这一思想的说法可能是这样：那些采纳了幸福准则的人并不快乐，而那些快乐的人并不采纳幸福的准则。某些并未采纳幸福准则的人之所以不快乐，也许是因为他人——那些采纳这一幸福准则的人——使他感到不快，同时也使这些人自身感到不快。但使你自身有机会感到幸福的唯一方式是使你自身成为道德法则的有效工具——成为人类的道德共同体的一个积极有为的成员。世界应该要成为一个更好的地方，要使这一点成为你的首要关注。使你投身于（舍夫勒的意义上的）来世。如果你一定要对幸福感到忧心，那么就请主要忧心于他者的幸福，只有在使你履行自身义务成为必要的程度上，才忧心你自身的幸福。如果一切进展顺利，你在幸福背后追得不太紧的话，幸福就可能会恰好追上你。

然而，这一点仍然有可能受到误解。这里说的不是我应该间接地追求幸福，也就是通过追求其他的东西，通过操纵自身而获得快乐。[234]这就是某些治疗专家们所指的"思维压制"——这门技术有时也为患上了"侵入性思维"的人所使用，这种"侵入性思维"乃是沉迷性-强迫性的心理失调的典型症状（参见 Wegner，1989）。根据这一自我操控的技术，即通过使你去想其他东西，你就会成功地不去想那头白熊，或洗手，或对你的老板大喊大叫。关于幸福这个问题，关键不是为了使你快乐，你需要使用这技术。因为使用思维压制，你的真正目的是不去想那头白熊；这不是说，作为替代你想的其他东西（不管它是什么）就其自身而言，要比这头白熊更值得你去想。但在此，整个问题的要点在于，存在某种较你自身的幸福更重要的东西——比如你的义务、他人的幸福、人性的改良、理性的目的、人类的未来、来世生活。之所以如此，是因为正确地评价——关注于其他东西，而不是你在自身幸福方面关注的东西——对于如果你想要快乐来说乃是必要的。

从我自身幸福的视角来看，这甚至会使如下情况成为一种运气，即的确有某种东西，较之密尔所谓的"你自身的悲惨的个体性"（Mill，2001，第47页），即你的个体幸福来说，重要得多。真正要紧的是理性的目的——他人的善，对真理的追求，最终是未来世代的命运——也就是来世。没有它个体的生活就没有价值和意义。你的幸福将会自然地成为你通过追求理性的目的而获得的东西的一部分，而那些目的才是真正紧要的。进而，除非有足够的人追求理性的目的，否则就没有机会使所有人获得快乐。

因此，费希特所说的，对于我自身而言，我只是理性的工具，就是一种误导。这最终会被证明是我获得快乐的最佳方式，但这是因为，使我获得快乐的最佳方式乃是意识到我的幸福关涉的东西仅仅是更大的理性善的一部分，即理性的终极目的、未来人性的善和来世。在我看来，在此，费希特再度受到了斯宾诺莎的影响，后者认为，从你自身的自我利益视角来看，对于你来说最好的东西就是，你应该不再从你的自我利益的角度出发来看这个问题。相反，应该尽可能地用充足的理念认识事物，即从上帝的角度出发来认识事物（1992，IIP 38—40，VP 14—17）。[10] 正如我们已经看到的，费希特也以类似的方式表达了这一点："每个人都成为上帝，就他被允许这样做来说……每个人都为共同体维护所有个体的自由，借此他就完全地忘记了自身"。（SL 4:256）

当剩下的只有自私时

正如费希特构想的，在"理性社会"中，每个人都依附于共同

---

10 对于提出这一学说的斯宾诺莎的解释，参见鲁特尔福德（Rutherford, 2008）。

体,并且只有在这一条件基础上才能独立地生活。每个人都有一个"固定的阶层",在这个阶层之内劳作与获得闲暇,拥有隐私和服务他人。但在美国社会,我们被教导说最美好的生活是"美国梦":在生活中取得成功,财富、名望和权力是成功的标准。我们被告知,我们必须关心自己,不依赖他人,尤其是不依赖国家。但在事实上,正如费希特看到的,真实的东西恰好与这相反:以正确的方式关照自己与拒绝关照那些需要关照的人(借口是你在这里要强迫他们"自食其力")恰好构成对立。没有人可以被强制自食其力,正如你不能在我的权威之下被命令去思考。[11] 我们需要依靠他人,他人也需要依靠我们。

当出现财富和贫困的极端情形时,当所有人都将生活建立在杰斐逊派的追求幸福的不可剥夺的权利之上时,这种追求就变成了普遍不幸福的秘密。[12] 穷人过上好日子没有指望,有钱人又总是要靠他人的劳动生活。因此,他们就生活在谎言中,说他们配享自身拥有的东西,这就使他们的人性受到了羞辱。他们自认为是必要的,而处于困境中的人则是可抛弃的。这就是费希特置于独断论核心的谎言。大多数社会的富人们,如果他们想要自满自足,就需要这个谎言,他们几乎永远相信它,也常常使受他们剥削和压迫的人也相信它。[13]

---

[11] 有关使人们处于"依附"因此处于不自由状态(当国家为它们提供服务时)的论证,存在一个颠倒的奥威尔逻辑("自由即奴役,无知即力量")。所有人都依赖国家——富人尤其如此,因为国家保护他们的财产,并且这一依附从来不会被视为对自由的威胁。但当国家保障人们的衣食、房屋、医疗或其他社会服务,使他们不容易受到私人或组织伤害时,却被视为对不富裕的人们的自由的威胁。这种论证想要说服无权者,让他们相信,他们的自由在于容易受到伤害,并且说服他们相信,如果他们对自己受控制和受奴役的方式一无所知,就会更强大。

[12] 德沃金说得好:"在贪婪与幻想的恐怖舞蹈中,从来没有胜利者。"(Dworkin, 2011, 第422页)

[13] 斯坦利很好地记录了这一点,参见 Stanley (2015),第六章和第七章。

费希特的伦理学是一种无私地献身于人性的伦理学，但这里所说的献身不是自我放弃。特权者不能通过感到自己有罪，或剥夺自己已有的好日子——如通过将收入捐赠给乐施会——而使自己变得穷一些，从而为自己挽回面子。正如如今某些平等派的结果主义者倡导的，在不平等的世界里，有尊严的幸福也许是可能的，但你必须拒绝周围世界的精神状态，充分克制对幸福的追求，以防它压垮你——它可能做到这一点，或者也可能做不到。如果它的确压垮了你，你就必须努力去使自身配享好运气，尽管你知道这是不可能的。费希特在自己的生活中采取的办法是利用自己的优越地位倡导更理性和更平等的社会，但在扮演这种角色时，他从未感到特别舒心，而他所处的世界则使他为自己的尝试付出了高昂代价。

在一个类似于我们的为贪婪、不信任和卑鄙包围的社会中，如果你自私，你就不会活得太糟，但这只是因为幸福对几乎每个人来说都是不可能的。米利甘（Spike Milligan）有一句嘲讽性的话："钱不能帮你买到幸福，但的确可以带给你一种不幸的较愉快的形式。"费希特对此表示同意，他说："一种令人愉悦的感受不是幸福，它们常常甚至同幸福相抵触。"（VBG 6:299）

米利甘的说法和布莱希特的另一个嘲讽性的说法同出一辙。布莱希特说："首先要吃喝，其次讲道德。"（Erst kommt das Fressen, dann kommt die Moral）[14] 我们不要认为主张所有这些严厉的道德说辞的费希特并不理解这个说法想要传递的内容。他的道德哲学主要是针对特权阶层。他希望他们看到，不仅他们的义务，而且他们对

---

14 "首先要吃喝，其次讲道德"，动词性名词 Fressen 指的是一种动物吃食的行动。布莱希特想要说的是，这是为了维持我们的动物式生存，这是基础性的，而不是那种作为上层阶级标志的锦衣玉食。

获得幸福的最佳机运都存在于成为道德法则的工具的过程中,他们努力开创这样一个世界——在这里,这些嘲讽性的说法不适用于任何人。

第七节　义务的分类学

鲍姆嘉通

18世纪晚期,伦理学理论包含一种义务的分类学,甚至是围绕这种义务的分类学构建起来的。这些理论的主要模型是:

鲍姆嘉通:《伦理哲学》

(*Ethica philosophica*, 1751)

宗教义务		对自身的义务		对他者的义务	
一般的	特殊的	一般的	特殊的	一般的	特殊的
		自我认识 良心 自爱	心灵 肉体 永恒状态	爱 正直 判断	心灵 肉体 永恒状态
内在的	外在的				

(关于非理性的动物所承担的义务,还有一个附录。)

康德

康德提供了一种类似的分类法,这个分类法作为"要素论"出现在《德性学说》第二部分：

康德:《道德形而上学》(1798)；德性学说：要素论

对自身的义务				对他者的义务	
完善的		不完善的		尊重	爱
				反对：享乐主义、藐视、诽谤	仁慈、感恩、同情
作为动物式的存在	作为道德存在者	自然完善	道德完善		
				与之相对的恶：傲慢 诽谤和嘲讽	与之相对的恶：嫉妒、恩将仇报 恶意
反对：自杀 淫欲 暴饮暴食	反对：撒谎 贪婪和奴性	作为自我裁判	与非人类存在者有关的义务		

康德取消了鲍姆嘉通有关宗教义务的独特范畴。我们除了对有限理性的存在者承担义务之外，不对其他任何存在者承担义务。与上帝相关的义务被包含在对于个体自身的义务之内，同时包含在其中的还有与非理性的动物和自然美相关的义务。在对个体自身的义务之中，他并没有在一般的和特殊的义务之间做出区分，而是在自然的完善和道德的完善之间做了区分；并且在对他人的义务中，在爱的义务和尊重的义务之间做出了区分。

费希特

在《伦理学体系》第三编中,费希特提供了一个类似的有关伦理义务的分类法:

费希特:《伦理学体系》(1798):第三编,§§19—33
严格意义上的义务学说

有条件的义务		绝对义务	
普遍的	特殊的	普遍的	特殊的
自我保存 获得营养 牺牲自己的生命	阶层的成员资格 选择某一阶层 为了自己的阶层 而接受教育	他者的福利	他者的道德
		禁止杀害他人 诚实 他人的财富和 福利	德性不能受强迫 信念不能受强迫 避免走向道德方面的 绝望 树立一个良好的榜样
		与一个人的阶层相关的特定义务	
		社会等级	
		自然等级(家庭)	
		配偶的义务 父母与孩子	
		职业	

续表

有条件的义务	绝对义务
	高等阶级
	学者
	道德教师（教士）
	艺术家
	国家公务人员
	低等阶级

我们并不知道这是否是有意识地建立在鲍姆嘉通的基础上的，但它不可能是直接建立在康德的基础上的，因为《德性学说》是在《伦理学体系》一书之后出版。这里的分类法中使用的术语也不同，即便在观念上有密切联系。和康德一样，费希特也取消了宗教义务这一特定范畴。正如我们已经看到的，对于费希特来说，道德本身就包含在去做任何为了上帝的荣耀而去做的事情中，因为上帝等同于现实的道德秩序，等同于理性共同体的精神生活，等同于这一努力的目的。

费希特拒绝接受"对自身的义务"这个术语，因为在他看来，这就倾向于包含一种"出于我自身的利益"的义务，或者指向于某人自身的自我利益，而这正是他断然拒绝的观念（SL 4:257）。然而在费希特这里，最基础的划分，正如在鲍姆嘉通和康德那里一样，是在对自身义务和对他者义务之间的划分。这两种义务都通过如下理念得到了重新思考，即一切伦理义务只是使我们成为道德法则的工具的不同方式。在此，费希特将"对自身的义务"重新命名为"有中介的"或"有条件的"义务，"如果道德法则意愿某种有条件的东西（即通过我实现理性在我之外的统治），它也就同样意愿那个条件（即自我作为实现这一目的的一个恰当的和能发挥作用的工具）"（SL 4:257）。特殊的义务指的是每个人作为家庭和职业成员对道德共同体做出的特定贡献。那些"绝对地（而非有条件地）发出命令的"义务"被称之为无中介的（或直接的）和无条件的义务"。尽管它们典型地涉及的是我们对具体某个他人的对待方式，但它们是真正的对整个道德共同体的义务，即"对整体的义务"。（SL 4:258）

在此，有关"普遍的"义务和"特殊的"义务的区分可能源于鲍姆嘉通。普遍的义务同等地适用于我们所有人，就我们单纯作为人类而言。它们包含了鲍姆嘉通和康德谈论的义务的全部领域。但特定的义务则是指属于我们的社会阶层的义务：包含了"自然等级"、家庭和一个结构化的社会等级体系，抑或包含了如费希特所见属于理性社会的各种职业。通过这种方式，费希特的伦理学就明显预示着黑格尔的伦理生活（Sittlichkeit）观念。黑格尔明确地认为它可以取代传统的"义务学说"（PR，§148R）。[15] 特殊的义务是包含了授权给我们的东西的义务——即由社会转交给我们特别地予以照管的东西的义务；而普遍义务涉及的只是那些不能被授权的东西（SL 4:258）。

在对伦理义务的阐述中，费希特有关各种主题的道德看法是以一种典型的费希特方式，即强有力的，甚至是充满激情的方式呈现的。显然，他想要使这些讨论给我们造成一种道德上高标准和严要求的感觉。他的口气是劝告式的，就像是在讲道，抑或是像在责备某个人。这种讲道和指责的倾向是费希特不大受人欢迎的性格特征；但他似乎丝毫没有意识到这样做恰恰是起反作用的。他可能是在学习路德宗教的时候学到了这种言谈方式，但这种言说的方式也符合他的个性。费希特似乎在向学院派的和有学识的听众的讲课中尤其采取了这样的方式，这些听众是一些来自特权阶级的成员。在费希特看来，他们对人

---

15 实际上，黑格尔的伦理生活只是取代了费希特的具体义务体系，费希特有关一般性义务的主题被黑格尔有关道德（Moralität）的阐释代替（PR，§§105—140）。

类的道德改良有一种社会责任,但这些人也是被娇惯的和自我放纵的,因此,在他们的堕落的生活方式中,不仅需要善意的谴责,也需要做根本的改良。

康德与费希特都否认社会朝向良好方向的改革可以通过个体的道德决心来实现。这要求在社会实践措施方面做出改变,而这一点可以带来个体感觉、信念和情感的改变。当马克思倡导要在"实践"中做出改变,并且将意识,甚至是那种脱离了实践的社会意识视为单纯的"意识形态"——不仅包含了对个体自身的误解,也包含了对社会的误解——的时候,这正是他内心所想的一个本质性方面。

在有关"特殊的义务"的讨论中,费希特对"高等阶级"的伦理义务进行了长篇大论,这些高等阶级包含学者、教士、艺术家和国家公职人员(SL 4:343—361)。这些可能展示出了马克思观点的某种意识,因为,正是"高等阶级",他们通过管理和教育,在指引社会制度和实践的改变方面,处在重要的位置。

在《伦理学体系》中,有关"低等阶级"(这个阶级为所有人提供生活必需品)的不同阶层的义务都被集中在一个主题下讨论。在费希特时代,资本主义刚刚出现;他很显然没有预见理性社会将会包含资产阶级,或者包含公司的管理者,这些人将会操纵生产过程,获取利润中的最大部分,并且广大劳动者们将要服从他们的权威。至于他会如何思考这种关系,还需要我们稍作想象。我们将会在本书第八章第八节中看到,个体正当的财产权的基础是对如下这种东西的所有权,这种东西可以使个体有权挣得一种独立的生活,而不必对他人有任何人身依附。费希特的"低等阶级"乃是那些实实在在地从事劳动的阶级,而不是管理和剥削劳动者的阶级。为社会之善而劳动的人的责任将在论述法权而非伦理的部分中得到更为详尽的讨论(NR 3:215—237)。费希特有关劳动阶级的道德义务的讨论更为简洁,出现在《伦理学体系》一书靠近末尾的部分（SL 4:361—365）。和许多美国人不同，费希特不指责社会的疾病主要出现在穷人和被压迫者身上。相反，他强调了兢兢业业工作的劳动者的最高价值或尊严（SL 4:362），并且强调了高等阶级的成员们承认这一价值的重要意义（SL 4:364）。很显然，他认为，较之高等阶级而言，他们应该更少受到指责。他再一次地同意布莱希特的观点：首先要吃喝，其次讲道德。

第八节 生死之事

在本书中，我们没有办法对费希特的伦理分类法中的每一项都进行详尽的探讨。但是，对其中的少数几个命题的讨论可能有助于我们更好地把握费希特伦理学的精神，并且也会看到，它如何有助于我们思考今天仍然在讨论的那些特定论题。我基于这些理由选择一些主题来讨论，也因为他所说的那些内容是有意思的或有争议的。

自我保存：禁止自杀

费希特有关禁止终结个体自身生命的讨论是严格的（SL 4:263—268）。在这一问题上，他不像康德那么摇摆。费希特主张，生命就自身而言没有价值，而只是能动性的工具（SL 4:264，参见 NR 3:118）。义务也许会要求我们将生命暴露在危险下，甚至牺牲它，但是直接地、故意地剥夺个体的生命是不被允许的（SL 4:263）。在费希特看来，自杀通常是绝望的结果，而我们有义务不绝望（SL 4:266）。

并不清楚费希特在自杀问题上有意做出的结论是否真正地是从他的那些明确陈述出来的前提基础中得出的。如果我的生命本身没有价值,而只是履行我作为道德法则的工具的义务,那么如果我达到了如下阶段——在此我不能促进理性的目的,而只会拖累正在促进它们的人——那就似乎可以得出,终结我的生命不仅被允许,甚至是一项义务。如果费希特的推理是作为逻辑结论,他有关我们对于道德共同体总是可以做更多事情的主张就不能是一个偶然性的经验的或事实的主张,例如可以用来计算能够使好的结果最大化的行动的主张;而相反必定是这样一种原则性立场,即我作为共同体成员的继续存在总是目的自身。我认为这是他的真实看法。

在这个主题上,费希特的其他两种看法值得注意。首先,他认为大多数自杀都发生在疯癫状态(Sinnlosigkeit),这就将大多数自杀完全从道德判断的范畴中剔除了出来。其次,在自杀这个主题上,费希特在道德方面的严格性很显然是同他的如下坚定信念一道存在,这就是,我们在任何自我指涉的事情中应摆脱外在的国家强制。他说:"每个人都有一种对于自身生命的无限的外部的而非内部的道德权利,(因此)国家不得通过法律禁止自杀。"(NR 3:331)他也通过其他方式,明确限制国家在生死之事上的法权。在自我防御中杀害他人,不论对于个体来说,还是对国家来说,都是被允许的。但死刑不能成为针对任何犯罪的正当的刑罚(SL 4:279—280,参见 NR 3:272—284)。费希特反对死刑。

牺牲你的生命

费希特有关人类生活价值的其他那些严格的原则可能会使致力于思考那些令人不舒服的道德困境的哲学家们感兴趣。这些困境是由偶然发生的不寻常事件导致的,例如缺乏救生船和失控的电车等。[16] 由于成为

---

16 关于这些例子常常误导道德哲学家的方式,我在"作为目的自身的人性"一文中给出了我的看法,载于 Parfit(2011),第二卷,第 66—82 页。

实现道德法则的工具相当于成为道德共同体的成员（SL 4:277），也由于我们都是道德法则的工具（SL 4:256, 302），那么"任何一个人的生命就不会较其他人的生命有更高价值"就是一项原则。

这再一次地也不是一项偶然的经验性原则，例如着眼于使结果最大化的计算中所使用的原则。一切人类拥有的同样高级的价值相反要完全优先于所有其他考虑。任何人的生命都不能只为善做出牺牲（尽管它们对其他人来说有用，或者对人、对自然的控制来说有用），"生命超越了财产，因为生命是财产的前提，而不是相反，财产不是生命的前提"（SL 4:307）。人类生活的价值不是在着眼于将善最大化的结果主义计算中可以用来权衡的东西，比如仅仅为了使人类对自然的控制最大化而牺牲一个人是不被允许的。

从这些原则出发，费希特推出了在人类生命的价值方面我必须做到的公正持平，但同样也不要将我自身的生命视为目的。因此，为了挽救一个人，我可能就需要去拿生命冒险，甚至是牺牲它：

> 根据道德法则来判断，每个人的生命都拥有同等的价值；只要有人遭到威胁，其他人，无论他是谁，直到此人的生命得救，否则每个人都不再有一种获得安全的权利……只要有人身处危险中，我就绝对地应该去救他，即便这样做威胁我的生命。
>
> （SL 4:281—282）

但我一定不能牺牲他人生命来挽救我的生命。

> （如果）我能履行道德法则的命令（即我要保存自身的命令）的唯一方式乃是以他人的生命为代价，（那么这一点也）是道德法则所禁止的……（在这种情形下）法律完全是沉默的……我不

应该去做任何事,只能平静地等待结果到来。

(SL 4:302—303)

上面的两段话中有一个值得注意的区别。前面的那段话讨论的是拿自己的生命冒险。第二段话讨论的是当自己或他人肯定将丧失生命时要做出牺牲。对于费希特来说,在此有一个严格的禁令,即禁止故意选择去终结人的生命,不管是你自身的生命,抑或是他人的生命。但为了挽救另一个人的生命,可能会要求你拿生命去冒险。我不得去杀害自己,但并不禁止我为了救另一个人而做出牺牲。

关于他者的死亡,费希特并未区别"杀害他人"和"放任他人的死亡"。除非是在自我防卫的情形下,否则我同样不得为了挽救我的生命而杀害他人或放任他人的死亡。在缺乏救生船的情形下,我也许必须要在放任一个人溺亡和放任五个人溺亡之间做选择,费希特写道:

假设同胞们的身体和生命处在危险状态中,我就应该救他们,但我又无法做到救他们所有人或一次性地救他们所有人,我应该如何去选择救哪个人呢?

我的目的必须是要将他们所有人救起来,因为他们都是道德法则的工具……我将首先去救处在最紧急危险中的人……或者是考虑他们的处境,或是考虑他们的无助与脆弱,例如,儿童、病人和老人。

(SL 4:304)

尽管费希特从来没有读过有关电车问题的文章,但我想,很明显,他的原则可以让他对这些问题给出确定的判断。这些原则可能会允许你,甚至会要求你,为了救他人,让电车从自己身上压过去,但不允许你闯入电车道，也不允许你故意地设置开关，使之从你身上压过去，或者甚至是从他人身上压过去，不管这样可以救多少人。最终，如果只有他人的生命处于危险中，你不能选择使它向其中一人身上压过去，抑或从其他五个人身上压过去。在这种情形下，你不得做任何事，而只能"平静地等待结果到来。"

这些都是伦理（非强制性的）义务。你可能有权去做的事情，外在立法可能正当许可你去做的事，可能要更少一些强制。它可能会允许一些直接地以自我利益为中心的行动路线。理性的法律可能同样会以特定方式——比如禁止单纯的旁观者出于任何理由去触碰电车开关——极大地限制某个人的行动。[17]

"我的人民"

针对"我必须救所有人，并且首先要救处在最危险状态中的人"这一伦理判断，费希特给出的唯一限定是，我有义务优先去救那个将自身福利特别地交托我照管的人（SL 4:304）。正如我们已经看到的，费希特认为我们的许多义务都与社会授权我们照管的事务相关。这可能包含我们对之有一种特别的爱的人，比如父母和配偶。对于费希特来说，爱和其他经验性的欲望被整合进我们的道德使命之中，因此它们就成为我们的道德使命的表达，而并非从"不偏不倚的视角"出发强加给我们的限制。正如我们此前看到的，在费希特这里不会发生个

---

17 在有关"电车问题"和"救生船短缺"的讨论中，一个令人沮丧的缺陷是，哲学家们通常很少注意（或根本不注意），人们在这些极端情形下的行为方式也许或者甚至应该服从于法律方面的限制，这些限制通常是与哲学家们想要使用这些例子引出的道德直觉潜在地不一致的。这在某一方面会使大多数"电车问题"的道德哲学变得站不住脚。

体出于爱而选择去救自己的妻子这样的事,而是需要补充威廉斯的"想得太多"的观点,即这一选择从不偏不倚的角度来看是被允许的。相反,作为道德使命的一部分,作为我们的真实的自我选择的表达,这只是同一个想法。如果将它们看作两个不同的想法,对于费希特来说,这就不仅在我们有关道德的看法中,而且在我们有关自身以及我们同所爱之人的关系中,都存在某种有着深刻缺陷的东西。

再一次地,另一个费希特式的原则是,我们不得去"考察究竟哪个人才是道德法则更好的工具"(SL 4:303)。基于这两个原则,费希特显然不同意葛德文(Williams Godwin),后者认为,基于结果主义者的考量,他应该马上去救费内隆——"坎布雷的大主教,也就是那个不朽的忒勒马科斯计划的(缔造者),这个计划给成千上万的人带来了好处——而不是去救他的男仆、女佣或者甚至是他的妻子、母亲或恩人。"费希特同意葛德文的看法:"最好是让我去死,而不是让费内隆去死。"但是,根据费希特的原则,葛德文的妻子、母亲、恩人或女佣提出的要求可能要优先于大主教费内隆提出的要求。[18]

费希特强调,关于我自身和他人,我在善的方面做出的思考必须要做到完全不偏不倚;是否某些善使我得利或使他人得利都无所谓(SL 4:260—261)。但他也拒绝了在不偏不倚的结果主义考量基础上人与人之间做出的区分:"想要评判从哪个人的自我保存中将会产生出最大程度的善,几乎是不可能的。"(SL 4:303)在此,费希特的意思也不可能是指最后的判断是经验性的,是可以在结果主义的计算中使用的类型。他认为,从原则上讲,作为道德法则的工具,我们都是

---

18 Godwin(1793),第一卷,第二编,第二章"论正义"。葛德文的妻子玛丽·沃斯通克拉夫特(Mary Wollstonecraft)有关女权的作品,可能较之费内隆大主教对人类的善做出了更多贡献。但这个事实在葛德文应该首先救她的道德主张中并未发挥任何作用。

道德共同体中同等的成员，因此是目的自身。因此，基于相对的价值判断，或者因此，基于结果主义考量而在生命之间做任何选择都是要严格地被禁止的。

诚实

费希特有关谎言的观点初看起来十分严格，并且他肯定也想使它看起来是这样。它们甚至看起来要比康德在这一主题上的看法更严格——康德有关这个主题的看法，正如在有关自杀的讨论中所见，与它们通常享有的声望相对立，要远比人们通常认为的更精致和更合理（参见 Wood，2008，第 14 章）。费希特断然拒绝"必要的谎言"（necessary lie, Notlüge）这个概念（SL 4:286—288）。以"门口的杀手"（这个例子被康德和贡斯当讨论过）为例，费希特认为应当拒绝告诉这个杀手他想要杀的受害人藏在哪，即便因为你的拒绝，他可能会杀害你——"死好过说谎"（SL 4:288—290）。但是，在贡斯当的例子中，明确要求你不能避免做出回答。费希特没有考察这一情形，他也没有考察如果杀手从你的沉默中推测出了受害者藏匿的具体位置，而你可以通过对他撒谎去救那个人，此时你应该去做什么。这就使费希特有关这个著名例子的讨论出现了一个严重的缺口，他对此什么也没有说。

费希特有关诚实义务的讨论完全是基于如下原则，即由于他人都是道德法则的工具，你就应该给予他人为了自由地行动所需要的信息（SL 4:282—284）。欺骗他人，甚至基于你认为他人将会错误地使用它而拒绝给予他人信息，对于费希特来说，都意味着使他人的道德改良的可能性变得毫无希望，而这是不能去做的（SL 4:284）。并不清楚这一点是否同费希特有关我应该不告诉门口的杀手真相的判断一致。难道我要选择告诉他真相，然后相信他将带着这一真相选择去做正确的事？

在这一讨论末尾，费希特从其原则出发，以限定的形式做了进一步推论：不必传递给他人那些对于特定主体而言并非"直接地实践的"信息。在此基础上，他区分了某人有资格或无资格得到的信息（SL 4:290）。费希特没有告诉我们这个区分可以走多远。对于某人来说，知道某事并非"直接地实践的"的判断是否包含了如下可能性，即知道这件事的真相并非此人的份内之事——比如，这将侵犯第三方的隐私，或甚至是某人自身的隐私？如果我们可以这样说，这就可能意味着我们应该拒绝给予人们大量信息，或甚至是欺骗他们，如果这种欺骗是唯一能使他们避免知道他们无权知道的信息的方式的话，事实上这就是贡斯当在与康德争论过程中提出的主张。他提出了一个有效的论点。

费希特同样认为，我们有权拒绝给出可能使个体"背离他的目的而行动"的信息（SL 4:290—291）。在此，同样不清楚的是，这一原则应扩张到何种程度。有些信息将会使他人实现一个直接目的（比如，使他得到一种使他成瘾的毒品），但它可能背离了某种更重要的目的（使他远离毒瘾）。一旦允许我们考虑到更大范围的目的，这个限定就会极大地扩展可允许的拒绝给予信息的范围，或者甚至是扩张可允许的欺骗的范围。比如，就他和其他人一道作为道德法则的工具而言，难道杀人者实施杀人行为没有违背他作为理性存在者的目的吗？我应该许可或者甚至是促成他人做出何种不道德的行为？哪些行为是我有资格阻止的，或是通过拒绝给予信息，或者甚至是通过欺骗他人？在许多情形下，这类问题都无法通过费希特规定的极其严格的和一般性的原则做出判定。

如果费希特认为这些原则可以解决所有有关诚实与欺骗的问题，很显然他就对它们做了过分的估计。在我看来，在费希特义务体系中提出的伦理学的"科学"论证和普通行动者的良心确信表达的处境性选择之间有时会出现明显的紧张。当发生这种情形时，我想应该偏向于费希特的良心理论，而非他的"科学"论证。但更好的做法是，我们应该仅仅将后者视为一系列宽泛意义上的指导原则，而良心应该在这一指导原则之内发挥作用。费希特的严苛原则连同那些道德说教和与之伴随的指责应该被视为以一种能够有助于他的读者们校正性格缺陷的方式推动他们做出道德判断。以这种方式看待他的原则，不仅可以避免"道义论"理论不公正地承受那个荒谬的、严格的指责，也可以避免某些哲学家们同样错误的"特殊主义"立场。他们似乎并不知道道德规则在支持什么（或者似乎只是从一种受到了误导的哲学理论中知道了它们）。这种进路同样与费希特伦理学的精神一致，正如我一直以来论证的，费希特回避了一切严格的决策程序，不论是结果主义的计算程序，抑或是"定言命令程序"，道德哲学试图通过这些程序告诉我们要做什么。那些正当地做的事情通常是我们自由地形成的有关我们处境的知性判断的事情，它们是在良心确信中得到关键性把握的。费希特的科学伦理学的最根本原则是："任何人只需去做处境、内心和洞见要求他去做的事。"（SL 4:270）

第九节　选择等级："来世生活"与上帝

费希特的《自然法权基础》和《伦理学体系》的末尾部分都包含了有关构成理性社会的等级（estates, Stände）体系的一个讨论（NR, §19，3:215—259；SL，§§28—33，4:343—365）。这包含了对"自然等级"，即婚姻与家庭的讨论（NR 3:304—368；SL，§27，4:327—343）。但费希特的有关构成了经济体系的那个等级的最完备和最清晰易懂的讨论是在《锁闭的商业国》（1800）中，我们将在第八章中对此做更充分的讨论。

"等级"概念不同于"阶级"（class, Klasse）概念。在费希特、黑格尔以及马克思的著作中，阶级将人们划分为高等阶级和低等阶级，尤其是划分为统治阶级与被统治阶级。等级指的是在一个有机的社会体系中的社会地位，在这个社会体系中，每个等级都在促进整体的共同目的的过程中发挥了特定的作用。在马克思看来，"等级"概念是封建社会关系的古老延续，掩盖了阶级压迫。但对于费希特和黑格尔来说，等级是理性社会秩序的一个根本性组成部分，是一个人类合作的体系。

我们的一切特定的有条件的义务的基础是选择一个等级的义务（SL, §21, 4:271—274）。然而，这一选择要求得到他人的同意，因此，获得某一等级的成员资格，为了进入这个等级而接受培训和教育，并且申请进入该等级乃是个体的责任（SL 4:273）。你不能进入到你没有资格进入的等级，并且进入一个特定的等级需要得到社会的许可。但费希特在原则上反对仅仅由他人指定某个人进入某一等级的社会体系，尤其是当这种指定仅仅是基于出生时。他进而强调了一切等级在道德上的平等："从道德判断的视角来看，一切等级都有同样的价值……如果每一个人都履行义务，去做他力所能及的事，每个人在纯粹理性的法庭面前就是平等的。"（SL 4:273）

教育平等

在一个等级中，成员资格取决于教育。费希特最激进的方案之一是"直到人类成年……人类应该以相同的方式接受教育，并且以相同的方式自我教育；唯有在此之后，他们才应该选择一个等级"（SL 4:272）。《对德意志民族的演讲》的核心思想是提出这样一个教育体系，在其中，基础阶段的教育应该是强制性的，对所有人免费，并且由国家来提供。学校教育应该将学习和劳动结合起来。所有人，不论男孩，还是女孩，都以相同的方式接受教育（RDN 7:411—413）。每一个（男性）公民必须有平等的机会进入到等级之中。对等级的选择乃是基于"一个人的关于哪个等级最适合于他的最佳确信，在此，考虑到了力量大小、受教育程度，也考虑到了他所能控制的外部情形"（SL 4:272）。一切（男性）公民应该享有接受大学教育的资格。个体应该能自由地改变他们的等级，一个体面的政治秩序应该使他们容易做到这一点（SL 4:359—360）。正如我们可以从中看到的，费希特接受了妇女的附属地位，这是他所处时代的资本主义社会的现状。我们如今很容易看到，这一点是同他的原则性的平等主义相背离的。我们将在第八章第八节回到这个问题。

费希特的观点中还存在另一种紧张，它直接包含在他有关社会等级的观念中。他希望一切等级的成员都能拥有平等的身份和自由，这根据的是"权利属于每一个理性存在者"。他认为，道德真理是由自由的和理性沟通的结果构成的，而这一自由的和理性沟通的结果并非由任何权威或统治的关系决定，或者甚至是受它们影响。理解这一点的唯一前后一致的方式是这种沟通必须平等地包含一切人类的视角，平等地向一切视角的持有者的经验和论证开放。但与此同时，费希特不仅接受妇女们相对于男性们的依附地位，而且接受将等级划分为两大阶级。他接受了——至少就他所处的那个时代和离他不远的将来而言——传统在"高等"阶级和"低等"阶级之间的划分，前者对社会的贡献是精神上的或智力方面的，而将手工劳动和社会的物质需要托付给后者。

一切社会成员都要接受同等的基础教育，并且一切（男性）有权接受高等教育（SL 4:359）。但费希特将妇女排斥在高等教育之外，主张"低等阶级"不怎么需要培养"更有教养的人类的"教育(SL 4:274, 362—365)。尽管他的意图是好的,但是仍然接受了一个基本的意识形态,即剥夺社会中大多数人的认识能力,而后者是建立在代议制度基础上的政治所需要的以及基于自由、理性的沟通基础上的社会所需要的。但即便在如今的我们之间,这些传统的谬误又在多大程度上得到了纠正呢?[19]

在本书第四章中我们看到,费希特认为,人类通过科学对自然的统治的最终目的是消灭做苦工的大多数人和从事思考的少部分人之间的区分(BM 2:267—269)。即便在如今,在一个理性社会中,不论我所在的等级如何,我也是道德法则的工具,但是我必须是一个积极的、自律的和自我引导的工具,从来就不是一种受他人掌控的消极工具。从原则上来讲,没有人被排斥在理性沟通之外,通过这种沟通,在道德真理方面的假设的全体一致同意就可以得到规定。费希特可能会接受高等("有学识的")阶级与低等阶级之间的区分,也许仅仅是因为他认为,每个人都进入"学者共和国"是不可能的,至少在出现对所有人都自由和平等的公共教育之前是不可能的——这是他倡导的,但却不能承认为现实的事。然而,正如我们看到的,他又的确主张,有学养的人和没有学养的人的区分注定将会消失(SL 4:253),并且他认为,当有教养的阶级受到越来越多的启蒙,它就将抛弃自身特权(SL 4:360)。理论上的一贯原本也应该促使他在男性和女性问题上说出同样的话。

---

19 这是斯坦利(Stanley, 2011)通过揭示最终在"知道如何"和"知道某物"之间没有区分,从而挑战区分理论与实践、理智知识与实践知识的认识论基础的基本论点。这一论证自始至终都想要具有这种政治性的意义。参见 Stanley(2015),第 xviii—xix 页。费希特将理论吸收到实践之中(参见第六章第七节),这至少是走向正确方向的一步。费希特同他的高等阶层和低等阶层的学说的令人不适的关联也是如此。

费希特的确认为，如果人类的道德进步走得足够远——如果人类从历史的第四个阶段，即"最初的正当性"过渡到最终的"完全的正当性和神圣"的阶段（GGZ 7:11—12）——整体的善的有效促进就会与学习和自由沟通方面的普遍参与相结合。因此，在费希特的思想中，很明显反精英主义的特征要比精英主义的特征更深刻。甚至可以说，他之所以要我们注意将等级划分为"高等"或"低等"阶级，正是因为他对此划分感到不满。但在此我们并不是要否认在他接受（至少是临时性的，或者在某种程度上）将社会划分为"第一性"和"第二性"两部分与划分为"高等阶级"（智识的）和"低等阶级"（体力的）两部分之间存在的紧张。费希特在此的局限性再一次地表明他是时代的产儿。

我的等级和我的来世生活

对于费希特来说，我投身于我的等级永远也可以被视为我投身于整个人类。在离他不远的将来，他为解决自己的思想中存在的紧张采取的方式是，一切等级都被认为在地位上同等，因为它们都加入到单一的共同劳动中。你的等级具体是什么并不重要，重要的是你响应了你应该去做某事的号召（VBG 6:31—320，参见 SL 4:362，GGZ 7:244—245）。

紧张仍然存在，因为要使这一思想同"高等的"（智识的）阶级和"低等的"（劳动的）阶级的存在协调起来根本上是不可能的。这是直指费希特人格内核中的紧张——直指他生命的核心的那种矛盾。他是一个贫困的亚麻编织工的孩子，出生就是农奴，但他又极其严肃地对待自身作为一个有文化、有学养的人和作为一个学者的责任——这个等级是被强加给他的，先是米尔提茨男爵，后来是拉瓦特和拉恩，康德和歌德，甚至是施莱格尔、施莱尔马赫、施特林泽和洪堡——柏林的这些友人们在他面临困难的时候保护他，并且称赞他是学术自由事业的殉道者。但在他的内心深处，他并不相信在"思维的"阶级和"劳工的"阶级之间存在区分。有学养的阶级的最终使命乃是为废除自身而工作。正如马克思所说：哲学的实现在于自身的扬弃（Aufhebeng）（Marx, MECW 3:182）。

永恒的善和世俗的好

在费希特看来，献身于人类，首要的和最主要的是要献身于人类的未来，即献身于"来世生活"：

> （费希特所说的）幸福的事情是，接受一种特定的召唤，它要求一个人去做为了他作为人的普遍的召唤而必须去做的事……去做在我的特定领域内，我的时代和未来时代的文化托付我的那些事，我付出的辛劳将会有助于规定未来世代和尚未到来的各民族的历史进程……我个人的生命和命运在所不惜，但是无限依赖于我生命的结果。
>
> （VBG 6:333）

就我的行动能对作为整体的人类和未来时代有所贡献而言，它是继续活在未来世代的生活之中的。当费希特说"我个人的生命在所不惜"的时候，他就是在拒绝如下想法，即认为我之所以关心我为人类做的贡献，是因为这样做对我来说是好的；他的想法也不是我应该在意我的名字是否将会被铭记。相反，人类的未来以及我对它的贡献都只是因它们自身得到评价，它们之所以被看重，是因为它们单纯地是重要的东西——它们自身是重要的。它们并不只是因为我们碰巧关注它们而重要，或者甚至是因为我们有道德义务关注它们而重要。这些自身重要的东西只是为了我们的生命——或这个世界上的任何事情——有意义而存在于那里。如果有意义的生活同样是某种对于我来说好的东西，或者是某种我有道德上的义务去追求和关注的东西，这就只能是因为它是自身有价值的生活，它自身就是重要的。如果它不是单纯自身就重要，我就没有理由或义务关注它，也没有理由将其视为我的善的一部分。

德沃金（2011）在生命的"产品价值"（product value）和"施行价值"（performance value）之间做了一个区分，并且认为，生命的意义必须完全取决于后者——也就是取决于"我们活得如何"。德沃金认为，如果生命是根据"产品价值"来衡量的话，即根据一个人得到的和留下来的东西来衡量的话，除了少数人，大多数人都没有价值（第198页）。费希特特别反对这种看法。你必须活得好——根据道德法则来行动；但他将生命的特定意义置于产品价值中，即置于对人类的集体工作的贡献中。当德沃金从产品价值出发，认为大多数人的生活无价值时，他显然认为这一价值仅仅存在于当一个人的贡献能被特别地铭记的时候（也许与之一道还有他们的好名声）（参见 Dworkin, 2011，第421页）。费希特可能会坚持认为这一点是虚假的，我的生命的产品价值从属于历史上整个人类活动的体系。从先验的角度来看，这是一个统一体；我们必须预设这一点是所有人潜在地一致同意的。认为人类历史只是少数人的历史，或者人类实现的东西的荣耀更多地属于名声显赫的人，而不是属于那些为了使这些人的成就成为可能而在背后默默劳作的人，这不过是一种幻觉。

亚里士多德将 πρᾶξις（行动）与ποίησις（生产）区别开来，前者是出于自身而有价值的东西，而后者的价值存在于行动之外，存在于它的产品中。πρᾶξις（行动）是ενέργεια（现实），包含完整性，而ποίησις（生产）只是κίνησις（运动），是不完整的（Aristotle, 1139a35—b4；1140b6，1174a19—b5）。德沃金的区分反映了亚里士多德的这一看法，这是他自己承认的（第198页）。亚里士多德的区分属于如下这种文化，这种文化将有闲暇参与到政治活动和哲学沉思的高等阶级与为了必须生活而劳作的低等阶级区分开来。然而，费希特也预示了马克思的如下观点，即，真正的人类行动自身乃是一种生产形式。马克思说，如果"我们作为人类来生产"，"在我的个体行动中，我就会直接地确认和实现我的真正本性、我的人类本性和我的共同属性"（Marx, 1975—2004, MECW 3:228）。对于费希特和马克思来说，真正的行动也是生产——一切人类生活的意义就在于它的集体生产价值。

对于费希特来说，人类的来世生活是与我紧密相关的，因为它也是我的真正不朽或来世生活，这是针对我们自身死亡的唯一胜利：

> 因此，正如我的使命就是要承担这一工作一样，我也不能停止行动，并因此我也就不能停止存在。那称之为"死亡"的东西不能打断我的工作，因为我的工作必须是要完成的，但是在任何时间段中，它又从来不能达到完成。结果，我的存在就没有时间方面的限制：我是永恒的。

（VBG 6:322）

上帝的生命

在后期的宗教著作中，费希特表现出他接受了某些类似于传统的来世生活观念的东西。他宣称，我们在死后将进入到超感性的精神王国之中，这个王国是由上帝的无限生活构成的（BM 2:315—317，ASL 5:538—543）。但事实上，这一点最终表明，费希特以一种神秘的和象征性的方式，用传统宗教概念表达出了一种同样的来世生活的观念。我们一定不要忘记，对于费希特来说，理智世界或超感性世界等同于人类的共同体，尤其是就它是由走向协调和一致的理性共同体构成而言（参见本书第二章第三节）。在他1806年有关宗教学说的讲演中，费希特明确地将上帝的生命等同于"一个新世界，这是高级道德在感性世界中创造出来的世界"（ASL 5:579，参见 ASL 5:523—527）。进而，在那里，费希特继续将我们的不朽等同于在死后将要到来的那个更高意义上的人类未来（BM 2:317—319）。从宗教方面构想来世生活应该采取的方式仅仅是，通过同他人一道共同致力于为（世俗的）人类未来做贡献，从而爱人类，这就是永恒对于像你我一样的造物而言的意义：

> 从他身上流淌的永恒的爱的源泉中，他常常被推动着进行新的尝试，如果这个尝试失败，就进行另一个新的尝试；总是预设了那些迄今为止没有成功做到的东西这一次能够成功，或者下一次能够成功，或者总会有一次能够成功，并且如果通过他自身的努力不能取得成功，就通过后人的辛劳……使他超出眼下而着眼于未来！因为这样来看他，就在眼前看到了整个永恒，并且，在千年之后，还设定另一个千年，只要他愿意，时间还可以更长，他在此过程中不会有任何丧失。
>
> （ASL 5:548—549）

费希特有关来世生活——有关人类不朽——的观点非常接近于他的上帝观念。它们都是基于他的如下理念之上的，即一切理性存在者都潜在地共同分享同样的目的,并且它们的使命乃是为同一个精神活动的体系做贡献。他们在对集体行动的贡献中发现了意义和不朽。这个集体行动本身即上帝,上帝是理性存在者所过的那种精神生活(BM 2:299—304),或者是理性存在者所创造的道德秩序(GGW 5:186),抑或是一种他们努力追求但却从未实现的目的(SW 1:416)。这些有关上帝的不同概念是一致的吗?看起来并不一致。一种现实的共同生活、一种现实的努力求索和一种现实的秩序,即便它们总是不完善的,怎么能够等同于一个从未得到实践的理想?但如果我们从如下这个理念开始,即上帝是人类的集体使命,是一切理性存在者联合起来的精神追求,它们就是一致的。因为如此一来,共同的生活就等同于努力求索,而努力求索就不仅等同于它想要追求的那种从来就不能得到实现的目的,也等同于他现实地创造的鲜活的秩序。关键在于,"一切个体都被包含在一个纯粹精神的伟大统一体之内。就让这句话作为我的总结,正是因为它,我将自身托付给你的记忆,同样地,我也将你们托付给这一记忆"(SW 1:416)。

如此来理解的话,费希特的宗教即是一种理性的人文主义。他在耶拿的敌人们称这种宗教为"理性的狡计"并没有错。他的宗教是"无神论的"。如果"有神论"限定在对某个特殊人格的信仰的话,这个人格同你和我(或者毋宁说是"超越于"你我)一道存在,但它碰巧是无限的、超自然的和超出我们理解的。正如费希特在使他招致如此之多麻烦的话中说,我们不需要这样的上帝,也搞不清这样的上帝有何意义。宗教的独断者们想要推进的正统宗教是弄不懂它们的对象的。除非他们的意图(正如费希特常常怀疑的)只是颠覆一切思想自由,否则他们就要欢迎,至少容忍一切从理性上弄清楚它的尝试。

费希特的理性主义宗教故意通过一种主要出自基督教传统的神秘

的或"灵性"的词汇来表达——正如在他 1806 年的宗教学说（ASL）中所做的一样。对于费希特而言，灵性的东西不过是纯粹自我——自由（VBG 6:294）。更准确地说，灵性是自由通过生产性的想象力做出的表达，"一种将情感提升到意识层面的能力"（GA II/3:316）。换句话说，灵性的东西是我们对人类自由的渴望，这种渴望是通过一种审美方面具有唤醒作用和启示效果的措辞表达的。相同观念的表达，但没有这种审美方面的功能，是费希特对"无精神"的定义（GA II/3:317）。

对于费希特而言，人类使命的充分表达需要一种从宗教传统的图像和情感中得来的灵性力量。对于他来说，这些力量之一是我们将上帝人格化的倾向——提出有关人类努力的一个精神上的统一体，仿佛它自身是与我们相关的一个人（VKO 5:55，参见 BM 2:302—305）。如今，理性的人文主义的时髦形式要么否认意志自由，要么采取一种"相容主义的"论证，让意志自由在自然主义和物质主义的浮着薄冰的水中消融。厌恶传统宗教中的不真诚、不人道和精神方面的落后状况，厌恶"上帝言辞"（G-word），希望能将他们与上帝言辞的象征主义和情感性力量切割开来。对于费希特来说，这种观点同样是非人道的、浅薄的，从字面上讲是无精神的。[20]

费希特对上帝和不朽的反思——神秘的"纯粹精神的统一体"——似乎假定人类的未来是无限的，没有终结，并且在此意义上真正来讲是永恒的。它们无法帮助我们应对基于地质学和天文学知识的真正的确定性，这类知识认为尘世间的人类生活最终必将走向一个目的。但它们的确表明，当科学证据告诉我们，我们的行动将会使接下来几代

---

[20] 甚至某些在今天明确拒绝信仰上帝的人也拒绝"自然主义"，并且同意某种类似于费希特式的宗教观点。参见 Nagel（1997，2012）；Dworkin（2013）。

人的持续生存处于一种风险中时,如果什么也不做,我们将会怎样看待自己。传统宗教宣称,我们应该永远选择永恒的善,而非世俗的好。对于费希特来说,单纯世俗的好乃是在我们活着时享受到的,永恒的善则存在于来世生活中。费希特的"现代人文主义"的重新解释为我们在世俗与永恒之间的宗教选择赋予了一种新的意义,也同样赋予我们一种新的存在的紧迫感。

第八章　自由、财产与国家

本书讨论费希特的伦理学，这（正如我们马上要看到的）非常不同于他的法权理论——他的法哲学、政治哲学，或者简言之，有关正当强制的哲学。无论如何，如果我们考察一下他的伦理学如何同他的法权理论相关联，将会更好地理解他的伦理学。伦理和法权的基础是不同的，但它们彼此处在一种重要的关系中。费希特的交互主体性理论显然是一个交叉重叠的领域。同样，正如我们在本书第七章所见，费希特认为我们有尊重他人法权的伦理义务，在他看来，国家是伦理进步不可或缺的前提。

我将简单地做一个离题的讨论，讨论费希特晚期有关国家的看法。有人认为这些看法代表了他同耶拿时期法权理论的根本性的——甚至是不祥的——偏离。我将与这种看法争辩。本章和第一章、第二章一样，不是明确地对本书主题的讨论，而是相反，通过将费希特的伦理思想放到他的整个哲学的严格语境中而与本书的主要论题关联起来。

第一节　费希特晚期思想中的国家

对于费希特来说，自由与共同体并不是对立的价值；它们仅仅是同一价值的两个相互必要的方面。费希特的自由伦理学因此导向了一个理想社会的版本。理想的或理性的社会并不等同于政治国家,甚至并不等同于理想的或(如费希特所谓的)"理性的国家"。在他《关于学者使命的若干讲演》(1794)中,费希特宣称:

> 生活在国家中不是人类的绝对目标。相反,国家只是确立一个完善社会的手段,是一个只能在特定情形下存在的手段。和所有只是作为手段的人类制度一样,国家的目标是废除自身。一切政府的目标是使政府成为多余。
>
> (VBG 6:306)

在通往使人与人之间的目的完全一致这一无法实现的目的的道路上,"作为立法权和强制权的国家消逝了"(SL 4:253)。

费希特后期的通俗作品,尤其是《现时代的根本特点》(1804)和《极乐生活指南》(1806),包含着他的思想中的两个重要转变。最引人注目的转变是宗教的重要性增强了。[1] 其次,费希特不仅支持德意志文化民族主义,而且开始认为在接下来的时代里,国家将会成为人类道德进步的重要载体。在他有关人类道德进步的下一个阶段的

---

1 "宗教意味着将一切世俗生活都视为一种原初的、完美的善的必要发展,并且也是完美地得到赐福的神圣生活的必要发展"。费希特现在甚至将自身的思想描述为一种"宗教思维;我们的一切考虑都是宗教性的,并且我们的观点以及我们在这一观点方面的每一个看法也是宗教性的"(GG 27:240—241)。费希特捍卫"一种缺乏宗教的纯粹道德的"人格,以至于认为这样一个人格履行他的义务,并且不能在道德上受到谴责。但他问道:"在此,它是否真正了解自己?"(GG 27:231—237)在晚期费希特看来,宗教为道德本身提供了更深层次的意义:"宗教揭示了人类永恒法则的意义……虔诚的人类懂得这种法则。"(GG 7:233)因此,"高级道德"的立场是宗教的立场。人类的"高级使命"只能在由宗教揭示的"蒙福的生活"中才能发现(ASL 5:530—535)。

看法中，国家似乎承担了重要角色。[2] 费希特使自身远离了认为国家是"几乎唯一的司法机构"的那些哲学家（GGZ 7:143）。有人可能会认为他也是这样的哲学家，黑格尔显然这样看。但在晚期的费希特看来，国家的功能不过是"指引必然是有限数量的个体权力走向共同的意图——走向类族（Gattung）的目的"（GGZ 7:144）。

然而，国家的道德功能对于费希特来说主要限定在教育方面。《对德意志民族的演讲》中出现的教育理论指派给国家如下任务，即为了德意志民族的道德使命去教育人民（RDN 7:428—444）。在他后期的一些文章片段中，费希特想象了一个政治领袖，这个领袖在引领人类走向新的自由王国的过程中，发挥了重要作用（SW 4:447，7:549，576）。

"监护人国家"和"完善主义"政治学？

在费希特研究中有这样一个传统，在新近的文献中也仍然可以看到这个传统，即认为，费希特在离开耶拿前往柏林后，在关于国家在人类生活中发挥的作用这个问题上，经历了一个决定性的思想转变（关于这个主题的文献的一个较好的综述，参见 Moggach，1993）。费希特不认为法权与政治是不同于道德的东西，而是被认为支持一种"完善主义的法律、政治与权利理论"，在其中，"所有人在本质上共同分享了一个将要通过政治才能实现的集体目的"（Beck，2008，第129—184页）。学者们认为，费希特晚期的国民教育理论否认了法权与伦理的区分，包含了一个"监护人国家"——

---

[2] 有关费希特社会哲学的后期发展的讨论，参见 Verweyen(1975)，§§19—36，第175—320页。

仿佛他认为国家不仅要教育孩子们，而且要向成年人强行灌输某些东西，替他们思虑；和费希特早期思想中创建的国家相比，这种国家和人类自由的理念并不相容。（Beck，2008，第 160 页；James，2011，第 201—205 页）

这些文献在我看来是片面的。就其觉察到我们在第七章末尾谈论的费希特思想中存在的危险的"精英主义"立场的持续存在而言，它是正确的。尤其是当这种立场逐渐被整合到费希特有关国家权力的观念中时，它正确地批判了这种立场。但这一立场早在耶拿时期就已出现过，对于费希特的思想来说不是新东西。但上述文献无视费希特笔下持续存在的一种与之对立的"反精英主义"立场。这就是他对社会平等、个体自由、普遍教育与沟通自由的强调。这些主题在柏林时期就和在耶拿时期一样，都得到了充分展示。晚期的费希特将共同体的道德进步——至少对于即将到来的未来而言——视为在政治国家的框架内发生的。也许某些学者忽视了晚期费希特笔下的这一"反精英主义"命题，因为他们不无痛苦地意识到，在现实生活中，民主文化的理想和所有人的个体自由，或者被国家，或者被资本主义企业对技术和经济的效率的促成劫持，用一种精英主义者的"管理性的"精神状态取代了民主的精神状态。民主的口头承诺通常不过是阶级统治的宣传口号。[3]

因此，重要的是，晚期的费希特认为国家和统治者（Oberherr）或君主（Zwingherr）乃是合法的——即由法权来约束的，并且被认为可以促进自由社会。我们将在本章第七节中看到，国家的职能是保障而非侵犯个体自由，后者的范围十分宽泛。费希特继续认为，是一个加入到了自由和理性的沟通之中的有学养的共同体，而非一个政治领袖，指引我们走向更好的人类未来。并且，他继续强调，任何进步

---

3 参见 Stanley（2015），第七章。

的政治统治者的主要目标是为了使自身成为多余（SW 7:564）。

大卫·詹姆斯援引了《对德意志民族的演讲》中的一些段落，在其中，费希特想要教育年轻一代，使他们不易陷入自我欺骗和道德错误。詹姆斯评论说："很难看出，费希特在做出伦理判断的过程中如何为人类自由留下空间。"（James, 2011，第198页）这个评论因此就将教育公民、使之不容易犯错和受到欺骗的目标与另一个不同的目标弄混了。这个目标（费希特从未支持过这一目标）就是将统治者的道德意见（他们也许认为自身是永远正确的）灌输给民众。要像詹姆斯这样来解读费希特，就要求我们忽视如下内容，或者将其视为明显的虚伪而加以排斥，这就是，费希特继续强调探究的自由和表达的自由，这在《对德意志民族的演讲》（尤其是在第八讲中）得到了强调。当晚期的费希特认为献身于国家乃是献身于人们借此表达献身于人性的载体时——对此，我追随舍夫勒，称之为"来世生活"——这通常是一种自愿的、在伦理方面受到驱动的献身。这并非一种由国家强制的，或者由国家操纵的献身。

政治的局限

晚期的费希特的确认为，国家是实现人类使命和人类目的的统一载体。之所以如此，准确来讲是因为国家的主要功能是保障"公民自由，并且在实际上保障所有人在公民自由方面的平等"（GGZ 7:135）。国家主要是通过对社会的经济生活的调节使人们的目的达成和谐一致，这些经济生活包含生产活动、贸易和工业（GGZ 7:163—166）。因为在此范围内，人们的自由受到影响，而国家的任务就是要调整人类的活动，消除不法的强制，促进人类目的的和谐一致。对于晚期的费希特来说，正如对于耶拿时期的费希特来说，国家不得干预与私人有关的事务，或者不得限制他所谓的"理性文化的高级分支——宗教、科学与美德"（GGZ 7:166）。

这里所谓的"科学"，费希特指的是哲学。国家不得对成年人在思想，或哲学，或宗教的确信方面下命令。借助这种科学的存在，费希特指出，国家同样要通过保障正当的外部自由促进德性（GGZ 7:168）。它甚至可以"通过将对邪恶的爱好吓退到人心的秘密的深处，从而促成与之对立的对善的爱好"（GGZ 7:170）。国家教育孩子们自我思考，教育孩子们出于真理自身而看重真理。在费希特晚期思想中，正如在他耶拿时期的思想中一样，"德性并不是国家的目的"。因为在晚期费希特那里，也和耶拿时期的费希特一样，国家没有权利强迫人们去实现他们的伦理使命：

> 国家，在其本质特征方面是一种起强制作用的权威，其存在必须依赖于善良意志和德性的缺乏，甚至必须依赖于邪恶意志的在场……如果所有成员都有德性，它就会完全丧失它作为发挥强制作用的权威的特征，将会变成意愿活动的向导、领头人或忠诚的顾问。

（GGZ 7:168）

政治的"现实主义"

费希特晚期思想的发展之一体现在他越来越意识到政治统治者必须应对人类的邪恶和不义的那些方式，并且必须应对特别是在国际事务中法权的原则既不能得到遵循也不得强制执行这一事实。这种意识在他1807年的论文《论马基雅维里》（*On Machiavelli*）中特别明显（SW 11:401—453）。在这篇论文中，费希特的进路表明，他在一定程度上，在有关人类政治生活方面有一种讲究实际的现实主义态度，这在他早期的著作中并不明显。在早期的著作中，我们得到的主要印象是一种乐观的和高尚的理想主义精神，但我同意莫盖茨（Moggach）的看法，他认为费希特之所以接触马基雅维里的思想，"并不表明在他的政治忠诚方面发生了根本改变"，它"也并非道德严格主义与政治现实主义的一次狭路相逢"，相反，它是一次"严肃的碰面"，是一个道德上庄重的哲人与人类生活赤裸裸的现实的一次真诚接触。[4]

在讨论政治事务时，重要的是要区分我们可能运用"现实主义"一词的两种意义。第一种意义简单地指面对那些令人不愉快的事实，它涉及具有良好意图的政治家的行动和渴望受制于人类的邪恶和脆弱的各种方式。第二种意义则出现在我将第一种意义上的现实主义作为政治家们临时性地侵犯法权与道德原则的托辞的时刻。这通常是以某种委婉的名称，例如"实用主义"或"责任伦理学"作为掩护的。在第一种意义上的现实主义并不意味着第二种意义上的现实主义。我认为，晚期费希特成了第一种意义上的，而非第二种意义上的现实主义者。我们马上要看到，费希特认为，既有的国家缺乏正当性，尽管我们在紧急状态（需要或迫切）之下将它们视为仿佛具有这种正当性，只要它们着眼于改良。他本可以运用现存国家的不正当性作为政治家或统治者之所以残忍无道的理由，但他没有这样做。费希特倡导政治权力的运用永远要在《自然法权基础》（1796—1797）和《锁闭的商业国》（1800）中确立的法权原则的限制之内。也许某些人在这种做法中也看到了不一致，因为他们低估了统治者和教育体系可能对善的影响，即便它们是在正义和尊重个体自由的严格限制之内运作的。

---

[4] Moggach（1993），第573页，将费希特的文章放在当代德国有关马基雅维里的思考的语境下的有启发性的讨论，参见Zöller（2015）。

第二节　法权和伦理的区分

在我看来，对晚期费希特的误读部分是因为没有理解他在《自然法权基础》中提出的法权概念。许多有关法权的理论都是从普遍的道德原则开始，并且从这一原则适用于使政治生活成为必要的诸条件的方式中推出了一套有关正义、法律与政治的说法。1786年，康德批判性地评论了这种理论，也就是，胡弗兰德（Hufeland）从沃尔夫式的完善主义中推出的法权论（RH 8:127—130）。康德在1787年开设的有关自然法权的系列讲演中也在本质上做了相同的事。这一系列讲演与《道德形而上学奠基》（1785）差不多同时。在讲演中，康德从人性公式中推出法权，将法权奠基在将每个理性存在者作为目的自身而对待这一伦理义务的基础上（NRF 27:1319—1320）。有的学者认为，相同的论证也出现在《法权学说》（1797）中。但也就是在这一系列讲演中，康德注意到，强制他者的法权仅仅属于普遍自由的状态，并且他抱怨说："所有作家都没有解释这一点。"（NRF 27:1335）他原本也应该将自己算在这些作家之列。只是在后来，他才解释说，法权学说不取决于伦理原则，而只取决于如下条件，在这些条件下，一项行动可以根据普遍性的法则与他人类似的自由一致。（MS 6:230—231）[5]

正如众多学者指出的，费希特早期捍卫法国大革命的论文也以一种传统方式奠基于伦理学之上（见 Baumanns, 1990, 第38—41页; Beck, 2008, 第二章, 第65—80页; James, 2011, 第112页）。当费希特1794年前往耶拿时，这种方式从根本上被改变。他的《自然法权

---

[5] 对康德论法权的此种解释的一个辩护，参见 Wood（2014a），第三章，第70—89页，相反观点，参见 Guyer（2005），第203—222页。在本章对康德与费希特的比较过程中，我将继续假定我对康德的解释是正确的。

基础》较康德的《法权学说》早一年出版，因此他肯定不知道康德的论证。但基于康德早前的政治著作，尤其是《永久和平论》（1775），费希特猜想康德会同意他有关法权独立于伦理的立场（NR 3:13）。如果说，在此对于费希特是否正确理解了康德还有存疑的空间，那么当我们进入费希特本人的立场后，就不会产生这种质疑了。费希特反复地并且强烈地否认可以从道德法则中推出法权（NR 3:10，13，50，54，140）（另见 Ferry，1998；Neuhouser，1996）。

法权与伦理的差异：两种看法

康德和费希特都否认权利可以从伦理和道德法则中推导出来。他们都认为法权与伦理有不同的基础。他们都认为法权要先于伦理。但他们的立场各自不同。

在费希特看来，法权完全有别于伦理。他认为，法权只取决于法权关系（relation of right），而这一点可以先验地从自我意识的诸条件中演绎出来（NR 3:30—55）。并且费希特认为，法权仅仅取决于如下先验条件，这些先验条件是从创造一个处在法权关系中的理性存在者的共同体这一假设性目的中产生出来的（NR 3:9，84—85，92—93）。对于费希特来说，不存在创造或加入这种共同体的道德或法权的义务，因此，一切从这个共同体的成员资格中产生的要求就是有条件的或假设性的，这是基于如下推理，即它是"技术地实践的"，并且取决于个体同意加入到这个共同体之中（NR 3:9—10）。

相反，对于康德来说，在法权状态之外的理性存在者的存在是违背法权的，并且人们可以被正当地强迫进入一个在他们之间执行法权的公民社会（MS 6:312）。费希特从这一立场推出，每个人都拥有绝对的法权离开这个共同体，并且拥有绝对的法权进入到他选择的任何其他共同体，只要他同意服从他加入的那个共同体的法律（NR 3:14；384）。在费希特看来，柏林墙和美国的移民体系都是对根本人权的侵犯，并且明显是出于同样的理由。

然而，也许康德与费希特之间的最大分歧在于：在费希特看来，法权与伦理不仅在基础方面不同，而且是两个完全单独的哲学体系。《自然法权基础》是一本单独的、不同于《伦理学体系》的书。它们都奠基于作为整体的知识学，并且它们的内容彼此也有不同的关系。（这一点将在下面讨论）但它们没有构成实践哲学的一个单一体系。就法权规律想要在任意选择基础上确立基于法权关系的共同体而言，法权体系甚至可以被视为是理论性的、而非实践的体系，正如费希特事实上提议的那样（NR 3:7—13）。[6]

然而，对于康德来说，法权（Recht）和伦理（Ethik）或德性（Tugend）构成了一个实践哲学体系或道德形而上学的单一体系的两个部分。之所以如此是因为，尽管根据不同，但法权从伦理中借用了责任的概念（但又不是伦理的原则），并且接下来它代表了作为义务的法权要求（MS 6:239）。对于费希特来说，不存在法权义务或责任；在法权中，只有正当的强制，并且存在义务，包含尊重他人法权的义务，它们属于一个不同的伦理体系。对于康德来说，纯粹的或严格的法权并不使用义务或责任概念；正如在费希特笔下，它仅仅规定了哪些行动可以得到正当的强制（MS 6:232）。但是对于康德来说，法权从伦理中借用责任的概念使法权可以根据单独的立法和一系列义务得到解释。它同样也使法权和伦理被带到共同的"道德"的名称之下。

---

[6] 但在他的讲座中，费希特很快对法权以及宗教一并做了重新分类，将其视为一门混合了理论与实践的科学，从属于耶拿晚期的那个从未完成的结构性计划（WLnm，第467—474页）。但费希特从不认为法权与伦理是单一的"道德"体系的两个部分，而康德在《道德形而上学》中则是这样认为的。

康德和费希特在其他十分重要的问题上达成了一致。这些问题在此值得被罗列，因为对它们的忽视常常导致了在他们的共同论题，即法权独立于伦理这个论题上的混淆和错误：

一、康德和费希特一致同意，存在一项伦理义务，或至少存在一种伦理方面的动机，即尊重他者的法权（MS 6:220—221，SL 4:282—312）。那些伦理义务可以从（伦理）道德原则中推出来。法权与伦理的单独基础并没有使法权在此意义上独立于伦理。

二、康德与费希特都认为，一个完善地构建起来的法权体系可能不必取决于共同体成员的善良意志或道德美德。康德关于这一理念的最著名的表达是他的如下主张，即创造一种法权状态的任务，"即便是魔鬼的国度（只要他们具有知性）也可以解决"（EF 8:366）。

三、尽管提出了上面这个观点，但康德和费希特都不否认公民的道德美德，尤其是统治者或管理者的道德美德，在实践中这对一个法权体系发挥效果来说可能是必要的。他们都强调，掌权者的伦理义务是正当地使用权力（EF 8:370—386，SL 4:356—361）。尽管从理想角度看，法权体系的设计就是要做到使它的运转不需要任何伦理动机，但实际上如下说法也是真实的，即在一种非理想型的人类生活条件下，对于正义的盛行来说，需要服从者一方的道德美德。法权与伦理的分离需要包含与马基雅维里的那个著名说法一致的东西——"良好的道德想要持久，也要有法律，而法律如果想要得到服从，也得有良好的道德"（Machiavelli，1965，第一卷，《君主论》，1.18，第 24 页）。

四、最后，也是最重要的，康德与费希特也同意，一种由法律支配的法权状态对于服从它的人的道德美德来说是必要的。他们认为，法权规律的完善和执行在实际上可以促进伦理的目的。这完全同耶拿时期著作中发现的法权与伦理的分离一致。它并不意味着，法权使任何伦理美德成为可能的方式，或者国家可能教育或者以其他方式促进人类道德进步的方式乃是法权的基础，或国家权威的基础。康德和费希特都反对有关国家和政治生活的"伦理完善主义"。

也许，对于康德和费希特来说，在事物的宏大规划中，法权对人类完善的贡献是法权使之成为可能的最大的善。但对于他们来说，这一事实并未构成法权令人满意的基础，因为对于他们来说，任何伦理义务，任何人类利益，甚至人性的最高的道德使命的实现，都不能构成强制任何理性存在者的正当理由。正如费希特所说："我们不能违背理性存在者的意志，而使他变得明智或欢乐。"（VBG 6:309）强制的唯一可能的理由必须在于，强制必须采取能使对于所有理性存在者来说正当的外在自由成为可能的方式。只有为了保障强制自身威胁的那种自由，强制才能得到证成。

我们或许可以明确地将这个要点表述如下：如果任何法权的根据不能完全脱离对人类道德进步的贡献，就可能会绝对地禁止通过法权和国家运用的外在强制获得道德进步。我们不会运用强制将人们拽向人类道德使命的实现，除非我们完全基于法权的根据这样做（而非基于伦理的根据）。[7]同样也禁止使用宣传或灌输的方法"教育"

---

7 在对康德的解释中，皮平和莫亚尔（Dean Moyar）都区分了"派生主义者"（derivationists）和"分离主义者"（separationists）。前者认为法权是从伦理中派生出来的，后者则认为法权与伦理有不同的根据。他们主张第三种解释，并称之为"实现主义者"（realizationist）。这种解释将法权与国家奠基在它们促进人类伦理使命的历史性实现采取的那种方式中。皮平的文章载于 Guyer（2006），第 416—446 页；莫亚尔的文章载于 Thorndike（2011），第 139—141 页。皮平和莫亚尔都认为，"实现主义"乃是一种对于康德的友好解释，但是这种解释归结给康德一个相同的立场，而对此立场贝克和詹姆斯都表示反对，他们（错误地）认为，他们可以在晚期的费希特笔下发现这种立场。但不管康德，还是费希特，都不曾允许国家强迫人民实现道德使命。对于他们两个人来说，并且在他们思想发展的各个阶段，"实现主义"都是一种有害的学说。

具有自治力的理性的成年人去达成合作。道德确信必须只能通过与自由地交往的理性沟通一致的手段产生。这些手段可能包括通过艺术与宗教在情感方面呼吁，但一定不是通过操纵，这将会颠覆自由和理性的沟通。

因此，对于康德与费希特，法权与伦理的不同根据产生出来的最重要结果是：

第一，伦理义务不得被强制，而法权则通常在原则上可以得到强制执行。在此，不存在任何伦理义务，就其本身而言，可以通过强制从个体索取，这就要求法权必须有一个不同于伦理的根据。

第二，对于处在法权关系的某个共同体的成员资格来说，并不需要所有成员都同意任何伦理原则，或者同意任何道德哲学中强调的要点。在此重要的是，所有人都服从如下条件，即正如康德所说，存在着每个人在普遍法则之下的相同的外部自由。费希特通过宣称所有人都必须隶属于一个共同体，在其中根据法权关系有一种相互承认，从而表达出相同的理念。

第三节　承认与法权关系

在《自然法权基础》第四节（第三定理）中，费希特的任务是确定理性存在者之间的法权关系，它将为法权规范提供一个基础。这个论证是从我们在本书第三章中离开的那个阐述开始的，这就是交互主体性——即自我和另一个自我、另一个理性存在者之间的相互的能动性——是自我能动性的先验条件，并且尤其是自我的个体性的先验条件。成为一个个体就是要积极地同其他个体相联系。更为明确地讲，就是要接受他们的召唤，并且回应那些召唤。召唤和对召唤的回应乃是在这个世界上具有效用性的自由行动。

费希特的论证十分复杂，交织着理论和实践方面的种种考虑，结合了事实的东西（通常是先验的"事实"）和规范性的东西。它运用了费希特的如下原则，即自我自身是一项自由行动，而这个自由行动需要先验命题的真理作为它的可能性的前提条件。行动具有规范性的结果，尤其是众多行动者的相互合作的行动，对于行动者方面来说，（有关自我一致性的）理论性的规范可能会要求，如果你做出一项行动，你也就必须同样做出其他的行动。如果特定行动是一种明示的行动的话，例如召唤，或者以某种特定的方式来对待他人或期待来自他人的特定对待，这一点就尤其正确。[8]

召唤与被召唤

论证的出发点是如下主张，即个体依赖于其他理性存在者的召唤，也就是召唤他去发挥自由能动性。你必须将自身同召唤你的他者区别开来，并且这就预设了你和他者都是自由行动者，并且都是在不同的外在行动范围中发挥自由能动性的自由行动者（NR 3:41—42）。召唤与被召唤同样包含了以一种特定方式对待彼此——每一方都以一种能使他者发挥自由的方式限制自身自由。召唤即是请求、邀请、要求做出特定的自由行动。它预设了一个外部领域，在此，召唤的人不去干扰（被召唤者）。被召唤就是将召唤你的人视为自由

---

[8] 南斯（Michael Nance, 2012）认识到，费希特的论证中不仅包含理论性的主张，也包含规范性的主张。但在他对这一论证的简要概括中，所有主张都是同样根据"必须"这种模态构建的，并且在南斯看来，费希特面临一个致命的困境："必须"要么是理论性的（"形而上学的"），要么是规范性的。如果两者都包含在其中，那么南斯认为，这个论证就会包含一种模糊的谬误。我希望对费希特的推理的一个更准确的解释将会表明这是一个虚假的困境，它是建立在对这个论证的过度简化的解释基础上的。

地来召唤的,同时也视为一个在发出召唤的过程中不受你干扰的人。因此,每个人都将对方视为一个自由存在者,"通过他人的自由概念限制个体自身的自由"。进一步地,这种来自他人的对待是每个人都能意识到的东西,并且双方对此都彼此是有意识的:"这种对待方式受到了他人在之前受到的对待的制约,而他人在之前受到的对待又受到了此前的另一个对待的制约,以及对之前的对待的认识的制约,如此以至于无穷。"(NR 3:44)这种对待方式——为他人留下一个外部的自由范围——就是费希特称为"承认"的东西。应该相互地对待他者和得到他者的承认,这是自我的个体性的条件。

在召唤和被召唤的过程中,每一方都向他者承认双方都是自由存在者,并且这就意味着每一方在事实上有一个在其中可以发挥自由的外部范围。每一方都承认他方为理性存在者,仅仅在每一方都理解他者在与法权相关的意义上拥有形式的自由的意义上是如此(参见第三章第一节,尤其是注释3)。相互理解乃是他们之间存在的规范性的东西。但是对于包含在承认中的规范的相互接受是很受限制的。将他人视为理性存在者不过是容忍每一方在事实上有一个外部范围,这个外部范围的存在在相互召唤中是从理论方面得到理解的,并且同时也产生了如下期待,即每一方将要继续承认这个范围的存在,只要相互承认在持续。这里没有任何假定说每一方都在道德意义上接受了这些规范。对于费希特来说,道德方面的激励可能会引入第四章所讨论的那些因素。在论证过程中,道德激励无论如何不发挥任何作用。事实上,甚至也不存在下面这种期待,即每一方在根本上受到激励要受制于由他们的相互承认确立的规范。对于相互对待的相互期待限于如下内容,即期待他人将继续从理论方面容忍他承认的那个人的自由。我们马上就会看到正是因为不存在这种激励,为对强制的需要奠定了基础。

然而，在德文中，"期待"（Anmutung）一词包含着较"预测"更多的东西；它有规范性的内涵。在此，"期待"的含义是当我们说一个教授期待他的学生在截止日期前交作业时使用的那种期待的含义，即便这位教授可以合理预料到有些学生不会交；抑或是当一个地主期待佃户在每个月的第一天交租时使用的期待的含义，即便他知道有些人永远会迟交。在上述两种情形下，不管人们在道德上如何看待这件事，不能实现期待就构成了强制行动的基础——对于学生来说，就是以给低分威胁他们，对于佃户来说则是以收回租地威胁他们。更明确地讲，在承认之中，我的期待就意味着他者的：

> 根据我的意识和他的意识的综合统一而产生的对我的承认……正如可以肯定他想要被视为一个理性存在者，我就可以强迫他承认他也知道我也想成为这样的理性存在者。
>
> （NR 3:45）

合理的期待及其规范性的内涵乃是如下先验地必然的事实的结果，这就是发出召唤和接受召唤包含着相互理解和相互接受他者为理性存在者，能够在一个特定的外部范围中自由地发挥作用。

承认产生了一种截然不同于伦理性东西的规范性。对于费希特来说，和对于康德一样，这对理解法权的范围及其同伦理的本质性分离来说是本质性的。那些不能理解非伦理的规范性，即只由相互理解产生的规范性的人，永远无法理解康德和费希特构想的法权关系。

相互理解与承认

费希特的论证现在进入到了两个主要阶段。第一个阶段，基于包含在承认中的相互理解，论证了每个个体在受到他人对待的这件事上拥有的一种规范性期待，在此包含的唯一规范是通过相互承认的各方自身产生的规范，这是基于他们的相互对待与理解，并且是一种表达自我一致性的纯粹理论性的规范。第二个阶段的论证考察的是如果相互期待得不到满足时引发的规范方面的结果。其结果将会是一种属于法权的截然不同的规范概念。因为它只是奠基于承认的相互行动和自我一致性的要求，是一项独立于一切伦理方面考虑的规范。

论证的第一阶段取决于一个条件从句："我能够期待一个特定的理性存在者承认我是一个理性存在者，只要我将他视为一个理性存在者。"（NR 3:44）这个条件从句的前件是我将他人作为理性存在者来对待。费希特认为，这一主张是事实性的，而非规范性地作为先验必然性之事而成立的。因为我将自身视为受到了另一个理性存在者的召唤，这是我的自我意识的条件。但召唤是一项自由行动，并且接受召唤（不管我是否基于它而行动）乃是将发出召唤的存在者视为一个理性存在者。这个条件句的后件则是反过来我期待其他理性存在者承认我。

这个条件从句的前件和后件之间的联系的根据是，除非我将他人视为理性存在者，否则，他人就没有理由将我视为理性存在者，但如果我这样做了，我就可以期待他人将如此对待我。这是因为我将他人视为理性存在者，而他人也接受了这一对待，这就产生了一种共同或者共享的意识；它确立了相互对待的规范。这个规范是双方都接受的。换句话说，承认不仅是认识他者的一种方式，抑或认识个体与他者关系的一种方式，同样也是对待他者的一种方式。这种对待必然是相互的，并且预设了一个共享的规范，根据这一规范，每一方都限制自身的自由，为的是允许他人有一个独特的自由范围。

既然这个条件从句的前件相当于我的自我意识的条件，那么这个条件从句的有效性就会产生后件的必然性：换句话说，在同他者的关系中（我与这个他者之间存在一种相互承认的关系），我的确有一种（在规范上得到了正当性证明的）期待，即认为他们通过尊重我的自由行动的外部范围，将我视为一个理性存在者。

费希特至此就认为，我可以针对一切进入了这种类型的相互关系中的、拥有自我意识的理性存在者将这一结果普遍化。对于任何不同于我的个体是真实的东西，必然对于所有人来说是真实的（NR 3:45）。因此我就能够期待任何个体承认我，承认每一个他者，并且通过将自身的能动性限定在自身的外部范围中和不侵犯他者的范围中，从而将他者作为理性存在者对待（NR 3:47）。每一个个体都根据理论上的前后一致性而受到约束去承认所有他者，接受这些规范，然后根据法权关系来限制他们的行动。（NR 3:48）

根据我们在第三章中所考察的演绎，个体性的理性存在者概念是一个"相互性的概念"，即它包含着不同理性存在者之间的一种关系（承认关系）。说个体的概念中包含着同其他个体之间的一种关系，这看起来是一个悖论，但如果你认真对待斯宾诺莎的"一切规定皆是否定"（omnis determinatio est negation）这一原则，这就不是一个悖论，斯宾诺莎的这一原则对于后康德时代的观念论者有着十分重要的意义:[9]

> 正如我们已经阐明的，个体性的概念乃是一个相互性的概念……这个概念只有当它被设定为是由另一个理性存在者来完成时，才能存在于理性存在者之中。因此，这个概念就从来不仅仅

---

[9] 在这个悖论性的主张中存在的真理对于黑格尔在《精神现象学》第二章中的讨论来说是根本性的，并且对于他在《逻辑学》中有关自为存在和为他存在的个体性的讨论来说也是根本性的。

是我的；相反，它——根据我的许可和他者的许可——是我的和他的，他的和我的。它是一个共享的概念，在这个概念中，两个意识统一成为一个。

(NR 3:47)

这个对于个体性的概念来说是必要的共享概念乃是承认的概念。它包含着行动——明确表达的行动，双方的一种许可，也是一种共享的行动。这一行动产生了一项独特的、有别于任何伦理性的规范。

相互理解的规范性结果

这种规范的充分展开需要费希特论证的第二个阶段，这个阶段处理的是如下可能性，即他者——我希望从他那里被作为一个理性存在者而对待——也可能会违背共享的承认规范。理性存在者同样必然是一个有血有肉的存在者，有其感性方面的存在。这就有可能使他人将我仅仅作为物来对待，从而侵犯在我们的共享概念中赋予我的自由的范围（NR 3:49，51）。在同这种可能性的关系中，我的召唤因此就成为一项要求，即要求他人在同我们所共享的规范性概念之中做到理论上前后一致（NR 3:52）。在同这种理论上前后一致的规范的关系中，我们的共享的规范性概念现在看起来就像是一项法则。在要求他者做到理论上前后一致的过程中：

> 我将自身设定为一个法官，（与此同时也邀请）他和我一道成为法官……因此，就是法权概念中的一个积极因素，借此，我们相信我们施加给他人的一项义务并不与我们对待他的方式相抵触，甚至是支持我们对待他的方式。其来源肯定不是道德法则：

相反，它是思维的规律（即一种纯粹的要求自我一致的理论性的规范）。

(NR 3:50)

在与法权的关系中可以谈论的唯一义务是要求自我一致性的理论性义务。费希特指出，他者的不一致同样也允许我没有任何不一致地将他人作为单纯的物或客体对待（NR 3:50）。这个论证看起来是成问题的。他者对我的自由范围的侵犯可能只是在一个狭窄的范围内将我作为单纯的物来对待，而且作为回应，我将他者只作为物来对待似乎与我们共同认可的不一致。费希特的论证证成的，并且同样也是他需要的结论，毋宁是某种更加类似于如下说法的东西——"一项强制的行动，如果它保障了相互承认所设定的自由的外在范围，它就同法权相一致，并因此与表达在这一承认之中的，属于被强制者的意志相一致"。[10]

我们既可以从他得出的结论的角度出发，也可以从这个说服力较弱的结论出发，来考察他的论证，后者是从他的前提基础上推论出来的（接下来我们将看到，这一点没有产生什么影响，至少对法权规范的演绎没有产生什么影响）。

第四节　规范性的法权概念

在第五至六节，费希特接下来对使那些明确表达的行动成为可能

---

[10] 这一原则因此可能会起到类似于康德主张的作用。康德认为，这个原则是分析性的，即强迫的行为如果妨碍了对正当的自由的妨碍，它就是与法权相一致的（MS 6:231）。

的具体化的诸条件进行了长篇大论。这些明确表达的行动不仅包含在承认中,而且包含在承认所确立的对规范的违反中(NR 3:56—85)。然后,他转向了刚才我们提出的观点,引入了一个新概念,即强制法权的概念。

两个理性存在者相互承认,尽管这种相互承认使它们服从于要求自我一致这个理论性的规范,但这个事实并不必然赋予他们一个同表达在这一承认之中的意愿相一致的行动的理由。"对于为何理性存在者应该前后一致,并且由于这一点,为何他应该采纳那个确立的法则,不可能提出一个绝对的理由。"(NR 3:86)[11] 但如果他人不使我们在外部范围中获得自由,费希特就总结指出:

> 我也就无需遵守要求我将他作为自由存在者来对待的法则,(即)我针对他享有一种强制权。这些主张的意思是:这个人不能仅仅通过法权的规律来阻止我对他施加强制(尽管他可以通过其他规律做到这一点,例如,通过物理方面的力量,或者通过诉诸道德法则)。
>
> (NR 3:90)

不同于康德,费希特并未借用伦理学中的义务概念,从而使用一种运用于法权的独特意义上的义务或责任(MS 6:239)。费希特不承认任何康德意义上的"法的义务"(MS 6:218)。我们有一种服从于法权的道德义务,但这是在法权本身的范围内。除了存在要做到前后一致的理论义务和通过法权得到授权的强制之外,不存在其他义务。一

---

[11] 存在一个道德上(伦理方面)的理由,说明为何每一个理性存在者都有义务意愿他者的自由(NR 3:88),但这并未提供对任何人的自由的保证,因为道德义务不能被强制,并且法权肯定不能取决于道德方面的动机。

切想要将费希特的法权概念"道德化"的尝试都包含着对他的法权理论的动机和内容的根本误解。[12]

强制法权

从他人对我的法权的侵犯中产生的主张可以在我将他人作为单纯的物而对待的意义上被理解,也可以在我能够在他人对我的自由的侵犯的有限范围内强制他这个意义上来理解。不管在什么意义上来理解,我们都可以更清晰地表达出作为一个规范性概念的法权的独特性究竟体现在何处。作为一项规范,法权并不会直接地针对那些行动落在它的范畴之下的人。相反,它针对的是可能处在能够强制这些行动的位置上的人的:它告诉那些他者,与法权规范相一致,他们可以做什么,不可以做什么。伦理学的规范告诉我们每个人应该做什么。法权规范首先并不告诉我们应该做什么,或不应该做什么。相反,它告诉他者,与由相互理解所构成的共享的法权规范相一致,可以强迫我做什么和不可以强迫我做什么。

尽管康德确立问题的方式不同,但他也十分清晰地看到了这一点,即为何他的法权原则并未告诉我们要做什么或不要做什么,而只是告诉我们哪些行动是正当的:"任何行动,如果它能够根据一项普遍法则而与任何人的自由相互共存,或者如果根据它的准则,每个人的选择自由根据一项普遍法则而同每个人的自由相互共存,那么这一行动就是正当的。"(MS 6:230)在接下来,他阐述了法权的规律,

---

12 我们可以在诺伊豪瑟(Neuhouser, 1996)、达尔沃(Darwall, 2005)和南斯(Nance, 2012)那里看到这类尝试。但是,诺伊豪瑟和南斯似乎认识到他们的看法是与费希特对立的,而不是对他的解释。达尔沃很清楚他是在利用费希特(而无视费希特本人的意图)来为他在道德哲学中的意图作论证。

这一规律要求我们仅仅被限定在那些正当的行动上面。但是他做了如下补充：

> （这一规律）并不期待，更不用说要求，我自身出于这一义务而应该将我的自由限定在这些条件之上；相反，它仅仅指出，自由是根据它的理念而限定在这些条件之上的，并且它同样可以通过他人的行为而受到限制。
>
> （MS 6:231）

费希特可能会同意，法权的规范没有告诉我们要去做什么，而只是告诉他人他们与法权相一致可以强制性地要求我们去做什么，或者可以阻止我们去做什么。和康德一样，费希特可能会说，法权规范仅仅奠基于自由之中——康德称之为"外在自由"：独立于他者做出的强制性选择（MS 6:237）。换句话说，自由只能出于自由而受到限制，而不能出于任何其他目的或利益而受到限制，或出于任何伦理义务而受到限制。这一点基于一个重要的理念，即自由并不总是强制或约束的对立面：某些最根本的自由只能通过强制或约束才成为可能。卢梭在这个问题上是绝对正确的：在属于法权的意义上，我们仅仅是被强迫地获得自由（卢梭，《社会契约论》，1997，第一卷第八章）。

根据你自身的意志而受到强制

然而，费希特可能会补充另一个与之相关的理念，这个理念并未出现在康德的笔下，即法权的规范告诉你，根据你自身的意志可以强迫你去做什么。这个理念听起来像是悖论，但它又是相当直截了当的。[13] 我们刚刚看到，它是如何从拥有自我意识的个体性的独特条件中产生出来的。因为在进入一种承认关系的过程中，我希望将我的自由限定在我的正当的外在范围之内，正如我希望他人也应该类似地将他们对自由的运用限定在属于他们的正当范围之内。如果我带着这一意愿而前后不一致地行动，并且在接下来被迫将我对自由的运用限定在我的正当范围之内，那么就可以由此得出，我只能被迫以一种与我的自身意志相一致的方式行动，这种强制是正当的，这就是法权规范涉及的主要内容。

如果我们在费希特认为自身已经展示的东西和他尚未主张已经给予了证明的东西之间做一区分的话，将有助于澄清他有关法权概念的演绎。在第四节末尾（定理三），他提出了五个"推论"：

一、法权仅仅出自理性的自我意识。他主张，他演绎的法权是出自"理性的本质"，并且他表明没有人能够孤立地存在，并且"特定的判断事物（尤其是人类行动）的方式对于理性存在者本身是必要的"（NR 3:53）。他准备将这个被演绎的概念称为"法权"，但他提醒我们，这个词在任何方面都与这个词的日常含义不相符。[14]

二、法权独立于道德。这个被演绎的概念"与道德法则没有关系，是在没有道德法则的前提下演绎出来的"。道德的义务概念甚至在诸多方面同法权的概念相对立。法权仅仅许可——表明了根据这一概念理性存在者不能被强制的各种方式——但不能发命令。"道德法则常常禁止一个人去行使他的法权。"你可能有一项要慷慨大度并且

---

13 在这个概念中，也没有任何家长式的东西，"你的意愿"并不意味着"你的幸福"。在此，强制并不以你的福利为目的，而只是为了维护你的自由和每个人的自由的诸条件。

14 一个区别在于我们可能会认为一个人的权利是与他人的义务对应的。正如我们看到的，康德试图维护法权概念的这一特征。但费希特没有这样做，之所以如此，是为了确保法权的领域严格地区别于伦理的领域，在后者那里产生的是义务。

放弃根据法权属于你的东西的伦理义务。在强制失败的地方，道德可能会提供一种将个体的行动限定在法权允许的那些内容之上的动机。但是，"道德法则是否可以为法权概念提供一种新的裁可（sanction），这个问题并不是自然法权学说的一部分"，而只是属于道德的范围。"法权必须是可以强制执行的，即便没有一个人有善良意志……（在法权的领域中）物理上的暴力，并且也唯有它，才能为法权提供裁可"（NR 3:54）。

三、仅仅存在针对行动的法权。费希特反对每一个具有如下形式的主张，即在直接的意义上，存在针对土地和物的所有权。这些法权必须被理解为是与这些物相关的、以特定的具体方式来行动的权利，即有权拥有某物或有权拥有地球表面的一部分，以使其可供个体出于特定意图而使用。就涉及他者而言，"在与他人的关系中，法权（仅仅是）一种将他们排斥在使用这个物之外的权利"（NR 3:55）。使用土地的权利可能只能够扩张到对于土地的特定使用方面。费希特认为，农场主和采矿工也许有权使用同一块土地，他们各自出于自身的目的，只要他们中的某个人的使用不干涉他人的使用（GH 3:441—442）。

四、在与"内在的行动"——思想、信念等——的关系中不存在法权。法权只属于自由在感性世界中的外在表达。信仰、目的的设定，诸如此类，除了它们的表达，否则不能成为强制的对象。我认为，我们可以理解这不仅意味着我们的确拥有针对信仰、目的等的法权，也意味着任何想要强制它们的尝试（例如，通过强制那些将它们表达出来的行动，如果这样做只是为了强制内在行动的话）必然是违背法权的（NR 3:55）。

五、法权关系只能在彼此处在某种外在关系的理性存在者之间产生。在那些行动并不能外在地相互影响的存在者之间是不存在法权关系的。由此，费希特推出，尽管我们对死去的人有道德义务，但死者并不享有任何可强制执行的法权（NR 3:55—56）。这就意味着，他拒绝康德有关死者有权在死后获得好名声的学说（MS 6:295—296）。[15] 这同样意味着，不存在关于继承的自然法权——根本就没有这种法权！——除非实定的立法对此进行了规定（NR 3:257—259）[16]。

个体外在范围的程度

尽管承认要求每一个理性存在者拥有一个外在的自由范围，对此其他理性存在者不得侵犯，但在费希特的法权概念中，没有任何内容直接地暗示范围必须有多大。在对法权共同体的概念进行演绎之后，当费希特表达属于共同体的每一个成员的"原初法权"（Urrecht）的概念时，他指出，每个人的外在范围必须包含他自己的身体，也包含外在效用性所需要的那部分感性世界，对于这个感性世界，在他们之间的世界划分分配给了他们一项权利（NR 3:114—119）。除此之外，法权的概念和法权关系的概念并不意味着更多内容。费希特明确指出，外在自由的范围的形式概念只是一个定性的概念，它不能规定每个人应该有多大程度的外部自由，或者针对哪些空间、事物或物品有外在自由（NR 3:122）。从法权的定性概念向定量概念做出的推论，必须通过在一个法权共同体——甚至这个概念也仍然需要演绎（NR 3:122—136）——的语境内部的相互同意和交互宣告才能进行。

---

15 费希特认为，国家有权基于合理的证据公开地宣称，某人不值得尊敬和不值得信任，从而保护自己的公民，但除非一个人触犯了刑法上的罪行，否则国家就不能这样做（NR 3:244—246）。

16 根据自然法权，所谓的"遗产税"应该按照百分之百的比例来征收，我们与死者之间没有任何法权关系。但是，国家可以通过立法规定一个临死之人可以将其遗产赠予他的自然继承人或他选定的继承人，从而处分他的（国家的）正当的财产。

包含在违背法权之中的前后不一致性

　　法权关系的确要求，在承认他者的过程中，我承认他者是一个自由存在者，拥有针对自由的范围的法权。这一点仅仅是通过如下事实被承认的，即我是作为一个理性存在者向他者发话，而不是（比如说）将他的身体像一袋面粉一样地推来推去，或者向他发出一种口头信号，不是作为一种理性的沟通（一个召唤），而只是作为机械控制的手段，就如同我向一条狗或一匹马发出口头指令一样（SL 4:315）。如果你向被你视为奴仆或奴隶的人发出理性的指令，费希特的论证就意味着这就已经承认他人是一个理性存在者，有权拥有自由的范围——并因此不是作为属于你的财产的物，如同饲养的动物一样。法权关系必须是相互的和交互的。

　　费希特的论证是，如果主人——或者，整个社会秩序，包括奴仆或奴隶自身——应该接受有关他们的关系的如下观念，根据这种观念，只有某些人拥有权利，他人不拥有权利，那么这就包含着在人们受到对待的方式中的理论上的不一致。当然，费希特并不否认这样的社会体系可以持续，可以得到压倒一切的力量的支持，甚至自许多世纪以来在人类事务中流行，尽管在它们的根基中存在一种严重的理论上的不一致。他的确认为，这种不一致意味着，在这个体系中，有关人们之间的关系的观念不仅在根本上是非理性的，而且违背了法权。但使之违背法权的并非只是逻辑上的不一致。（认为对于费希特来说，个体自相矛盾的每种情形都包含着对法权的违背，这是一种荒谬的误解），毋宁说，正是此种存在于相互承认预设的共同的规范性理解语境中的不一致导致了一种违背法权的理解。

　　也许，费希特的论证需要得到有关他的结论的一种间接证明的辅助。这样的证明可能要从主人和奴仆或奴隶们共享的相互理解开始，并且接下来要揭示，在他们理解相互关系的方式中事实上存在一种不一致。此类成功的间接证明在我看来是后来由黑格尔提出的，即《精神现象学》著名的主奴辩证法中出现的那种证明（PhG ¶¶ 189—199）。[17]

承认可以扩展到何种程度？

费希特也意识到在此存在如下问题，即另一个存在者的概念应该在经验方面扩展到何种程度，并且他对这个问题进行了持久的讨论。他否认康德的人性公式或普遍法则公式能够回答这个问题：

> 我如何知晓普遍立法公式提供的保障是否只对白种的欧洲人有利，还是也对黑种的非洲人有利；或者只对成年人有利，还是也对孩子有利？我如何知晓它不会同样对忠诚的宠物有利？
>
> （NR 3:80—81）

费希特对这个问题的详尽讨论列举了历史-社会性的自我发展所产生的人类的诸能力——获取各类技术和生活方式，并且理性地传播它们（NR 3:82），为身体提供衣服（NR 3:82—83），直立行走的姿态（NR 3:83，这是赫尔德特别地强调的人类特征）。但费希特最终专注于人类面部的表情特征，它"自我能动地为自由谋划的精神性概念创造了一个图像"（NR 3:83—85）。"任何脸上带有理性标记的人，

---

[17] 我提供了费希特与黑格尔有关承认的论证的一个比较性讨论，参见 Wood（2014a），第 214—218 页。

不管他多么粗野，也不是一个完全没有意义的存在"（VBG 6:311）。[18]
对于所有我们承认是"人的模样"的存在者，费希特指出，"每个人的内心深处都不由得将每一个其他的人视为平等的"（NR 3:80）。非人类的动物没有能力表达出理性的思维（或者通过语言，或者通过面部表情），并因此不享有权利（NR 3:91）。

孩子们尚未成为充分意义上的理性存在者。在费希特看来，正如康德也同样认为，成年人尤其是父母亲，有义务照顾和教育孩子，从而使他们充分获得为成年人拥有的那种自由理性的能力（MS 6:280—283，NR 3:358—364）。在此，存在一些针对孩子们的父母和国家的法权要求。成年人对孩子的权威必须总是为了孩子的利益，而不是为了成年人的利益而得到运用（MS 6:280，NR 3:358）。

费希特有关这些权利中哪一种可以得到强制执行的讨论包含着某种精巧性和复杂性（NR 3:362—364）。父母也许可以正当地受到强制去照料和抚养（erziehen）孩子，但是对孩子进行一种"高级养育"，即教导孩子们道德上的美德，却不能正当地受到强迫（NR 3:359）。国家可以为孩子们设立教育机构——这在很大程度上是《对德意志民族的演讲》的主题。在《自然法权基础》一书中，他否认国家在这些机构方面有强制权（NR 3:363）。但后来在《对德意志民族

---

[18] 一个明显的结论是，承认的范围完全地扩展到了一切成年人身上（不仅包括"白种的欧洲人"，还有"黑种的非洲人"，以及其他具有人类面部轮廓与变化的人种）。费希特的确说过，在个体这里，"当种族越来越变得像动物，越来越只顾自己的时候，嘴巴也会越来越突出，而当种族越来越高贵，嘴巴就会后退到思考的前额之后"（NR 3:84）。很显然，他受到了一段时间内曾作过他导师的拉瓦特（J. C. Lavater, 1783）的影响。这门所谓"面相学"的科学——试图通过人的面部特征发现人的道德品质，在康德（Anth 7:297—301）和黑格尔（PhG §§ 131—325）笔下也得到了讨论。费希特并不认为这种区分是基本的人类品质的例外或限制。这些基本的人类品质是我们在理性的人类形式中（只要可以发现它）必然把握到的（NR 3:80）。

的演讲》中，他改变了观点，主张一种基础教学体系，这种教育乃是普遍的，对于所有孩子来说是平等的（不仅面向男孩，也面向女孩），是由国家资助的，也是强制性的（RDN 7:396—427）。

第五节　公民-政治契约

费希特从法权概念中发展出政治国家的过程是复杂的，包含一个篇幅较长且复杂难懂的论证。由于篇幅所限，我们不可能系统呈现出论证过程中的迂回曲折。费希特的《自然法权基础》分两个部分，在1796年版中呈现了第一个部分，在这个部分中，先是有关法权概念的"演绎"（NR 3:17—55），接下来是法权概念的"运用"（NR 3:56—190）。但在1797年的版本中增加了第二个部分，即"获得具体运用的自然法权"，这给我们带来了麻烦。结果是，第一部分的主题和第二部分的主题出现了某种重合，并且我们并不清楚这些材料的安排在多大程度上是由费希特声称要严格遵循的先验方法来规定的，又是在多大程度上是由著作分两个阶段出版这个偶然性事实规定的。对费希特的法权理论的一个完整阐述无法在一章中完成。因此本章接下来只是对他的论证结果的概括。

政治正当性的诸条件

《自然法权基础》的确想要作为在先验哲学领域的一次运用。这个计划是从法权概念开始的，基于如下假定（费希特强调这个假定的任意性与偶然性），即我们想要追求自由存在者的共同体这个目的。接下来它就发展出了对这一共同体的可能性来说的先验条件。这就将费希特的社会契约理论置于一个特殊的背景下。正如传统的社会契约理论看起来承诺要做的，他并不主张我们看到的我们周围的国家是建立在公民们对为政治权威奠基的那些安排的现实的（不论是明示，还是默示的）同意基础上的。[19] 相反，他考察的是一种假设性政治共同体的可能性的诸条件。这个假设性的政治共同体可能会在共同体成员之间的关系中实现法权概念。他的理论在契约关系、同意等方面提出的主张并非现实的人类为了创造出我们看到的我们周围的国家必须要做一些什么的主张。他的理论很少提供有关人类可能会如何给出这些同意的论证。他的理论只是说，如果想要存在一种正当的共同体，那么这些就是必须满足的条件。

由此可以得出的一个清晰的结论是，如果这些条件没有得到满足，既存的政治制度就是不正义的，并且缺乏正当性。在我看来，尽管费希特并未指出其间存在的种种过错，但他显然认为，一切现存的、过去的政治秩序都缺乏正当性。用康德的技术性术语来说，所有国家并非一种法权状态，而是一种野蛮状态——一种没有自由和法则的强力（Anth 7:331）。但是，它们都在某种程度上接近于一种法权状态。费希特继续支持一种原则性的革命权利，这可以通过这些说法得到最好的理解，因为即使康德也可能赞成对野蛮统治的反抗。不同于费希特，康德认为，既有的国家大多数并不是处于野蛮的状态，而是处于法权状态，尽管是不完善的。然而，在实践中，费希特对既存的政治制度的态度和康德相类似。他认为，既存的政

19　以同样的方式构思这个问题，卢梭走过了漫长的道路。一开始，他将"这个过渡（即从自然自由向公民社会的锁链的过渡）是如何发生的"这一问题同"这个过渡如何是正当的"这一问题区别开来，然后宣告自己对第一个问题没有任何想法，但却想要回答第二个问题。卢梭（1997）《社会契约论》，第一编，第一章。这就留下了一个开放性的问题，即正当性的诸条件应在何处得到满足，甚至它们是否曾得到了满足。

治制度暂且可以被接受,只要它们努力地使自身得到完善。我们并非生活在理性的国家之中,或甚至并非生活在正当的国家之中,而是生活在需要的国家之中——一种必需的或紧急的状态,它们之所以必须被接受,只是因为我们令人绝望地需要某种政治秩序,而眼下又没有更好的秩序为我们所用。这种状态可能被视为正当的,但前提是它着眼于朝向更好的东西进步。任何保守的国家,想要维护现状的国家,必定是背离法权的(SL 4:361)。

费希特的演绎规定了如果想要出现一个理性的国家必须满足的诸条件。承认的关系将他引向了法权概念及其强制性的执行。只要我们看到这种强制只能通过相互表达承认的各方(他们的外在范围受到了他者的侵犯)来执行,就会导致一系列的问题和悖论,这就需要,并且也接受通过综合的方法获得的解决方案。

其中的一个问题是,正当的强制预设了一种裁判权,即裁判他人侵犯了我的权利,并且承认关系的任何一方都无权做出约束他人的裁判(NR 3:95)。另一个问题是,在权利受到侵犯的人和侵犯权利的人之间的任何意义上的和平都取决于每一方对他人将会如何行动的信任。一方给出的保证将取决于他确信对方将做出怎样的行动。和平的可能性因此就会将我们引入一种恶性循环。

费希特认为,只有当双方都接受了对未来的担保或保证(Gewährleistung, Garantie)之后,这些问题才能得到解决。他们只能通过将自身的全部能力共同交给第三方才能做到这一点。他们将法权的强制执行授予给这个第三方。第三方不仅拥有裁判权(Recht des Gericht),而且拥有根据这一裁判权进行强制的物理权力(NR 3:100—101)。这种权力的确立取决于使个体服从于它的契约或同意。"此外,我必须以自身的全部自由服从(这种权力)"(NR 3:102)。而我之所以这样做,只是因为我提前就知道我的权利将要受保护。而只有当我知道掌握这一权力的人将会根据颁布的实定法行动,我才能提前知道我的权利将要受到保护(NR 3:103)。这些法律必然会表达出由同意的各方共享的共同意志或普遍意志(gemeinsame Wille)。

结果,费希特就指出,国家必须建立在明示的同意的基础之上,这是一种确立了为所有国家成员共有的意志的相互宣告,即"公民-政治契约"[Staatsbürgervertrag(国家公民契约)](NR 3:191)。费希特论证了一系列这样的契约的必然性,论证了每个后面的契约的必然性都取决于它之前的契约的必然性,认为这是自由存在者之间的相互承认或共同体关系的可能性的先验条件。使人与人之间的法权关系得以成为可能的共同的政府权力,只有当它是人们相互同意的结果时,才是同他们的自由一致的。再一次地,费希特并未主张那些现实存在的国家基于这种同意而存在,而仅仅主张,理性国家应该建立在这些同意之上。我们对任何既存国家的接受顶多是暂时性的,并不是基于任何现实的合法性,而只是基于我们的需要和紧迫性。

财产契约

法权关系分配给每一个个体发挥自由能动性的外在范围。这个范围从人的身体开始,扩展到个体的财产中。人与人之间的法权关系的第一个条件因此是对他们行动的外在范围的限度做出彼此同意的规定。每个人都主张一个行动的特定范围,而将其他的范围开放给其他人,在此针对所有人同意的这些范围存在各自的限制。对于费希特来说,和对于康德来说也一样,财产权取决于各方面的同意。这就不同于所谓的"洛克的限制条款",后者说的是,如果我留给他人"尽可能多和尽可能好的东西"，我就可以单方面地获取某物。康德和费希特都反对这一点，他们的根据是，使财产分配正当的不是福利，而是意志。对于费希特来说，正如我们在下面尤其是在第九节中将要看到的，只有当某些人显然不能理性地对一种使他们陷入赤贫和缺乏最低限度的自由的条件的财产分配表达同意时，福利才被纳入到考量之列。法权的基础，包括财产权的基础，永远是外在的自由，而非幸福、福利或任何其他利益，这些利益有别于在一个人的正当的外在范围内摆脱他人意志的强迫。

保护契约

费希特称上述契约为"财产契约"（NR 3:196）。各方面表达出来的对财产分配的同意被授权给了国家，服从于国家的裁判权。除非每个人有理由相信，每个人对财产的权利将会由所有人强制地执行，否则，这种一致同意就没有授予任何权利。因此，财产权就预设了所有人一致同意将他们的力量联合起来保障每个人的财产。这第二个同意是"保护契约"（NR 3:197）。

财产契约不同于保护契约的地方在于，前者只要求不得干涉他人的外在范围，后者则要求做出积极的行动，并且的确在保护他人权利的过程中有一种持续的积极行动的意向。对于费希特来说，这就产生了一个有关保护契约的可能有效性的严重问题，因此也就产生了关于财产契约，并因此有关一般意义上的法权关系的可能有效性的严重问题。这是因为费希特认为，契约对我们的拘束力取决于我们是否对另一方将会现实地履行他们作为契约一方的义务有一个合理预期。在保护契约中，只要我们必须紧紧依赖于缔约者的个体意向，就无法保证这一条件在未来得到满足（NR 3:200—201）。

结合契约

在费希特看来，只有当每个人不是同他人或者同以彼此分开的方式看待的所有他人缔结协议，而是同由所有结合起来的个体构成的一个实在的整体达成协议，才能给出这种保证（NR 3:202）。他说，这个整体必须通过与一种自然产物的类比被思维为一种有机体，这个有机体的每一个部分只能通过这个整体而在其性质方面受到规定，甚至只能通过这个整体而成为可能。对有生命的物体的任何部分的侵犯可以被全部的器官感受到是对整体的侵犯，并且每一个器官做出的反应就好像这是对它自身的侵犯。通过同样的方式，社会整体乃是这样的一个整体，每一个部分都在其中有一种保护其他部分的倾向，仿佛这是它自身的权利（NR 3:203）。这种有机整体得以产生的协议被费希特称为"结合契约"；它是在每一个个体同这个整体之间缔结的（NR 3:204）。（这就类似于卢梭的论证，卢梭也将公民契约视为在"每个人"和"所有人"之间缔结的；卢梭，1997，《社会契约论》，第一卷，第六章）。

费希特不同意卢梭的如下主张，即认为在社会契约中，每个人都必须完全地将自身交给整体（卢梭，1997，《社会契约论》，第一卷，第六章）。相反，在他看来，除非他们使某些东西受到保护，否则对结合的同意来说就是无效的。这就意味着，每个人拥有整体所分配的并且承诺要保障的财产是这一契约的条件（NR 3:204—205n）。对于费希特来说，这种财产权从根本上讲存在于不受其他人任意权力干涉的劳动的诸条件之中。在本章第八节中我们将会看到，这个要求对于社会的经济组织来讲有着深远的影响。

转让契约

为了能使结合起来的人们行使权力,他们必须指定特定的一部分人来为普遍意志制定法律、进行裁判和执行法律,他们是通过"转让契约"做到这一点的(NR 3:165)。[20]在特定政府的关系中,公民也缔造了"服从契约",宣誓服从法律。但是,费希特补充说,这最后一个契约"只是假设性的",因为公民们通常会选择撤出某个特定的国家,如果他们想要移民的话(NR 3:206)。

唯有在这些条件下,契约才是有效的,并因此唯有它们才是实现法权的条件。

第六节 政府的形式

费希特追随卢梭区分了政府和它执行的法律。但不同于卢梭,他并不将这一点理解为立法权与统治权的分离。相反,一切法律仅仅被理解为根本法或宪法的适用。共同体的一切特定行为,包括立法行为(适用宪法和修改宪法),乃是通过单一的政府权力来行使的。费希特承认,政府的立法、执法和司法功能之间存在差异,但他反对将这些功能分配给不同的政府权力。但一切正当的政府必须是代议制的,意

---

20 费希特在此同洛克与卢梭分道扬镳。洛克与卢梭认为,将权力转让给政府并非一项契约,参见 Rousseau(1997),Ⅱ,1;Ⅲ,1。费希特在这个问题上似乎与他对于权力分立学说的拒绝相一致(NR 3:14)。因为,否认三权分立使立法成为政府的一项功能,而不是使之同政府分立,将其视为先于政府和对于政府享有权威的主权权力的发挥,正如在卢梭那里发生的一样,抑或如同在洛克那里,将政府机制视为人民的信托。但正如我们将要看到的,费希特也共享了洛克认为人民可以解散政府的观点。

思是说，它们的权力被认为是全体人民根据宪法授予的。[21] 作为国家的根基，尽管宪法可以得到补充或修改，但不得变更。因为，宪法必须是一种被它约束的每个人自由地接受的法，对宪法的采纳必须是全体一致同意的，而不只是通过大多数人投票得到采纳（NR 3:152）。那些不同意它的人必须移居国外，在地球上寻找另一个地方，在那里，他们同意与他人缔结一种法权关系（NR 3:14）。

民主

上述意义上的代议制只排斥其他两种政府形式。一种是"专制"，即主权者不服从法律，正如费希特时代的绝对君主国一样；另一种则是"民主"，人民在此作为整体直接执行法律，而不是将权力授权给代表（NR 3:159—160）。费希特区分了这一（受到蔑视的）意义上的民主同"狭义上探讨的民主"，后者意味着代表的民众选举（NR 3:162）。后面这种意义上的民主是一种正当的政府形式——实际上也是费希特最赞同的形式。尽管他也强调其他形式的政府的正当性，包括混合的和世袭的贵族制政府，只要人民对其表示同意。尽管费希特也允许"永久执政的总统"，例如当其出现在"选举共和国"（Wahlreich）之中时（NR3:162），但并不清楚他是否会承认世袭君主制的正当性，即便它是以一种立宪形式出现的。

监察官制

为何费希特反对权力分立学说？在他看来，将立法权、司法权

---

21 费希特在此的主张与卢梭（Rousseau, 1997，Ⅱ，1）不同，卢梭拒绝了代议制政府的观点。

和执法权分开不过是"徒劳",或者说这种区分只是"看起来"存在(NR 3:161)。如果执行权必须服从司法权,在他看来,那它实际上就没有权力;如果司法权必须服从立法权,那它也将失去真正的权威。构想政府权力的唯一方式就是将其思维为不可分的,只有在这三种职能的实施之中才是可分的。但费希特也强调,政府(尤其是在它的执行职能方面)必须要对法律负责。和康德一样,他也并不同意将人民反抗政府的权利视为现实的,但在原则上又是无法执行的。相反,他提出了最具有独创性的政治理念——监察官制。

"监察官"(ephor)一词的含义是监督者,在古典时期是斯巴达的一种政治制度。但费希特强调,他所谓的监察官与之完全不同。他强调,在古典时代的政治制度中和他设想的东西最接近的是罗马的护民官(NR 3:171,n)。正如他构想的,监察官由人民选举的具有固定任期的一群受到高度尊重的公民组成(NR 3:163)。他们完全独立于政府,人身不可侵犯(NR 3:173—175)。这些监察官不行使任何政府职能,但拥有绝对的否定权力:有权中止现有的政府,有权召集人民会议基于他们的指控对政府进行审判(NR 3:172—175)。

但是,如果政府和监察官勾结,压迫民众,又该怎么办呢?费希特强调,尽管在他的建议中已经采取预防措施来防止这一点,但它还是有可能发生。在此情形下,除了全体人民站起来反对政府,就没有什么可求助了。因此,有人指控他倡导民众反叛的正当性,对此指控,费希特回应说:

> 但是,我们应该很好地注意到,人民从来就不是一个反叛者,而它使用的革命这个表达是一切说法中最荒谬的说法……唯有反对一个高级权威才可以说反叛。但在这个地球上,还有谁的权力比人民更高?因此,它只能是反叛自身,这是荒谬的。唯有

上帝才高于人民。如果一定要说人民背叛了它的君主,就是假定君主是上帝,而这一点是很难确证的。

(NR 3:182)

关于监察官这一观念,他强调说,这不应该被视为支持反对政府的民众起义(暴动)的制度杠杆,而相反,它应被视为一种保障方式,即这些起义对保护人民反对专制政府来说从来就不是必要的:

引入这类安排不是为了援引它,而只是为了使它们有可能被援引的情形成为不可能。正如在它们被引入的地方它们是多余的一样,只有在它们不出场的地方,它们才是必要的。

(NR 3:187)

在1812年的《法权学说》中,费希特后期的政治理论在一种令人吃惊的程度上保留了《自然法权基础》(1796—1797)和《锁闭的商业国》(1800)中的学说。但最明显的一个改变是撤销了有关"监察官制"作为防止政府滥用权力的方法的建议。费希特继续相信促使他给出建议的原则的准确性,但"基于更成熟的思考",他质疑它的可操作性(SW 10:632)。首先,他反对说,没有什么可以阻止监察官滥用权威;其次,他担心监察官将受到政府的压迫,正如罗马的保民官受到了贵族阶层的控制。最后,尽管费希特认可在对政府进行审判的过程中人们的判断必定在形式上是公正的,但他担心在这种情形下可能造成实质上的不正义(SW 10:632—633)。人民的革命性集合在他看来容易导致用另一种糟糕的事态替代这一种糟糕的事态(SW 10:634)。

费希特抛弃监察官制这一学说决不意味着他不再担忧,政府权力是容易遭到滥用的,尤其是当它尚未划分时(在费希特看来,它必须如此）。他的论证毋宁是，只要人民还和眼下一样糟糕，关于监察官制的宪法条款就不能发挥作用，如果人民得到充分改良，使这个制度能发生作用，他们又将不再需要这种制度（SW 10:633）。他承认找不到一个解决政府权力滥用问题的最终方案，但他并不否认问题的存在，也不弱化问题的严重性。他说，就事情本身来说，面对政府权力的滥用，我们能够得到的真正保障是存在有教养的和能思想的公众（SW 10:633—634）。

费希特很清楚地意识到，他的反专制的、共和主义和平等主义的个体法权观念和政治正当性的观念没有给身边那些政体留下任何能够得到证成的希望。与此同时，尽管他有作为雅各宾分子的名声，但他同意康德，认为最有效和最持久的政治改良不是来自于民众起义，而是要通过自上而下的逐步的、有原则的改革来达成。那些不正当的政体因此可能会通过一种开明的自我转型而使自身得到正当化。甚至一个政治秩序的临时的正当性因此也取决于它根本上自我改良的倾向（SL 4:361）。

第七节　个人自由与刑法

在只涉及自身的和私人性的事务中，在个人自由问题上，费希特采取了一种关于国家权力的高度限制性的观点。国家的全部目的是根据公民政治契约保障自由人的原初权利，这意味着自由的外部范围必须不受侵犯，并且国家干涉个体自由的权利，也唯有当它对保障他人的权利是必要时才能扩展。但正如我们将在第九节中看到的，有关国家在涉及人民的行为方面（当其影响了他人的利益，尤其是自由时）扮演的角色问题上，他采取了一种截然不同的观点。最重要的是，这一点适用于经济领域。在此,他有关国家角色的观念——不仅包括它的权利,也包括它的义务——乃是扩张性的。

私人领域与公共领域

在理性国家中,在私人的和公共的之间存在严格的区分。国家对个体人身,或者对他们的绝对财产或在他们的住所之中,都没有任何权利。但在公共街道上,警察可以要求公民出示身份证明。在费希特看来,所有人都应随身携带一种有照片的身份证,以备交给警察查看,并且公民们在公共场合必须能对他们从事的工作进行说明(NR 3:294—295)。另一方面,在公共领域中,警察和私人性公民都应公开地从事工作,警察应身着制服,容易辨认,国家不得秘密地监视公民。在费希特看来,"卧底"警察密探(在他那个时代,指的是英国的做法)是对公民自由的根本侵犯(NR 3:302)。

在缴税之后,个体拥有的财产在费希特看来属于个体的"纯粹的"或"绝对的"财产。它是对个体身体的"替代"(surrogate),国家对其没有任何权利(NR 3:240)。个体身体的另一个适度扩展或"替代"乃是个体的"住所"(NR 3:242)。不受国家干预的"家庭权利"因此就是绝对的,也有可能使它成为绝对的。个体在住所之内的权利,正如同对自身身体的权利一样,是至高无上的。正如费希特所说,我的房子不在国家的管辖权范围内,只有获得我的明确要求后方能进入(NR 3:243,GA I/4:47)。

法权是可强制执行的,道德则不能。对于费希特来说,任何人想要强制人们履行良心义务就是对他们的基本人权的侵犯。结果,也就存在一系列在费希特的伦理理论看来完全是非道德的行动和措施,而根据他的法权理论,国家是绝对被禁止将其宣布为违法并加以惩罚的,比如，自杀、通奸、乱伦、非法同居或卖淫（NR 3:323, 325—332），甚至包括杀婴（这是那些太过年轻且无依无靠，只能完全凭自己过活的母亲们所犯下的）（NR 3:363）。对所有这些行为的道德上的禁止是严格的，但完全是伦理性的，不能通过国家强制地执行。

正是在此基础上，费希特强调一种非常强势的有关个体隐私的权利。这种权利的焦点是住房或住所的权利："国家不知道在我的住所里面发生了什么，它无权公开地了解这一点，也不应仿佛它很了解这一点那样去行动。"（NR 3:247）国家不得追查一个人在他的住所里放了多少现金，或者在住所里放了多少其他物品（NR 3:241），因为国家不享有对于住所的管辖权。费希特甚至担忧，为了避免谋杀事件或执行反谋杀的法律，国家是否有权进入一个人的家中。最终他做出判断说，国家是有权的，但需要一个特殊的论证，这取决于潜在受害人的推定同意，也取决于如下事实，即濒临死亡通常是一种具有公共后果的行动（NR 3:248—250）。理性国家应该完全禁止私人的武器买卖。即便在佩剑仍然被视为优雅的绅士和体面着装的一部分的时代，费希特也强调，公民们不得携带武器上街，甚或不得将武器带回家中（NR 3:294）。个体必须免受其他个体的强制；武器属于国家，国家使用武器来保障个体自由，服务于全体公民的潜在地同意的共同善。

强制与惩罚

在涉及他者的权利或者涉及政府的正当权力的地方，对权利的侵犯受制于"强制的法律"。强制的法律是这样一种机制，即每当有人想要违反国家法时，就会产生强制的法律，与他们想要的东西相对立的东西就会出现，如此，这样的意图就永远是取消自身的（NR 3:137—149）。强制的法律受制于国家的法律与权力，这是刑法的基础。

费希特反对报应主义的惩罚理论（例如在他之前的康德和之后的黑格尔支持的那种惩罚理论），他的反对意见清晰而强烈。在他看来，惩罚是为正义所需的"目的自身"这一观点是不能得到证明的，是基于一种"神秘的定言命令"之上的（NR 3:283）。想要在国家中实施这种惩罚，就是主张人类的制度具有只能属于上帝的特权（NR 3:261—265）。

赎罪契约

在费希特看来，任何犯罪，不管性质或程度如何，都是对社会契约的直接侵犯。因此，这一契约对犯罪人来说是无效的，使他们成为"没有权利的"（rechtlos），并且将他们排斥在国家的保护之外；这就允许其他任何人有权针对他们作任何事（NR 3:123, 260）。对于费希特来说，这看起来就是从他的推论中得出来的结果，正如我们此前注意到的，这个推论就是从某个人对法权关系的侵犯推出其他人可以将其作为单纯物来对待的结论。

但实际上，费希特并未得出结论说罪犯完全没有权利。在他看来，如果不是因为为了能够确保罪犯们在共同体中持续存在的成员资格，以防他们侵犯他人的权利，理性存在者必然会同意另一项社会契约，即"赎罪契约"，那么罪犯们可能原本完全没有权利。所有公民都同意，如果他们触犯了一项罪行，就可以被剥夺与他们犯下的罪过相当的权利，并且基于这一条件，他们承诺进一步赋予这些罪犯重返社会的机会。（NR 3:261—263, 272—277）

尽管他使用了"赎罪"（Abbüssung）一词，但费希特的惩罚理论也承认遏制和对犯罪人的政治改良（civil amelioration）是惩罚的唯一正当的功能。费希特明确区分了政治上的革新（civil reform）和道德上的改善（moral improvement），因为它只处理外部行为。正如伦理义务并不服从于强制执行，因此，就刑罚制度所涉及的内容而言，个体的内在道德并不属于国家的管辖范围（NR 3:265，273）。当我们考察费希特晚期有关国家作为道德教育的工具时，需要牢记这一点，因为它针对国家在教育公民的过程中使用的手段和范围规定了限制。《对德意志民族的演讲》中倡导的教育体系主要是面对儿童的，儿童仍然处在他人，即处在父母和其他公民的监护下。国家以对待孩子的方式对待成年公民，这与费希特任何阶段发展出来的法权理论都不相容。

唯一不属于赎罪契约的范围的犯罪是谋杀，行凶者永远要受到谴责，处在一个"无法权的状态"（NR 3:60）。费希特似乎认为，强奸是一种严重性上与谋杀相当的犯罪（NR 3:318—319）。这种罪行也是不可赎的，并且他认为，对强奸犯的适当处遇是把强奸犯的一切财产都交给受害人（NR 3:319）。正如我们在第七章第八节中看到的，费希特反对死刑，即便是对于杀人犯。因为，死刑永远是处在赎罪契约之外的，所以死于国家之手永远不是一种正当的惩罚，即便对杀人犯来说也如此。如果国家杀死了一个杀人犯，这样做就不是根据司法权力，而只是根据它的警察权力。它将杀人犯视为一个没有权利的存在者，它要保护公民们不受这个杀人犯的伤害，就如同保护公民们不受野兽伤害一样（NR 3:280—282）。费希特认为，可以这样来对待杀人犯，即将他驱逐出国家。然而，国家也被允许采取措施对杀人犯进行改造，条件是确保公民们不再受到伤害。（NR 3:277—278）

费希特认为，故意杀人，除非是在为防止身体方面遭受直接损害的危险而自卫的情形下，否则在道德上永远是有过错的，即便它并未背离法权。此前我们已经讨论过，他有关救生船和电车问题的观点是有关道德的观念。在他看来，法权的问题可能要做出不同处理。违背道德的东西也许会在法权中得到允许，费希特详细描述了自卫的权利，并且描述了帮助请求我们援助的人的法权义务（NR 3:250—255）。"不存在任何实定法权，要求牺牲他人生命来挽救我的生命，但这样做也并非是对法权的侵犯。"（NR 3:253）

第八节 "自然"等级和第二性

性与爱的起源

费希特有关所有理性存在者根本上平等的观点并未扩展到两性之间在公民权或经济方面的平等上来。他有关家庭法权的理论是基于性爱包含着男性的积极性与女性的消极性这一理念（SL 4:329）。"第一性"可能以性冲动的满足为目的，但对第二性来说，这样做是羞耻的、丢脸的和要受到指责的。[22] "在原初状态中，女性的性冲动乃是自然中最令人厌恶的和作呕的东西。"（SL 4:330）

"女性的性冲动因此必须以不同形式出现——它甚至必须要看起来像是一种走向积极性的冲动。"（NR 3:306—308，参见 SL 4:329）它采取了一种自我牺牲的情感的形式，"基于一种高贵的和自然的动机，自由地使自身成为爱的手段"（NR 3:310）。在爱情中，"女性并非在每个方面都是男性的目的的手段；她是自身目的的手段，满足自身的心意"（NR 3:311）。爱情只能通过女性进入世界；男人们在生活中必须从女性那里懂得什么叫爱。"爱，这一切自然冲动中最高贵

---

22 我既不能证明这个猜测成立，也不能证明它不成立，这个猜测在我看来可能是对的，即费希特乃是波伏娃的那部经典著作的源头［2010（1949）］。

的冲动,只存在于女人身上;唯有通过女性,爱才出现在人们之间。"(NR 3:310)在婚姻中,男性处于优势地位,但与此同时,"作为道德存在者的两人应该是平等的,这一点之所以可能,是因为在一个全新的水平上,在第一性那里完全丧失的东西,被引入到了第二性之中"(NR 3:308—309)。

在费希特笔下,这种看法也许会令我们反感,因为它假定了男性的优越地位。我们不可避免地认为,他对女性的态度对于一半人类来说违背了观念论有关理性存在者并不是物的基本洞见,这种看法至少是部分正确的。费希特似乎认为,女性是自愿地通过男人而物化的,即自愿地接受她们在理性存在者中的从属地位。然而,应该承认,费希特显然认为,爱情并非只是臣服,或自愿地将自身物化。如果爱情正是通过女性才出现在世界上,那么在此问题上,费希特也预示着如今许多人认为与女权主义相联系的那种观念,即一种"关怀的伦理学"对于人类来说乃是重要的。对于费希特的诸多观念来说也是如此,他也以一种极端的形式主张这一点。因为,他认为道德在根本上是无私的,女性的"内心纯洁"是"她全部道德的原则"(SL 4:330)。费希特甚至认为,唯有爱——这一女性带给人类的独特馈赠——才使道德动机和德性在根本上成为可能(NR 3:315)。这些理念可以同一种令人十分反感的有关女性的社会地位的观点相结合的事实,也许使我们在为"关怀伦理学"大唱赞歌时,尤其是在主张它是一种毫无争议的女性主义的理想时,三思而后行。

女性的臣服

从理论上讲,一切理性存在者都是平等的,没有一个人臣服于另一个人。但费希特认为,女性想要主张这种平等权利是不可能的,至少是不自然的:"婚姻的概念意味着妻子要无限地服从丈夫的意志,这不是出于法律的理由,而是出于道德的理由。"(NR 3:325)在婚姻中,妻子的法律人格被"取消",作为她充满爱意地臣服于丈夫的回报,她的丈夫应该感受到这种恩情,并且要有一种雅量,努力地"发现她的一切愿望,去满足它们,就好像这些愿望是他自己的一样"(NR 3:314)。"男人应该根据女人的意志和最细微的愿望支配自身,去取悦她。"(NR 3:316)但国家也不再将妻子视为在法律上的独特人格。从他者的角度看(但不是在同她的关系中来看),妻子的财产成为了丈夫的财产(NR 3:326)。

女性的权利

然而,以某种令人奇怪的方式,费希特敢于冒险的心灵即便在同他所处时代的关系中也为我们敞开了可能性。他支持代议制机构,支持普遍的男性选举权。但在如何选举的问题上,他认为,丈夫应同妻子协商。如果丈夫不行使自己的选举权,妻子就有权在丈夫的位置上投出选票。同样,未婚的女性——单身女性、寡妇、离婚女性——也应有选举权,并且能行使男性公民的政治权利(除了不享有担任公共职位的资格)(NR 3:348)。

在性道德方面,费希特持有一种极其严格的、在我们看来有时是荒谬的或得罪人的观点。但他几乎毫无限制地否认国家有干涉人们性行为的权利。当涉及国家拥有将与性有关的行为认定为犯罪的权利时,尤其是在妇女的行为方面,费希特有关个体自由的极端观点产生了一些激进的结论。正如我们已经看到的,国家不能通过法律禁止乱伦(NR3:322—323)、通奸、同居或卖淫(NR 3:327, 331—332, 335)。唯一的例外是女性被强迫进行性关系的情形,还有当卖淫成为经济活动时对卖淫的管制——因为对于费希特来说，一切市场交易都将个体的正当自由置于风险之下，因此需要严格的国家管制（NR 3:334—335）。在被费希特视为强迫的性关系的情形下，可能包含父母强迫女儿嫁给她不爱的男子的情况。他认为父母可以强迫儿子结婚，但在他看来，强迫女儿嫁人比强奸还糟糕（NR 3:320—322）。

胎儿是妇女身体的一部分，并不是独立的人。在费希特看来，这一点甚至可以扩展到新生儿身上。新生儿没有任何可以针对他母亲的权利，甚至是生命权，即强迫他的母亲去实现这种权利（NR 3:356）。费希特总结说，未婚母亲的弃婴行为并非是对这个孩子拥有的自然权利的侵犯；国家可以禁止这种行为，但仅当它通过了要求这些孩子得到抚养的法律后才能这样做，国家不得将母亲的弃婴行为视为谋杀（NR 3:361）。[23]

"他的时代的产儿"

很显然，费希特支持女性在家庭和社会中的从属地位。[24] 尽管他在社会和政治上主张一种激进主义，但这个方面恰恰对应了黑格尔的那句话："每个人都是他的时代的产儿……想象任何哲学可以超越时

---

23 这显然是在回应费希特时代的一种普遍发生的耸人听闻的事件，即未婚女子一旦受到引诱或被抛弃，可能在生下孩子之后杀掉孩子，以掩饰名誉，但接下来会遭到指控，因谋杀而被判处极刑，男人们则完全自由。这其中包含的严重的不正义甚至也被康德注意到了（MS 6:336—337）。在歌德的《浮士德》的第一部分，它也成为与格雷琴有关的故事的焦点，后来在乔治·艾略特的小说《亚当·比德》中也刻画过这方面的事件。

24 根据赫尔，像费希特这样的资产阶级激进分子哲学家甚至有可能会增加家庭内部对妇女的压迫，赫尔（Hull, 1996，第299—332页）讨论了费希特在发展现代资产阶级的家庭观和妇女的社会角色的过程中所发挥的作用，他也讨论了康德和希佩尔发挥的作用。

代，就和想象一个人可以跃出他的时代或跃入罗得岛一样愚蠢。"(《法哲学原理》,序言)在特定的时代,时常有少数高贵的灵魂,他们身处时代的边缘,所知较他人为多。比如,关于妇女的社会地位,在费希特的时代,或在他之前的时代,就有阿斯特尔(Mary Astell)、沃斯通克拉夫特、沙特莱侯爵夫人(Émilie du Châtelet)、德古热(Olympe de Gouge)以及康德的友人希佩尔和其他人表达过看法。康德、费希特或黑格尔看得没有那么远,说他们是他们的时代的产儿并非是为他们辩解。同样,这也不使我们免于拥有一种历史意识,把握对于他们来说正如眼下对于我们来说很难看到的东西,即少数优秀的灵魂是正确的,主流观念则是错的。他们之看不到这一点,不能与今天我们中的如下这类人相提并论,这些人在传统的错误已然清晰地暴露出来的文化中继续为之做辩护。我们对过去思想家的判断,即便是在我们谴责他们的观点时,也必须总要考虑到,我们也是我们的时代的产儿,受时代视野所限。历史并不处在终结处,我们自身的思想毫无疑问需要一点一点地被校正,正如我们眼下因为他们的落后而正当地谴责的那些过去的哲学家们一样。如果我们有望校正过去的思想家们的思想,又无需向我们可能是愚蠢地指责的哲学家们学习,只因为他们是时代的产儿,那就可能展示了一种荒谬的自负,因为我们也是时代的产儿。

第九节 财产和经济正义

费希特以他的超常才华且孜孜不倦地运用这一才华获得了不亚于他同时代人中的任何一人的学术地位和文化声望。但他出身于匮乏和潦倒的环境之中,从来不向人类对贫困条件的屈服妥协。费希特认识到,易于陷入奴役是与匮乏的条件不可分的。他将任何人都不应该处在一种容易受到他人压迫的状态视为基本的正义问题。

对于大部分现代国家理论来说,对财产的保障,尤其是对私有财产的保障是关键性的。费希特也不例外。在他笔下,私有财产权是作为个体自由的必要保障而得到辩护的。在这一点上,使费希特的理论不同于其他人的理论的地方在于,他将财产权视为一种保障行动自由的权利,并且是对所有人,不单单是对有钱人的自由的保障。他充分意识到,那些有钱人系统地运用他们的财产剥夺了他人的自由。

带着他在每一个哲学问题上同样严格的一致性,他的政治理论从头到尾都因为如下确信而富有活力,即确信政治国家的首要责任是保护每一个个体拥有独立的生活、安全且不受贫困的威胁,这是他们的私人财产权的最基本要求。

我们已经看到,对于费希特来说,所有权利都指向行动,而非指向物。财产权的基础是个体的如下权利,他"要求在世界上为他所知的整个区域中,任何物都应保持在他曾经认识它时的样子,因为在发挥他的效用性的过程中,他是根据对世界的知识定位自身的"(NR 3:116)。正如我们马上要看到的,这首先指向个体与劳动活动有关的定位,通过劳动他创造了供他继续生存和活动的诸条件。财产的分配取决于"法权平衡",这是公民-政治契约的必然条件。(NR 3:120)

根据费希特,一切财产都取决于财产契约。通过这项契约,人们获得属于各自自由活动的外部范围。对于契约各方来说,"财产契约的对象是一个特定行动"(NR 3:210)。"每个人仅就他需要这些财产继续自己的工作而言,拥有这些对象的财产权。"(NR 3:214)属于每个人的财产的根本行动是借此个体能继续生存下去的行动:

> 一切人类活动的目标是能够生活,并且仅仅基于这种可能性,所有被自然安置在生活中的人都有平等的权利主张。因此,

必须首先形成财产划分,如此,所有人才能凭靠它持存下去。生活和求生活!

(GH 3:402)

对于费希特来说,基本的财产权是在一种赋予你自由的生活方式,一种适合于理性的人类存在者的生活条件之下的劳动权。这是一种成为"固定等级"的权利(eine festen Stand)。在后期的著作中,费希特同样宣称个体的"绝对财产"也包含了一种"面对你选择的目的的一种享受自由闲暇的"权利(SW 10:542)。[25] 这是他在1800年所持的立场:

> 人应该过一种轻松、自由和对自然发号施令的生活,应该过一种自然允许的真正属于人的生活,这不仅是对人性的虔诚期待,也是人的权利和使命的不懈要求。人类应该去劳动,但不是像牛马那样操劳,在重负之下昏昏欲睡,仅仅在极不充分的休息和娱乐之后,又精疲力竭地再度担负起同样的负担。他应该无忧无虑地劳动,应该满怀快乐与喜悦地劳动,同时保留一部分时间使自己的精神得到提升,放眼抬望天空,去看他曾经所见的景象。他不应该和负重的牛马同吃同住;他所吃的食物不是草料,他所住的不是畜栏,他的体格也不是驮兽的体格。这是他的权利,这仅仅因为他是一个人。
>
> (GH 3:422—423)

缔结财产契约的最基本目的是取得一个充分的外部范围,使

---

25 有关费希特与闲暇的权利,参见James(2011),第73页;James(2012)。

一个人未来的自由活动得以持续，即满足个体的外在要求（NR 3:212）。费希特推论说，只有财产契约的当事人才能因此获得某种财产；但是，不仅如此——他们必须也要拥有足够的财产，如此才能够依靠自身财产独立生活（NR 3:197—198，210—212）。因此，国家保障每一个公民的私有财产的根本责任就要求国家重新分配财产，不使任何个体陷入赤贫。相反，每个公民都必须有一份工作，国家应该对此有所了解，要能保证这份工作可以为他的生计提供充分手段。(NR 3:214）

对于费希特，正如对于康德来说，财产权利取决于全体一致的同意，这是通过国家的法律和裁决规定下来的。任何人的正当财产状况取决于每个人能够对分配给出的同意。由此，费希特就直接总结得出，在人人陷于贫困、不能依靠自身劳动独立生活的地方，所有人的财产权也就被撤销了：

> 一切财产权乃是奠基于所有人同所有人签订的契约，其规定：我们所有人保留这一财产，条件是我们允许你得到你的财产。因此，只要有人不能依靠自己的劳动过日子，那绝对地属于他的东西就并没有允许他得到，对于他来说，这个契约就完全被撤销了，他也就不受制于承认其他人的财产的法权。
>
> （NR 3:213）

个体为之劳动并依靠它过日子的财产是他的绝对财产。这部分财产因此就处在国家的正当管辖权之外。如果国家允许他人侵吞它，就违背了法权。这就给国家规定了在财产的分配和再分配方面的严格要求。任何个体不能陷于赤贫。任何一个存在穷人的社会秩序都是不正当的。在这种状态下拥有财产的人对他拥有的东西是无权的。他只是通过单纯的强力才将这些东西抓在手上，"是因为偶然和强力"，而没有法权（GH 3:403）。要想使一个正当的社会存在，任何人都必须拥有充分的财产独立于他人而生活。对于费希特来说，正如对于卢梭和康德来说，国家中的一切公民都正当地依靠着全体，没有人必须个体性地依赖他人来生活。每一个公民必须是一个自权人（sui iuris）——他自身的主人。一个人的生命和身体也好，他的生活条件也罢，都不能成为另一个人的财产。相反，每个公民都必须有一份国家知晓的工作，从而保障他获得生计的充足手段。

费希特拒绝了早期现代政治哲学中的传统主张，即认为国家的首要职责在于保障财产。"有一种看法认为，国家的使命首先是赋予每个人属于他自身的东西。我反对这种看法，首先应该使每个人得到安置，使之拥有一份财产，只有在此之后，才是保护他。"（GH 3:399，参见 GH 3:403）缺少生活必需品的人对财产有一种优先的主张：

> 如果有人不能从自己的劳动中获得生计，他就没有被给予那绝对地属于他的东西，并因此，契约对于他而言就完全地被撤销了。并且，从那一刻开始，他就不再受法权的强制去承认其他人的财产。[26] 现在，为了避免使财产权通过这种方式失去平衡，所有他人必须（作为一项法权的事务，并且也是公民契约的结果）让渡出一部分财产，直到这部分人能获得生计。只要还有人处于困境中，这部分属于他人的财产，这部分为了使处于困境中的人

---

[26] 这显然涉及费希特的如下观点，即现有的秩序是不正当的，而仅仅是紧急状态（Nostaat）。但有人可能会问，倘若穷人没有义务尊重富人的财产，为何富人有义务尊重穷人的权利？费希特并没有明确考察过这个问题，但我认为他的回答可能是，富人们需要将自身表现得像是根据权利拥有财产，而什么财产也没有的人根据权利什么也没有。唯有获得了真正有权利获得的财产的人才应该去尊重他者的权利，因为只有他们需要操心现有的秩序是否正当，他们也愿意愿现有的秩序应该是正当的。

渡过难关的财产,就不再属于他人;相反,它必须正当地属于处于困境中的人。公民契约必须规定这样一种财富的再分配。

(NR 3:213,参见 GH 3:445—446)

在房屋得到装饰之前,首要必须要有较好的饮食和安稳的起居;在穿得漂亮之前,首先必须穿得舒服和暖和……即便有人说"我有钱买得起",也毫无意义。因为当同胞们连生活必需品都不能获得,或者付不起时,他可以为奢侈品而支付就是不正义的,他购买的就不是正当的财产;在理性国家中,这就不是属于他的财产。

(GH 3:409)

理性国家的经济结构

低等阶级(SL,§33;GH 3:403—404)
  生产者:获取原材料或自然产品的人(GH 3:407)
    农民[NR,§19(A)]
    矿工[NR,§19(B)]
    养殖工人[NR,§19(C)]
  工匠:在原材料或自然产品上进行劳动的人[NR,§19(D)]
  商人:负责物品交换和传送的人[NR,§19(E)]
高等阶级(SL 4:343)
  教育阶层(GH 3:407)
    学者(SL,§29)
    民众的道德教师:教士(SL,§30)

艺术家（SL，§31）

国家公职人员（SL，§32；GH3:405）

军人阶层（GH 3:405，407）

低等阶级包含三大阶层，他们为社会提供物质必需品。正如我们在前面章节中看到的，费希特在这一"低等"阶级中没有为所有者或管理者这个特权阶级留位置，后者不同于他们雇佣的人和那些做大量工作的人。他并不将那些有钱的所有者和管理人群体视为真正的生产者，也并不将那些被他们雇佣的人视为单纯的"接受者"。高等阶级之所以如此被命名，乃是因为他们对社会的其余部分或行使强行的统治，或施加文化（教育方面的）影响。然而，正如我们看到的，费希特强调，所有公民，单纯地作为公民，不管他们处在哪个等级，必须被认为在身份上是平等的。属于高等阶级的阶层甚至被说成是为了低等阶级的阶层利益而存在的，"政府的成员、教师和卫士阶层，只是为了前三个阶层的利益而存在的"（GH 3:405—406）。

在上述学说中有一些东西类似于罗尔斯的差别原则。罗尔斯的差别原则主张，基本善在分配方面的不平等只有当对最不利者有利时才是正当的。但费希特并未讨论有关基本善的分配问题。他的原则关注的是对一个正当的共同体的存在是必要的权威和影响的作用。这一原则不与基本善相关，而与自由相关。它要求针对他人行使权力的人应该能够确保他们的权力所针对的那些人的自由。我们可以将这一点视为费希特对上一章末尾讨论的内在于他的思想中的矛盾的处理。我认为，像罗尔斯的差别原则一样，它最终并不足以充分地应对这一难以对付的任务。我怀疑任何具体的分配原则都可以得到辩护。然而，对于不平等，尤其是对于统治阶级与被统治阶级之间的差异，任何原则性的辩护方式都无法得到辩护。

理性国家中的财产契约

财产由三个私人性阶层之间的契约调整,他们是生产者、工匠和商人。生产者要获得充足的产品,他和工匠阶层才能依靠这些产品生活,同样,工匠阶层也才能获得他们的劳动对象。工匠阶层也要相应地为生产者提供制造出来的产品。这些阶层又要为商人阶层提供他们不需要消费掉的产品;商人阶层则要根据能使他们从其他两个阶层那里买到产品的价格来分配产品(GH 3:404—406)。

政府的职责是执行这些契约,政府必须因此有做到这一点所必需的权力。必须限定属于每个阶层的人的数量,但它也必须无限制地接受对阶层成员资格的申请。对阶层成员的资格,不得有出生或者财产方面的限制(GH 3:408)。国家必须能够控制流通中的商品数量,并且要设定商品的价格(GH 3:411—418)。每一个有能力的公民必须被要求加入到某一阶层中,每个人必须不仅为自身的生计,也要为整体之善而工作。但同样地,国家应该无一例外地给予所有公民工作机会,使他们获益,也使他者获益,自由而体面地生活,独立于他者的意志,为共同善做贡献。

费希特的理论如何与工薪劳动制度,尤其是与资本主义的工薪劳动关联起来?在他的理性国家中,为何一个人不能为了获得报酬而为他人提供服务,对此他并未给出理由。这看起来是属于私人的和自愿的事。但是,每个人的阶层就意味着他们通过为社会之善做贡献,获得生存所需的机会和资源,这些是由各阶层之间的不同契约来调整的。个体的阶层甚至构成了个体"绝对财产"的基础——这些东西是不论私人性的个体还是国家都不能正当地剥夺的。出于这个理由,个体的阶层就不能够成为另一个人的私有财产。当私人财产采取了如下形式，即成为针对其他人的劳动和获得生计的机会享有一种私人所有权的时候，它就会构成对那些人的绝对财产的攻击，而非对自由的捍卫。在资本主义的工薪劳动体系下，工人阶层变成了资本家的私有财产。这就使资本主义形式下独特的工薪劳动在根本上成为不正义的。

为了正当地对待公民，国家必须拥有充分的资源调整经济，和为困境中的人提供帮助。一般来说，国家为了公正地对待公民们需要的东西，要超出公民们，尤其是富有的公民们允许以税收的形式从他们那里征收的东西。如果要想使正义流行，就要强迫富人们付费，允许国家从他们手中拿走财富。

> 理性国家……征收所需要的税收。在现实的大多数国家中，如果国家认为，它所征收的是它能够征收的，征收就将稳妥地进行。但不能因为这一点而反对他们，因为作为一项规则，他们不能征收想要达到目标所需的那么多的税。这些目标主要是因为缺乏这方面的财富，因而未能达成。
>
> （GH 3:459）

费希特特别反感为了使少数有野心的冒险家获得利益而以其他人为代价，采取那些牺牲经济稳定性和公共善的做法。（正如目前美国的金融体系中发生的因为周期性的危机和银行家造成的灾难，国家采取了挽救银行家的办法，这使银行家获得了巨大的利益）。

> 较之稳妥地占有它们，采取灵活手段努力追求那些东西更使人兴奋。那些人喋喋不休地喊着要自由的——贸易自由，获取自由，不受监督和管制的自由，不受一切秩序和道德限制的自由——正是这些人……一旦考虑到公共商业的安排，这些人就必须被排斥在外，

在公共的商业中,诈骗投机、飞来横财、意外利润都不再出现。

(GH 3:511)

封闭的国家与开放的社会

费希特倡导一种由国家高度管制的市场经济,从而保障每个公民的劳动可以为他挣到一份生计。工资和物价必须由国家控制,国家必须保障生产部门不出现劳动力的过度供给。贸易也必须总是在国家控制的体系内部运行,对外贸易必须由国家而不是由私人单位进行(这就是他的那部论著的标题*)。

在自我封闭并且高度自我管制的国家经济和(基于自由的和理性的沟通及共同的人类文化)对世界公民共同体的促进之间,费希特没有看到任何不一致——相反,他看到了一种相互依赖。"将自身结合成为一个单一体,这个单一体的每个部分都彼此理解,并且以一种单一的方式在任何地方都受到教育,是我们人类的使命。"(BM 2:271)国家尽管对于可以预见的未来是必要的,甚至(就其可以支持进步的教育而言)在不远的将来是对人类道德进步的辅助,但在根本上,国家是一种强制性的机制。因此对促进真正的人类使命而言,是一个不当的载体。然而,在有限的领土范围内,国家可以在公民之间实施正义,并且这些正义的体系彼此独立,将会促成一种世界共同体。如果每一个国家都是"封闭的"和在经济上自我充足的,则在费希特看来,这甚至会促进一种世界公民的精神:

> 在地球表面,任何单一国家,在将它的发现向其他国家隐藏起来的过程中,都没有任何利益。因为每个国家只在自身边界内

---

* 即1800年出版的《锁闭的商业国》。——译者

为自身的需要而使用这些发现，而不是去压迫其他国家和为自身提供针对其他国家的优越性。结果，就没有什么可以阻挡世界各国的学者和艺术家们彼此形成一种最自由的沟通。

(GH 3:512—513)

费希特的建议：在他自身的时代和对后来的时代

就历史语境来看，费希特在经济方面的建议显然与法国大革命中出现的理念有关，他的目标不仅包含国家内部的经济正义，也包含如下提议，即国与国之间在经济上彼此独立的一个国际体系最有利于国与国之间的和平，因此它想要发展康德5年前在《论永久和平》（1795）中所提出的理念。新近的文献在如下问题上出现了分歧，即费希特的这些看法是否同共产主义者巴贝夫的激进观念有关，抑或与西耶斯（Joseph Sieyès）的更节制的观念有关。[27]

在20世纪初期，费希特被某些人视为社会主义者。[28] 将他的提议同上个世纪多年来盛行于东欧的体系进行比较是具有诱惑性的。东欧盛行的体系的确与费希特在经济方面的建议有更多相似之处，甚至要大于它与马克思和恩格斯著作中发现的东西之间的相似。[29]

---

[27] 有关费希特的巴贝夫主义的论证是由詹姆斯（James, 2011）在他著作的第二章的第57—82页提出的，而有关费希特的立场与西耶斯立场的亲缘性的一个站得住且具有广泛基础的历史论证是由纳科什莫斯基（Nakhimovsky, 2011）提出的。

[28] 比如，马克斯·韦伯的妻子玛丽安妮·韦伯（Marianne Weber, 1900）。这位有着社会主义倾向的社会学家和女权激进主义者撰写的第一本书就是比较费希特的"社会主义"和马克思主义。

[29] 和康德一道，费希特也被黑格尔间接地作为一个"反社会主义者"来提及，因为他强调个体权利（WNR 2:454/70）。但黑格尔实际上说的是，康德和费希特甚至超出了所谓的"反社会主义者"，因为他们的观点"将个体的存在设定为最重要的和最高的事"，正如在此所表明的，"社会主义的"（及其对立面）除它们后来获得的意义以外，在1802年还有其他含义。

在我们被这类同 20 世纪的比较所吸引之前，应该牢记理性国家的那些特征，它们如同经济管制一样必要：

一、国家不得秘密监视公民，或调查他们的私人事务（没有斯塔西，没有克格勃，也没有联邦调查局或国家安全局）。公民在自身住所内的隐私和对他们的绝对财产的使用必须是神圣不可侵犯的。甚至国家也不得干预道德堕落的最极端的形式，只要它并不涉及对他人权利的侵犯。

二、国家不得侵犯有学识的人之间的沟通自由。不得强加教条，或试图裁断科学或宗教纷争。必须不对探究任何观点或者挑战任何观念的自由施加限制，不管挑战看起来"多么危险或可怕"（SL 4:251）。理性社会的基础是理性沟通的自由。受到良好教育的和自由沟通的公民整体是防止政府权力滥用的唯一真正的保障。

三、对于国家来说，理想的政府形式可能是代议制共和国（或者一种"狭义上的民主制"）。任何其他政府形式只有在有可能朝向这一形式的进步时才是正当的。既然一切既有国家很明显并且千真万确是不正义的，那么一切保守的国家——即着眼于维持现存的一切的国家——就缺乏正当性（SL 4:361）。

四、从一个国家迁出，或移民到另一个国家的权利是绝对的——没有柏林墙，没有铁幕，也没有联邦边境巡逻或移民规划入籍服务——除非它的功能只是为了欢迎外来移民和保证他们在这个新的和自由选择的家园中有一份稳定工作和获得自由的阶层。[30]

五、如果我们忍不住要将理性国家描述为"社会主义国家"，就必须同样质疑费希特笔下的国家调控的市场经济只是为了确保所有公

30　对于选择在任何地方生活的绝对的自然权利来说，被判有罪的谋杀者显然是一个例外，但是这并不是真正的例外，因为谋杀者因为罪行做出了不成为共同体成员的选择。

民获得合法的私有财产。

如果费希特的哲学的确对东欧的社会主义产生了强有力的影响，那么，这个影响顶多只是部分的，它的大部分内容没有得到承认，并且如今已经在很大程度上不为人们赞赏。我们应该如何看待这个事实？在本书的附论中，我将简要地反思这个问题。

在欧洲实现正义的最大障碍是欧洲的世界统治

的确，就我们如今可以想到的未来而言，世界经济的方向已经使费希特的"锁闭的商业国"理念成为不可能了——这是一个在经济上自给自足，只在国与国的层面上同他国从事贸易的政治国家。但值得注意的是，费希特本人早就知道，像在《锁闭的商业国》中提议的内容，是他所处时代的欧洲国家无法接受的。

费希特对此给出的理由很值得注意：

> 它们不愿意的根据，不管清晰还是不清晰，（乃是）欧洲在对世界上许多地方的贸易中获得了巨大利益……每一个个别的欧洲国家，尽管在同其他欧洲国家的贸易平衡中处于不利地位，但也从对世界上的其他地方的共同剥削中得到了利益……并且，如果它退出了这个巨大的欧洲商业社会，它将会失去这些好处。为了消除这一不情愿的根据，则必须向人们揭示，譬如欧洲同世界的其他部分的这种关系不是奠基于法权或衡平的基础上的，这种关系是不能持久的。

（GH 3:392—393）

要言之，费希特并不期待欧洲国家听从他的教诲，因为如果他们是沿着法权规定的道路前行的话,他们就不会殖民,不会剥削,也不会奴役非欧洲民族。费希特显然认为,欧洲针对世界上其他地方的统治不仅对非欧洲民族来说不正当,对欧洲民族自身也不正当(在此,我们可以反思一下,在充满了血腥的和不公正的美式和平和经济政治上的内部压迫之间存在一种可能的平行联系,前者在20世纪的大多数时间曾统治世界,后者在美国则是由资本主义和财阀统治来实现的)。

费希特也认为,欧洲世界的世界统治只能是临时性的,因为地球上没有一个地方能永远期待将其他地区的居民作为奴隶来对待。对这一思想,他预料到会有如下反应:

> 即便在我们提出这个证明之后,也有人会总结:"这种关系至少持续到了现在——殖民地仍然臣服于母国,奴隶贸易仍然在持续,因此,只要它们还在持续,我们就可以从中得利……我们甚至想都没有想过你的目的,因此对于如何采取手段实现这些目的,我们不需要任何建议",我承认,我回答不了这个问题。
>
> (GH 3:392—393)

"因此,(费希特说)思辨的政治家自遥远的时代出发提出的建议不能立即得到执行,这种指责是要被承认的。"(GH 3:389—390)然而,费希特的目的从来就不是提出一些必然能够立即成为在政治上实践的建议。在他看来,设计出能够立即得到实现的政策是政治家的事,而非哲学家的事。哲学家的工作只是规定法权要求的是什么。但是,费希特也补充说,哲学家:

> 从来不承认,或者预设执行他的建议的绝对不可能性。他将会主张他所做的规定得不到立即执行,并且只是纯粹理论性地确

立的。这是因为在其最高的普遍性的意义上，它们适合于一切，但也正是出于这个原因，它们又不适应于任何具体的东西。

（GH 3:390）

说进步的观念"与人性不相适应"，这是一个陈腐的反驳。费希特显然清晰地意识到了这种反驳采取的路径：

> 当有人说到执行纯粹理性要求的那些东西的技术性和实践性的方面时，情形也一样；"我们无法做到这一点"这个命题通常也表达了同样的意见……"这些建议无法实施"当然意味着，如果旧的东西仍然在滥用的话，它们是无法得到实现的。但谁说后者就会一直存在下去呢？
>
> （SL 4:197—198）

费希特用最严厉的措辞谴责仅仅因为可以从不正义中得利而拒绝他的目的的人。他也许会谴责使自身处于压迫和不公正的对待中的人的懒惰与懦弱，尽管措辞没有那么严厉。他也许会说，我们有一种伦理上的义务去反抗压迫，拒绝接受不自由的生活方式，拒绝压迫者们的各种漂亮托词。我们必须努力克服眼下的不正义。必须愿意着眼长远，为解放子孙后代做出必要的牺牲。[31]

---

31 关于反抗压迫的义务，参见 Hay(2013)，尤其是第四章，第 117—157 页。

附　论

本书一有机会就主张费希特是过去两个世纪中对大陆哲学传统产生最大影响的哲学家。与之并非不一致的是，主张费希特的哲学受到了不公正的忽视。尤其是，他的伦理学并未得到广泛讨论，甚至他在历史上的重要性也没有得到恰当评价。如今，他的哲学观点仍然流行，尽管他作为这些观点的作者身份依旧没有得到承认。

一些通常人们认为与康德相关联的观念真正来讲属于费希特。它们并未出现在康德笔下。其中一个观点是，道德原则是我们人类现实地为自身制定出来的。另一个观点通常是作为对康德式伦理学的批判出现的，即认为康德的道德原则——尤其是它对普遍法则公式和自然法则公式的表达——是纯形式的，不能提供正当或不正当的标准。对于费希特来说，这些观察只是想要将我们引向对道德原则适当身份的理解。费希特也是如今与黑格尔绑在一起的观念的原创者，比如个体的道德只能存在于理性的社会秩序的语境下，又比如这种秩序中的自由生活必须是为所有个体都可能参与其中的阶层体系提供的。同样还有我们的道德思维中如今仍然突出的存在主义的理念，即认为个体的伦理义务必须要反映个体的真正的自我性，出自对个体处境的一种良心的反思。费希特同样也将作为认识和行动的诸条件的身体化和交互主体性带到了突出的位置，并且认为对伦理真理的追求是一个（正在进行过程中的开放的）集体成果，是通过自由的理性沟通实现的。然而，如今当我们讨论这些观念时，费希特的名字几乎从未被人提及。

我在本书中尝试体系性地呈现费希特的伦理学，但我并未使它免受批评。他的经济方案不论有何价值，肯定不能以他塑造的任何形式得到落实。他有关女性的观点尽管不无洞见，但在明显的地方令人厌恶。他有关理性社会的观点，至少就离他不远的未来而言，容忍将社会划分为"高等的"（理智方面的）和"低等的"（劳动方面的）阶级。他的现代主义宗教的各个方面依旧含糊，在理智方面闪烁其词。他持有一种关于真正人类生活的过于道德化的观念，或者换句话说，他在浪漫的和存在主义的方向上扩展了道德的范围。在他身上，这种道德主义携带着一种自以为是和对他的读者们的苛责态度，清晰地展示了他的人格的悲剧性缺陷。但尽管有缺陷，费希特的伦理学仍然是启蒙文化的强有力的表达。它预示着今后的文化运动，预示着德意志浪漫主义、马克思的社会主义、存在主义，它的那些片段仍然萦绕在我们的文化上方，但就其整体而言，代表了一条我们尚未走过的道路。

有一些哲学家，例如黑格尔，被引诱着相信人类历史必然的合理性。费希特也这样做了。我们应该记住这些人，在人类生活的任何地方——政治和经济的领域当然如此，在自然科学、哲学，甚至在哲学史之中也同样如此——最佳的道路永远是那些从未被人走过的路。哲学家们的共同体是否会做得更好，从而认为费希特，而非康德、黑格尔或者其他人，是过去两个世纪以来最重要的哲学家？我们也许永远不知道答案。

然而，许多尚未为人走过的道路仍然开放着，等待我们去发现。我想这就是费希特的思想可能会帮助我们的地方——如果我们准备较迄今为止所做的更认真地对待他。费希特的理性国家观念、理性社会观念、个体的道德努力观念以及社会理性观念，直到他的绝对独立性和自我充足性观念——它们仍然可以被用来描述我们要去追求的有价值的目的，也许通过一种尚未被发明出来的方法。

费希特认识到，周围的社会秩序根本上是自相矛盾、堕落和不正当的。正如他自己所说，他生活在一个完全有罪的时代。我们可能不会分享他的神学语言，但如今任何懂得用自己的眼睛观察世界的人都知道，目前的社会体系是扭曲人性的。我们迄今为止走的路是邪路。我们的社会秩序将绝大多数人排斥在令人满意的生活方式之外，或甚至是自由的生活之外。它把在奴役中劳苦的人丢给了有钱人和管理者。主流的宣传口号告诉他们，他们是自由的，甚至他们也告诉自己，自己是自由的，他们相信自己是自由的。卢梭曾经说，相信自己是他人主人的人要比他人更加是奴隶；但对这一思想，如今必须做如下补充，即对于在我们这个世界相信自己是自由的人来说，这种信念是他们所戴的最沉重的和最屈辱的枷锁。我们的社会不仅对被压迫者犯下了滔天不义的罪过，甚至对待压迫者也不公正，因为每个人都应该生活在一个所有人自由的世界上，正如费希特所说，如果你不同时为他人工作，你就不能为自己而工作，或者如果你不同时为你自己工作，你就不能为他人而工作。

在人类通过自身的不明智的选择终结自身，通过有限的自由拒绝一切提供给人类的可能性，永远放弃每个人的来世生活，最终关闭一切从未走上的康庄大道之前，我们如何使自身接近于这个世界，这依旧是一个开放性的问题。我曾将费希特有关人类未来的观点同舍弗勒（Scheffler, 2013）笔下的论证关联起来。在一本仍然在撰写的书中，舍弗勒指出，即便我们努力使自己关于世界的观点（就其文化方面和地理方面而言）变得不那么狭隘，但我们眼下却越来越狭隘，不能反思我们同人类的过去和未来之间的关系。在许多早期的和非西方的文化中，至关重要的是思考活着的人同祖先与后代之间的关系。当然，对于我们来说，我们既不会掺和在这些文化中发现的祖先崇拜，也不会掺和他们有时沉迷于将自身同后代们取得的成功等同。现代启蒙文化可以从传统中学习，但并不崇敬它，它关注于未来的世代，如此就会使他们过上一种较之我们过去而言更富足、更自由，也更加共同的生活。为人类未来提供这些不应该被视为一种强制性地剥夺我们的道德负担，因为正是它赋予我们的生命唯一真正的意义，赋予我们的生命以前所未有的价值。但我们是否知道如何以这种方式来设想自身，设想生命，以及设想人类的未来？对于人类来说，拥有一种我们懂得如何过的未来是非常重要的。

我曾说，这就是费希特哲学的重要主题；这个主题位于他有关上帝和来世生活的传统宗教观念所做的现代主义的、人文主义的重新解释的核心部分。那些声称了解一点费希特哲学的人——不管是否认识到自己真正地在做什么——可能会在这些问题上想得更清楚，找到更好的答案。倘若能做到这一点，他们就会证明黑格尔至少部分地是错的。他们将会想到费希特的确想要跳出罗陀斯。尽管所有人都是时代的产儿，但先于我们世代的人总是可以通过分享来世跳出罗陀斯。我们眼下正生活在他们的来世中。我们尽管也是时代的产儿，但也可以通过帮助创建身后他者将要过的更好的来世，从而跳出罗陀斯。

参考文献

Alexander, Richard (1987). *The Biology of Moral Systems.* New York: Aldine de Gruyter.

Allison, Henry (2004). *Kant's Transcendental Idealism,* 2nd edition. New Haven: Yale University Press.

Altman, Matthew C. (ed.) (2014). *The Palgrave Handbook of German Idealism.* Houndmills: Palgrave Macmillan.

Ameriks, Karl (2000). *Kant and the Fate of Autonomy.* New York: Cambridge University Press.

Anderson, R. Lanier (2015). "On Grene's 'Authenticity: An Existential Value'," *Ethics* 125, pp. 815–819.

Annas, Julia (1993). *The Morality of Happiness.* Oxford: Oxford University Press.

Anscombe, G.E.M. (1958). "Modern Moral Philosophy," *Philosophy* 33, No. 124.

Antony, Louise, and Witt, Charlotte (eds) (1993). *A Mind of One's Own: Feminist Essays on Reason and Objectivity.* Boulder, CO: Westview Press.

Appiah, Kwame Anthony (2005). *The Ethics of Identity.* Princeton: Princeton University Press.

Aristotle (1999). *Nicomachean Ethics,* transl. Terence Irwin, 2nd edition. Indianapolis: Hackett. Cited by Becker number.

Audi, Robert (2001). "Doxastic Voluntarism and the Ethics of Belief," in Matthias Steup (ed.), *Knowledge, Truth, and Duty.* New York: Oxford University Press.

Baron, Marcia (1995). *Kantian Ethics (Almost) Without Apology.* Ithaca: Cornell University Press.

Baumanns, Peter (1972). *Fichtes ursprüngliches System: Sein Standort zwischen Kant und Hegel.* Stuttgart and Bad Cannstaat: Frommann-Holzboog.

Baumanns, Peter (1990). *J.G. Fichte: Kritische Gesamtdarstellung seiner Philosophie.* Freiburg and Munich: Alber.

Baumgarten, Alexander Gottlieb (1751). *Ethica philosophica.* Magdeburg: Hemmerde.

Beauvoir, Simone de (1948). *The Ethics of Ambiguity,* transl. Bernard Frechtman. New York: Citadel Press.

Beauvoir, Simone de (2010 [1949]). *The Second Sex*, transl. Constance Borde and Sheila Malovany-Chevallier. New York: Knopf.

Beck, Gunnar (2008). *Fichte and Kant on Freedom, Rights and Law.* Lanham, MD: Rowman and Littlefield.

Beiser, Frederick (1987). *The Fate of Reason: German Philosophy from Kant to Fichte.* Cambridge, MA: Harvard University Press.

Beiser, Frederick (2002). *German Idealism: The Struggle against Subjectivism.* Cambridge, MA: Harvard University Press.

Beiser, Frederick (2014). *The Genesis of Neo-Kantianism 1796–1880.* Oxford: Oxford University Press.

Bird-Pollan, Stefan (2015). *Hegel, Freud and Fanon.* New York: Rowman and Littlefield.

Blackburn, Simon (1993). *Essays in Quasi-Realism.* Oxford: Oxford University Press.

Blackburn, Simon (1998). *Ruling Passions.* Oxford: Oxford University Press.

Boétie, Étienne de la (1942 [1548]). *Discourse on Voluntary Servitude,* transl. Harry Kurz. New York: Columbia University Press.

Breazeale, Daniel (1982). "Between Kant and Fichte: Karl Leonhard Reinhold's 'Elementary Philosophy'," *Review of Metaphysics* 35, pp. 785–821.

Breazeale, Daniel (1996). "Certainty, Universal Validity and Conviction," in Breazeale and Rockmore (eds), *New Perspectives on Fichte.*

Breazeale, Daniel (2008). "The First-Person Standpoint of Fichte's Ethics," *Philosophy Today* 52, Nos. 3–4.

Breazeale, Daniel (2012). "In Defense of Fichte's Account of Ethical Deliberation," *Archiv der Geschichte der Philosophie* 94, pp. 178–207.

Breazeale, Daniel (2013). *Thinking Through the Wissenschaftslehre.* Oxford: Oxford University Press.

Breazeale, Daniel, and Rockmore, Tom (eds) (1996). *New Perspectives on Fichte.* Atlantic Highlands, NJ: Humanities Press.

Butler, Joseph (1726). *Fifteen Sermons Preached at the Rolls Chapel.* London: J. and J. Knapton.

Bykova, Marina (2014). "Fichte: His Life and Philosophical Calling," in Altman (ed.), *Palgrave Handbook*, pp. 267–285.

Campbell, Eric (2014). "Breakdown of Moral Judgment," *Ethics* 124, pp. 447–480.

Cartwright, Nancy (1999). *The Dappled World: A Study of the Boundaries of Science.* Cambridge: Cambridge University Press.

Chomsky, Noam, and Herman, Edward S. (1988, 2nd edition 2002). *Manufacturing Consent: The Political Economy of the Mass Media.* New York: Random House.

Code, Lorraine (1987). *Epistemic Responsibility.* Hanover, NH: University of New England Press.

Cohen, Joshua (2009). "Truth and Public Reason," *Philosophy and Public Affairs* 37, pp. 2–42.

Darwall, Stephen (2005). "Fichte and the Second-person Standpoint," *Yearbook for German Idealism* 3, pp. 91–113.

Darwall, Stephen (2006). *The Second Person Standpoint.* Cambridge, MA: Harvard University Press.

Debes, Remy (2015). "On Bertram Morris' 'The Dignity of Man' (1946)," *Ethics* 125, pp. 836–839.

Dworkin, Ronald (2011). *Justice for Hedgehogs.* Cambridge, MA: Harvard University Press.

Dworkin, Ronald (2013). *Religion Without God.* Cambridge, MA: Harvard University Press.

Estes, Yolanda (ed.) (2010). *Fichte and the Atheism Dispute,* transl. Curtis Bowman. Burlington, VT: Ashgate.

Estlund, David (2008). *Democratic Authority: A Philosophical Framework.* Princeton: Princeton University Press.

Ferry, Luc (1988). "The Distinction between Right and Ethics in the Early Philosophy of Fichte," *Philosophical Forum* 19, pp. 182–196.

Fletcher, Joseph (1997). *Situation Ethics: The New Morality.* Louisville, KY: Westminster John Knox Press.

Føllesdal, Dagfinn (1998). "Husserl's Idealism," in Marcelo Stamm (ed.), *Philosophie in synthetischer Hinsicht (Festschrift für Dieter Henrich)*. Stuttgart: Klett-Cotta.

Foot, Philippa (1972). "Morality as a System of Hypothetical Imperatives," *Philosophical Review* 81, No. 3 (July), pp. 305–316.

Förster, Eckart (2012). *The Twenty-Five Years of Philosophy*. Cambridge, MA: Harvard University Press.

Frank, Manfred (2003). *The Philosophical Foundations of Early German Romanticism*, transl. Elizabeth Millán-Zeibert. Albany: SUNY Press.

Frankfurt, Harry (1998). *The Importance of What We Care About*. Cambridge: Cambridge University Press.

Franks, Paul W. (2005). *All or Nothing: Systematicity, Transcendental Arguments, and Skepticism in German Idealism*. Cambridge, MA: Harvard University Press.

Freud, Sigmund (1953–1974). *The Ego and the Id: Standard Edition of the Complete Works of Sigmund Freud*, ed. J. Strachey, A. Freud, C.L. Rothgeb, A. Richards. London: Hogarth. Cited by volume: page.

Fricker, Miranda (2007). *Epistemic Injustice: Power and the Ethics of Knowing*. Oxford: Oxford University Press.

Gadamer, Hans-Georg (1989). *Truth and Method*, transl. J. Weinsheimer and D.G. Marshall, 2nd edition. New York: Crossroad.

Garner, Richard (1994). *Beyond Morality*. Philadelphia: Temple University Press.

Gibbard, Allan (1990). *Wise Choices, Apt Feelings*. Cambridge, MA: Harvard University Press.

Gibbard, Allan (2003). *Thinking How to Live*. Cambridge, MA: Harvard University Press.

Gibson, James J. (1986). *The Ecological Approach to Visual Perception*. Hillsdale, NJ: Lawrence Erlbaum.

Godwin, William (1793). *Inquiry Concerning Political Justice*. London: G.G.J, and J. Robinson.

Goethe, Johann Wolfgang von (1907). "'*Maximen und Reflexionen*', nach den Handschriften des Goethe-und Schiller Archivs." Weimar: Verlag der Goethe-Gesellschaft. http://www. aphorismen.de/zitat/60011.

Goh, Kienhow (2012). "Between Determinism and Indeterminism: The Freedom of

Choice in Fichte's *System der Sittenlehre*," *European Journal of Philosophy* 20, published online June 5. DOI: 10.11.11/j.1468-0378.2012.00544.x.

Goh, Kienhow (2015). "Fichte on the Human Body as an Instrument of Perception," *History of Philosophy Quarterly* 32, No. 1, pp. 37–56.

Gould, Steven Jay (1981). *The Mismeasure of Man*. New York: W. W. Norton.

Grene, Marjorie (1952). "Authenticity: An Existential Value," *Ethics* 62, pp. 266–274.

Grunewald, Constantin de (1936). *Baron Stein: Enemy of Napoleon*, transl. C.F. Atkinson. London: Jonathan Cape.

Gueroult, Martial (1930). *L'évolution et la structure de la doctrine de la science chez Fichte*. Paris: Société de l'édition Les Belles Lettres.

Guyer, Paul (2005). *Kant's System of Nature and Freedom: Selected Essays*. Oxford: Clarendon Press.

Guyer, Paul (ed.) (2006). *The Cambridge Companion to Kant and Modern Philosophy*. Cambridge: Cambridge University Press.

Habermas, Jürgen (1984). *The Theory of Communicative Action*. Boston: Beacon Press.

Haslanger, Sally (2012). *Resisting Reality: Social Construction and Societal Critique*. Oxford: Oxford University Press.

Hay, Carol (2013). *Kantianism, Liberalism and Feminism: Resisting Oppression*. London: Palgrave Macmillan.

Heidegger, Martin (1953 [1927]). *Sein und Zeit*. Tübingen. transl. Edward Robinson and John Macquarrie (1962) as *Being and Time*. Oxford: Blackwell.

Henrich, Dieter (1966). "Fichtes ursprüngliche Einsicht," *Subjektivität und Metaphysik: Festschrift für Wolfgang Cramer*. Frankfurt am Main: Klostermann, pp. 188–232.

Henrich, Dieter (2003). *Between Kant and Hegel: Lectures on German Idealism*, ed. David S. Pacini. Cambridge, MA: Harvard University Press.

Herman, Barbara (1993). *The Practice of Moral Judgment*. Cambridge, MA: Harvard University Press.

Hill, Thomas, Jr (1992). *Dignity and Practical Reason*. Ithaca: Cornell University Press.

Hinckfuss, Ian (1987). *The Moral Society: Its Structure and Effects*. Canberra: Australian National University.

Hoelzel, Steven (2014). "Transcendental Idealism and Theistic Commitment," in Altman (ed.), *Palgrave Handbook.*

Horstmann, Rolf-Peter (2012). "The Unity of Reason and the Diversity of Life: The Idea of a System in Kant and in Nineteenth Century Philosophy," in Wood and Hahn (eds), *Cambridge History of Philosophy*, pp. 61–93.

Hull, Isabel (1996). *Sexuality, Civil Society and the State in Germany 1700–1815.* Ithaca: Cornell University Press.

Hume, David (1958 [1740]). *A Treatise of Human Nature,* ed. L.A. Selby-Bigge. Oxford: Oxford University Press.

Hussain, Nadeem, and Shah, Nishi (2006). "Misunderstanding Metaethics," in R. Schafer Landau (ed.), *Oxford Studies in Metaethics,* Vol. 1. Oxford: Oxford University Press.

Irwin, Terence (2007–2009). *The Development of Ethics.* Oxford: Oxford University Press.

Jacobi, Friedrich Heinrich (1994). *Main Philosophical Writings,* ed. and transl. George di Giovanni. Montreal: McGill University Press.

James, David (2011). *Fichte's Social and Political Philosophy: Property and Virtue.* Cambridge: Cambridge University Press.

James, David (2012). "Conceptual Innovation in Fichte's Theory of Property: The Genesis of Leisure as an Object of Distributive Justice," *European Journal of Philosophy,* published online June 5. DOI: 10.1111/j.1468-0378.2012.00547.x. Print version forthcoming.

James, William (1968). John J. McDermott (ed.), *William James: A Comprehensive Edition.* New York: Random House.

Janke, Wolfgang (1970). *Fichte: Sein und Reflexion—Grundlagen der kritischen Vernunft.* Berlin: de Gruyter.

Janke, Wolfgang (1993). *Vom Bild des Absoluten: Grundzüge der Phänomenologie Fichtes.* Berlin: de Gruyter.

Joyce, Richard (2001). *The Myth of Morality.* Cambridge: Cambridge University Press.

Kagan, Shelly (1989). *The Limits of Morality.* Oxford: Clarendon Press.

Kaufmann, Walter (ed.) (1954). *The Portable Nietzsche.* New York: Penguin.

Korsgaard, Christine (1996). *The Sources of Normativity,* ed. Onora O'Neill. Cambridge: Cambridge University Press.

Kosch, Michelle (2006). "Kierkegaard's Ethicist: Fichte's Role in Kierkegaard's Construction of the Ethical Standpoint," *Archiv für Geschichte der Philosophie* 88, pp. 261–295.

Kosch, Michelle (2011). "Formal Freedom in Fichte's System of Ethics," *Internationales Jahrbuch des deutschen Idealismus/International Yearbook of German Idealism* 9, pp. 150–168.

Kosch, Michelle (2014). "Agency and Self-Sufficiency in Fichte's Ethics," *Philosophy and Phenomenological Research* 88, No. 2 (March), pp. 1–23.

Kosch, Michelle (2015). "Fichtean Kantianism in Nineteenth Century Ethics," *Journal of the History of Philosophy* 53, No. 1 (January), pp. 111–132.

Kühn, Manfred (2012). *Johann Gottlieb Fichte: Ein deutscher Philosoph 1762–1814. Biographie*. Munich: C.H. Beck.

Lamott, Anne (2005). *Plan B: Further Thoughts on Faith*. New York: Penguin.

Lauth, Reinhard (1984). *Die transcendentale Naturlehre Fichtes nach den Prinzipien der Wissenschaftslehre*. Hamburg: Felix Meiner.

Lauth, Reinhard (1994). *Vernünftige Durchdringung der Wirklichkeit: Fichte und seiner Umkreis*. Neuried: Ars Una.

Lavater, Johann Kaspar (1783). *Physiogomische Fragmente*, ed. J.M. Armbruster. Winterthur: Heinrich Steiners.

La Vopa, Anthony (2001). *Fichte: The Seif and the Calling of Philosophy*. Cambridge: Cambridge University Press.

Lévinas, Emanuel (1987). *Time and the Other,* transl. Richard A. Cohen. Pittsburgh, PA: Duquesne University Press.

Longuenesse, Béatrice (2017). *I Me Mine: Back to Kant and Back Again*. Oxford: Oxford University Press.

Machiavelli, Niccolo (1965). *Chief Works*, transl. Alan Gilbert. Durham, NC: Duke University Press.

Mackie, J.L. (1977). *Ethics: Inventing Right and Wrong*. New York: Penguin.

Markovits, Julia (2014). *Moral Reason*. Oxford: Oxford University Press.

Martin, Wayne (1997). *Idealism and Objectivity: Understanding Fichte's Jena Project*. Stanford: Stanford University Press.

Melamed, Yitzhak (2012). "'*Omnis determinano est negatio*' - Determination, Negation and Self-Negation in Spinoza, Kant, and Hegel," in Eckart Förster and Yitzhak Y. Melamed (eds), *Spinoza and German Idealism*. Cambridge: Cambridge University Press, pp. 175-196.

Merle, Jean-Christophe, and Schmidt, Andreas (2015). *Fichte: System der Sittlichkeit—Ein kooperativer Kommentar.* Frankfurt: Vittorio Klostermann.

Merleau-Ponty, Maurice (1958 [1945]). *Phenomenology of Perception,* transl. Colin Smith. London: Routledge.

Mill, John Stuart (1957). *Autobiography,* ed. Currin Shields. Indianapolis: Bobbs-Merrill.

Mill, John Stuart (2001). *Utilitarianism*, ed. George Sher, 2nd edition. Indianapolis: Hackett.

Moggach, Douglas (1993). "Fichtes Engagement with Machiavelli," *History of Political Thought* 14, No. 4, pp. 573-589.

Morris, Bertram (1946). "The Dignity of Man," *Ethics* 57, pp. 57-64.

Nagel, Thomas (1997). *The Last Word.* Oxford: Oxford University Press.

Nagel, Thomas (2012). *Mind and Cosmos: Why the Materialist Neo-Darwinian Conception of Nature is Almost Certainly False.* Oxford: Oxford University Press.

Nakhimovsky, Isaac (2011). *The Closed Commercial State: Perpetual Peace and Commercial Society from Rousseau to Fichte.* Princeton: Princeton University Press.

Nance, Michael (2012). "Recognition, Freedom and the Self in Fichtes Foundations of Natural Right," *European Journal of Philosophy,* published online. DOI: 10.1111/j. 1468-0378. 2012.0052.x. Print version (2015) *European Journal of Philosophy* 23, No. 3, pp. 608-632.

Neuhouser, Frederick (1990). *Fichte's Theory of Subjectivity.* New York: Cambridge University Press.

Neuhouser, Frederick (1996). "Fichte and the Relationship between Right and Morality," in Breazeale and Rockmore (eds), *New Perspectives on Fichte.*

Nietzsche, Friedrich (1999). *On the Genealogy of Morals and Ecce Homo,* transl. Walter Kaufmann. Oxford: Oxford University Press.

Parfit, Derek (2011). *On What Matters.* Oxford: Oxford University Press.

Philonenko, Alexis (1966). *La liberté humaine dans la philosophie de Fichte.* Paris: Vrin.

Philonenko, Alexis (1984). *L'oeuvre de Fichte.* Paris: Vrin.

Piché, Claude (1995). *Kant et ses épigones: Le jugement critique en appel.* Paris: Vrin.

Pippin, Robert (2000). "Fichte's Alleged Subjective, Psychological, One-Sided Idealism," in Sally Sedgwick (ed.), *The Reception of Kant's Critical Philosophy: Fichte, Schelling and Hegel.* Cambridge: Cambridge University Press.

Pippin, Robert (2012). "The Kantian Aftermath: Reaction and Revolution in German Philosophy," in Wood and Hahn (eds), *Cambridge History of Philosophy,* pp. 19–45.

Radrizanni, Ives (1993). *Vers la fondation de l'intersubjectivité chez Fichte: Des Principes à la Nova Methodo.* Paris: Vrin.

Radrizanni, Ives (1994). "Der Übergang von der *Grundlage* zur *Wissenschaftslehre* Nova methodo," *Fichte-Studien* 6, pp. 355–366.

Rawls, John (1971). *A Theory of Justice.* Cambridge, MA: Harvard University Press.

Rawls, John (2005 [1993]). *Political Liberalism.* New York: Columbia University Press.

Raz, Joseph (1999). *Practical Reasons and Norms.* Oxford: Oxford University Press.

Reinhold, Karl Leonhard (2011 [1790]). *Beytrage Zur Berichtigung Bisheriger Missverstandnisse Der Philosophen.* Charleston, SC: Nabu Press.

Richards, Robert J. (2002). *The Romantic Conception of Life: Science and Philosophy in the Age of Goethe.* Chicago: University of Chicago Press.

Rist, Johann Georg (1880). *Lebenserinnerungen.* Gotha: Friedrich Andreas Perthes.

Rivera-Castro, Faviola (2006). "Kantian Ethical Duties," *Kantian Review* 11, pp. 78–101.

Rohs, Peter (1990). *Johann Gottlieb Fichte.* Munich: Beck.

Rousseau, Jean-Jacques (1997). *The Social Contract and Other Later Political Writings,* ed. and transl. V. Gourevitch. Cambridge: Cambridge University Press.

Ruse, Michael (1986). *Taking Darwin Seriously.* Oxford: Blackwell.

Rutherford, Donald (2008). "Spinoza and the Dictates of Reason," *Inquiry* 51, No. 5, pp. 485–511.

Sartre, Jean-Paul (1956a). *Being and Nothingness* (1943), transl. Hazel Barnes. New York: Washington Square Press.

Sartre, Jean-Paul (1956b). "Existentialism is a Humanism" (1946), in Walter Kaufmann (ed.), *Existentialism from Dostoevsky to Sartre.* New York: Philosophical Library.

Sartre, Jean-Paul (1964 [1938]). *Nausea,* transl. Lloyd Alexander. New York: New Directions.

Scanlon, Thomas M. (1998). *What We Owe to Each Other.* Cambridge, MA: Harvard

University Press.

Scheffler, Samuel (2013). *Death and the Afterlife,* ed. Niko Kolodny. Oxford: Oxford University Press.

Schopenhauer, Arthur (1958 [1818, 1844]). *World as Will and Representation,* transl. E.J.F. Payne. New York: Falcon's Wing. Cited by section §.

Schopenhauer, Arthur (2005). *Essay on the Freedom of the Will,* transl. K. Kolenda. New York: Dover.

Schulte, Günter (1971). *Die Wissenschaftslehre des späten Fichte.* Frankfurt: Klostermann.

Schüssler, Ingeborg (1972). *Die Ausseinandersetzung von Idealismus und Realismus in Fichtes Wissenschaftslehre.* Frankfurt: Klostermann.

Shapiro, Lawrence (2011). *Embodied Cognition.* London: Routledge.

Speight, C. Allen (2001). *Hegel, Literature and the Problem of Agency.* Cambridge: Cambridge University Press.

Stanley, Jason (2011). *Know How.* Oxford: Oxford University Press.

Stanley, Jason (2015). *How Propaganda Works.* Princeton: Princeton University Press.

Stanley, Manfred (1978). *The Technological Conscience: Survival and Dignity in an Age of Expertise.* Chicago: University of Chicago Press.

Steffens, Heinrich (1863). *The Story of My Career as a Student at Freiburg and Jena, and as Professor at Halle, Breslau and Berlin,* transl. William Leonhard Gage. Boston: Gould and Lincoln.

Steiner, Rudolf (ed.) (1894). "Sieben Briefe von Fichte an Goethe - zwei Briefe von Fichte an Schiller," *Goethe-Jahrbuch* 15.

Street, Sharon (2016). "Nothing 'Really' Matters, but That's Not What Matters," in Peter Singer (ed.), *Does Anything Really Matter: Parfit on Objectivity.* Oxford: Oxford University Press.

Suppes, Patrick (1978). "The Plurality of Science," *Proceedings of the Philosophy of Science Association* 2, pp. 3-16.

Theunissen, Michael (1984). *The Other: Studies in the Social Ontology of Husserl, Heidegger, Sartre and Buber.* Cambridge, MA: MIT Press.

Thorndike, Oliver (ed.) (2011). *Rethinking Kant.* Cambridge: Cambridge Scholars.

Tilliette, Xavier (1995). *Recherches sur l'intuition intellectuelle chez Fichte et Hegel.*

Paris: Vrin.

Timmermann, Jens (2010). *Kant's Groundwork for the Metaphysics of Morals: A Commentary.* Cambridge: Cambridge University Press.

Tugendhat, Ernst (1986). *Self-Consciousness and Self-Determination,* transl. Paul Stern. Cambridge, MA: MIT Press.

Tümmler, Hans (ed.) (1949). *Goethes Briefwechsel mit Christian Gottlob Voigt.* Weimar: Böhlau.

Vater, Michael, and Wood, David W. (transl.) (2012). *The Philosophical Rupture between Fichte and Schelling: Selected Texts (1800–1802).* Albany: SUNY Press.

Velleman, David (2006). *Self to Self.* Cambridge: Cambridge University Press.

Verweyen, Hansjürgen (1975). *Recht und Sittlichkeit in J. G. Fichtes Gesellschaftstheorie.* Freiburg and Munich: Alber.

Vihvelin, Kadri (2013). *Causes, Laws and Free Will: Why Determinism Doesn't Matter.* Oxford: Oxford University Press.

Ware, Owen (2015). "Agency and Evil in Fichte's Ethics," *Philosopher's Imprint* 15, No. 11.

Weber, Marianne (1900). *Fichtes Sozialismus und sein Verhältnis zur Marx'schen Doktrin.* Tübingen: Mohr.

Wegner, D.M. (1989). *White Bears and Other Unwanted Thoughts: Suppression, Obsession, and the Psychology of Mental Control.* London: The Guilford Press.

Weischedel, Wilhelm (1973 [1939]). *Der frühe Fichte: Aufbruch der Freiheit zur Gemeinschaft.* Stuttgart-Bad Cannstaat: Frommann-Holzboog.

Wildt, Andreas (1982). *Autonomie und Anerkennung.* Stuttgart: Klett-Cotta.

Williams, Bernard (1981). *Moral Luck.* Cambridge: Cambridge University Press.

Wilson, Eric Entrican (2011). "Fichte's Break with Representationalism," *Revue de Metaphysique et de Morale* 17, No. 3.

Wolf, Susan (2003). "'One Thought Too Many': Love, Morality, and the Ordering of Commitment," in Ulrike Heuer and Gerald Land (eds), *Luck, Value, and Commitment: Themes From the Ethics of Bernard Williams.* Oxford: Oxford University Press, pp. 72–93.

Wood, Allen W. (1990). *Hegel's Ethical Thought.* New York: Cambridge University Press.

Wood, Allen W. (1992). "Fichte's Philosophical Revolution," *Philosophical Topics* 19, pp. 1-28.

Wood, Allen W. (2002). *Unsettling Obligations: Essays on Reason, Reality and the Ethics of Belief.* Stanford: CSLI Publications.

Wood, Allen W. (2005). *Kant.* Oxford: Blackwell.

Wood, Allen W. (2008). *Kantian Ethics.* New York: Cambridge University Press.

Wood, Allen W. (2014a). *The Free Development of Each: Studies on Freedom, Right, and Ethics in Classical German Philosophy.* Oxford: Oxford University Press.

Wood, Allen W. (2014b). "The Evil in Human Nature," in G. Michalson (ed.), *Religion within the Boundaries of Mere Reason: A Critical Guide.* New York: Cambridge University Press.

Wood, Allen W. (2015). "Evil in Classical German Philosophy: Evil, Selfhood and Despair," in Andrew Chignell and Scott MacDonald (eds), *Evil.* Oxford: Oxford University Press.

Wood, Allen W., and Hahn, Songsuk Susan (eds) (2012). *Cambridge History of Philosophy in the Nineteenth Century.* New York: Cambridge University Press.

Wood, David W. (2012). *"Mathesis of the Mind": A Study of Fichte's Wissenschaftslehre and Geometry. Fichte-Studien supplemento.* Amsterdam: Rodopi.

Wright, Walter E. (1996). "Reading the 1804 Wissenschaftslehre," in Breazeale and Rockmore (eds), *New Perspectives on Fichte.*

Zöller, Günter (1996). "Thinking and Willing in Fichte's Theory of Subjectivity," in Breazeale and Rockmore (eds), *New Perspectives on Fichte.*

Zöller, Günter (1997). *Fichte's Transcendental Philosophy: The Original Duplicity of Intelligence and Will.* Cambridge: Cambridge University Press.

Zöller, Günter (2015). "War Without and Peace Within: Fichte's Political Appropriation of Machiavelli and its Contemporary Context in Herder and Hegel," *Rivista di Philosophia* 106, No. 1.

索引

（页码为原书页码，即本书边码）

abstraction 抽象：
 from acting 从行动中～出来 126—127，145，238
 antimoralism and 反道德主义和～ 107
 dogmatism and 独断论和～ 38，41，57，82
 freedom of ～的自由 197
 of I 自我的～ 9，38，52—56，57，58—59，99，117
 philosophy and 哲学和～ 37—40，43—44，45，57，144
 willing and 意愿活动和～ 114—115
 另见 synthetic method; thing in itself; transcendental deductions
academic freedom 学术自由 20，22，24，217n3，218，247
accountability 归责 73，74—75，83，169
 另见 blame; responsibility
Achelis, H.N. H.N. 阿基里斯 66
acting（action）（agency）行动（行为）（能动性）：
 abstraction from 从～中抽象出来 126—127，145，238
 intellectual intuition and 理智直观和～ 58—59，120
 intersubjectivity and 交互主体性和～ 49，85—87，93—99，201
 as manifold 作为杂多的～ 189—190
 normativity and 规范性和～ 68，126—127，173n1，197
 rights to ～的权利 266
 transcendental conditions of ～的先验条件 135
 另见 bodies and embodiment; determination; ends; freedom, formal/material; self-activity
Addresses to the German Nation（Fichte）《对德意志民族的演讲》（费希特） 24，25—26，245，252，253，268，277
adultery 通奸 276，279
Aenesidemus, Fichte's review of 费希

特评《埃奈西德穆》 8—9, 18, 30
aesthetics 审美的 14—15, 16, 25, 37, 45, 89, 146, 155, 250
"afterlife"(Scheffler) "来世生活"(舍弗勒) xii, 101, 223—224, 225, 233, 234, 247—249, 253, 270, 289, 292—293
agape 快适 151
agility(*Agilität*) 灵活性 59—60, 114, 119—120, 122n11
Allison, Henry 亨利·阿利森 38n10
Altizer, Thomas 托马斯·奥尔蒂泽 19n18
Ameriks, Karl 卡尔·阿莫里克斯 29n1
analytic procedures 分析过程 63
Anderson, R. R.安德森 152
Anerkennung 承认 见 recognition
animals 动物 67, 142n7, 237, 267, 268
另见 natural world
Anmutung(expectation) 期待 260—261
Annas, Julia 朱利亚·安纳斯 232n8
annoyance 懊恼 155
Anscombe, Elizabeth 伊丽莎白·安斯康贝 124n12
anti-elitism, Fichte's 费希特的反精英主义 246—247, 253
antimoralism 反道德主义 107—108
antinomies 二律背反 61—62, 66
另见 transcendental deductions
anti-realism 反实在论 84—85, 134
anti-semitism 反闪米特主义 27n27

Antony, Louise 路易斯·安东尼 218n4
Apel, Karl Otto 卡尔·奥托·阿佩尔 212, 225
Aphorisms on Religion and Deism(Fichte)《宗教和无神论箴言》(费希特) 4—5, 7—8, 18, 37, 65
apperception(Kant) 统觉(康德) 50—51, 53, 54, 56—58, 59, 67, 86, 119, 145
appraiser values 评估者的价值 191
"appropriate"(*gebühre*) "妥当的" 120, 121
approval 赞同 155, 162—163
a priority 先天 50, 86, 87, 108n4, 214
Aquinas, Thomas 托马斯·阿奎那 163n14
Arendt, Hannah 汉娜·阿伦特 x
aristocracy 贵族制 273
Aristotle 亚里士多德 x, 232, 248
arrogance 傲慢 41, 229, 236, 280
arts and artists 艺术和艺术家 13, 239, 258
atheism 无神论 216
atheism controversy 无神论之争 17—22, 23, 24, 36, 249—250
Attempt at a Critique of All Revelation(Fichte)《试评一切天启》(费希特) xi, 6, 7, 8n3, 9, 18, 20, 62n28, 86n13
Attempt at a New Presentation of the Doctrine of Science(Fichte)《知识学论证的新阐述》(费希特) 30,

46

Audi, Robert 罗伯特·奥迪 163n14

Aufforderung 召唤 见 summons

authenticity 本真性 105, 125, 152, 183, 184, 193, 194, 242, 291

authority, traditional 传统权威 19, 23, 45, 146, 186

另见 parents; religion; state

autonomy 自律 见 self-legislation

Babeuf, Gracchus 格拉克斯·巴贝夫 286

Baggesen, Jens 詹斯·巴格森 66

Baron, Marcia 玛西亚·巴隆 191n4

Baumanns, Peter 皮特·鲍曼斯 34, 138, 173n1, 208n14

Baumgarten, Alexander Gottlieb 亚历山大·戈特利布·鲍姆嘉通 236, 237, 238

Beauvoir, Simone de 西蒙·德·波伏娃 ix, x, xii, 41, 152, 278n22

另见 existentialist tradition

Beck, Gunnar 古纳尔·贝克 258n7

"Become who you are" "成为你自身" 184

being 存在 见 reality; thing in itself

beneficence 仁爱 126—127, 222

Berkeley, George 乔治·贝克莱 32, 54, 60, 84, 107

Berlin Wall 柏林墙 256, 287

Bernstein, Alyssa 阿丽莎·伯恩斯坦 xiv

Bestimmung 使命，规定 见 vocation

Bild（image）图像 36

Bird-Pollan, Stefan 斯特凡·比尔德-波伦 108n4

Blackburn, Simon 西蒙·布莱克本 107n1

blame 谴责 72n5, 73, 74—75, 122, 145n8, 167, 169—170, 171, 190—191, 239

另见 accountability; responsibility

bodies and embodiment 身体和表现：

acting and 行动及～ 39, 67, 69, 87, 140—143

antinomies of ～的二律背反 178—179

deduction of ～的演绎 87—88

duties concerning 有关～的义务 178, 185, 186—188

as Fichte's concept ～作为费希特的概念 49, 291

persons as ends in themselves and 作为目的自身的人格及～ 229

recognition and 承认及～ 263

right and ～及法权 266, 275, 282—283

summons and 召唤、～ 95

unconscious aspect of ～的无意识方面 142n6

world as 作为～的世界 177—179

另见 desires; disembodied I; drives; material things

Boétie, Étienne de la 艾蒂安·德·拉·波埃西 42
Breazeale, Daniel 丹尼尔·布里泽尔 xiii, xiv, 30nn3, 4, 38n11, 40n13, 57n23, 58n25, 60n26, 86n13, 159n13, 160, 163n14, 200n11
Brecht, Bertolt 贝托尔特·布莱希特 27, 233, 235—236, 239
Butler, Joseph 约瑟夫·巴特勒 233n9

Campbell, Eric 埃里克·坎贝尔 107n2, 109n6
capitalism 资本主义 239, 253, 285, 288
categorical imperative 定言命令：
    categorical desires and 绝对的欲望和～ 104—105, 193
    consciousness and 意识和～ 58
    described 有关～的描述 103, 120, 121, 137
    drives to form 形式冲动 133n20, 154—155, 157
    ends and 目的和～ 120, 127—128, 150, 175
    intersubjectivity and 交互主体性和～ 200—201
    另见 moral authority; moral principle; self-sufficiency
categorical imperative (CI) (Kant) 定言命令 (CI)（康德） 102, 103, 106, 107—108, 150, 198, 244
categories of quality/relation (Kant) 质/关系范畴（康德） 178—179, 185—186, 187—188, 195, 199, 202
causality 因果性：
    consciousness and 意识和～ 53n20, 57, 60—61, 72, 80, 85
    deduction of ～的演绎 63, 140
    drives and 冲动与～ 118, 144
    duties of ～的义务 178, 185—186
    intersubjectivity and 交互主体性与～ 82, 86, 93—96, 98, 140
    material freedom *versus* 实质自由与～的对比 147—148
    normative necessity *versus* 规范的必然性与～的对比 120, 135, 138—139
    practical *versus* transcendental freedom (Kant) and （康德）实践的自由与先验的自由同～的对比 66—68
    self-determination *versus* 自我规定与～的对比 113, 115—116, 122, 140
    另见 chance; coercion; determinism; dogmatism; empirical approaches; naturalism; necessitari-anism; willing
certainty 确定性 46—47, 78—79, 157—168, 196
    另见 conscience
chance (contingency) 运气（偶然性） 68, 78—79, 81, 97, 113, 116,

122，161，240

charity 慈善 222

children 孩子 268

Chisholm, Roderick 罗德里克·齐硕姆 xiii

Chomsky, Noam 诺姆·乔姆斯基 219n5

church 教会 214，215—216，217，224

 另见 religion

class (*Klasse*) 阶级 239，242，244—247，248，253，283—284，291

clergy 牧师 217，237，239，284

climate disruption 气候破坏 42，250

Closed Commercial State (Fichte)《锁闭的商业国》(费希特)，23，244，255，274，286—288

clothing 衣服 96，268，283

Code, Lorraine 劳伦·寇德 218n4

coercion: 强制

 in accordance with own will 根据个体自身的意志的～ 265—266

 antinomies and 二律背反和～ 270—271

 duties and 义务和～ 105，258

 education/parents and 教育/父母和～ 268

 higher class and 高等阶级和～ 284

 legislation/state and 立法者/国家和～ 124，141n3，214，240，241

 morality and 道德和～ 276，277

 promotion of morality and 促进道德和～ 170

 right of ～的法权 263，264—265

 sexuality/parenthood and 性/父母和～ 279—280

 summons and 召唤和～ 92，95—96，260—261

 unanimity and 一致性和～ 251

 universal freedom and 普遍自由和～ 227，255，258，259，263，264—265，271

 vocation and 使命和～ 2，58，254，258n7，286

 另见 punishment

cogito (I think) 我思 49—50，51

cognition (*Erkenntnis*) 认知:

 antinomy of ～的二律背反 143—144

 conviction *versus* 确信与～的对比 163

 dogmatism and 独断论与～ 76

 duties and 义务和～ 178，185，194—200

 embodiment and 表现与～ 140—142

 feelings and 情感与～ 130，155，162

 Fichte *versus* Kant on 费希特和康德论～的对比 55，56—57，59，60，85—86

 freedom and 自由和～ 84—85，139，143，199

 objectivity and 客观性与～ 87，

89, 90, 130, 139
practical interest and 实践利益与～ 194—200
reason and 理性与～ 214
另见 I's active relation to not-I; ordinary standpoint; subject/object synthesis; theoretical reason; thing in itself
Cohen, Joshua 约书亚·科亨 218n4
coherence 融贯 35—36, 47—48, 57, 63, 197
collectivism 集体主义 101
colonialism 殖民主义 288
common sense 普通理智 见 ordinary standpoint
common will 普通意志 216, 224, 225, 270
另见 universal rational agreement
communication 沟通:
　antinomy of ～的二律背反 216—217
　causality *versus* 因果性与～的对比 97—98
　conviction and 确信与～ 258
　duties and 义务与～ 64, 186, 199, 212, 213, 243
　Enlightenment and 启蒙与～ 23
　estates and 等级与～ 245—246
　Fichte's anti-elitism and 费希特的反精英主义和～ 253
　Fichte's behavior and 费希特的行为和～ 171
　as Fichte's concept ～作为费希特

的概念 291
　freedom and 自由与～ 217—219, 221
　identity and 同一性与～ 184
　intelligible world and 理智世界与～ 212n2
　Kant on 康德论～ 85—86, 212—214
　objectivity and 客观性与～ 208—209
　philosophy and 哲学与～ 174
　promotion of morality and 促进道德与～ 170, 176, 215, 220
　reason and 理性与～ 161, 200, 201n12, 212—214
　right and 法权与～ 267
　scholars and 学者与～ 223
　unanimity and 一致性与～ 205, 206, 207, 208, 211
　world community and 世界共同体与～ 286
　另见 learned public, scholars; summons; universal rational agreement
community of rational beings (moral realm) 理性存在者的共同体 (道德王国):
　deduction of ～的演绎 99n22
　duties and ～的义务 238, 240
　as end in itself ～作为目的自身 230—231, 240, 243
　in Fichte's later thought 费希特晚期思想中的～ 37n9

freedom and 自由与～ 201，251
happiness and 幸福与～ 233—234
right/ethics separation and social drive and 法权/伦理的分离、社会冲动和～ 256—259
social drive and 社会冲动和～ 98
state and 国家与～ 253，270—271
as supersensible 超感性的～ 249
另见 intelligible world；intersubjectivity；realm of ends；reciprocity；society；striving；universal rational agreement

community of right 法权共同体 266—267，269，272，277，284

compatibilism 相容论 73，83—85，122，250
另见 naturalism

complacency 自鸣得意 6，200

conatus 意动 63n30，115n7，130
另见 striving 努力

"the concept" "特定概念" 36—37

"concept of a concept" "概念的概念" 95

concepts 概念 59
另见 abstraction；cognition；direction of fit；ends；I；practical reason；theoretical reason；transcendental deductions

Concerning the Concept of a Doctrine of Science (Fichte) 《论知识学的概念》（费希特） 9，10，30，46—47

condition (*Zustand*) (Kant) 状态（康德） 232

conscience (conscientious convictions)：良心（出自良心的确信）
application of moral principle and 道德原则的运用与～ 101
certainty of ～的确定性 161—168
deduction of ～的演绎 138，158—159
defined 对～的界定 155，158
duties and 义务与～ 64，137—138，157，160，193
feeling and 情感与～ 106，154—155，158，160，161，163，166，196
metaethics and 元伦理学与～ 135
moral law and 道德法则与～ 103，124—125
moral philosophy and 道德哲学与～ 173
ordinary standpoint and 日常视角与～ 124—125，137—138
risk and 风险与～ 167n16
scientific ethics *versus* 科学伦理学与～的对比 244
state and 国家与～ 216
theoretical judgment and 理论判断与～ 157—161，167
另见 duties

consciousness 意识：
categorical imperative and 定言命

令与～ 58
causality and 因果性与～ 53n20, 57, 60—61, 72, 80, 85
drives and 冲动与～ 118
freedom and 自由与～ 30, 53, 59, 84
Marx on 马克思论～ 238
possibility of ～的可能性 131n16, 132
principle of (Reinhold) 赖因霍尔的～原则 46
self-consciousness and 自我意识和～ 56, 110, 111
subject/object synthesis and 主体/客体的综合与～ 46, 89, 112—114
transcendental conditions and 先验条件和～ 34, 39, 44, 96, 133—134
另见 apperception; experience; I; ordinary standpoint; practical reason; self-consciousness; theoretical reason
consent 同意 204—205, 270—271, 273
consequentialist interpretations 结果主义解释 64, 148—151, 152, 174—179, 186, 190, 224—225, 228—229, 240, 242, 244
另见 happiness; utilitarians
conservatism 保守主义 41, 42, 270, 287

Constant, Benjamin 本杰明·贡斯当 243
constraints 约束：
  categorical desires versus 绝对的欲望与～的对比 104—105
  freedom and 自由和～ 87—88, 121—122
  moral law as 道德法则作为～ 66—67
  self-determination and 自我规定和～ 122
  summons as 召唤作为～ 92—93
  另见 coercion; limitation
contempt 蔑视 155, 229
  另见 self-contempt
contentment 满足 155
contingency (chance) 偶然性（机会）68, 78—79, 81, 97, 113, 116, 122, 161, 240
contracts, civil-political 公民-政治的契约 269—272, 275, 276—278, 281—285
  另见 property and property rights
contractualism 契约主义 8, 204—205, 270
conviction (Überzeugung) 确信：
  antinomy of ～的二律背反 216—217
  communication and 沟通和～ 216, 258
  conflicting 冲突的～ 211—212

described　有关~的描述　157
existence preceding essence and　存在先于本质与~　79
　　Fichte's　费希特论~　101
　　of freedom　自由的~　69，71—78，80—81，83，196—197
　　practical/theoretical character of reasons versus　理性的实践/理论品格与~的对比　163，196—198
　　unanimity and　一致性与~　205，224
　　另见 conscience
convincing others　说服他者　212
coordination　相互协作　98，206—207，220
corporations　合作　219，235n11，239，253
cowardice　怯懦　152，168，199—200，289
crimes　犯罪　276—278，279
cult of reason　理性的狂热　15，249
culture　文化　25，106，107，151

Darwall, Stephen　斯蒂芬·达尔沃　200n11，264n12
the dead　死亡　266
　　另见 killing and murder
"death of God" theology　"上帝之死"神学　19n18
death penalty　死刑　240，277
deception，欺骗，见 illusion; lying; self-deception
defamation　诽谤　229
deliberation (Deliberieren)　慎思　93n18
demanding (Fordern)　要求　154，262—263
democracy　民主　253，273，287
denial　拒绝　106
deontological interpretations　道义论解释　149，150，178，186，190，225，244
dependency　依附　221—222，235，235n11，281，285
Descartes, René　勒内·笛卡尔　49—50，51，60，83，140—141，163n14
　　另见 disembodied I
desires (impulses) (inclinations)　欲望（冲动）（偏好）：
　　categorical　绝对的~　104—105，193
　　defined　对~的界定　144—145
　　determination and　规定和~　187
　　drives and　冲动与~　118，133n20，144—145，146—147
　　duties and　义务与~　186
　　freedom and　自由与~　70，105
　　moral law versus　道德法则与~的对比　62n28
　　motivations and　刺激与~　130
　　reasons and　理由与~　94，106，107n1，130
　　unfreedom and　不自由与~　69

另见 drives; enjoyment; subjectivism

despotism 专制主义 273, 274

detachment versus impartiality 超然与中立性的对比 152

determination (determinacy) 规定（规定性） 62, 64, 67—70, 77—82, 93n18, 100, 114—115, 118, 120, 190

 另见 agility; causality; duties; ends; indeterminacy; moral law, application of; moral principle, application of; objectivity; schematisms; self-determination

determinism 决定论 4, 68—69, 73, 80—81

 另见 causality; necessitarianism

De Witt brothers 德·维特兄弟 74n7

dialectical method 辩证法 xii, 7, 63n29

 另见 synthetic method

dialogical approach 对话的进路 52

difference 差异 62

dignity 尊严 x, 41, 42, 73, 81, 147, 151, 170, 207, 226, 228, 229, 239

direction of fit 匹配方向 58—59, 89, 111, 116—117, 126—128, 134, 138—139

 另见 representations

Direction to the Blessed Life, or the Doctrine of Religion (Fichte)《极乐生活指南，或宗教学说》（费希特） 23, 252

disapproval 反对 155

discourse ethics 对话伦理学 212

disembodied I 缺乏表现的 67, 87, 140—141

 另见 bodies and embodiment; supernatural metaphysics

disgust 厌恶 170

dishonesty 不诚实 199

distinction/divisibility 区分/可区分性 62

Doctrine of Religion (Fichte)《宗教学说》（费希特） 250

Doctrine of Science (Wissenschaftslehre) 知识学：

 background ～的背景 9, 10, 12—13, 29—30

 epistemology of ～的认识论 45—50

 first principles of ～的第一原则 30, 46—51, 55

 Jena period versus later 耶拿时期的～与晚期～的对比 22—24, 36—37, 71, 77n9, 194n6

 overviews ～的概括 51—52, 64

 另见 faith; finding oneself as will; self-activity; synthetic method; System of Ethics (Fichte); System of Right (Fichte); transcendental philosophy and transcendental standpoint

dogmatism 独断论：

 absolute I and 绝对自我与～ 34n8

 abstraction and 抽象与～ 38, 41,

57, 82
causality and 因果性与～ 41—42, 45, 53n20
common sense and 普通理智与～ 38n11, 39, 40, 43—44, 107n1
contemporary 现代～ 69
empirical science and 经验科学与～ 40, 42
freedom and 自由与～ 5, 38, 40, 45, 70—73, 76, 82—85, 135, 139
illusion and 幻相与～ 38, 41, 45, 53n20, 70—71, 73, 76
metaethics and 元伦理学与～ 131, 132, 135
morality and 道德与～ 39n11, 40—43, 53n20, 70, 72nn5, 6, 73, 77, 133, 188
objectification and 物化与～ 68—69, 76, 84
oppression and 压迫与～ 235
religion and 宗教与～ 249—250
self-deception and 自我欺骗与～ 70—72, 107n1, 109, 129n15
summons and 召唤与～ 53, 75—76
transcendental standpoint versus 先验视角与～的对比 36, 37—45, 71—73, 75—77, 83
wavering of imagination and 想象的摇摆与～ 78
wealth and 财富与～ 235

另见 determinism; metaphysics; naturalism; necessitarianism; realism; Spinoza, Baruch; thing in itself
domiciles 住所 275—276
doxastic voluntarism 信仰的唯意志论 163n14, 165
drives 冲动:
  deduction of ～的演绎 143
  defined 对～的界定 118, 143—144
  ethical 伦理～ 106, 108n4, 156—157, 162, 173n1, 187—188, 203
  feeling and 情感和～ 106, 118, 119, 144, 147
  to form categorical imperative ～形成了定言命令 133n20
  for freedom 自由～ 105, 147, 253
  natural 自然～ 75, 105, 143—148, 155, 156—157, 176, 186—188
  necessity and 必然性与～ 118, 144
  original (fundamental) (proto) 原始～ 108n4, 154, 157, 182, 187
  pure 纯粹～ 143—148, 154—157, 175, 187
  recursive ends and 递归式目的与～ 182
  reflection and 反思与～ 145—147, 154

social 社会~ 219—220, 221

tendency versus 倾向与~的对比 115, 118

for whole 对于整全的~ I, 64, 105, 118—121, 145, 220

另见 desires; harmony; self-determination; self-sufficiency

duties 义务：

Aphorisms and 《箴言》与~ 65

communication and 沟通与~ 211—212, 214, 217

conscientious conviction and 良心确信和~ 64, 137—138, 157, 160

consequentialism and 结果主义与~ 173—174, 186

deductions of ~的演绎 64, 178—179, 185—188

Fichte's concept overturned 费希特的被推翻的~概念 65

freedom and 自由与~ 66, 73, 193, 194, 197, 201

happiness and 幸福与~ 231, 233—234

Hegel on 黑格尔论~ 238

intersubjectivity and 交互主体性与~ 178, 185, 186, 200—209, 212, 238

Kant on 康德论~ 103, 150, 185—186, 189, 199, 208n14, 236—237, 239, 243, 264, 265n14

Kierkegaard on 克尔凯郭尔论~ 192—193

material duty of belief 实质性的信仰~ 163—164, 165, 197

morality and 道德与~ 125

objectivity and 客观性与~ 126, 208, 214, 217

to oneself 对自身的~ 236, 237—238

permissible actions and 可允许的行动与~ 173n1, 231

promotion of morality and ~与促进道德 171

of right 法权义务 257, 278

rights and 权利与~ 257, 265n14

for the sake of duty 为义务而~ 176

specific 特定~ 185—209

to strive for meaningful life 努力过有意义的生活的~ 248

taxonomy of ~的分类法 236—239

to be tools of moral law 成为道德法则的工具的~ 225, 226—228

ubiquity and 无处不在和~ 173

unanimity as 一致性作为~ 213—214

to unite in state 在国家中联合起来的~ 216

universal/particular 普遍的/特殊的~ 238, 239—240

wide 宽泛的~ 103, 189, 191—192

另见 coercion ; cognition ; conscience ; moral law, content of ; situationality

Dworkin, Ronald 罗纳德·德沃金 131n16, 235n12, 248, 250n20

economic systems, 经济体系 244, 253, 254, 279, 285—286, 291

education 教育 25, 26, 96—99, 100, 176, 200, 201, 245—247, 253, 268, 277

另见 *Addresses to the German Nation*（Fichte）; indoctrination ; state

elections 选举 273, 279

Elementarphilosophie 基本哲学 8

Eliot, George 乔治·艾略特 280n23

elitism/anti-elitism 精英主义/反精英主义 246—247, 253

emigration 移民 256, 273, 287

emotions 情绪 74, 108, 258, 278

另见 feeling

empirical approaches 经验的进路 36, 39, 40, 42, 109, 129, 213

另见 causality ; material things

ends (*Zweck*) 目的：

categorical imperative and 定言命令与~ 120, 150

deduction of ~的演绎 87—91

determination of commandments and 戒条的规定和~ 149

final human 终极的人类~ 182—183, 223—226

indifferent actions and 漠不关心的行动和~ 189—190

intersubjectivity and 交互主体性和~ 100, 119, 199, 202—203, 204—205, 220

moral authority and 道德权威与~ 102—103, 109n6, 126, 127—128

morality and 道德和~ 104, 105, 173

normativity and 规范性和~ 109n6, 149

objects and 对象与~ 88, 89, 95, 98, 182

practical reason and 实践理性与~ 150—151

of reason 理性的~ 153, 223—226, 228

recursive 递归式~ 179—184, 203

summons and 召唤与~ 93

willing and 意愿活动与~ 111, 117

另见 direction of fit ; drives ; happiness ; means-ends relations ; project ; realm of ends ; reasons ; self-sufficiency ; striving ; tendency ; universal rational agreement ; vocation

ends in themselves, rational beings as 理性存在者作为目的自身 123, 131n18, 204, 220—225, 229, 231, 240, 255

另见 moral law, tools of
Engels, Friedrich　弗里德里希·恩格斯　6, 42, 287
enjoyment (*Genuß*)　享受　145, 154, 155, 176, 186—188, 189, 232
enlightenment　启蒙　213, 246
Enlightenment　启蒙运动　10, 23, 108n5, 208, 218, 292, 293
entwerfen　筹划　见 project
ephorate　监察官制　273—275
Epicurus　伊壁鸠鲁　83—84
equality　平等　66, 220—223, 253
　　另见 gender; women
Erkenntnis　认知　见 cognition
Erziehung (upbringing)　教育（养育）　96—99, 100, 200, 201, 268, 280
essence　本质　见 Existence precedes essence; nature of I
estate (*Stand*)　等级（阶层）　151, 226, 234, 244—248, 278—285, 291
　　另见 labor (lower estate)
Estlund, David　大卫·伊斯特兰德　218n4
eternal life　永恒的生活　248, 249, 250
eternal/temporal goods　永恒的/世俗的善　247—248, 250
ethical life (*Sittlichkeit*) (Hegel)　伦理生活（黑格尔）　238
ethical obligations　伦理义务　241
ethical vocation　伦理使命　150
　　另见 self-sufficiency
Ethica philosophica (Baumgarten)　《哲学伦理学》（鲍姆嘉通）　236
ethics　伦理学，见 morality; right
Ethics (1812) (Fichte)　《伦理学》(1812)（费希特）　37n9
Ethics (Spinoza)　《伦理学》（斯宾诺莎）　81
ethics of care　关怀伦理学　278—279
"ethics of responsibility"　"责任伦理"　255
European states　欧洲国家　288
evidentialism　证据主义　195—200
evil　邪恶　98—99, 145n8, 155, 166, 168—171, 176, 182, 254
　　另见 vices
evolutionary advantages　进化优势　106—107, 109
Existence precedes essence (Sartre)　《存在先于本质》（萨特）　69, 79, 115—116
　　另见 "Become who you are"
existentialist tradition　存在主义传统　ix—x, 33, 39—40, 126, 140, 141, 152, 194, 291
　　另见 Kierkegaard, Søren and other existentialists
expectation (*Anmutung*)　期待　260—261
experience　经验　35, 43, 44, 47, 50—51, 55, 58, 59, 64, 81, 111
　　另见 consciousness; I, absolute; self-activity; self-consciousness
external things　外部事物　见 material

things
faculty（*Vermögen*） 能力 116—117
Fahrenbach, Helmut 赫尔穆特·法伦巴赫 192n5
faith 信仰 40, 71—73, 75—77, 83, 195, 197—198 见 *instead* religion
family 家庭 238, 244, 278, 280
Fanon, Frantz 弗朗兹·法农 108n4
feeling（*Gefühl*） 情感 4—5, 14, 69, 94, 106, 140
另见 aesthetics; conscience; drives; emotions; harmony *and other feelings*
feminist epistemology 女权主义认识论 218n4
Feuerbach, Ludwig 路德维希·费尔巴哈 ix, 18
Fichte, Johann Gottlieb 约翰·戈特利布·费希特:
    Berlin period, 柏林时期的~ 22—24, 253
    as child of own time ~作为时代之子 280, 293
    described 有关~的描述 11, 16—17
    historical influence of ~的历史影响 22, 26, 291, 292
    Jena period 耶拿时期的~ 9—15, 29, 36—37, 57n23, 253, 254, 255—256, 258
    later years and death ~的晚期岁月和逝世 24—28
    life of ~的生平 x—xii, 1—17

moral behavior of ~的道德行为 74n7, 171, 235, 238, 244, 291
另见 Doctrine of Science（*Wissenschaftslehre*）
"finding oneself" "发现自身" 93
finding oneself as will 发现自身作为意志 110—114, 131n16
"fitting"（*gehöre*） 适恰 120, 121
Fletcher, Joseph 约瑟夫·弗莱彻 151
Føllesdal, Dagfinn 达格芬·弗莱斯塔 xiii, 33n7
Foot, Philippa 菲利帕·福特 107n1
Forberg, Friedrich Karl 弗里德里希·卡尔·弗尔贝格 17—18, 19
Fordern（demanding） 要求 154, 262—263
Förster, Eckart 埃卡特·弗斯特 21n23, 63n31
Foundation（1794）（Fichte）《基础》（1794）（费希特） 77, 181
foundationalism 基础主义 47, 48
Foundation of Natural Right（Fichte）《自然法权基础》（费希特） 见 right
Foundation of the Entire Doctrine of Science（Fichte）《全部知识学的基础》（费希特） 10, 12, 18, 30, 46, 87, 138
Frank, Manfred 曼弗雷德·富兰克 14n13
Franks, Paul W. 保罗·W. 弗兰克斯 29nn1, 2
freedom 自由:

absolute 绝对~ 59, 65—71, 73, 74, 75—76, 80—81, 114
    conviction of 对~的确信 69, 71—78, 83, 196—197
    deduction of ~的演绎 64
    external 外部~ 73, 92n17, 96, 138, 142, 202, 215, 254, 258, 259—267（另见 right）
    illusion of ~的幻相 72, 74, 75—76, 80—81, 114, 197
    moral progress and 道德进步与~ 6
    practical 实践~ 66—67
    for the sake of freedom 为自由而~ 127, 147, 150, 157, 174
    subjective/objective 主观的/客观的~ 39—40
    另见 cognition; dogmatism; intersubjectivity; moral law; necessity; theoretical reason; willing
freedom, formal/material 形式的/实质的自由：
    authenticity and 本真性与~ 152
    causal necessity versus 因果必然性与~的对比 75
    deductions of ~的演绎 156
    definitions ~的定义 70n4, 147, 174
    described 有关~的描述 70—71, 147—154
    desires and 欲望与~ 186
    drives and 冲动与~ 144, 145—146, 154, 155, 157

intersubjectivity and 交互主体性与~ 226, 229, 260
moral law and 道德法则与~ 66—67, 74, 75, 121, 122—123
    另见 imagination; wavering of; responsibility; self-sufficiency
freedom of speech/press 言论/出版自由 215, 217, 266
freedom of thought 思想自由 266
freedom of religious thought 宗教思想自由 20
freedom of thought 思想自由 7, 250
French Revolution 法国大革命 3, 7, 8, 15, 16, 19, 216, 255, 286
    另见 right of revolution
Freud, Sigmund and psychoanalytic theory 西格蒙德·弗洛伊德和心理分析理论 107—108, 118, 183
Fricker, Miranda 米兰达·弗里克 218n4
Fries, Jacob Friedrich 雅各布·弗里德里希·弗里斯 21, 166
Fuchs, Erich 埃里希·富克斯 26
functionalism 功能主义 84
Fundamental Characteristics of the Present Age（Fichte）《现时代的根本特点》（费希特）23, 146, 252

Garner, Richard 理查德·加纳 107n2
Gefühl 感觉 见 feeling
gehöre（"fitting"）适合的 120, 121
gelehrtes Publikum（learned public）有

学识的公众　213，215—219，224

gender　性别　26，245，246—247，268，280n23

　　另见 women

Genuß 享受　见 enjoyment

German nationalism　德意志民族主义　25—26，27n27，252

Gessellschaft　社会　见 society

Gibbard, Allan　艾兰·吉巴德　107n1

Gibson, James J.　詹姆斯·J.吉尔森　142n5

Gliwitzky, Hans　汉斯·格利维茨基　26

God　上帝　5，7，18—19，24，36—37，81，131n18，195—196，234，237，248—250，276

　　另见 religion

Goethe, Johann Wolfgang von　约翰·沃尔夫冈·冯·歌德　4，9，13，16，20，21，161—162，247，280n23

Goh, Kienhow　基恩豪·高赫　68，142n5，145n8

government, form of　政府的形式　272—275

Green, Garrett　盖瑞特·格林　xiii

Grene, Marjorie　马乔里·格雷恩　152

grounds　根据　见 reasons

Grunewald, Constantin de　康斯坦丁·德·格鲁内瓦尔德　23n24

Gueroult, Martial　马夏尔·盖鲁　29n1

guilt　罪过　191，235

Habermas, Jürgen　尤尔根·哈贝马斯　ix，212，225

happiness　幸福：
　　coercion and　强制和～　265n13
　　duties and　义务和～　231，233—234
　　freedom and　自由和～　170n20，220
　　God and　上帝与～　7
　　Kant on　康德论～　149n9，231—232
　　maximization of　～的最大化　176
　　person as end in itself and　作为目的自身的人格和～　234—236
　　pursuit of *versus* being happy　追求～与处在快乐状态的对比　232—234
　　wealth and　财富和～　235
　　另见 consequentialist interpretations；utilitarians

harmony　和谐　152—153，155，158—159，162—165，167，220，221，226，232，253—254
　　另见 universal rational agreement；wholeness

Haslanger, Sally　萨利·哈斯兰格　41，98

Heath, Peter　彼得·希斯　xiii

Hegel, G.W.F.　G.W.F.黑格尔：
　　absolute I and　绝对自我与～　40
　　as child of own time　～作为时代之子　280，293
　　on class　～论阶级　244—245
　　on conflict of convictions　～论信念

的冲突 211n1
  on conscientious conviction ～论良
    心的确信 166—168
  ethical life of ～的伦理生活 238
  Fichtean ideas associated with 费希
    特式的理念与～ ix—x, xii, 12,
    108, 291
  on Fichte on state ～论费希特的国
    家观 252
  on Fichte's antisocialistic view ～论
    费希特的反社会主义观点 287n29
  Fichte's life and 费希特的生活
    与～ 13, 14, 27
  on Fichte's "self-sufficiency" ～论费
    希特的"自我充足性" 150n10
  on individuality ～论个别性 262n9
  intersubjectivity of reason and 理性
    的交互主体性与～ 201n12
  Jena and 耶拿与～ 21
  master-servant dialectic of ～的主
    奴辩证法 267
  Niethammer and 尼特哈默尔与～
    17n17
  on physiognomy ～论面相学 268n18
  on punishment ～论惩罚 276
  on rationality of history ～论历史
    的合理性 292
  synthetic methods and 综合方法
    和～ xii, 7, 55, 63n29
  另见 idealism, objective
Heidegger, Martin 马丁·海德格尔
  ix, xii, 33, 39—40, 125, 140n1,
  194
  另见 existentialist tradition
Henrich, Dieter 迪特尔·亨利希 56n22
Herbart, Johann Friedrich 约翰·弗里德
  里希·赫尔巴特 13
Herder, J.G. J.G.赫尔德 4, 25, 96,
  268
Herman, Barbara 芭芭拉·赫尔曼
  193—194
Herman, Edward S. 爱德华·S.赫尔
  曼 219n5
Herz, Henriette and Markus 马库斯·赫
  茨和亨丽埃特·赫茨 22
Hill, Thomas, Jr 托马斯·Jr.希尔 191n4
Hinckfuss, Ian 伊恩·亨克弗斯 107n2
Hippel, Theodor Gottlieb von 西奥多·
  戈特布·冯·希佩尔 280
Hirsch, Emanuel 伊曼纽尔·赫希
  192n5
history 历史 23, 146, 208, 223, 224,
  246, 248, 267—268, 280, 292—
  293
Hoelzel, Steven 斯蒂文·赫尔策
  尔 195
Hölderlin, Friedrich 弗里德里希·荷尔
  德林 13, 17n17
honor 荣耀 229
Horstmann, Rolf-Peter 罗尔夫-彼得·
  霍茨曼 30n3
Hufeland, Gottlieb 戈特利布·胡弗兰
  德 255
Hull, Clark 克拉克·赫尔 118

Hull, Isabel 伊莎贝尔·赫尔 280n24

Humboldt, Wilhelm von 威廉·冯·洪堡 26，27，247

Hume, David 大卫·休谟 8，49，50，60，106，107n1，183

Hussain, Nadeem 纳迪亚·胡赛因 135

Husserl, Edmund 埃德蒙德·胡塞尔 xiii，33，33n7

Hutcheson, Francis 弗兰西斯·哈奇逊 106

hypocrisy 伪善 167，168

hypothetical imperatives 假言命令 107n1，108

I 自我：

　absolute 绝对～ 34n8，40，54n21，55，59，80，102

　abstraction and 抽象与～ 9，38，52—56，57，58，99，117

　"the concept" and "概念"与～ 36—37，36n9

　concept of ～的概念 52—53，54，55，110，112，117

　finitude of ～的有限性 5，139—140，181

　freedom of others and 他者的自由和～ 97

　pure 纯粹～ 2，147，203，204，228，230，250

　thing in itself versus 物自身与～的对比 37—39

　另见 bodies and embodiment；conscio-usness；identity, personal；individuality；I's active relation to not-I；persons；self-activity

idealism 观念论 见 abstraction；idealism, subjective；social construction；transcendental philosophy and transcendental standpoint

idealism critical 批判的观念论 见 transcendental philosophy and transcendental standpoint

idealism, German 德国观念论 14

　另见 Hegel, G.W.F.；Kant, Immanuel

idealism, objective 客观观念论 30

idealism, subjective 主观观念论 30，32，33—35，40，197n8

　另见 metaphysics；representations

ideas 观念 60，66，224

　另见 abstraction；concepts；representations

identity（sameness） 同一性（相同性） 62

identity, personal 人格的同一性 5，49n17，182—184

identity, social 社会身份 184，220

ideology 意识形态 238

illusion 幻相：

　common sense and 普通理智和～ 31，32

　convictions and 确信与～ 80—81

　freedom and 自由与～ 72，74，75，76，114，197

history and 历史与～ 248
metaphysics and 形而上学与～ 54n21
moral authority and 道德权威与～ 109
possibility of ～的可能性 82—83
slavery and 奴役与～ 74
transcendental limits of ～的先验限制 79—80
　　另见 dogmatism; self-deception
image(Bild) 图像 36
image of God 上帝的图像 36
imagination 想象 6, 14, 63, 250
imagination, wavering of 想象的摇摆 6, 77—80, 81—82, 89—90, 139, 163
immaterial things 无形物 68
immortality 不朽 37, 151, 195, 223, 248—249, 250
impartiality *versus* detachment 无偏倚性与冷漠的对比 152
impartial standpoint 无偏倚的视角 242—243
impossibilism 不可能主义 68—69
impulses 冲动 见 desires
imputability 可归责性 189
incapacity, self-inflicted 自我施加的无能力 168—169
incest 乱伦 276, 279
inclinations 偏好 见 desires
incompatibilists 不相容论者 83, 121—122
independence(Unabhängigkeit) 独立性 见 self-sufficiency(Selbständigkeit)
indeterminacy 无规定性 67, 68, 78—79, 81, 114, 115, 117, 118, 121, 187
　　另见 chance; freedom, formal/material; imag-ination, wavering of
indifferent actions 漠然的行动 103, 188—190, 191—192
indignation 义愤 74—75
individualism 个体主义 15, 101, 227, 228
individuality 个体性 53, 86, 99—100, 125, 200—203, 227, 228, 230, 234, 260, 262
　　另见 identity, personal; persons
indoctrination 灌输 170, 252, 258
inertia 惰性 152, 168, 200
infanticide 杀婴罪 276, 279—280
infinite regresses 无限后退 63
inheritance 继承 266
insanity 精神错乱 240
instincts 本能 96, 125, 146
institutions, social 社会制度 214, 215, 216—217, 219
　　另见 church; state
instrumental reasoning 工具推理 154, 190, 207, 227
instrumental value 工具价值 109
integrity 完整性 104, 107n2, 109, 193

intellect and intellectual intuition　理智和理智直观　38—39，55—61，63，74，79，81，110，119—120，147，185—186

另见 cognition；knowledge

intelligible world　理智世界　37，44—45，83，99n22，212n2，213，249

另见 communication

intentions　意图　见 ends 目的

interest versus evidence　利益与证据的对比　195—196，199

internalism　内在主义　130，133

international affairs　国际事务　254，286

intersubjectivity（other rational beings）交互主体性（其他理性存在者）：

　accountability and　可归责性与～　74—75

　acting and　行动与～　49，85—87，93—99，201

　antinomy of　～的二律背反　211，228

　causality and　因果性和～　82，86，93—96，98，140

　deduction of　～的演绎　85—88，89，95

　duties and　～的义务　178，185，186，200—209，212，238

　embodiment and　表现与～　49

　freedom and　自由与～　65—101，292

　happiness and　幸福与～　233

　I-hood and　自我性和～　97，101

　I's active relation to not-I and　自我与非我的积极关系和～　87—91

　Kant on　康德论～　85—86，199，200n11，212—214，230，238，262

　liberation and　自由与～　98

　moral authority and　道德权威与～　104—105

　promotion of morality and　道德的促进与～　170—171

　reason and　理性与～　94—99，200—201，204，213，221

　reasons and　理由与～　93—95，97，161

　rights and　权利与～　251，266

　self-activity and　自我能动性与～　259

　self-sufficiency and　自我充足性与～　97，200—203

　standpoint of　～的视角　212—213

　summons and　召唤与～　52，64，93—96，213

　unity of ends and　目的的统一体与～　119

　vocation and　使命与～　100，101，211—250，216，217，219—223，286

另见 "afterlife"；communication；community of rational beings；recognition；society

Irwin, Terence　特伦斯·埃尔文　ix

I's active relation to not-I　自我与非我

的积极关系:
absolute self-sufficiency and 绝对的自我充足性与~ 177—179
antinomies of ~的二律背反 61—63, 89—91, 178
causality and 因果性和~ 63, 67
embodiment and 表现和~ 140—141
intersubjectivity and ~和交互主体性 86—91
permanence of not-I and ~和非我的持久性 88—89
representations and 表象和~ 60—61
self-consciousness and ~和自我意识 110—111
as tearing away ~的脱离 2
time and 时间和~ 139—140
另见 intersubjectivity; limitation; objectivity; practical reason; subject/object synthesis; thing in itself; willing

Jacobi, F.H. F.H.雅可比 4, 20, 22, 29—30, 33, 37, 167n17
James, David 大卫·詹姆斯 xiv, 253, 258n7, 281n25, 286n27
James, William 威廉·詹姆斯 68n1, 118, 163n14
Janke, Wolfgang 沃夫冈·詹克 29n1
Joyce, Richard 理查德·乔伊斯 107n2,

109n6, 129n14
judgments 判断 见 theoretical reason
justice 正义 216, 221, 276, 283, 286
justice, economic 经济正义 280—289

Kagan, Shelly 谢利·卡根 191
Kant, Immanuel 伊曼努尔·康德:
antiformalism and ~的反形式主义 148, 208n14
on apperception ~论知觉 50—51, 53, 54, 56—58, 59, 67, 86, 119, 145
categories of quality/relation of ~的质的范畴和关系范畴 19, 178—179, 185—186, 187—188, 195, 202
on coercion ~论强制 263n10
on cognition ~论认知 55, 56—57, 59, 60, 85—86
on conscience/conviction ~论良心/确信 164—165, 166, 167n16, 196
deductions of ~的演绎 64, 85, 87, 91, 155—156
Fichte influenced by ~对费希特的影响 ix, x, xi—xii, 5—9, 20, 22, 57n24, 65, 247, 255—256
on freedom ~论自由 65—71, 84, 123, 156, 196
Freud and 弗洛伊德和~ 107—108

on happiness　～论幸福　149n9,
　　231—232
indifferent actions and　漠不关心的
　　行动和～　103, 189, 191—192
intellectual intuition and　～与理知
　　直观　55—59, 60n26, 155
learned public and　有学识的公众
　　和～　216—217, 218, 219
on organism　～论有机体　142
on peace　～论和平　286
on person as end in itself　～论人格
　　作为目的自身　100, 203—204,
　　220, 228—230
on physiognomy　～论面相学　268n18
on practical/theoretical reason　～论
　　实践/理论理性　77, 149
on property　～论财产　271, 282
on punishment　～论惩罚　276
on religion　～论宗教　7, 8, 18—
　　19
on representations　～论表象　32,
　　60
on right/ethics separation　～论法权
　　/伦理的划分　255—259, 261
on rights　～论法权　264, 265, 266,
　　273
schematisms of　～的图型法　85,
　　95, 96
on skepticism　～论怀疑主义　29—
　　30
on states　～论国家　269, 270,
　　273, 275, 282

subjectivism and　主观主义和～
　　106, 107n1, 149n9
supernaturalism and　超自然主义
　　和～　44
on thing in itself　～论物自身　38,
　　43
tools of moral law and　～和道德法
　　则的工具　227
on vice　～论恶　169n19
vocations and　使命和～　194
on willing　～论意愿活动　67—
　　68, 84, 141
on women　～论女性　280nn23,
　　24
另见 categorical imperative（CI）
　　（Kant）; duties; intersubjectivity;
　　moral law; self-legislation
Kierkegaard, Søren　索伦·克尔凯郭
　　尔　ix, x, xii, 40, 89n16, 125,
　　146, 165—166, 183, 192—194
另见 existentialist tradition
killing and murder　杀人和谋杀　241,
　　276, 277—278, 280, 287n30
Klasse　阶级　见 class
knowledge　49, 56, 72, 128, 135,
　　166, 197, 246n19, 281, 291
　　另见 certainty; conviction; founda-
　　tionalism; objectivity; theoretical
　　reason; truth
Königsberg　哥尼斯堡　6, 25
Korsgaard, Christine　克里斯蒂娜·科
　　斯嘉德　131n17

Kosch, Michelle 米歇尔·科什 xi, xiv, 22, 145n8, 148—151, 153, 169n19, 175—176, 192n5, 208n14

Kühn, Manfred 曼弗雷德·库恩 1n1, 2n2

labor 劳动 281—282, 283, 286 另见 estate；justice, economic

labor（lower estate）劳动（低等阶级）:
    Aristotle on 亚里士多德论～ 248
    capitalism and 资本主义与～ 239, 285
    control over natural world and 对自然界的控制与～ 152, 153, 176, 246
    duties of ～的义务 239
    education and 教育与～ 246
    Fichte's experience and 费希特的经验与～ 247
    person as end in itself and 作为目的自身的人格与～ 229
    property and 财产与～ 272
    pursuit of happiness and 追求幸福与～ 235
    rational society and 理性的社会与～ 234
    states and 国家与～ 222
    另见 colonialism

Lachs, John 约翰·拉赫斯 xiii

Landsmannschen 组织 15

language 语言 25, 95

languages 各种语言 97

Lauth, Reinhard 赖因哈德·劳特 26, 40n14

Lavater, Johann Kaspar 约翰·卡斯帕·拉瓦特 3—4, 8, 10, 20, 247, 268n18

La Vopa, Anthony 安东尼·拉·沃帕 27n27

laws, positive 实定法 62n28, 66—67, 99, 105, 146, 240, 241—242, 252, 270, 272—273, 276 另见 coercion

laziness 懒惰 168

learned estate 学术遗产 222—223, 246, 247, 253, 287

learned public（gelehrtes Publikum）有学识的大众 213, 215—219, 224

lectures（Fichte）讲演（费希特）86, 99n22, 256n6

lectures on doctrine of religion（Fichte）关于宗教学说的讲演（费希特）249

lectures on right and morality（1812）（Fichte）关于法权与道德的讲演（1812）（费希特）36n9

Lectures on the Scholar's Vocation（Fichte）《论学者使命的讲演》（费希特）219—220, 227, 232, 251

Leibniz, G.W. G.W. 莱布尼茨 4, 80, 92

leisure 闲暇 281—282

Lessing, G.E. G.E. 莱辛 4

Lévinas, Emmanuel 伊曼纽尔·列维纳斯 ix, 52, 96

liberation 解放 74—75
lifeboat shortages 救生船短缺 240, 241, 242n17, 277—278
life of human being 人类的生活 40—41, 222, 239—244, 278
　　另见 meaning of lives; murder and killing; suicide
limitation 限制:
　　as category of quality ～作为质的范畴 186, 187, 195, 202
　　duties and 义务与～ 178, 185, 186—188
　　freedom and 自由与～ 90, 91, 92n17
　　by freedom of other 为他者的自由所～ 260
　　I's active relation to not-I and 自我与非我的积极关系 39, 113, 139—140, 141
　　self-determination and 自我与非我的积极关系、自我规定和～ 113
　　self-sufficiency and 自我充足性和～ 149—150, 184—185, 184—186
　　summons as 召唤作为～ 92, 259—260
　　另见 bodies and embodiment; coercion; constraints; determination; I's active relation to not-I; nature; situationality; summons
Locke, John 约翰·洛克 49, 60, 183, 271, 272n20

longing (Sehnen) 渴望 118, 144—145, 154, 187
Longuenesse, Béatrice 贝阿特利克·隆格内斯 108n4
love 爱 193, 194, 237, 242, 249, 278—279
　　另见 agape
lying 撒谎 200, 243—244

Machiavelli 马基雅维里 254, 257
Mackie, J.L. J.L.麦基 129n14
Maimon, Salomon 索罗门·迈蒙 9, 29—30, 79
Markovits, Julia 朱丽亚·马科维茨 107n1
Martin, Wayne 韦恩·马丁 29n1, 197n8
Marx, Karl and Marxism 卡尔·马克思与马克思主义 ix, 63n29, 126, 152, 218, 238, 239, 244—245, 247, 248, 286n28, 287, 292
　　另见 socialism
mass media 大众传媒 218—219
material duty of belief 实质的信仰义务 163—164, 165, 197
materialism 物质主义 5, 6, 42, 250
　　另见 dogmatism
material things (empirical)(external) 有形物（经验的）（外部的） 23, 31, 60—61, 132, 134
　　另见 bodies and embodiment; idealism, subjective intersubjectivity; I's active relation to not-I; natural

world; reality; representations; schematisms; situationality

meaning of lives 生命的意义:
"afterlife" and "来世生活"与~ 101, 223—224, 234, 247—249, 293
collective activity and 集体行动与~ 249
creativity and 创造性与~ 232n8
estate and 等级与~ 151
ground projects and 根本计划与~ 193
moral authority and 道德权威与~ 126
plurality and 多样性与~ 226
rational society and 理性社会与~ 223
另见 authenticity; vocation

means-ends relations 手段-目的关系 153—154, 176, 186, 190, 203—204, 227, 239—240, 278
另见 consequentialist interpretations

Mendelssohn, Moses 摩西·门德尔松 4
meritoriousness 值得称赞性 103, 137, 188—192
Merleau-Ponty, Maurice 莫里斯·梅洛-庞蒂 ix, 142n5
metaethics 元伦理学 106, 128—135, 208
metaphysical deductions 形而上学演绎 33, 64, 85, 91, 95, 131—132, 156
metaphysics 形而上学 31, 33, 34, 36, 37, 38, 43, 44, 53n21, 57, 128
另见 dogmatism; metaethics; supernatural metaphysics; thing in itself

Mill, John Stuart 约翰·斯图亚特·密尔 233n9, 234
Milligan, Spike 斯派克·米利甘 235
Miltitz, Ernst Haubold von 厄恩斯特·豪波尔德·冯·米尔提茨 1—2, 3, 8, 14, 247
Moggach, Douglas 道格拉斯·莫盖茨 252, 254

moral authority 道德权威:
deductions of ~的演绎 64, 131, 138—139
deflation of ~的紧缩 106—107, 108
freedom and 自由和~ 122, 126—128
morality of ~的道德性 125—126
objectivity and ~和客观性 117, 124, 132, 133—134
ordinary standpoint and 日常视角和~ 105—106, 108—109, 117, 126, 137, 173, 175
overview ~的概况 102—105
questioning 质疑~ 105—110, 107n2, 108n5, 129n14
另见 categorical imperative; morality;

moral law; moral principle;
normativity; norms; ordinary
standpoint; self-legislation;
ubiquity and overridingness
moral conversion 道德转变 53n20, 54,
71, 75, 163, 168—171
moral despair 道德绝望 170, 171, 229
morality 道德:
 Fichte's expansion of 费希特对～的
  扩张 125—126, 189, 194n6, 291
 Hegel on 黑格尔论～ 238
 Kant on 康德论～ 86
 另见 normativity; truth
moral law 道德法则:
 applicability of ～的可适用性 138
 application of ～的适用 132, 137,
  174—175, 200, 201, 211, 214
 as condition of experience ～作为
  经验的条件 40
 content of ～的内容 124—125,
  133n21
 deduction of ～的演绎 120—123,
  134, 137
 ethical drive and 伦理冲动和～
  162, 188
 as formal 作为形式的～ 133n21
 freedom and 自由和～ 66—67,
  74, 122—123
 Kant on 康德论～ 86n13, 102,
  123, 124n13, 131n18, 133n21,
  213
 material content of ～的实质内
  容 182, 184
 normative necessity of ～的规范的
  必然性 120, 126, 132
 objectivity and 客观性与～ 7,
  34, 62n28, 124—125, 126,
  131, 132, 133n21, 135
 realm of ends (Kant) and 目的王
  国（康德）与～ 213
 religion and 宗教与～ 252n1
 right and 法权与～ 265
 situationality and 处境性与～ 194
 substantiality of ～的实体性 185—
  186
 synthetic method and 综合的方法
  与～ 62n28, 184
 tools of ～的工具 100, 154, 176,
  225, 226—234, 236, 238,
  240—241, 242, 243
 另见 duties; moral authority; moral
  principle; norms; self-legislation;
  self-sufficiency
moral order 道德秩序 5, 18—19, 23,
197, 291
moral principle 道德原则:
 applicability of ～的可适用性
  118, 125, 128, 137, 155
 application of ～的适用 101,
  118—119, 128, 189, 214, 291
 deduction of ～的演绎 64, 101,
  109—115, 121—123, 131—
  133, 155—156
 intellectual intuition and ～与理知

直观 58—59
  Kantian 康德式的～ 291
  objectivity and 客观性与～ 132—135，212
  promotion in others 促进他者的～ 170—171，243，244，277
  另见 categorical imperative；conscience；metaethics；moral authority；moral law；normativity；norms
moral progress 道德进步 x，6，252—253
moral realism 道德实在论 见 metaethics
moral realm 道德王国 见 community of rational beings
moral sense theory 道德感理论 106
Morris, Bertram 伯特伦·莫里斯 207
motivations 动因（刺激） 62n28，109n6，123，133，145，156，161—162，200，201，260，279
  另见 desires；expectation；reasons
Moyar, Dean 迪恩·莫亚尔 258n7
murder and killing 谋杀和杀人 241，276，277—278，280，287n30
Muslims 穆斯林 215—216
mutual understanding 相互理解 260，261—263，267
"my people" "我的人民" 242—243

Nagel, Thomas 托马斯·内格尔 250n20
Nakhimovsky Isaac 伊萨克·纳科什莫斯基 286n27
Nance, Michael 迈克尔·南斯 259n8，264n12
naturalism 自然主义 37，38—39，42，59，106，107n1，109，129，197，250
  另见 compatibilism
natural world 自然界 152—154，153，176，177—179，182，224—225，237，246，282
  另见 animals
nature, philosophy of 自然哲学 40n14
  nature of 自然的～，68—69，112n11，117，144，213，214，221，289
  另见 situationality
Nazism 纳粹主义 25—26
necessary thoughts 必然性思维 58，110
necessitarianism 必然主义 6，65—67，75，82
  另见 desires；determinism；dogmatism
necessity 必然性：
  animals and 动物与～ 142n7
  deduction of ～的演绎 63
  of normativity 规范的～ 83，120，121，122，123，127，132
  transcendental 先验的～ 35，81—82，83，98，118，261
  另见 causality；determinism
need or distress（Not） 需要或窘迫（不～） 215，282—283
negation 否定 62，63n30，186，187—188，195，199，202，207—208

Neuhouser, Frederick 弗雷德里克·诺伊豪瑟 xiii—xiv, 10n5, 29n1, 77n9, 132n19, 264n12

Niethammer, Friedrich Philipp Immanuel 弗里德里希·菲利普·伊曼纽尔·尼特哈默尔 17

Nietzsche, Friedrich 弗里德里希·尼采 ix, x, xi, xii, 2, 33, 125, 126, 184

nihilism 虚无主义 22, 30, 128, 129n15, 130

Nisbet, H.B. H.B.尼斯贝特 xiii

non-determination 非决定 113

normativity 规范性：
 freedom and 自由与～ 59, 84, 120—121, 132n19
 intersubjectivity of reason and 交互主体性与～ 201n12
 mutual understanding and 相互理解与～ 262—263
 necessity of ～的必然性 120, 121, 122, 123, 127, 132
 objectivity and 客观性和～ 116, 122, 192
 of transcendental necessity 先验必然性的～ 35, 83
 另见 moral principle; norms; reasons; willing

norms 规范 59, 68, 69, 70, 97n21, 259, 260—261, 262—263, 264, 265
 另见 ends; moral principle

Not (need or distress) 需要 215, 282—283

not-I 非我 见 I's active relation to not-I

Notstaat/NotSymbol 紧急国家（状态）/需要的表征 215, 255, 270, 271, 283n26

noumena 本体 44, 83, 213
 另见 intelligible world

objectification 对象化（物化） 41—42, 57, 65, 68—69, 76, 84, 85, 263, 277, 278

objectivity 客观性：
 cognition and 认知与～ 87, 89, 90, 130, 139
 dogmatism and 独断论与～ 41
 drive for whole I and 对于全体的冲动和～ 118—119
 duties and 义务和～ 126, 208, 214, 217
 Heidegger on 海德格尔论～ 140n1
 intersubjectivity and 交互主体性与～ 86, 93—96, 208
 of moral judgments (Hegel) 道德判断的～ 166, 167
 practical activity and 实践行动与～ 36n9, 126—127
 reasons and 理性与～ 92—93, 94, 113—114, 117, 126, 130
 self-activity and 自我能动性与～ 77, 87, 88, 112, 114

self-determination and 自我规定与～ 113—114, 116, 117, 192

self-legislation and 自我立法与～ 132

summons and 召唤与～ 92, 93, 96

transcendental deductions and 先验演绎与～ 64

transcendental philosophy and 先验哲学与～ 35, 40, 43, 77, 90, 91, 209

另见 bodies and embodiment; material things; moral principle; normativity; realism; reality; subject/object synthesis; willing

On the Essence of the Scholar, and its Appearances in the Realm of Freedom（Fichte）《论学者的本质及其在自由领域中的表现》（费希特） 24, 217n3

"On the Grounds of Our Belief in a Divine Government of the Universe"（Fichte）"论我们信仰上帝统治世界的根据"（费希特） 17—18

On Human Dignity（Fichte）《论人的尊严》（费希特） 10, 18

Open Letter to Fichte（Jacobi）《致费希特的公开信》（雅克比） 20, 30, 57n24

openness 公开性 37n9

oppression 压迫 42, 200, 218, 235, 274, 280n24, 281, 286, 288, 289, 292

另见 justice; labor (lower estate); "so-called better classes"

ordinary standpoint (common sense) 日常视角（普通理智）:

consciousness and 意识与～ 38—39

drives and 冲动与～ 154—155

"error theory" and "错误理论"与～ 129

metaethics and 元伦理学与～ 131, 134

quasi-realism and 准实在论与～ 106—107

realism and 实在论与～ 30—35, 43—44, 129—130

reflection and 反思与～ 145—146, 147

self-sufficiency and 自我充足性与～ 117, 174—179

sentiments and 情绪与～ 106, 108

speculative philosophy and 思辨哲学与～ 39, 61

System of Ethics and 《伦理学体系》和～ 137, 153—154

transcendental philosophy and 先验哲学和～ 30—37, 45, 115, 137, 144, 147, 154, 173—174, 197n8

另见 conscience; dogmatism; moral authority; thing in itself

organism 有机论 142—143, 272
other rational beings 其他理性存在者，见 community of rational beings; intersubjectivity
the ought 应然 见 normativity
Outline of the Distinctive Character of the Doctrine of Science With Respect to the Theoretical Faculty (Fichte)《略论知识学的特征》（费希特）12, 46, 63
overridingness and ubiquity 压倒一切和无所不在 103—104, 105, 120, 121, 122, 123, 124, 127—128, 130, 133, 173, 193

pantheism controversy 泛神论之争 4
parents 父母 268, 279
Parfit, Derek 德里克·帕菲特 94n19, 107n1, 240n16
paternalism 家父主义 265n13
peace 和平 270
Peirce, Charles 查尔斯·皮尔士 S. 225
perception 知觉 6, 50, 60, 143n5
　另见 representations; senses
perfection 完善 220—221, 222, 237
performance/product value 施行/生产价值 248
permissible beliefs 可允许的信念 195, 196
permissible/impermissible actions 可允许的/不可允许的行动 137, 173n1, 178, 187, 188, 191—192, 206, 208, 231, 232—233, 242
　另见 indifferent actions
persons 人 18, 70n4, 228—231, 250
Pestalozzi, Johann Heinrich 约翰·亨利赫·裴斯泰洛齐 26
phenomenology 现象学 111
philanthropy, universal 普遍的仁爱 37n9
Philonenko, Alexis 阿列克西·菲洛南科 29n1, 39n13, 97n21
philosophy (speculative standpoint) 哲学（思辨视角）x, 23, 31, 36, 39, 40, 55—59, 280
　另见 abstraction; dogmatism; metaphysics; transcendental philosophy; transcendental standpoint
philosophy of nature 自然哲学 40n14
physicalism 物理主义 84
Piché, Claude 克劳德·皮舍 9n4
Pindar 品达 184n2
Pippin, Robert 罗伯特·皮平 30n3, 197n8, 258n7
pity 怜悯 72n5
pleasure/displeasure 愉快/不愉快 94, 155, 232, 235
　另见 enjoyment
plurality 多样性 225—226
plutocracy 财阀政治 288
police 警察 275, 277
politics 政治学 42—43, 219, 246n19, 248, 252—255

positivism 实证主义 33
post-modernism 后现代主义 208
postulates 公设 52,111
power 力量 23,41,42,284
powers 各种权力 140—141
practical philosophy 实践哲学 30,36n9,46,63n31
practical reason 实践理性 41—42,77,112,116—117,126—128,134,150—151,195—197,246n19 另见 direction of fit; reasons; theor-etical reason; willing
pragmatism 实用主义 225,255
preaching 讲道 170,238
privacy 隐私 243,275—276,287
privileges 特权 8,41,73 另见 "so-called better classes"; wealth
product/performance value 生产/施行价值 248
professions 职业 238
project (entwerfen) 筹划 127,141,180,183,190,193,194
propaganda 宣传 258,292
property and property rights 财产和财产权:
    contracts and 契约与～ 181,182,184—185,271—272,284—285
    dependency and 依赖与～ 235n11
    distribution of ～的分配 281—284
    economic justice and 经济正义与～ 280—289

    freedom and 自由与～ 229,281
    human life and 人类生活与～ 240
    independence and 依附与～ 239
    inheritance and 继承与～ 266
    marriage and 婚姻与～ 279
    protection of ～的保护 283
    state and 国家与～ 266,271,275—276,282—283,284—285,287
    wealth and 财富与～ 283n26
prostitution 卖淫 276,279
Proudhon, Pierre 皮埃尔·蒲鲁东 63n29
psychology, modern 现代心理学 13,35,97n21,106,109,118,142n5,183,234 另见 Freud, Sigmund and psycho-analytic theory
public and private spheres 公共和私人领域 275—276
punishment 惩罚 73,276,277

quaestio quid facti/iuris 事实/权利问题 85,86—87,96
quality/quantity 质/量 63
quasi-realism 准实在论 106—107,129n15,132

racism 种族主义 42,268n18
Radrizanni, Ives 艾夫斯·拉德里赞尼 30n4,95n20
Rahn, Hartmann 哈特曼·拉恩 3,

4，8，15，247
Rahn, Johanna Marie（Fichte）约翰娜·玛丽·拉恩（费希特） 3，13，27
rapists 强奸犯 277
rational beings, other 其他理性存在者 见 intersubjectivity
rationalism 理性主义 19，208
rationalist humanism 理性的人文主义 37，249—250
Rawls, John 约翰·罗尔斯 xi，204n13，218n4，284
Raz, Joseph 约瑟夫·拉兹 94n19
realism 实在论：
 acting and 行动和～ 43—44
 coherence and 融贯和～ 209
 Husserl and 胡塞尔和～ 33n7
 Kant and 康德和～ 131n18
 metaethics and 元伦理学和～ 127—128，134
 ordinary standpoint and 日常视角和～ 32，33，34，43—44，61，129—130
 quasi- 准～ 106—107
 transcendental philosophy and 先验哲学和～ 132—133
 另见 dogmatism, illusion
realism, political 政治实在论 254—255
reality 实在：
 as category of quality（Kant） ～作为质的范畴（康德） 185，187，195，199，202

experience and 经验和～ 43，44，77
finding oneself as willing 发现自身作为意愿行动和～ 76—77，112
freedom and 自由和～ 76—77
the intelligible or noumenal and 理知的或本体的和～ 44—45
self-activity and 自我能动性和～ 43
transcendental standpoint and 先验视角和～ 30—36，38，44，76—77
另见 I's active relation to not-I；knowledge；material things；metaphysics；objectivity；realism；representations；subject/object synthesis；thing in itself
realizationism 实现主义 258n7
realm of ends 目的王国 85—86，123，213，219，230
另见 community of rational beings
"realm of necessity" / "realm of freedom"（Marx） "必然王国" / "自由王国"（马克思） 152
reason（rationality） 理性（合理性）：
 cult of ～的狂热 15
 ends of ～的终结 153，223—226，228
 first principle and ～的第一原则 49
 freedom and 自由和～ 65，77—85，133

God and 上帝和~ 7
as historical 历史的~ 208
intersubjectivity and 交互主体性和~ 94—99, 200—201, 204, 213, 221
self-sufficiency of ~的自我充足性 174, 203—209, 211
另见 faith; philosophy; practical reason; theoretical reason; universal rational agreement

reasons(grounds)理由（根据） 62, 68, 80—81, 82, 103, 105, 130
另见 conviction; desires; faith; intersubjectivity, objectivity

reciprocity 相互性 178, 185, 186, 202—203, 219, 222, 225, 261, 262, 267

recognition(Anerkennung)承认 229, 259—263, 265, 267—268, 270—271

reflection 反思:
  on abstraction from self-positing I: ~出自自我设定的自我的抽象 55—56
  blame and 谴责与~ 169—170
  conscience and 良心和~ 164
  determinism/freedom and 决定论/自由和~ 68
  drives and 冲动和~ 145—147, 154
  duty and 义务和~ 197
  formal/material freedom and 形式/实质自由和~ 147—154
  freedom of ~的自由 197
  I's activity and 自我的能动性和~ 111
  moral stages and 道德阶段和~ 168—169, 171
  not-I and 非我和~ 60
  ordinary standpoint and 日常视角和~ 74n7, 146
  situation ethics and 情境伦理学和~ 151

reflective judgment(Kant) 反思性判断（康德） 95

regret 遗憾 166

Rehberg, August Wilhelm 奥古斯特·威廉·雷贝格 7, 8

Reid, Thomas 托马斯·里德 32

Reinhard, Franz Volkmar 弗兰茨·赖因哈德 20

Reinhold, Karl Leonhard 卡尔·莱昂哈德·赖因霍尔德 8, 9, 17n17, 30, 46, 63
  另见 *Aenesidemus*(Schulze)

religion 宗教:
  "afterlife" and "来世生活"与~ 248—249
  common sense and 普通理智与~ 44
  communication and 沟通与~ 258
  duties and 义务与~ 237
  faith and 信仰与~ 71, 72
  Fichte's 费希特的~ 248—250

Fichte's modernism and 费希特的现代主义和～ 19, 23, 250, 291, 293
Fichte's shifty thought and 费希特的不可靠的思想和～ 252
function of ～的功能 7
as mixed science 作为复合学问的～ 256n6
naturalism and 自然主义和～ 250n20
promotion of morality and 道德的促进与～ 170
sin and salvation 原罪与救赎 4—5, 37
state and 国家与～ 254
symbols and 象征与～ 19, 37, 45, 86n13, 215—216, 248—249 另见 anti-Semitism; atheism controversy; church; God
repentance 忏悔 166
representations (Vorstellungen) 表象:
abstraction and 抽象和～ 60—61
dogmatism and 独断论和～ 72, 76—77
of I's body 我的身体的～ 142
"I think" and "我思"和～ 50, 51, 54
subjective/objective 主观的/客观的～ 35
summons and 召唤与～ 94
synthetic method and 综合方法与～ 63

transcendental standpoint and 先验视角与～ 32—33, 34
willing and 意愿与～ 87, 114
另见 direction of fit; idealism, subjective
representative institutions 代议制 246, 273, 287
reputations 声望 229, 266
respect for others 尊重他者:
communication and 沟通与～ 207
community of rational beings and 有理性存在者的共同体和～ 230
duty to promote morality and 促进道德的义务与～ 170
ephorate and 监察官与～ 273—274
Kant on 康德论～ 229, 236, 237, 257
for law (Kant) 对于法律来说的～（康德） 124n13
love versus 爱与～的对比 237
Notstaat and 紧急国家与～ 283n26
recognition and 承认与～ 229, 261
for rights of others ～的法权要求的尊重他者 251, 257
sexuality and 性与～ 108
summons and 召唤与～ 92n17
另见 authority, traditional; self-respect
responsibility 责任 68, 73, 75, 145n8, 168—169, 169—170, 171, 183
另见 accountability; blame

revelation, divine　神启　7—8, 62n28
ridicule　荒诞　229
Riefenstahl, Leni　莱妮·里芬斯塔尔　25—26
right　法权:
　　causality compared　因果性比较的~　138—139
　　conservatism and　保守主义与~　270
　　constraint of leaders and　领袖的强制和~　253
　　deduction of　~演绎　256, 265, 269
　　distributive justice and　分配正义与~　221
　　ethics separated from　伦理与~的分离　200n11, 255—259, 261, 263n11, 264, 265
　　first principle of　~的第一原则　111
　　formal and material freedom　形式的和实质的自由与~　70n4
　　indivduality and　个体性与~　99, 262
　　intersubjectivity and　交互主体性与~　201
　　knowledge of the world and　关于世界的认识与~　281, 239
　　labor and　劳动与~　239
　　law of (Kant)　~的法则 (康德)　264
　　as mixed science　~作为复合的科学　256n6
　　normativity and　规范性与~　139, 252, 259n8, 263—272, 264, 265, 278
　　original (Urrecht)　原初~　266
　　practical impossibility of　~的实践上的不可能性　288—289
　　promotion of morality and　道德的促进与~　170
　　recognition and　承认与~　259—263
　　responsibility and　责任与~　73
　　self-consciousness and　自我意识与~　256
　　summons and　召唤与~　92n17, 96, 259—261
　　violations of　侵犯~　267
　　另见 coercion; politics; rights; state
right, theory of　法权理论　227, 251
rightness　正当性　162—163
right of judgment (Recht des Gerichts)　判断的法权　270, 271
right of revolution　革命法权　8, 216, 269—270, 274
"right" or "right in itself"　"法权"或"法权自身"　120—121
rights　权利　251, 257, 265n14, 266
　另见 laws, positive; property and property rights
Rist, Johann Georg　约翰·格奥尔格·李斯特　11, 16
Rivera-Castro, Faviola　法维奥拉·里维拉-卡斯特罗　191n4
Robinson, John A.T.　约翰·A.T. 罗宾

逊 19n18

Rohs, Peter 罗赫 153, 212, 217

roles, social 社会角色 214

romanticism 浪漫主义 13—15, 292

Rosenzweig, Franz 弗朗茨·罗森茨维格 19

Rousseau, Jean-Jacques 卢梭 220, 222, 265, 269n19, 272, 273n21, 280, 282, 292

salauds 猪猡 41n15

sameness（identity） 相同性（同一性） 62

Sartre, Jean-Paul 让-保罗·萨特 ix, x, xii, 39—40, 41n15, 83n12, 89n16, 194

另见 *Existence precedes essence*; existentialist tradition

satisfaction 满足 145, 187, 232

另见 enjoyment

Scanlon, Thomas M. 托马斯·M.斯坎伦 204n13

Scharding, Tobey 托比·沙尔丁 xiv

Scheffler, Samuel 塞缪尔·舍弗勒 见"afterlife"

Schelling, Friedrich Wilhelm Joseph 弗里德里希·威廉姆·约瑟夫·谢林 12, 13—14, 17n17, 21, 22, 24, 30, 34n8, 40, 43

schematisms 图型法 64, 85, 95—96

另见 material things

Schiller, Friedrich 弗里德里希·席勒 16

Schlegel, August Wilhelm 奥古斯特·威廉·施莱格尔 14, 19, 247

Schlegel, Caroline/Dorothea/Friedrich 卡罗琳/多萝西娅/弗里德里希·施莱格尔 14, 22, 125

Schleiermacher, Friedrich Ernst Daniel 弗里德里希·厄恩斯特·丹尼尔·施莱尔马赫 14, 15, 22, 125, 247

Schlendrian 施伦德里安 168, 169

scholars 学者 10—12, 217, 222—223, 225, 239, 247, 287

另见 learned public; *Lectures on the Scholar's Vocation*（Fichte）; *On the Essence of the Scholar, and its Appearances in the Realm of Freedom*（Fichte）

Schopenhauer, Arthur 亚瑟·叔本华 ix, 8, 115n7, 141n3

Schulte, Günter 冈特·舒尔特 24nn24, 25

Schultz, J.F. J.F.舒尔茨 7, 18, 20, 57—58

Schulze, Gottlob Ernst 戈特洛布·恩斯特·舒尔策 8—9, 29—30, 46

Schüssler, Ingeborg 英格博格·舒斯勒 39n12

scolding 责骂 170, 171, 238, 244, 291

secular humanism 世俗的人文主义 37, 44

索　引　549

secularism　世俗主义　19
Sehnen（longing）渴望　118，144—145，154，187
Selbständigkeit　自我充足性　见 self-sufficiency
self-activity（self-positing I）自我能动性（自我设定的自我）：
　　abstraction and　抽象和～　43，53—55，99
　　embodiment and　具体化和～　87—88
　　as first principle　～作为第一原则　30，36n9，46—49，51—52，72
　　intersubjectivity and　交互主体性和～　86，95
　　for its own sake　出于～自身　115，116—117，118—121，220
　　normativity and　规范性和～　58—59，68，69
　　self-consciousness and　自我意识和～　53—55，55—61，58—59
　　另见 I's active relation to not-I；reflection；self-determination；summons；willing
self-alienation　自我疏离　155
self-awareness　自我觉醒　见 apperception
self-consciousness　自我意识：
　　dogmatists and　独断论与～　53n20，73，76
　　freedom and　自由与～　82，87，144，155
　　intersubjectivity and　交互主体性与～　65，93—97，200，261
　　modern psychology and　现代心理学和～　13
　　moral authority and　道德权威和～　87，132
　　right and　法权与～　87，256，265
　　self-deception and　自我欺骗与～　80—81
　　tool of moral law and　道德法则的工具与～　227—228
　　willing and　意愿行动与～　110—112，132
　　另见 apperception；cogito；reflection；self-activity；subject/object synthesis；summons
self-contempt　自我藐视　155，187，188
self-deception　自我欺骗　70—71，98—99，107n1，109，129n15，146，166—171
self-defense, right of　自我防卫权　278
self-determination　自我规定：
　　causality versus　因果性与～的对比　113，115—116，122，140
　　described　有关～的描述　116—117，127
　　drives and　冲动和～　118—120，133n20，143，145
　　normativity and　规范性和～　59，68，69—70，113—114，120—

121, 122—123, 126—128, 132, 192

subject/object synthesis and 主体/客体的综合与~ 91, 113, 127

summons and 召唤与~ 75, 91—93, 95, 100

theoretical reason and 理论理性与~ 77—85

另见 agility; conscience; drives; *Existence precedes essence*; freedom, formal/material; moral authority; self-legislation; self-sufficiency; vocation; volition; willing, finding oneself as

self-interest 自我利益 232, 237—238, 241—242

selfishness 自私 232—233, 234—236

self-legislation(autonomy) 自我立法（自律）：

  deduction of ~的演绎 119—121

  as Fichte's concept ~作为费希特的概念 194n6, 291

  freedom distinguished from 自由不同于~ 123

  intersubjectivity and 交互主体性和~ 200

  Kant on 康德论~ 15, 65—67, 121, 124n13, 131, 133n21, 194n6, 213, 291

  moral authority of 道德权威与~ 45, 123—128

  moral law and 道德法则与~ 66—67, 132, 200

  "of normative domain itself" "属于规范性领域自身的~" 197n8

  rational society and 理性社会与~ 246

  reason and 理性与~ 213

selflessness 无私 37n9

  另见 life of human being

self-positing I 自我设定的自我 见 self-activity

self-reliance 自我依赖 235

self-respect 自我尊重 7, 104, 105, 109, 170

  另见 respect for others

self-sufficiency(Selbständigkeit) 自我充足性（自足）：

  antinomy of ~的二律背反 202—203

  consequentialism and 结果主义和~ 174—179

  deductions of ~的演绎 184—186, 203—204

  defined 对~的界定 67, 70, 174

  drive for whole I and 对于完整自我的冲动和~ 64, 105, 118—121, 145, 220

  as end ~作为目的 64, 67, 148—150, 153, 154, 177—178, 182, 224

  intersubjectivity and 交互主体性和~ 97, 200—209

  limitation and 限制和~ 149—

150，184—186

moral authority and 道德权威和~ 105，132

moral law and 道德法则和~ 121，174，182

norms and 规范和~ 70，73，75—76，197n8

of others 他者的~ 170

pure drive for 对于~的纯粹冲动 155，156

of reason 理性的~ 174，203—209，211，223

recursive projection of ends and 目的的递进式推进和~ 179—184

self-activity (self-positing I) and 自我能动性（自我设定的自我）和~ 71—72，117，177，184 另见 agility；I；individuality；natural world；self-legislation；situationality；striving

senses 感觉 50，56—57，60，63 另见 perception；representations

sentiments 情绪 106，108，130

separation of powers 权力的分立 272—273，273—274

sexuality, human 人类的性 108，278—279

Shah, Nishi 沙阿 135

shame 羞耻 73，170

Shapiro, Lawrence 劳伦斯·夏皮罗 142n5

Sieyès, Emmanuel Joseph 伊曼纽埃尔·约瑟夫·西耶斯 286

simplicity 简单性 37n9

Sittlichkeit (ethical life) (Hegel) 伦理生活（黑格尔） 238

situationality 处境性：

act-consequentialism and 行为-结果主义和~ 228

authenticity and (Pindar) 本真性和~（品达） 184n2

conscientious conviction and 良心确信和~ 244

defined 对~的界定 140

determination and 规定和~ 69，117

drive for the whole I and 对于整全性自我的冲动和~ 118—119

duties and 义务和~ 174—175，185，193

existentialism and 存在主义和~ 291

freedom and 自由和~ 141

moral agency/motivation and 道德行动者/动机和~ 145

moral law and 道德法则和~ 194

willing and 意愿活动和~ 114

另见 direction of it；limitation

situation ethics 情境伦理学 151—152

skepticism 怀疑主义 29—30，65，138

另见 Hume, David

slavery 奴役制 200，220，235n11，

267，288，292

Smith, Adam 亚当·斯密 106

"so-called better classes" "所谓的较好阶层" 66，99，188，219，235n13，236，238，239

另见 privileges；wealth

social change 社会变迁 238，276—277

social construction 社会建构 98—99

social contract 社会契约 269，272

socialism 社会主义 286—287，292

socialization 社会化 106，108n4

social philosophy, Fichte's 费希特的社会哲学 252n1

social relations 社会关系 152—154，214

另见 institutions, social；intersubjectivity

society（Gessellschaft） 社会 219—223，230，234，238，244—247，251，286，291，292

另见 community；intersub-jectivity

sophists 智者派 199

space 空间 63，140n1

speculative standpoint 思辨视角 23，31，36，39，40

另见 metaphysics；philosophy

Spinoza, Baruch 巴鲁赫·斯宾诺莎：

Aphorisms and 《箴言》和～ 4—5，65

communication and 沟通和～ 95—96

conviction of own philosophy and 对我自身的哲学的确信和～ 177

on determination ～论规定 60

on embodiment ～论表现 140n2

on freedom ～论自由 6，72n6，73—75，122n11

on imagination, wavering ～论想象的摇摆 78n10

imagination/time and 想象/时间和～ 81—82

indignation and ～和义愤 74n7

objective absolute of ～的客观的绝对 40

on reasons ～论理由 81

on reciprocal individuality ～论相互的个体性 262

on self-determination of one's nature ～论个体本性的自我规定 116n9

on self-interest ～论自我利益 234

striving and 努力和～ 63n30，115n7

spiritual activity 精神的能动性 36n9

spirituality 灵性 5，42，250

Stand 等级 见 estate

standpoint of God 上帝的视角 231，234

standpoint of life 生命的视角 39

Stanley, Jason 杰森·斯坦利 218n4，235n13，246n19

state 国家：

closed commercial 锁闭的商业～ 286—288

coercion and 强制与~ 227

communication and 沟通与~ 217—218

dependency/destitution and 依附/贫困与~ 221—222, 235n11, 281, 285

education and 教育与~ 245, 246, 252, 255, 258, 268, 275, 277

in Fichte's later thought 费希特晚期思想中的~ 251—255

form of government and 政府的形式与~ 272—275

individual freedom and 个体自由与~ 253, 254, 275

labor and 劳动与~ 221—222, 282

legitimacy of ~的正当性 3n26, 255, 269—271, 273, 275, 282, 283n26

moral progress and 道德进步与~ 252—253

private and public spheres and 私人领域、公共领域与~ 275—276

reputations and 声望与~ 266n15

unanimity/unity and 一致性/统一性与~ 216, 224

vocation and 使命与~ 253—254, 258n7

另见 justice; laws, positive; politics; property and property rights; right

state officials 国家公务员 239, 279

steel spring example 钢弹簧的例子 114—116, 155n7

Steffens, Heinrich 海因里希·斯特芬 21n22

Stein, Karl Freiherr vom und zum 卡尔·冯·施泰因帝国男爵 23—24, 25, 26

Steiner, Rudolf 鲁道夫·斯坦纳 17

Stirner, Max 马克斯·施蒂纳 107n2, 126

Stoics 斯多葛派 232

Street, Sharon 沙伦·斯特里特 129n15

striving 努力:

antinomies of ~的二律背反 178—179, 184—186

community of ends and 目的的共同体和~ 219—220

conditions of ~的诸条件 150, 177

deduction of ~的演绎 178—179

freedom and 自由和~ 197—198

God and 上帝和~ 5, 18—19, 37

I's active relation to not-I and 我和非我的积极关系和~ 63n30, 150, 177

natural 自然~ 187

primacy of practice and 实践的优先性和~ 197n8

rational society and 理性社会和~ 98, 101

reasons and 理由和~ 105

recursion of ends and 目的的递归

和～ 179—184

 for self-sufficiency 自我充足性的～ 118—119, 178—179, 186

 Spinoza and 斯宾诺莎和～ 63n30, 115n7

 steel spring example and 钢弹簧的例子和～ 114—116, 155n7

 theoretical cognition and 理论认知和～ 139, 197—198

 for universal rational agreement ～获得普遍的理性协议 18, 203, 205

 willing versus 意愿活动与～的对比 93n18

 另见 drives; I, pure; universal rational agreement

Struensee, Karl August von 卡尔·奥古斯特·施特林泽 22, 23, 247

subjectivism 主观主义 32n5, 82, 106, 131, 132—133

 另见 desires; feeling; idealism, subjective

subject/object synthesis 主体/客体的综合：

 consciousness and 意识和～ 46, 89, 112—114

 drive for whole I and 对于整全性自我的冲动和～ 119

 embodiment and 表现与～ 142

 experience and 经验和～ 35, 51

 finding oneself as willing and 发现自身作为意愿活动和～ 110, 112—114

 I as 自我作为～ 90—91

 intellectual intuition and 理知直观和～ 56—59

 pure apperception (Kant) and 纯粹统觉（康德）和～ 50—51

 Reinhold's "principle of consciousness" and 赖因霍尔德的"意识原则"和～ 46

 representations and 表象和～ 35

 self-consciousness and 自我意识和～ 56, 89—91

 self-determination and 自我规定和～ 91, 113, 127

 summons and 召唤和～ 53, 94

 另见 abstraction; direction of fit; Existence precedes essence; I; objectivity; synthetic method

subjects 主体 39, 55, 56, 57, 70n4

 另见 persons; self-consciousness

subordination 臣服 41, 98, 202—203, 206—207, 219—220, 245, 280

substances 实体 63, 66—68, 83, 85, 139, 178, 183, 185—186

 另见 supernatural metaphysics

suicide 自杀 239—240, 276

summons (Aufforderung) 召唤：

 Aufforderung, meaning of ～的含义 92

 consciousness ～意识 52—53, 94

 deduction of ～的演绎 91—96, 201

described　有关～的描述　51—55

as education or upbringing　～作为教育或培养 96—99, 200

freedom and　自由和～　92, 259—260

individuality and　个体性和～　99—100, 259—260

intersubjectivity and　交互主体性和～　52, 64, 93—96, 213

normativity and　规范性和～　260—263

right and　法权和～　92n17, 96, 259—261

self-consciousness and　自我意识和～　52, 95—97

另见 dogmatism

A Sun-Clear Report（Fichte）《明如白昼的报道》（费希特）　22, 32

supererogation　道德之外的　190—192

supernatural metaphysics　超自然的形而上学　44, 83—84, 109—110

the supersensible　超感性的事物　215—216, 248—249

"swerve"　"转向"　83

symbols, religion and　宗教和象征　19, 37, 45, 86n13, 215—216, 248—249

synthetic method　综合方法：

abstraction and　抽象和～　61, 63, 90, 93, 119—120

Aphorisms and　《箴言》和～　7—8

described　有关～的描述　61—64

Hegel and　黑格尔和～　xii, 7, 63n29

Kant's　康德的～　50

另见 antinomies; subject/object synthesis; transcendental deductions

systematic philosophy　体系哲学　x, xi, 12, 14, 21, 29, 31, 45, 46—48, 256

另见 coherence; Kant, Immanuel *and other systematic philosophers*; transcendental philosophy and transcendental standpoint

"system morality"　"体系性的道德"　107n2

System of Ethics（Fichte）《伦理学体系》（费希特）：

contraction of task of moral philosophy and　道德哲学任务的收缩和～　189, 191

Doctrine of Science and　知识学和～　12, 29, 131n16

influence of　～的影响　291

moralizing tone of　～的道德化口吻　194n6

overviews　对～的概述　8, 64, 101, 111

Part One overviews　～第一部分概述　64, 102, 103, 145

Part Two overviews　～第二部分概述　64, 137—138, 153

Part Three overviews　～第三部分

概述 64，153—154，173，237
另见 ethics；synthetic method
System of Right（Fichte）《自然法权基础》（费希特） 274
另见 right

taxes 税收 266n15，285
technology 技术 253
teleological theories 目的论理论 150，227
temporal/eternal goods 时间性的善/永恒的善 247—248，250
temporality 时间性 见 time and temporality
tendency(Tendenz) 倾向 115，116—117，118，120
theoretical reason（judgment）（understanding） 理论理性（判断）（知性）：
 activity and 行动与～ 52，87
 conscientious convictions and 良心的确信与～ 124—125，157—163，164—165，167
 freedom and 自由与～ 35，77—85
 moral law and 道德法则与～ 124，133，138，175，198
 practical reason and 实践理性与～ 77，78—79，143，162，195—199
 right and 法权与～ 262—265，267
 synthetic method and 综合方法与～ 63
 另见 abstraction；cognition；concepts；determination；direction of fit；imagination, wavering of；intellect and intellectual intuition；recognition；self-deception；thinking for oneself
"thesis-antithesis-synthesis" "正－反－合" 62n28，63
 另见 synthetic method
thing in itself(being) 物自身（存在）
 abstraction and 抽象和～ 33，37—38，60—61
 common sense and 普通理智和～ 38—39，110
 dogmatism and 独断论和～ 38，84，209
 moral law and 道德法则和～ 131
 normativity and 规范性和～ 134
 self-positing I and 自我设定的自我和～ 54
 synthetic method and 综合方法和～ 90
 transcendental standpoint and 先验视角和～ 43，209
 另见 dogmatism；metaethics；metaphysics；substances；supernatural metaphysics
thinking and thoughts 思维和思想 43，121，266
 另见 cogito；intellect and intellectual intuition；self-activity；theoretical

reason
thinking for oneself 自己思考 212—213
Thou 你 53，86，87
　另见 intersubjectivity
thought suppression 思维压制 234
Tillich, Paul 保罗·蒂利希 19
time and temporality 时间和时间性：
　acting and 行动与～ 88—89，141
　cognition and 认知与～ 63
　conscience and 良心与～ 138，154—155
　defined 对～的界定 139
　existence preceding essence and 存在先于本质与～ 116
　freedom and 自由与～ 89，139—140
　imagination and 想象与～ 78—79，81—82，89，139
　judgment and 判断与～ 78—79，80
　objectivity of（Kant）～的客观性（康德）85
　situationality and 处境性与～ 151—152
　universalizability and 可普遍化与～ 206
　另见"afterlife"；ends, recursive；Existence precedes essence；history
Timmermann, Jens 詹斯·蒂默曼 191n4
tradition 传统 146，292—293

transcendental conditions 先验条件 67，76，85—87，98，138，142n6，259
transcendental deductions 先验演绎 55，64，85
　另见 abstraction；antinomies
transcendental philosophy and transcendental standpoint 先验哲学和先验视角：
　dogmatism versus 独断论与～的对比 36，37—45，71—73，75—77，83
　metaphysics versus 形而上学与～的对比 31，212n2
　nihilism and 极端怀疑主义与～的对立 22
　overviews 对～的概括 31—36，43—45
　subjectivism versus 主观主义和～的对立 32n5，132—133，197n8
　另见 Doctrine of Science（Wissenschaftslehre）；freedom；synthetic method
trolley problems 电车问题 240，241，242，277—278
truth 真理 168，199，203—210，225，253
　另见 conscience；knowledge；objectivity；reality
truthfulness 真实性 37n9
Tugendhat, Ernst 恩斯特·图根哈特 132n19
twentieth century 20世纪 128—135

Überzeugung 确信 见 conviction

ubiquity and overridingness 无所不在和压倒一切 103—104, 105, 120, 121, 122, 123, 124, 127—128, 130, 133, 173, 193

Unabhängigkeit(independence) 独立性 见 self-sufficiency(Selbständigkeit)

unanimity 一致同意 见 universal rational agreement

uncertainty, theoretical 理论方面的不确定性 160

the unconscious 无意识的 142n6

understanding and judgments of understanding 知性和知性的判断 见 theoretical reason

United States 美国 19, 234, 235, 239, 256, 285, 287, 288
另见 right-ward side politics

unity 统一性 18, 58, 119, 157, 183, 219—223, 224, 250
另见 wholeness

universalizability(Kant) 可普遍化（康德） 151, 206, 207—208, 213—214, 225, 232, 268

universal law 普遍法则 123, 213, 232, 255, 264, 291
另见 categorical imperative

universal rational agreement (unanimity) 普遍的理性协议（一致性） 203—209, 211—217, 223—226, 228, 248, 251—252, 273, 282
另见 common will; communication; harmony

universal validity 普遍有效性 86

University of Berlin 柏林大学 26, 27

upbringing(Erziehung) 养育（教育） 96—99, 100, 200, 201, 268, 280

Urrecht(original right) 原初法权 266

utilitarians 功利主义者 150, 176, 177

Vater, Michael 迈克尔·瓦特尔 14n12

Velleman, David 大卫·韦尔曼 165n15

Vermögen(faculty) 器官 116—117

Verweyen, Hansjürgen 汉斯尤尔根·菲尔维恩 252n1

vices 恶行 145, 152, 169n19, 171

Vihvelin, Kadri 维费林 68—69

virtue 美德 7, 66, 73, 152, 170n20, 220, 232, 254, 258

vocation(Bestimmung) 使命：
"afterlife" and "来世生活"和～ 248, 249—250
coercion and 强制和～ 2, 58, 254, 258, 286
education and 教育和～ 252
intersubjectivity and 交互主体性和～ 100, 101, 216, 217, 219—223, 286
labor and 劳动和～ 152
moral law and 道德法则和～ 227, 230, 242
natural world and 自然世界和～

281—282

permissible actions and 可允许的行动和~ 173n1

projects and 筹划和~ 194

promotion of morality and 促进道德和~ 170

recursion of ends and 目的的递归和~ 180—182

religion and 宗教和~ 252n1

state and 国家和~ 253—254, 258n7, 283, 286

unity of drives and 冲动的统一和~ 157

另见 happiness; meaning of lives; scholars

The Vocation of Man(Fichte)《人的使命》(费希特) 5, 23, 148, 149, 153

volition 意愿：

 coercion and 强制和~ 141n3

 deduction of ~的演绎 99n22

 embodiment and 表现和~ 140—142

 normativity and 规范性和~ 62n28, 99, 126, 130, 132, 133

 for sake of its own freedom ~追求自身的自由 127

 另见 ends; willing

Vorstellung 表象 见 representations

Ware, Owen 欧文·韦尔 xiv, 168

wealth 财富 x, 218, 219, 222, 235, 281, 283n26

另见 privileges; "so-called better classes"

weapons 武器 276

Weber, Marianne 玛丽安妮·韦伯 286n28

Wechselbestimmung(reciprocal determination) 相互规定 62

Weischedel, Wilhelm 威廉·魏舍德尔 40n13

Weisshuhn, F.A. F.A.魏斯宏 65

wholeness 整全性 64, 105, 118—121, 145, 156—157, 220, 221, 222, 271—272

另见 harmony; unity

Wildt, Andreas 安德里亚斯·维尔特 97n21

Williams, Bernard 伯纳德·威廉斯 107n2, 193, 242

willing(*Wollen*) 意愿行动(活动)：

 causality and 因果性和~ 66, 67—68, 72n6, 83—84, 174

 cognition and 认知和~ 140

 content of law and 法则的内容和~ 133n21

 defined 对~的界定 67, 111—112

 determinacy and 规定性和~ 93n18, 114

 embodiment and 表现和~ 141

 finding oneself as 发现自身作为~ 110—114, 131n16

 freedom and 自由和~ 67, 135

good or bad 好的和坏的～ 141
independence from 独立于～ 176
normativity and 规范性和～ 84, 113, 132n19
objectivity and 客观性和～ 110, 112, 114—117, 121, 126, 127
possibility of ～的可能性 132
property and 财产和～ 271
self-consciousness and 自我意识和～ 110—112, 132
subjugation of others and 屈服于他人和～ 222
substance and 实体和～ 67—68
thing in itself and 物自身和～ 83—84
time and 时间和～ 139
另见 common will; determination; direction of fit; ends; freedom, formal/material; self-determination; volition
wisdom 智慧 170n20, 220
Wissenschaftslehre 知识学 见 Doctrine of Science
Wissenschaftslehre nova methodo（Fichte）《知识学的新方法》（费希特） 12, 30, 46, 58, 95n20, 138
Wittgenstein, Ludwig 路德维希·维特根斯坦 31, 33
Witt, Charlotte 夏洛特·维特 218n4
Wolf, Susan 苏珊·沃尔夫 193
Wolffianism 沃尔夫主义 4, 255
Wollen 意愿 见 willing
Wollstonecraft, Mary 玛丽·沃斯通克拉夫特 242n18, 280
women 女性 242n18, 244, 245, 246, 268, 278, 279—280, 286n28, 291
world community 世界共同体 286
worldhood 世界性 139—140, 141 另见 situationality
Wright, Walter 沃尔特·怀特 194n6
Zöller, Günter 君特·策勒 12n10, 29n1, 44, 254n4
Zustand（condition）（Kant） 条件（康德） 232
Zweck 目的 见 ends

译后记

这是我第二本有关费希特的译著，前一本是古纳尔·贝克的《费希特和康德论自由、权利和法律》（商务印书馆2015年版）。感谢已故的梁志学先生和他领衔的费希特小组为我打开了费希特的文本世界，带给我观念论哲学的启迪。尽管本书中关于费希特作品译文并非完全照搬中文版《费希特文集》，而是由我自行译出，但没有《费希特文集》，我不会产生翻译和写作费希特哲学的冲动与自信。在此，我要向复旦大学马克思主义学院的张东辉教授表示谢意，他通读了我的译稿，指出了若干问题。我吸收了他提出的大多数建议，但本书存在的问题仍全部由我本人负责。

本书记录了一段值得纪念的日子。2017年8月，我同妻女一道前往美国印第安纳大学布鲁明顿校区，追随艾伦·伍德教授学习德国观念论伦理学。在那里，我们一家人和伍德教授夫妇度过了一年的美好时光。在他们那里，我们感受到的不仅是知识的传播，更是两位老人对学问与人性的普遍性的真诚。我一度认为，在他们的世界中，人性和知识是没有国界的，甚至习俗方面的差异似乎也在这种对知识和对人性的普遍性的确信中消失了。一年多的在学问和生活上的来往，让我们一度产生了自己不是在美国，而是在故乡的感觉。

从2017年9月开始，我几乎是每两周读完本书一章，然后拿着相关的疑难问题去请教艾伦。在位于西卡莫尔会堂的他的办公室里，艾伦耐心地回答我的一系列问题，而且考虑到我有限的听力能力，必要时他还要在纸上画出示意图并写出关键词。每当遇到重大的疑难之处，我都要写邮件确证。与此同时，在他的"19世纪哲学"的课程里面，也有关于费希特哲学的专题，我懵懂地听完了这些专题，并对照中译本，努力寻找几年前阅读费希特的感觉。三个月之后，我终于将全书过了一遍。2018年1月开始，我自觉对文本有了一定程度的熟悉，于是一口气手写出了35万余字的初译稿。

艾伦对费希特有很深的情感，他说自己写作这本书耗费了25年光阴，这在他的研究经历中是非常独特的。他热爱尼采哲学、存在主义哲学，他在课堂中展示出来的对萨特、波伏娃等人的作品的令人吃惊的熟悉，让我一度陷入沉思，也使我更加怀疑流行的对德国观念论哲学的抽象性和缺乏生命感的看法。艾伦热爱音乐和艺术，我们在美国的一年里，他和丽伽（Rega Wood）给我们提供了亲近音乐和艺术的很多机会。我们在印第安纳的剧场里面听各类音乐会，去印第安纳的艺术博物馆；在加州旅行期间，他们也带我们参观了数家艺术博物馆。艾伦对艺术作品的熟悉使我感觉到，一个热爱观念论哲学的人，也一定是一个热爱生活的人，音乐和艺术作品传达出来的生命的感觉，一定是与观念论哲学的基调一致的。

在当代德国观念论研究中，费希特是一个不太受关注的思想家，但艾伦在这本书的一开始就强调，现代哲学的很多命题都源自费希特的哲学，乃至于今天对康德的许多理解也源自费希特，而非通常人们认为的源自黑格尔。艾伦对费希特的重要性的强调，足以使我们重新对待这位被遗忘的思想家。

艾伦没有写作自己的哲学体系，他是在对思想家的评注中表达对哲学生活的关切和热爱的。和他的老师刘易斯·贝克（Lewis Beck）、好友布里泽尔以及阿利森（Henry Allison）等人一样，他将一辈子奉献给了德国观念论哲学。这些老牌学人翻译、评注德国观念论哲学经典作家的作品，将自己的思想融入到翻译和评注工作中，将英美德国观念论哲学研究推上了新的高峰。

艾伦对理性的社会性、对人与人之间相互沟通和交流的共同体有一种坚定的信心。尽管他将一生的主要精力都奉献给了康德，但在我看来，这部费希特更能表达他对生活和世界的看法。他不只是从哲学思想体系和哲学史传统中来看待费希特的意义，而是从对文学、对音乐、对人生的感受中来领悟费希特哲学。他对文学和音乐作品的熟悉，常常体现在他给哲学论证所下的注释中。这一点早在我翻译他的《黑格尔的伦理思想》的过程中就有所感受。

音乐和文学带给艾伦的是一种强烈的生命感，他热爱的和憎恶的东西是通过他对某些文学作品的援引体现出来的。在布鲁明顿的最后几次谈话中，他多次提到艾略特的《米德尔马契》。这部小说带给他与费希特的哲学带给他的相同的感受，他为自己没有能在《费希特的伦理思想》中援引《米德尔马契》感到遗憾。我请求他将这种感觉写入中文版的序言中，他这样做了。（我欣喜地发现，这部作品多年前就已被流畅而优美地译为中文，这为我翻译几处引文带来了极大便利。）

在我看来，《费希特的伦理思想》是艾伦出版的作品中最娴熟的一部，这本书有我向往的评注性著作的风格。这是一位极了解自己所在研究领域的作者在向陌生的读者介绍一位在人性方面有着深入观察的思想家。在这种讲述过程中，个体的生命与道德的感觉穿插在看似晦涩的论证过程中，我相信这种叙事甚至能够打动不了解专业术语的陌生读者。值得说明的是，尽管我竭力想要传达出这一点，却在翻译中因学识和素养的不足而经常受到阻碍。尽管这部译著是在艾伦的呵护下诞生的，但因为我有限的语言能力，即便他做了解释，我也可能无法完全理解他想表达的意思。此外，也可能会有我自认为理解了，但其实没有理解，也没有向他提出疑问的情况。

2018年6月中旬，应艾伦邀请，我参加了他在斯坦福大学哲学系举办的费希特哲学小型研讨班。他邀请加拿大年轻的费希特学者韦尔共同主持这个研讨班，研讨班上仅有不到十位学生。在斯坦福哲学系二楼的那个小型会议室里，我再度熟悉了费希特的话语，尤其是加深了对于绝对自我不是作为一个实体而是作为一种能动性的理解。

在我们离开旧金山，即将登机时，艾伦教授发来了中译本序。在此前的七天里，两位老人陪伴我们游览了旧金山几乎所有的大型博物馆，我明显感觉到他们的疲惫，但他们仍然坚持以这种特有的方式表达情谊。与序言一道，还有一封信，信中讲述了艾伦教授童年时代认识的一位老妇人，讲述了一桩离别的故事。在信中附有那位老妇人曾唱给他的童谣：

> To market, to market, to buy a fat pig,
> Home again, home again, jiggity-jig,
> To market, to market, to buy a fat hog,
> Home again, home again, jiggity-jog.

艾伦的信件是以给小女黄琬讲故事的口吻写的，我知道这是他特殊的离别之语，但我不知道该怎么回应。也许此刻语言能力的欠缺反而成了很好的借口，于是我们带着所有的不舍离开了……

最后我要感谢中山大学哲学系，在越来越强调分工的当代教育中，他们慷慨地给予我机会，让我得以继续在观念论哲学，尤其是其伦理学与政治哲学方面进行深入研究。

2018年8月31日初稿于松江花园浜
2022年2月12日校订于中山大学锡昌堂

作者简介：

艾伦·伍德（Allen Wood），美国印第安纳大学布鲁明顿校区哲学系教授，斯坦福大学哲学系荣休教授，国际著名德国观念论哲学研究专家，剑桥版"康德全集"主编。1980年代以《卡尔·马克思》（*Karl Marx*）一书享誉英美学界；1990年代以来，先后出版《黑格尔的伦理思想》（*Hegel's Ethical Thought*）《康德的伦理思想》（*Kant's Ethical Thought*）等多部极具影响力的德国观念论伦理学研究著作。

译者简介：

黄涛，中山大学哲学系副教授，主要研究领域为观念论伦理学、政治哲学与法哲学，曾主持"德意志古典法学丛编"及"不列颠古典法学丛编"。近年来出版《法哲学与共同生活——走向古典法学》（北京大学出版社2020年版）、《自由、权利与共同体——德国观念论的法权演绎学说》（商务印书馆2020年版）等著作；翻译出版《费希特和康德论权利、自由和法律》（商务印书馆2015年版）、《费希特的伦理思想》（商务印书馆2022年版）等学术译作十余种；主编《政治思想评论》第1辑《英国观念论的政治思想》（商务印书馆2020年版）。

图书在版编目(CIP)数据

费希特的伦理思想/(美)艾伦·伍德著;黄涛译.—北京:商务印书馆,2022
(伦理学名著译丛)
ISBN 978-7-100-20650-1

Ⅰ.①费… Ⅱ.①艾… ②黄… Ⅲ.①费希特(Fichte,Johann Gottlich 1762—1814)—伦理思想—研究 Ⅳ.①B516.33 ②B82

中国版本图书馆 CIP 数据核字(2022)第 026500 号

权利保留,侵权必究。

伦理学名著译丛
费希特的伦理思想
〔美〕艾伦·伍德 著
黄涛 译

商 务 印 书 馆 出 版
(北京王府井大街36号 邮政编码100710)
商 务 印 书 馆 发 行
北京艺辉伊航图文有限公司印刷
ISBN 978-7-100-20650-1

2022年11月第1版 开本 880×1230 1/32
2022年11月北京第1次印刷 印张 18¼
定价:96.00元